BIBLIOTHÈQUE MORALE

DE

LA JEUNESSE

PUBLIÉE

AVEC APPROBATION.

FLORENCE

ITALIE

GUIDE DU JEUNE VOYAGEUR

PAR M. L'ABBÉ MOYNE

AUMONIER DU LYCÉE IMPÉRIAL D'AVIGNON

Quamvis, multis aucta victoriis, jus imperii tui terrâ marique protuleris, minus tamen est quod tibi bellicus labor subdidit, quàm quod pax christiana subjecit.

Quoique, grandement accrue par des victoires, tu aies étendu l'empire de tes lois par terre et par mer, néanmoins ce que tu as conquis par les travaux de la guerre n'égale point ce que la paix chrétienne t'a soumis.

(S. Léon, *sur la fête des saints apôtres Pierre et Paul.*)

ROUEN

MÉGARD ET Cie, IMPRIM.-LIBRAIRES

1858

APPROBATION.

Les Ouvrages composant la **Bibliothèque morale de la Jeunesse** ont été revus et approuvés par un Comité d'Ecclésiastiques nommé par MONSEIGNEUR L'ARCHEVÊQUE DE ROUEN.

L'ouvrage ayant pour titre : **Italie**, a été lu et admis.

Le Président du Comité,

Picard

Archip. de la Métrop.

AVIS DES ÉDITEURS.

Les Éditeurs de la **Bibliothèque morale de la Jeunesse** ont pris tout à fait au sérieux le titre qu'ils ont choisi pour le donner à cette collection de bons livres. Ils regardent comme une obligation rigoureuse de ne rien négliger pour le justifier dans toute sa signification et toute son étendue.

Aucun livre ne sortira de leurs presses, pour entrer dans cette collection, qu'il n'ait été au préalable lu et examiné attentivement, non-seulement par les Éditeurs, mais encore par les personnes les plus compétentes et les plus éclairées. Pour cet examen, ils auront recours particulièrement à des Ecclésiastiques. C'est à eux, avant tout, qu'est confié le salut de l'Enfance, et, plus que qui que ce soit, ils sont capables de découvrir ce qui, le moins du monde, pourrait offrir quelque danger dans les publications destinées spécialement à la Jeunesse chrétienne.

Aussi tous les ouvrages composant la **Bibliothèque morale de la Jeunesse** sont-ils revus et approuvés par un Comité d'Ecclésiastiques nommé à cet effet par MONSEIGNEUR L'ARCHEVÊQUE DE ROUEN. C'est assez dire que les écoles et les familles chrétiennes trouveront dans notre collection toutes les garanties désirables, et que nous ferons tout pour justifier et accroître la confiance dont elle est déjà l'objet.

A MES LECTEURS.

ITALIE! Que de choses dans ce mot! Qui n'a fait ou rêvé ce voyage? C'est le pays des grands souvenirs, la terre classique de la gloire et des beaux-arts, le rendez-vous des peuples civilisés; le chrétien s'y rencontre avec l'artiste, l'historien et le poëte s'y donnent la main, les malades de l'esprit et du corps viennent y chercher la vie ou s'y réconcilier avec elle ; pour eux tous l'Italie est un sol bien-aimé, une patrie.

Mais il est peu de voyageurs qui soient bien inspirés par leur admiration et leur reconnaissance pour elle. La plupart n'écrivent que sous une influence sceptique ou impie; la passion, le préjugé, l'indifférence ont tenu la plume. Loin de moi leurs récits! Ce n'est point dans de tels ouvrages que je pourrais me retrouver avec mes souvenirs classiques et mes méditations de pèlerin. Je veux donc me rappeler à moi-même, me redire ce que j'ai vu et éprouvé. Ce n'est ici ni un recueil pittoresque, ni un journal d'observations historiques ou critiques; dans ce livre, il y a, de tout cela, un peu. Il cueille sur son chemin les impressions et les idées qui se présentent; une réflexion grave y est suivie d'un trait léger; une pensée chrétienne y réforme un coup d'œil profane : l'artiste, le prêtre, le voyageur s'y montrent tour à tour, souvent à la fois, sans autre préoccupation que celle de la vérité, espérant que « les lisans et oyans suppleront « mes fautes, agreront mon bon vouloir et prendront plaisir et « delectation d'ouyr et scavoir plusieurs belles, nobles et so- « lempnelles choses, dont je parle par veoir, et non pas par « ouyr dire (1). »

Ces pages sur l'Italie, qui viennent après tant d'autres, mais inspirées par d'autres vues, ne seraient pas inutiles si elles pouvaient rectifier certaines erreurs trop accréditées contre la cité des pontifes, donner à la jeunesse une idée vraie de ce pays qui a été le berceau de notre civilisation et de notre foi. Peut-être, pour atteindre ce but, suffirait-il de peindre comme j'ai pu sentir. Mais, hélas! rien de fugitif comme les impressions de voyage; en se succédant, elles s'affaiblissent; si l'on veut ressaisir la trace qu'elles ont dû laisser dans l'esprit, on la trouve bientôt effacée. Faut-il, à cause de cela, jeter la plume? Et parce que l'on ne peut reproduire tout le charme de la jouissance, doit-on n'en pas conserver au moins un souvenir? Certes, une fleur rencontrée aux montagnes et placée avec amour dans un herbier y perdra son éclat et son parfum, mais elle n'en offrira pas moins de l'intérêt à l'ami de la nature, quelle que soit la main qui l'ait cueillie. N'en sera-t-il point ainsi de ce livre? A ceux qui connaissent l'Italie, sans doute il paraîtra bien incomplet; c'est là son moindre défaut, inévitable toutefois à cause des limites qui lui sont imposées. Pour les autres, jeunes voyageurs qui, au départ, cherchent un Guide, il se présente à eux comme un ami, non comme un *cicerone*, et ne sera jamais, Dieu aidant, un compagnon ennuyeux.

---

(1) *Mémoires* d'Olivier de la Marche. Préface.

I.

DE NICE A GÊNES.

La Provence fait pressentir l'Italie : sa langue, ses monuments, son ciel et ses productions lui donnent des traits de ressemblance avec elle. Le voyageur qui fait son entrée dans la *Province romaine* par l'arc triomphal d'Orange, est frappé d'admiration à la vue de ces belles ruines. Bientôt apparaît, avec son palais apostolique, ses maisons de cardinaux, ses madones aux angles des rues et toute sa physionomie d'un autre âge, Avignon, la Rome des Gaules, veuve de ses pontifes et triste dans ses souvenirs. Arles, rivale de Nîmes, assise solitaire au milieu des débris de sa gloire, a conservé ses arènes, son obélisque et ses champs Élysées, vaste enceinte que la mort a protégée, comme si les tombeaux étaient encore ce qu'il y a de plus durable parmi les ouvrages de nos mains. Voici Marseille, la ville phocéenne et l'alliée de Rome, qui, par son commerce et son histoire, tient à la Grèce et à l'Italie. Plus loin Fréjus nous présente les grands arcs croulants de son aqueduc romain, ses maisons du moyen âge et ses rues dépeuplées. Tout cela est triste et douloureux ; mais poursuivons notre marche, le tableau va changer. Au lieu des ruines, c'est une campagne admirable de fraîcheur et de vie ; la route traverse des bois de citronniers, elle est bordée de myrtes et d'aloès; la végétation brillante de l'Italie enrichit Cannes et Antibes. De là nous voyons se dérouler toute la courbe du golfe dont Nice occupe le fond, rivage bien accidenté qui offre des points de vue enchanteurs, et sur lequel la nature a répandu ses trésors.

Ce spectacle empruntait de l'heure et des circonstances un charme inattendu. Le soleil se couchait au loin dans une mer resplendissante et colorait les derniers coteaux de France de teintes douces et pures. Nous suivions un chemin ombragé par les grands peupliers d'Italie, et animé, ce jour-là, par des bandes joyeuses qui nous jetaient au passage les éclats de leur bruyante gaîté. Antibes était en fête, elle avait invité Nice, sa voisine; le lendemain devait réunir la jeunesse des deux pays. Hélas! tandis que sur ce point l'on se préparait au plaisir, la portière de notre diligence s'ouvrit pour recevoir une jeune Italienne, venue de Port-Maurice, de bien loin, accompagnant son mari qui cherchait du travail. Il en avait enfin trouvé près d'Antibes. La femme s'en revenait au pays. Ils s'embrassèrent. Le mari s'éloigna précipitamment pour dissimuler sa douleur; mais après avoir fait quelques pas, il se retourna vers la voiture en essuyant ses larmes. Cette femme avait deux beaux enfants : l'un à la mamelle, l'autre qui lui disait en italien : « Le père viendra demain, n'est-ce pas, mère? » Et la mère pleurait. Pauvre jeune ménage séparé par les dures nécessités de la vie! Que de contrastes en voyage! Pour un être heureux que l'on rencontre, combien d'infortunés dont on ne peut soulager les douleurs!

La rivière du Var sert de frontière. Afin d'indiquer la ligne précise de démarcation, on a établi au milieu du pont une barrière qui est gardée par deux sentinelles, l'une française, l'autre sarde, chargées de se surveiller réciproquement. Nos effets visités deux fois, nos passe-ports deux fois visés, et nous trouvant en règle avec les deux gouvernements, nous eûmes la liberté de continuer notre voyage; une heure après nous arrivions à Nice.

Ce nom rappelle à la mémoire tout ce que peut un doux climat et un pays charmant pour soulager le corps et reposer l'âme. Dans cette contrée favorisée, garantie par la montagne de la violence des vents, et par la mer des chaleurs excessives, règne, dans toute la rigueur du terme, un printemps éternel. On y trouve dans chaque saison un air salutaire, une société choisie, une vie facile; c'est, pour le jeune homme, le plaisir; pour le malade, la santé; pour le touriste, une belle page, et pour tous, de gracieux souvenirs. Faut-il s'étonner si tant d'avantages y attirent des étrangers de toutes les nations, qui jouissent de ces biens avec délices? Les environs leur offrent des excursions intéressantes : le château Saint-André, la grotte de Falicon, le *Laghetto*, sont les buts ordinaires de ces parties de plaisir. La ville elle-même, grâce à sa prospérité toujours croissante, peut offrir, dans les nouveaux quartiers, à ses hôtes opulents, des maisons magnifiques : heureuse spéculation qui tourne au profit de tout le monde et embellit l'hospitalité pour prolonger le séjour. On parle à Nice un provençal mêlé d'italien, jargon peu agréable, dans lequel on prêche, on versifie et on discute sans fin sur la politique. Le roi de Sardaigne est obligé d'entretenir dans ce pays une garnison assez considérable. Je me souviens d'y avoir entendu, jusqu'à une heure avancée de la nuit, des soldats savoyards chanter à plein gosier les airs de leurs montagnes. Il y avait dans ces chants des notes vibrantes et des sons se prolongeant en échos, d'un effet grave et mélancolique, tels qu'on en entend dans les pays de montagnes, où les pâtres se répondent à de grandes distances, et font une conversation chantée qui anime et console leur solitude. Ainsi, sous le plus beau climat du monde, les enfants de la Savoie charment leurs ennuis par le souvenir de leurs chalets.

De Nice à Gênes, on compte cent vingt-sept milles, une quarantaine de lieues, par la route de la Corniche. Elle est ordinairement préférée à la voie de mer, à cause de la beauté des sites. En sortant de Nice, on gravit à pied la montagne; le chemin passe d'abord près de Cimiès, l'ancienne *Cemelanum*, capitale de la province romaine des Alpes maritimes, qui conserve encore quelques ruines; il traverse ensuite un bourg nommé Turbie, où se trouvent aussi des antiquités (1). Du haut de la montagne, nous jouissions d'une ravissante perspective : la mer était assez calme pour nous permettre de distinguer à l'horizon les rochers de la Corse; une multitude de barques aux

(1) Les Romains y avaient élevé un arc de triomphe à Auguste, d'où le nom de *Trophæa*, et par corruption *Torpæa* ou *Turpia*.

voiles blanches couvraient le golfe de Nice; la campagne humide de rosée, se réveillant aux rayons du soleil levant le plus pur, nous montrait au loin ses jardins, ses villas et jusqu'aux plus petits *casins* éparpillés dans la plaine. Nous avons vu depuis les horizons de Venise et de Naples, mais ils ne nous ont pas fait oublier celui-ci.

On salue au passage Villefranche, qui occupe au pied de la montagne une presqu'île couverte de prairies; mais on l'oublie bientôt, car on ne tarde pas à découvrir un pays qui est en possession d'exciter vivement la curiosité des étrangers : je veux parler de Monaco. Des villes considérables et même des États puissants demeurent ignorés; la principauté de Monaco doit sa grande réputation à son exiguité même. La capitale de cet État, bâtie sur un rocher contre lequel les flots se brisent, sans commerce, sans culture, presque sans habitants, était autrefois appelée *Templum Herculis Monæci*. Elle fut érigée en principauté dans le xe siècle, en faveur des Grimaldi. Le dernier prince de ce nom avait épousé une duchesse de Gramont, dont il est question dans les *Lettres* de Mme de Sévigné. Sa fille et son unique héritière se maria avec le duc de Matignon. Monaco a eu, comme les grands États, ses révolutions; toutefois les Matignon possèdent encore, malgré les efforts des révolutionnaires et des feuilletonnistes qui conspirent contre elle, cette souveraineté dont l'unique tort est d'être si petite. Un plaisant de l'endroit va jusqu'à dire que lorsque le prince éternue, ce sont des échos étrangers à ses États qui lui répondent.

La route, depuis Turbie, descend avec rapidité, passe sous Roquebrune, village de la principauté, suspendu aux flancs de la montagne où croissent les oliviers qui sont toute sa ressource, et traverse dans la plaine la charmante ville de Mentone, la plus considérable et la plus riche de l'État. Les aloès, les cactus, les myrtes, les lauriers-roses y croissent en plein champ; la mer vient baigner amoureusement ses rivages; une montagne élevée lui sert de boulevard contre les autans et la neige : c'est le jardin des Hespérides, toujours parfumé des tièdes senteurs du printemps, défendu d'un côté par les flots, de l'autre par des monts presque inaccessibles. Les habitants sont renommés pour la beauté de leurs formes et l'aménité de leurs mœurs. Pouvais-je passer à Mentone, sans donner un pieux souvenir à un ami d'enfance, le bon et tendre Faraldo? Après avoir fait avec nous ses études, il revint mourir, bien jeune encore, dans sa patrie. Il est là, dans ce cimetière, sous ces grandes herbes et ces saules pleureurs; son corps repose au milieu des fleurs, et son âme est au ciel.

Après Mentone le paysage change; plus de verdure; la route remonte sur les hauteurs et s'aventure sur les escarpements de la côte, d'une façon peu rassurante pour le voyageur. Il n'y a point ici de terres labourables, mais des roches grisâtres avec lesquelles se confondent les fortifications de Vintimille, ville malsaine, mal bâtie, dont toutes les rues pendent en précipices. La cathédrale, ancien temple de Junon, moderne dans son ensemble, offre quelques détails d'architecture romaine; le tout fort mesquin. Vintimille est l'ancienne *Albintemelium* dont parle Cicéron dans ses *Lettres*; elle a donné le jour à Perse. Tacite raconte le trait de cette femme qui, mise à la torture par les soldats d'Othon, afin d'indiquer la retraite de son fils, montra son flanc, en disant qu'il était là, *ubi filium occuleret, uterum ostendens, latere respondit.*

Au-dessous de cette nature morte où est située Vintimille, s'étend une plaine gracieuse et bien cultivée. Le territoire de l'ancienne république de Gênes, sur le rivage ligurien, commençait à Vintimille. A quatre lieues plus loin, s'élève, sur une colline, la ville de San-Remo, siége épiscopal, d'une population de 12,000 âmes. On y trouve de beaux jardins, des maisons élégantes, un commerce animé; tout y respire l'aisance. Mais ce qui donne au pays une physionomie particulière, ce sont les palmiers qui couronnent l'ermitage et les hauteurs de San-Remo, et forment le fond du paysage dont la ville occupe le centre. On en rencontre déjà depuis Vintimille, qui font planer leurs grandes ombres sur la route, et animent la verdure grise des oliviers par leurs teintes fraîches et leur mouvant branchage. Ils donnent à cette côte un aspect solennel qui rappelle l'Orient et ses solitudes mystérieuses. San-Remo fournit des palmes aux églises de Rome pour le dimanche des Rameaux.

La famille Bresca obtint ce privilége en récompense du service rendu par un de ses membres, lors de l'érection de l'obélisque de Saint-Pierre à Rome. On sait que, les cordes s'étant trop allongées, le monolithe ne pouvait atteindre au piédestal qui lui avait été préparé ; déjà l'architecte Fontana commençait à perdre la tête, lorsqu'une voix cria du milieu de la foule : « De l'eau aux cordes, *acqua alle corde!* » Or, ce fut un Bresca de San-Remo qui, au mépris des ordres sévères du pape Sixte-Quint, rompit le silence par ces paroles historiques, véritable inspiration du ciel qui assura le succès de l'opération. Il s'agissait de récompenser dignement ce service. Bresca se contenta de demander le privilége héréditaire de la fourniture des palmes, et ce sont encore ses descendants qui, chaque année, en expédient à Rome un bateau, sans que jamais, dit-on, ils aient eu à déplorer un naufrage.

Plus loin, mais bien plus loin, après des montées et des descentes qui durent trois heures, nous arrivons à la jolie ville de Port-Maurice, où l'on vient de construire une des plus belles églises de la côte de Gênes. Il n'y a qu'une petite distance de Port-Maurice à Oneille, et l'on suit un chemin tracé au milieu des jardins et des prairies. Jardins et prairies étaient remplis d'une foule nombreuse qui se livrait à des jeux; des rondes et des chants ajoutaient à l'éclat de la fête; car il était fête ce jour-là, on la chômait joyeusement à la campagne. Sur ce littoral, et même à Gênes, les femmes de tout rang, sauf quelques exceptions qu'on regrette, portent pour coiffure un voile éclatant de blancheur appelé *mezzo*. Rien de plus élégant et de plus modeste. Oneille, patrie du grand Doria, et plus tard sa propriété, fut soumise par la force à la domination génoise, qu'elle n'aima jamais. Port-Maurice, ville fondée par Gênes, est naturellement rivale d'Oneille, qui, de tout temps dévouée au Piémont, a reçu la récompense de ses sympathies politiques, en devenant, au détriment de sa voisine, le centre de l'administration et des intérêts du pays.

Oneille est déjà loin tandis qu'un honnête bourgeois de Gênes, ennemi déclaré du temps présent et des traités de 1815, me donne ces détails. Voici d'affreux précipices : le chemin vient raser le cap de la *Melle* et se rapproche tellement de la mer, qu'il est impossible de considérer de là-haut les abîmes sur lesquels on est suspendu, sans frissonner d'horreur. Une croix plantée au bord du rocher rappelle les funèbres accidents dont ce lieu a été le théâtre. A la descente de cette côte escarpée, on lança la voiture à fond de train, selon l'usage du pays. Le moindre écart des chevaux pouvait nous précipiter d'une hauteur de plus de quatre cents pieds dans la mer ; et rien pour prévenir un malheur, ou seulement pour distraire l'attention de la vue du danger ! Je m'étonne que le gouvernement piémontais, dont la prévoyance a multiplié sur les pentes du mont Cenis les bornes, les garde-fous et même des murs pour la sûreté des voyageurs, ait négligé ces précautions sur la route de la Corniche, où elles ne seraient pas moins nécessaires : on domine des précipices aussi menaçants sur plusieurs points, sans que l'on ait, pour s'en garantir, d'autre ressource que la prudence des conducteurs et la vigueur des chevaux.

Respirons maintenant, nos gens sont dans la plaine. Cette ville qui se compose d'une longue rue se nomme Alassio, toute habitée par des pêcheurs. L'histoire a gardé le souvenir de l'intrépidité des marins d'Alassio à la bataille de Lépante ; ils ne furent pas médiocrement utiles à l'Espagne pour la conquête du Pérou, et aux Génois dans leurs guerres en Corse. Le pays, au moment de notre passage, était joyeux et tout en émoi. Devant l'église se pressait un peuple d'enfants et de jeunes filles qui chantaient des cantiques à la louange de la Madone toujours propice aux matelots. J'ai retenu ces trois strophes :

Voi siete gioia e riso
Di tutti i sconsolati,
Di tutti i tribolati
Unica speme.

A voi sospira e geme
Il nostro afflitto cuore,
In un mar di dolore
Ed amarezza.

Maria, mar di dolcezza,
I vostri occhi pietosi,
Materni ed amorosi
A noi volgete (1).

(1) Vous êtes la joie et le ris de tous ceux qui sont sans consolation, l'unique espérance de tous les infortunés. Vers vous soupire et gémit notre cœur affligé, dans une mer de douleur et d'amertume. Marie, mer de douceur, tournez vers nous vos yeux compatissants, maternels et pleins d'amour.

Après Alassio l'on trouve Albenga. Située au milieu de marécages, malsaine par conséquent, cette ville semble habitée par des ombres. Elle eut de l'importance au moyen âge : de cette époque il lui reste des remparts croulants et des tours lézardées ; mais l'attention du voyageur s'arrête principalement sur quelques monuments romains, derniers témoins de leur puissance dans une de leurs colonies. A notre entrée dans Albenga, une mère avec ses trois filles monta dans la voiture, chose assurément fort ordinaire ; mais ce qui nous surprit, ce furent les vœux et les souhaits qui saluaient de tous côtés le départ des voyageuses. On agitait les mouchoirs, on invoquait la madone ; le mot *allegro!* revenait souvent ; et les autres, des portières de la voiture, répondaient par des acclamations de remercîment et des gestes d'adieu. J'aime ces relations de bon voisinage entre gens du même pays : nul doute que les vœux de cette excellente population ne nous aient porté bonheur.

Finale, ville riche et industrielle, possède la plus belle cathédrale de la *Rivière de Gênes.* On ne se lasse point d'admirer la brillante végétation et les plantations d'oliviers qui rendent cette ville un objet d'envie pour ses voisines. Elle formait autrefois un marquisat puissant, que le peuple abolit, à cause des excès du dernier prince, dans le XVIe siècle. Si, comme Albenga, Finale avait eu son *magistrat des vertus* chargé de rappeler au devoir les citoyens vicieux et de punir les endurcis, le marquis Alphonse Carretto ne serait point tombé sous les coups de la vengeance publique.

Avant d'arriver à Savone, on passe entre des rochers escarpés au delà desquels se montre Noli, charmante ville, qui conserva sa liberté jusqu'au commencement de ce siècle. Je ne dois point oublier le fort de Vado, que l'on croit avoir été le *Vada sabatia* où les Romains entretenaient un corps de troupes d'observation ; c'est un point de vue renommé.

Savone, capitale de la côte ligurienne, fut par son commerce la rivale de Gênes, qui chercha à détruire son influence maritime, en coulant à fond des vaisseaux dans son port, afin de l'obstruer. Sous la domination française, Savone se releva. Elle fait aujourd'hui un commerce de cabotage assez considérable. Cette ville a vu naître l'empereur Pertinax et les souverains pontifes Grégoire VII, Sixte IV et Jules II de la maison de la Rovère, dont on y voit encore le palais. Les églises en sont fort belles et ornées de quelques tableaux précieux. Rien n'égale les richesses du sanctuaire de Notre-Dame de Miséricorde, célèbre sur toute la côte, principalement depuis que Pie VII en a couronné de ses mains l'image miraculeuse. Il avait formé ce projet pendant sa captivité ; mais diverses circonstances en retardèrent l'exécution. Obligé encore une fois de quitter Rome et de chercher un asile à Gênes, ce grand pape put enfin céder aux instances des habitants de Savone et au vœu de son cœur : il vint en grande pompe, le 10 mai 1815, poser une couronne d'or sur la tête de cette mère de miséricorde qu'il avait si souvent invoquée et à laquelle il rapportait la gloire des heureux événements qui lui rendaient la liberté à lui-même et la paix à l'Église. Au-dessous de la statue on lit ces vers latins et italiens à la fois :

In mare irato, in subita procella,
Invoco te, nostra benigna stella (1).

Ils sont de Chiabrera, le prince des lyriques italiens, né à Savone.

Au delà de cette ville, commence, à proprement parler, la route de la Corniche, jadis à peine praticable pour les mulets, maintenant belle et commode, pittoresque surtout plus qu'on ne saurait dire. Elle traverse quelques villages situés sur le bord de la mer : Albisso, Varaggio, Cogoleto, patrie de Christophe Colomb, dont on prétend montrer la maison, espèce de taudis barbouillé d'inscriptions, où il n'y a guère de supportable que ce vers :

Unus erat mundus ; duo sint, ait iste ; fuére (2) !

Après Cogoleto viennent Voltri, Prato, Pegli qui montre avec orgueil les splendides villas des familles Doria, Lomellini et Grimaldi ; Sestri avec sa belle église et la villa Pallaviccini, une des plus belles de l'Italie ; Cornegliano, célèbre par la capitulation de Masséna conclue au pont de cette ville ; enfin Saint-

(1) Sur la mer irritée, dans la tempête soudaine, je vous invoque, ô vous, notre étoile propice.

(2) Il n'y avait qu'un monde ; qu'il y en ait deux, dit-il ; ils furent !

Pierre d'*Arena*, faubourg de Gênes, dont les maisons peintes, les manufactures et les villas annoncent la capitale du pays.

Toutes ces villes liguriennes sont dans des sites pittoresques, ordinairement resserrées entre la montagne et la mer. Elles offrent un aspect gracieux et animé, des maisons peintes; leurs clochers ont une forme singulière qui tient à la fois des styles mauresque et byzantin. La route de Nice à Gênes, agrandie et améliorée par les Français autant qu'elle pouvait l'être, va de la montagne à la plaine; tantôt suit une côte âpre, déserte, où les chênes et les pins poussent, des fentes des rochers, quelques branches maigres et bientôt desséchées; tantôt tourne une colline, descend dans des terrains fertiles parmi les oliviers et les orangers. Recevant ainsi à chaque instant des accidents du sol un intérêt nouveau, elle monte et descend, vient raser la mer et se relève encore, semblable à ces hirondelles que nous voyons devant nous tour à tour se perdre dans les nues et venir effleurer les flots de leurs ailes.

La côte de Gênes nourrit une population active, industrieuse, amie de l'argent et des plaisirs. Son langage est vif; ses manières paraissent nobles, quoiqu'un peu rudes. A la vue de ces physionomies aux traits heurtés, on comprend sans peine l'histoire du pays. Comment ces *riverains* mobiles, passionnés, dont les villes sont enfermées dans les sinuosités de la côte, auraient-ils pu se contenter longtemps d'un gouvernement étranger à leur pays et à leurs habitudes? Cette race aventureuse, qui a été bercée sur les flots, est faite pour le bruit et les émotions des luttes populaires. Je ne m'étonne point que Nice, Vintimille, Oneille, Noli et une foule d'autres cités moins importantes se soient longtemps gouvernées elles-mêmes par leurs propres lois. Le peuple ligurien est naturellement fier et indépendant; ses filets, ses barques et son commerce des productions du pays lui suffisent; avec cela il brave ses maîtres, et fait encore sous le pavillon sarde des rêves de liberté.

II.

GÊNES.

En arrivant à Gênes, et avant même d'avoir visité ses palais, le voyageur, ravi du panorama qu'elle présente, n'hésite point à reconnaître ses droits au titre de *Superbe* que l'enthousiasme italien lui a décerné. La ville, assise sur le cercle formé par le rivage, s'appuie aux derniers étages d'un amphithéâtre de collines qui s'élèvent derrière ses maisons brillantes et ses nombreux clochers. Des couvents, des casins de toutes sortes, semés çà et là parmi toutes les variétés d'arbres qui viennent sous le ciel d'Italie, animent le paysage et se détachent comme des points éclatants sur la montagne dont la verdure sert de fond au tableau. C'est un autre spectacle que celui du golfe de Naples : il a moins d'espace et de magnificence, mais plus d'éclat et de variété ; on en saisit tous les détails. De vastes entrepôts dont les portiques suivent la courbe du port, les navires à l'ancre qui se mirent dans une mer immobile, des milliers de barques peintes, aussi légères que l'écume des flots, le mouvement qu'on remarque sur les eaux, sur les quais ; ces collines, vagues ondulantes qui montent, chargées de maisons et de jardins, jusqu'aux sommets crénelés qui commandent la rade, toute cette perspective se découvre à la fois et laisse dans l'âme un sentiment d'admiration profonde qu'aucune autre ville de l'Italie ne saurait effacer. Voilà Gênes, à proprement parler. Si nous pénétrons dans l'intérieur, nous trouverons encore beaucoup à admirer; mais rien n'égalera l'impression que cette première vue fait naître.

On est fort surpris de trouver la plupart de ses rues étroites et silencieuses, presque comme des corridors de cloître. Deux seulement, la *Strada Nuova* et la *Nuovissima*, sont accessibles aux voitures. Le reste est un vrai labyrinthe de ruelles renfermées entre de hautes maisons, toutes pavées de larges dalles, avec une voie de briques au milieu pour les bêtes de somme. Ces rues s'expliquent par la situation de la ville acculée contre la montagne. Qu'importaient à ce peuple de marins des rues obscures et étroites, puisqu'il les habitait si peu? Sa patrie, sa vie, c'était la mer, la mer à laquelle il confiait sa fortune, ses plaisirs, et les destinées de la république. Puis, la ville avait, comme la mer, ses tempêtes; les révolutions convertissaient trop souvent les places publiques en sanglantes arènes où les factions rivales se disputaient le pouvoir. Alors le mauvais génie de la liberté protégea la force individuelle contre l'indignation populaire, en élevant ces immenses palais autour desquels il ne laissait qu'une voie trop resserrée pour permettre l'attaque. Mais, de la rue, la vengeance montait au haut des maisons : les terrasses et les jardins qui les couronnent devenaient des champs de bataille; plusieurs sont célèbres par les épisodes que l'histoire y a recueillis. Enfin ces rues tortueuses sont à l'abri du soleil, avantage inappréciable à Gênes; on s'y promène comme dans des galeries couvertes, car les faîtes des maisons se rapprochent, laissant à peine, à une grande hauteur, apercevoir entre eux, comme un ruban qui flotte, l'azur tendre du ciel. On ne pouvait s'étendre, on s'est élevé. Les rez-de-chaussée, ordinairement sales et obscurs, ne sont habités que par la classe pauvre; l'opulence va chercher dans les étages supérieurs la lumière et le grand air. La disposition de la ville, bâtie en amphithéâtre sur le versant de monts sourcilleux, a permis d'amener les eaux sur les points les plus élevés, et jusque sur les terrasses des maisons, d'où l'eau se distribue à tous les étages; mais il y a peu de fontaines publiques.

Gênes est la ville des palais : c'est ce qui fait son caractère propre, ce qui lui donne une physionomie à part; ils y fourmillent sans se ressembler. Plusieurs ont leurs façades sculptées; quelques-unes sont en marbre, d'autres peintes avec soin. Le peuple génois est essentiellement décorateur : les riches prodiguent dans leurs palais le marbre et l'or, les pauvres dissimulent la nudité de leurs demeures par des fresques grossières ou du moins sous un éclatant badigeon. Entre tous ces palais, celui du doge mérite une attention particulière, à cause de sa vaste étendue et de sa décoration, que le temps détruit peu à peu. La salle des pas perdus, l'escalier, surtout la salle du grand-conseil rappellent encore la puissance de Gênes. On y voyait autrefois les statues de tous les grands hommes qui avaient bien mérité de la république; en 1797, elles furent remplacées par je ne sais quels symboles en plâtre qui ne disent rien ni au cœur ni aux yeux. L'enceinte de ce palais fortifié présente un aspect féodal; l'histoire des révolutions de Gênes est là, celle de sa gloire se trouve sur toutes les mers du monde. La réputation des palais génois est faite, et Rubens n'a pas ajouté à la sienne en les décrivant. On sait que *Durazzo* est fameux par son vestibule et son escalier, *Serra* par son salon de glaces, *Lomellini* par sa façade, *Brignole* par sa galerie où figurent bon nombre de toiles appartenant à l'école génoise, trop peu connue, et dont plusieurs, placées à côté de tableaux des grands maîtres, supportent sans trop de désavantage l'épreuve de la comparaison.

Mais qu'est-ce que tout cela auprès du palais Doria? Il faudrait ignorer l'histoire, être privé d'intelligence et de cœur pour ne pas visiter cette retraite, si riche de souvenirs, où un grand capitaine mourut dans sa gloire, environné de la reconnaissance de ses concitoyens. André Doria fut l'honneur de sa patrie; Gênes conserve sa mémoire avec un pieux orgueil; et aujourd'hui même que, soumise à des maîtres étrangers, il ne lui est plus permis de vivre de sa vie propre, ce nom charme son oreille comme celui d'un ancêtre illustre pour une famille déchue. Le palais est délabré. Honte à ces modernes Doria qui délaissent une habitation où se résume leur histoire! Les fresques s'écaillent, les galeries dépérissent, et les nymphes des fontaines, couvertes d'une herbe qui les enlaidit, ne donnent plus qu'un filet d'eau qui coule sur elles comme une bave immonde. Toutefois le temps n'a pu détruire ce qui en fait le charme, la belle perspective de la mer et du port. C'est bien là que devait se reposer de ses fatigues le noble Génois qui fut amiral du pape, de François Ier, de Charles-Quint et de Gênes, et qui, pouvant asservir sa patrie, se contenta d'en être le premier citoyen. Mais les Doria de nos jours sont-ils dignes de leur origine? appartiennent-ils à cet illustre lignage?.... La jeune cicerone, charmante enfant de douze ans, qui me montrait le palais, ne connaissait ni le grand ni les petits Doria. Ils habitent Rome, et quand on est jeune et espiègle, on ne s'occupe guère ni des gloires anciennes ni des maîtres absents.

Les églises de Gênes nous ont paru encore plus belles que les palais. Un grand nombre de ceux-ci sont négligés par leurs propriétaires, trop pauvres quelquefois pour les habiter ; mais les grandes familles, qui exercent sur les églises un patronage traditionnel, les entretiennent avec magnificence : il y a entre elles une émulation incroyable pour les décorer; chaque famille pare la sienne de manière à éclipser les autres, et ce zèle pour la maison de Dieu tourne à la gloire de la religion, de la ville et des arts. Nous, Français, accoutumés à la nudité de nos églises, nous sommes tentés, devant ces splendeurs religieuses, de crier à la prodigalité. Mais pourquoi les richesses de la terre ne seraient-elles que pour le monde? Est-il rien d'aussi raisonnable que de les consacrer à leur auteur? On prie, dit-on, avec plus de recueillement dans la mystérieuse obscurité des églises gothiques. Ceux qui parlent ainsi l'ont-ils éprouvé? prient-ils quelque part? Chaque peuple a son génie, ses goûts; l'Italien ne vous reproche point le vôtre ; enfants du Nord, laissez-lui sa dévotion sensible. Religieux et artiste, il aime à voir ruisseler dans ses temples son brillant soleil et à faire part à son Dieu des richesses qu'il en a reçues; il le prie plus volontiers lorsque sa foi le contemple dans cette gloire extérieure qui est pour lui comme une vue du ciel. Mais ne vaudrait-il pas mieux consacrer ces trésors au soulagement des pauvres? Pour créer ces merveilles, on leur a donné du travail. Il n'est pas de pays où la charité chrétienne se montre plus magnifique et plus tendre qu'en Italie. Le pays des belles églises est celui d'une foi sincère ; tenez pour sûr qu'on y entend bien la charité : ces deux vertus s'appellent et se donnent la main. Quand une femme répandit sur les pieds du Sauveur un parfum de grand prix, il se trouva là quelqu'un qui se mit à dire : «A quoi bon cette perte ? On aurait bien pu vendre ce parfum-là fort cher et en donner le prix aux pauvres. Et il parlait ainsi, ajoute l'Évangile, non qu'il eût souci des pauvres, mais parce qu'il était un voleur et un larron.» Ceux qui condamnent la richesse des églises, ont-ils des motifs plus élevés ? Il fallait, à notre entrée dans les églises d'Italie, écarter ces puritains austères qui, au milieu de leurs saintes magnificences, ont grand regret à l'étable de Bethléem ; maintenant, délivrés d'eux, nous pourrons admirer à notre aise.

La plus splendide des églises de Gênes, c'est l'*Annunziata*, que tous les arts se sont efforcés d'embellir. Les fresques et les tableaux rappellent les noms d'excellents auteurs, le marbre y brille de toutes parts, toutes les dorures sont d'une fraîcheur et d'un éclat rares, même en Italie. On y admire surtout l'autel des évêques en argent, et des boiseries d'une étonnante richesse. Les églises Saint-Luc et Saint-Philippe de Néry sont plus petites, mais non moins riches que l'*Annunziata*. Saint-Ambroise, près du palais ducal, possède un grand nombre de bonnes toiles, notamment une *Circoncision* et une *Guérison d'un possédé* par Rubens, et une *Assomption* par le Guide. Il faut citer encore un bas-relief de la *Nativité* par le Bernin, qui n'est point son meilleur ouvrage, et un tabernacle tout incrusté de pierres précieuses. La cathédrale Saint-Laurent, peu décorée, mais singulière par son architecture, est à l'extérieur revêtue de larges bandes de marbre noir et blanc alternées. Les trois portes de la façade, ornées de colonnes de plusieurs styles et de marbres de différentes couleurs, appartiennent dans leur ensemble, ainsi que la grande rosace, à la première période du style ogival. L'église de Carignan, dont les Génois parlent avec tant d'orgueil, s'élève sur une colline d'où elle domine plusieurs quartiers de la ville. Une profonde vallée l'en séparait ; mais un noble Génois, le fils de celui qui avait fait bâtir l'église, voulant rendre son accès plus facile, a jeté sur cet intervalle un magnifique pont de quatre-vingt-dix pieds de hauteur, large de quinze, au-dessous duquel on voit le toit de maisons fort élevées. On montre dans cette église un tableau de *Saint François*, par le Guerchin, et une statue de Puget représentant saint Sébastien. Enfin, je ne dois pas oublier Saint-Siro, église qui date du ve siècle, curieuse encore malgré les transformations qu'elle a subies, et Saint-Étienne-aux-Portes où se trouve le fameux tableau du *Martyre de saint Étienne*, dont la partie supérieure est de Raphaël et le reste de Jules Romain, son élève.

Comme on le voit, les églises de Gênes renferment des morceaux précieux qui les recommandent à l'attention des artistes; mais on y vénère des reliques insignes qui les rendent plus chères encore à la foi des chrétiens. Je me contenterai d'indiquer celles de sainte Catherine de Gênes, dans la chapelle de l'hôpital Pammatone; celles de saint Jean-Baptiste, conservées dans la cathédrale, et le *Santo-Catino*, dans la même église. On a donné ce nom à un vase de verre antique, et non point d'émeraude, comme on l'avait cru pendant longtemps, qui, après avoir été offert à Salomon par la reine de Saba, aurait servi, dit-on, à la Cène du Sauveur. Quoi qu'il en soit de son origine, cette relique rappelle un des plus beaux faits d'armes de la première croisade, je veux dire la prise de Césarée. La veille de l'action, Daïmbert, évêque de Pise et légat du saint-siége, harangua les soldats et leur promit la victoire. Le lendemain, après avoir reçu la communion, ils se précipitèrent aux remparts, et avec le seul secours des échelles de leurs vaisseaux, ils tentèrent l'escalade, encouragés par l'exemple d'Ambraïco, leur consul, qui, monté le premier sur le rempart, se défendait l'épée à la main contre les infidèles. Parmi le butin fut trouvé ce vase, auquel les traditions du pays attribuaient une si glorieuse antiquité. On le transporta à Gênes, dont il devint le palladium; la garde en était confiée à des chevaliers, et une seule fois dans l'année on l'exposait à la vénération publique. Il y avait peine de mort contre quiconque le touchait avec de l'or, du corail ou quelque autre matière capable de le rayer ou de le briser. Depuis que le *Santo-Catino* n'est plus protégé que par le respect qu'il inspire, on remarque avec peine qu'un fragment assez considérable en a été détaché : accident déplorable, quelle qu'en soit la cause; mais qui ne diminue en rien la vénération des Génois pour cet illustre témoin de la bravoure et de la piété de leurs pères.

En parlant des palais de Gênes, nous n'avons point signalé celui que l'agrément du site, la richesse de l'architecture et la sagesse de la distribution placent au premier rang. On ne le croirait point, c'est un hospice. Par une délicatesse de la charité chrétienne, dans la ville des palais, l'indigence a le sien, qui est le plus beau. Vaste établissement ouvert par la famille Brignole à toutes les infortunes, qui y reçoivent une royale hospitalité, l'*Albergo dei Poveri* donne des secours aux malades, du travail à plus de quinze cents individus, et ne laisse aucun prétexte à la mendicité. Toutes les parties du service y sont organisées avec l'esprit de suite qui caractérise les Italiens ; la chapelle, décorée avec goût, possède une *Mater dolorosa* due au ciseau de Michel-Ange ; en un mot, cet hospice, marqué au coin de ce grandiose que l'aristocratie génoise imprimait à ses œuvres, peut être regardé comme un des plus utiles et le plus beau de l'Europe. L'*Albergo dei Poveri* couronne une hauteur un peu escarpée; mais l'industrieuse patience des habitants a triomphé, là comme ailleurs, des obstacles du sol, et ménagé des pentes qui en facilitent l'accès. Le peuple génois monte toujours, dans ses maisons, dans ses rues, dans ses promenades ; l'espace étant limité, l'on s'efforce d'en utiliser les moindres points et même de l'agrandir artificiellement. Ainsi, d'une colline irrégulière et pierreuse, l'on a fait la promenade d'*Acqua sola*, dont les terrassements formés à grands frais sont supportés par des murs énormes. Les plantations, les belles eaux, la vue dont on y jouit, en font un des endroits les plus fréquentés de Gênes, les plus aimés des voyageurs. On se plaît à y venir, à la chute du jour, contempler le ravissant spectacle du coucher du soleil dans le golfe. Ces coteaux dont le feuillage prend une teinte plus pure aux derniers feux du jour, ces embarcations ornées de banderolles aux couleurs sardes, ces ciels enflammés qui dans la pourpre du soir présentent les apparences fantastiques d'un monde inconnu, tous les accessoires du tableau sont alors d'un effet calme qui attendrit le cœur et qui le jette dans une douce rêverie. Il est impossible de suivre des yeux le soleil baissant à l'horizon sans éprouver une certaine impression mélancolique : sur la terre étrangère, le coucher du soleil fait penser à la patrie. Pas de voyageur qui ne connaisse cette émotion rêveuse, et qui, venant la nuit, ne songe tristement à son pays!

Il se fait à Gênes un commerce très-considérable, moindre toutefois qu'au temps de l'ancienne république. La franchise du port lui donne depuis quelques années une impulsion progressive. Les vastes bazars du port franc forment une ville particulière, où la variété des types et des costumes attire les oisifs, tandis que le mouvement des affaires y occupe une partie notable de la population. Les prêtres et les dames n'y sont pas admis. Au reste, la physionomie commerciale de Gênes se montre moins dans ce port ouvert aux navires de toutes les nations, qu'à la bourse Saint-Georges, dont la salle, remarquable par son étendue et sa décoration, réunit l'aristocratie financière du pays. C'est de là que partit, dans ces dernières années, le premier cri de guerre pour l'indépendance italienne. Gênes aurait besoin de la Lombardie pour devenir l'entrepôt général du commerce de la haute Italie : la nature l'a faite pour en être le port; mais la politique allemande a créé Trieste, et depuis lors Gênes est en souffrance. Voilà pourquoi elle pousse le Milanais à la révolte : on voit que son patriotisme n'est pas désintéressé. Le peuple génois est, avant tout, commerçant; le lucre est sa passion dominante ; et comme il n'a pas toujours fait preuve d'une grande délicatesse dans le choix des moyens qui conduisent à la fortune, il est devenu, de la part des Italiens, l'objet d'une envie qui date de loin et inspire pour lui une défiance invincible. Tel est le sens de ce proverbe, trop absolu pour être vrai, qu'on trouve à Gênes : « *Mare senza pesce, monti senza legno, uomini senza fede*, une mer sans poissons, des montagnes sans arbres, et des hommes sans foi. »

III.

DE GÊNES A TURIN.

En attendant que le chemin de fer du Piémont (1) unisse Turin à Gênes, la capitale à son entrepôt maritime, une route intéressante par ses sites et par ses souvenirs historiques reçoit les voyageurs que se renvoient les deux cités. Au sortir de Gênes, on entre dans la vallée de la Polcevera, et l'on tourne les hauteurs fortifiées auxquelles la place doit son importance militaire ; puis l'on se trouve engagé parmi des enclos de villas qui se succèdent presque sans interruption sur un parcours de quatre lieues. Toutes ces habitations sont peintes extérieurement, la plupart avec plus de faste que de goût : ce n'est point cela qu'on admire, mais les prodiges de patience et d'industrie par lesquels on est venu à bout de fertiliser et d'embellir un sol rebelle sur plusieurs points. On arrive ainsi, par des montées pittoresques, au plateau supérieur des Apennins, d'où la route descend dans une gorge étroite, peu cultivée, au fond de laquelle roulent les eaux blanchâtres de la Scrivia. Enfin la vallée s'élargit, la vue se porte sur un bassin immense à l'entrée duquel

(1) Le chemin de fer de Turin à Gênes est aujourd'hui achevé.

apparaît Novi, la clef des Apennins. Cette ville est tristement célèbre dans nos fastes militaires. Sous ses murs fut livrée, en 1799, la sanglante bataille dans laquelle périt le général Joubert; sa mort entraîna la déroute de l'armée qui le chérissait comme un père. On n'a point encore oublié dans ce pays ses talents militaires et son désintéressement, d'autant plus honorable que cette vertu n'était point à l'ordre du jour pendant nos guerres d'Italie. Nous fûmes profondément touchés d'entendre le cicerone qui nous montrait le champ de bataille faire l'éloge du vertueux général. Presque tous les villages du Piémont sont illustrés par nos victoires; mais c'est une gloire plus pure pour la France que sur le lieu d'un échec il ne reste que la mémoire honorée d'un de ses plus nobles enfants.

Marengo fait oublier Novi. Une route droite, comme elles le sont toutes en Piémont, y conduit en quelques heures. On peut, du haut de la tour d'où le premier consul commandait les opérations, se représenter sur le terrain les évolutions des deux armées, reconnaître la route suivie par le général Desaix, lorsque avec sa division de réserve il vint relever l'attaque et assurer la victoire aux Français. Il était temps, car Mélas avait déjà expédié des courriers à Vienne pour annoncer son prétendu triomphe. Rien n'indique le lieu où fut tué le brave Desaix; la colonne commémorative élevée par les ordres de Bonaparte a été détruite, comme si cette grande bataille n'avait pas laissé sur ce sol des traces éternelles, et qu'il eût suffi d'abattre le monument pour en effacer le souvenir.

De Marengo à Alexandrie on traverse une plaine qui, par la variété de ses cultures et la beauté de ses productions, offre un sujet intéressant d'études et d'observations. L'industrie agricole est très-avancée dans le Piémont. La nature, en y multipliant les cours d'eau sur des plaines fertiles, a fait pour ainsi dire les frais de premier établissement; l'esprit d'ordre et l'activité des habitants font le reste. La vigne, le mûrier, les céréales, les prairies, et dans plusieurs contrées les rizières, occupent les populations rurales, et répandent sur le pays un air d'aisance et de bon ton qui le fait ressembler à un immense jardin. Ajoutez à cela des fermes aux toits saillants et aux galeries extérieures, qui joignent l'élégance italienne au pittoresque des chalets alpestres, singulières habitations où pullule la plus laide population de l'Europe, et vous aurez une idée du pays qu'on traverse depuis Novi jusqu'à Turin. Ce sont en vérité de belles et bonnes plaines qu'on admire d'abord, mais dont l'interminable uniformité fatigue bientôt les yeux ; des routes droites, sans horizons, qui vous représentent invariablement, si vous ne dormez pas, les mêmes cultures, les mêmes sites, au point que l'on se croirait toujours au même endroit.

C'est comme cela jusqu'à Alexandrie *de la Paille*. Quelques beaux édifices, une citadelle renommée et un pont sur la Bormida, dont les galeries couvertes forment une construction singulière, voilà tout ce que cette ville présente à la curiosité du voyageur. Elle eut de l'importance au moyen âge, durant les guerres des Guelfes et des Gibelins. Frédéric Barberousse l'assiégea inutilement pendant six mois, et se vengea de cette humiliation qu'il eut à subir devant ses murailles nouvellement bâties de terre mêlée de paille, en l'appelant une *Alexandrie de paille*. Le nom de Césarée qu'il lui donnait ne put jamais prévaloir contre celui d'Alexandrie qu'elle avait reçu du pape Alexandre III, et son surnom *de la Paille* est resté sa plus belle gloire.

Des champs couverts de vignes nous annoncent la ville d'Asti, dont les vins sont les plus estimés de l'Italie septentrionale. La rotonde de l'église Saint-Pierre passe pour avoir été jadis un temple de Diane. Le Tanaro met en mouvement des usines où l'on travaille la soie. Aussi, quoique moins considérable qu'Alexandrie, elle offre, par son commerce et son industrie, plus d'animation et d'intérêt. Asti a vu naître Alfieri, le meilleur poëte tragique de l'Italie, également célèbre par ses aventures, ses poésies et son mariage avec la dernière des Stuarts, la comtesse d'Albany. On montre encore à Asti le palais de l'illustre auteur, qui est un des plus beaux de la ville.

Après Asti, même richesse de culture, même uniformité; toujours des plaines fertiles, couvertes de maïs, plantées de mûriers ; toujours des paysans au chapeau pointu, en jaquette et en guêtres, *travaillant, prenant de la peine sur un fonds qui manque le moins* et qui pourtant ne les enrichit pas. Il ne reste qu'un parti à prendre sur cette route pour tromper son ennui, c'est de relire sur place l'histoire de nos guerres d'Italie, de suivre la victoire d'étapes en étapes, et de recueillir les souvenirs particuliers que la mémoire des habitants conserve pour l'agrément des étrangers. Ces appendices à l'histoire générale n'ont pas tous, il est vrai, une grande autorité ; mais ils intéressent sur les lieux, et il faut être bien mal appris pour y trouver à redire. Ainsi faisait un de nos compagnons de voyage, épais industriel, qui n'ouvrait la bouche que pour se plaindre et mépriser. Il aurait voulu, le digne homme, retrouver partout le langage, les mœurs et surtout la cuisine de son pays. Remarquez qu'il était Franc-Comtois. Cela n'est-il pas raisonnable? Quand on est ainsi fait, l'on doit demeurer chez soi. Il est vrai que celui-là voyageait pour des intérêts de commerce, et l'on sait ce que sont les voyages de ces gens-là.

IV.

TURIN.

On arrive à Turin par des routes larges et bordées de trois rangs d'arbres qui forment de chaque côté deux allées ombragées, pour la commodité des piétons. Ces avenues sont dignes d'une ville qui se glorifie d'être la plus belle de l'Europe. Elle doit cette réputation à la régularité de ses rues et à la beauté de ses maisons, mais non à celle des habitants. La première chose qu'on remarque à Turin, c'est la multitude de gens difformes et contrefaits qui fourmillent dans les rues, et que l'on craint à chaque pas d'écraser. Ils se montrent déjà dans une forte proportion sur les routes de la Savoie et du Piémont : les rudes travaux imposés même au premier âge et la mauvaise qualité des aliments doivent y nuire au développement physique ; on le conçoit et l'on plaint ces infortunés. Mais à Turin on ne s'explique plus ce peuple de boiteux, de nains, de bossus, de goîtreux ; il semble que cette ville soit l'infirmerie de l'Europe. Vous en témoignez votre étonnement ; il y a une raison toute prête à laquelle vous ne pouvez rien répliquer. Ces êtres disgraciés, souffrants, partout ailleurs ne vivraient pas ; le ciel propice du Piémont les conserve : les difformités de Turin deviennent une preuve vivante de l'excellence du climat. Charitable fiction qui console l'amour-propre des Piémontais et fait honneur à leur patriotisme.

De la place du Château, l'on voit les quatre portes et les rues principales, dont deux, *Dora grossa* et la *Contrada di Po*, sont regardées comme les plus belles de Turin. Leurs portiques, leurs maisons élevées et ornées de balcons, présentent tous les avantages que peuvent rechercher le goût et la richesse; de belles perspectives reposent agréablement le regard : d'un côté, l'avenue de la porte Suzine et les sommets du mont Cenis; de l'autre, la belle place d'Emmanuel-Philibert, le pont bâti sur le Pô, l'église de la *Gran Madre di Dio*, les hauteurs verdoyantes où s'élèvent la *Vigne de la Reine* et le couvent des capucins dit *del Monte* : positions militaires, sites pittoresques, charmants pèlerinages qui résument Turin dans les souvenirs des voyageurs. La place du Château est décorée de palais accompagnés de portiques. Celui du milieu, appelé palais *Madame*, bâti en 1416, se fait remarquer par son aspect féodal et ses tours à mâchicoulis que la couleur nue de la brique attriste et rembrunit encore. Son escalier est d'une construction curieuse. On y a réuni les bureaux et les tribunaux de la police. La partie septentrionale de la place est occupée par les palais des archives publiques, des différents ministères, et par celui du roi, palais de briques recrépies, comme tous les autres, d'une simplicité extérieure qui ferait honneur à un gouvernement républicain, mais qui sied bien aussi à une monarchie populaire. On voit à Turin tel palais dont la façade est plus remarquable. Mais on se tromperait fort si l'on jugeait l'intérieur du palais royal par ses dehors bourgeois; la décoration en est splendide, et sous ce rapport on peut le placer entre les plus beaux de l'Europe. Dans la salle des Gardes, un grand tableau de Palma représente la bataille de Saint-Quentin, gagnée par le duc Emmanuel-Philibert; dans la chambre du roi, on admire les *Quatre Éléments* de l'Albane. Je ne parle point d'une foule d'autres peintures des bons maîtres, et de sculptures de diverses époques distribuées dans les salles, ni de l'oratoire, dont l'ornementation somptueuse se fait remarquer autant par le prix des matières employées que par la singularité du travail. Nous parcourions, chapeau bas, les appartements royaux, sous la conduite d'un huissier du palais chargé du double soin d'en expliquer les merveilles et d'en faire respecter la majesté. Quand nous fûmes arrivés dans l'oratoire : « C'est ici, nous dit-il gravement, que la reine-mère, veuve de Charles-Albert, s'enferme souvent pour prier ; ces tapis sont tous les jours arrosés de ses larmes : elle pleure à la fois le roi défunt qu'elle a perdu et le roi régnant qu'on veut perdre. La constitution nous coûte des écus, des larmes et du sang. » Cela fut dit en bon français et avec une indépendance qui honorait la livrée royale. En effet, le Piémont paie cher son apprentissage de liberté.

A côté du palais s'élève la cathédrale : par une noble inspiration, la maison du prince est venue s'appuyer à la maison de Dieu. La basilique de Saint-Jean, aujourd'hui séparée de son pontife et pleurant son exil, appartient aux premiers essais de la Renaissance. Peu intéressante d'ailleurs, elle renferme une vierge d'Albert Durer et les statues de sainte Christine et de sainte Thérèse par le Gros, dont la dernière surtout mérite sa réputation. Derrière l'autel de la cathédrale, à travers un immense vitrage, se montre une nouvelle église, vaste rotonde, élevée de trente marches au-dessus du pavé de la basilique. On y conserve la relique du saint suaire : c'est un des lieux de dévotion les plus vénérés de l'Italie. L'architecte Guarini, chargé de la construction de ce sanctuaire, voulut lui donner la forme pyramidale d'un mausolée. Sa décoration est en marbre noir et en bronze doré. La coupole se compose de plusieurs voûtes découpées à jour et montant en spirales jusqu'à une couronne royale qui les surmonte et qui paraît suspendue dans les airs. L'autel, en marbre noir d'une grande richesse, renferme la relique déposée dans une châsse d'argent, ornée d'or et de pierreries. On sait que les anciens ensevelissaient leurs morts dans plusieurs draps ou suaires ; il n'y a donc pas lieu d'être surpris si plusieurs églises revendiquent la possession du saint suaire de Jésus-Christ. La relique de Turin fut apportée de la terre sainte, au retour d'une croisade, par un gentilhomme champenois, Geoffroy de Charny. François Ier, avant la bataille de Marignan, fit à pied le voyage de Lyon à Chambéry pour l'y vénérer. Depuis elle fut transportée à Turin par les ducs de Savoie, qui l'ont placée dans leur propre palais ; car la chapelle du Saint-Suaire en est une dépendance, et elle est desservie par les aumôniers de la cour. Charles-Albert y a fait élever quatre monuments funèbres de marbre blanc, en l'honneur des ducs de Savoie les plus illustres : hommage de reconnaissance rendu à la mémoire de ces princes qui ajoutèrent à la noblesse de leur maison, la plus ancienne de l'Europe, la gloire de leurs propres vertus.

Nous ne pouvons qu'indiquer rapidement les plus intéressantes églises de Turin. Celle de Saint-Philippe de Néry possède de bons tableaux de Maratta et de Solimène ; Saint-Laurent, presque toute revêtue de marbre, se fait remarquer par l'élévation de son dôme ; Sainte-Thérèse des Carmes, par une petite coupole dont les jours sont si habilement ménagés, qu'elle paraît sans cesse éclairé par les rayons du soleil ; l'*Annunziata* est richement décorée. Mais l'église qui, sous ce rapport, éclipse toutes les autres, est celle du *Corpus Domini*, élevée sur le lieu d'un miracle dont une inscription consacre le souvenir. « L'an 1453, une bête de somme, apportant des herbes au marché (qui se tient encore au même endroit), s'agenouilla en présence de tout le peuple. Une hostie s'éleva du milieu des herbes et puis descendit entre les mains suppliantes des habitants de la ville. » L'église du *Corpus Domini*, construite sur le lieu même du prodige, en est un magnifique monument. Elle resplendit de marbre et d'or, au point que cette profusion est regardée comme de mauvais goût : heureux défaut qui prouve au moins la foi de la ville de Turin et sa reconnaissance pour les faveurs du ciel. C'est dans cette église, nous a-t-on dit, que Jean-Jacques Rousseau fit son abjuration du protestantisme, et non point, comme il l'a écrit lui-même, dans l'église métropolitaine de Saint-Jean. Il raconte dans ses *Confessions* ce grand acte de sa vie avec moins de sincérité qu'il n'en mit à le faire. Le temple consacré à la Vierge sous le nom de la *Gran Madre di Dio*, est un ex-voto des décurions de la ville, en mémoire du rétablissement de Victor-Emmanuel sur le trône de ses pères. Faible imitation du Panthéon de Rome, il reçoit pourtant de sa situation au pied de la colline, sur l'autre rive du Pô, un caractère de noblesse que sa décoration intérieure ne dément point. Ce n'est pas, au surplus, l'unique témoignage que les Taurinois aient transmis à la postérité de leur dévotion particulière à la Mère de Dieu. Sur la plus haute des collines qui dominent la plaine, s'élève la belle église de la Superga, dont la coupole semble vouloir se perdre dans les cieux. Elle fut bâtie par le roi Victor-

Amédée Ier en 1706. Du sommet de cette montagne, le prince, voyant sa capitale bloquée par les Français, fit vœu de construire une église dédiée à la Vierge protectrice de ses États, si le siége était levé. La magnificence du temple fait honneur à la reconnaissance royale, et le peuple s'y associe ; la Superga est devenue un pèlerinage célèbre dans la contrée. Les caveaux renferment les sépultures des rois de Sardaigne.

Après avoir visité ce temple superbe, qui conserve de si grands souvenirs et rappelle à la fois la prière, le bienfait et la reconnaissance, je vins, en traversant la ville, dans une église moins riche, mais encore plus populaire, à Notre-Dame de la Consolation. La *Consolata !* nom béni que tous les infortunés connaissent, qui ne leur promet pas seulement la consolation, mais la montre accordée. La *Consolata* s'élève à l'extrémité d'un quartier retiré, habité par le peuple des malheureux, nombreux partout, mais surtout dans les capitales. Cette église, où l'on vénère une image peinte à l'huile par un élève du Giotto, a vu de grandes infortunes et de grandes consolations. En 1814, Pie VII, revenant à Rome, y rendit grâces à la consolatrice des affligés ; la même année, Victor-Emmanuel vint y assister à un *Te Deum* chanté à l'occasion de son heureux retour dans sa capitale. Je me souviendrai toujours d'avoir vu, au fond d'une chapelle de cette église de la *Consolata*, l'illustre et pieux auteur de *Mes Prisons*, Silvio Pellico, qui y venait tous les jours. Silvio Pellico dans l'église de la *Consolata !* Il était abîmé dans la prière, seul avec Dieu, parmi de simples femmes ; personne ne le remarquait. Je considérai longtemps cette âme si pure, dont la religion et l'amitié consolaient les douleurs, et je me ressouvins avec attendrissement de ces paroles des *Prisons* : *Ah ! l'amicizia e la religione sono due beni inestimabili. Abbelliscono anche le ore de prigioneri a cui più non risplende verisimiglianza di grazia ! Dio è veramente cogli sventurati ; cogli sventurati che amano* (1) !

Les églises sont les plus beaux édifices de cette capitale ; les

(1) Ah ! l'amitié et la religion sont deux biens inestimables. Elles embellissent même les heures des prisonniers pour qui ne luit plus l'espérance de la liberté ! Dieu est vraiment avec les infortunés qui souffrent ; avec les infortunés qui l'aiment. (Chap. LXXXIX.)

autres, quoique d'un aspect élégant, n'ont point ce caractère monumental que semble promettre la qualification de palais donnée à un grand nombre. Ce qu'on appelle de ce nom en Italie ne mériterait pas toujours en France celui d'hôtel. Après le palais du roi, il faut pourtant citer le palais Carignan, vaste et singulière construction en briques, d'un style défectueux, où l'on ne remarque guère que le salon et l'escalier. Non loin de là, sur la place San-Carlo, un palais moins grand, sans aucune apparence, attire par sa richesse intérieure l'admiration des étrangers; construit par le prince de Borgo, qui se ruina pour l'achever, il n'a jamais été habité par son propriétaire. La Société philharmonique de Turin l'a acheté, elle y donne ses fêtes. La salle de bal, les salons de glaces et les cabinets sont d'un éclat ravissant. Quoique les dorures n'égalent point en éclat celles du palais royal, elles méritent cependant d'être vues, comme décoration rivale. Enfin le palais de l'université, ancien collége des jésuites, renferme dans son immense étendue les musées de la ville, à l'exception de la curieuse collection des armures du moyen âge, conservée dans le palais du roi. On parcourt avec la plus vive satisfaction le musée égyptien, le plus complet de l'Europe, formé par M. Drovetti, consul de Sardaigne au Caire pendant vingt ans. Des momies de toutes sortes, d'hommes et d'animaux, dans toutes les attitudes, enfermées dans leur cercueil ou débarrassées de leurs bandelettes, attendent là un autre Champollion qui achève de révéler le secret de leur vie, en expliquant les hiéroglyphes de leurs tombes profanées. Il y aurait une étude intéressante à faire sur les tissus égyptiens de ce musée, sur les poteries et les instruments destinés aux divers usages de la vie, dont la plupart sont remarquables par la beauté de leur fabrication. La table Isiaque, incrustée de figures émaillées, donne une idée de la perfection à laquelle les Égyptiens avaient poussé l'art de la niellure. Si, fatigué des ibis, l'on recherche des raretés artistiques moins laides, on pourra se faire montrer quelques figures en ivoire, des meubles curieux, un volumineux manuscrit rabbinique, et un Alcoran digne de l'intérêt des amateurs.

Du reste, on peut admirer à son aise, les profanes n'y troublent point le recueillement des érudits. Les Piémontais, gens aimables, mais peu artistes, s'occupent de leurs affaires, et, sans se perdre dans d'inutiles études, travaillent honnêtement à s'enrichir. Ils participent des Italiens et des Français ; aux goûts des premiers, ils joignent l'activité des seconds. Après les labeurs de la semaine, une promenade en famille, le dimanche, sous les remparts de la citadelle, aux villas du voisinage, aux allées du Valentin, « puisque Valentin y a, » comme disait Voiture (1), telle est la vie des Taurinois. Ils y ont ajouté, depuis ces dernières années, les préoccupations politiques, et n'en sont pas plus heureux. Nos discordes leur ont été funestes. Les Alpes avaient répété d'échos en échos le cri de liberté ; la révolution suivit la route tracée au mont Cenis par le génie des batailles ; mais la victoire ne l'accompagnait pas, elle a méconnu les drapeaux de l'indépendance italienne. C'est en vain d'ailleurs que l'on s'efforce de révolutionner légalement le pays. La religion y a jeté des racines trop profondes pour qu'elle y puisse périr, et l'autorité royale est trop chère à ce peuple, dont elle a fait longtemps le bonheur, pour qu'il la laisse longtemps s'abdiquer elle-même. Comment une ville aussi richement dotée en institutions charitables qu'aucune autre capitale de l'Italie, la grande Rome exceptée, remplie de tant d'églises somptueuses, pourrait-elle se laisser dépouiller de sa gloire, et devenir indifférente ou impie? Les prières des saints de la maison de Savoie obtiendront grâce pour ce malheureux pays et le préserveront de lui-même. Telle est l'impression que laisse dans notre esprit la dernière vue de Turin. Ces églises, ces palais de familles connues par leurs principes, ce peuple religieux qu'on a pu passionner, mais qu'on ne peut pervertir, tout cela console la pensée fatiguée du choc des passions et de la lutte des partis.... Longtemps après notre sortie de la ville, nous voyions encore la grande coupole de la Superga, qui semblait nous suivre, et élevait au-dessus des nuages, dont la montagne était alors couverte, son faîte éclairé par les rayons du soleil. Voilà la situation politique : des nuages parmi lesquels se montre la croix, comme une espérance dans la tempête et un signe de salut au milieu du danger !

(1) Lettre à Mlle de Rambouillet du 7 octobre 1638. Il y fait la description de ce château royal, qui avait alors de la réputation.

V.

DE TURIN A MILAN PAR LES LACS.

Turin est située entre deux rivières, le Pô et la Doire. A la sortie de la ville, on passe la dernière sur un pont de pierre d'une seule arche qui n'a pas moins de quarante-sept mètres d'ouverture, célèbre ouvrage de l'ingénieur Moscha. La plaine se montre d'abord, sur une immense étendue, couverte de riches cultures, toujours remarquable par l'ordre que l'agriculteur piémontais sait mettre dans la distribution et dans l'emploi du sol. On continue à voyager entre les champs de maïs et les allées de mûriers, dans un pays superbe : souvent des villages, partout des habitations gracieuses ; ainsi l'on arrive à Chivasso. Cette ville, prise et reprise par toutes les armées qui, de la France et de l'Italie, sont venues se rencontrer dans ces plaines, met à profit le repos qu'on lui laisse pour étendre son commerce et fertiliser ses terres, les moins productives de la contrée. Sa position au point de bifurcation des deux routes de Milan lui donne quelque importance.

Nous suivîmes la première, par Verceil et Novarre, qui offre plus d'intérêt, quoique plus longue que l'autre. Verceil, une des plus anciennes villes d'Italie, puisque Justin en attribue la fondation à Bellovèse, dans le VIIe siècle avant l'ère vulgaire, est assise sur une colline, d'où elle domine la plaine rendue célèbre par la victoire de Marius sur les Cimbres et les Teutons. Elle a des rues larges et fait un commerce assez considérable des denrées du pays. Les églises sont presque toujours en Italie ce qu'il y a de plus beau dans une ville. Celles de Verceil méritent d'être vues : Saint-Christophe, pour ses belles peintures de Gaudenzio Ferrari, l'élève du Pérugin et le restaurateur de la peinture dans le nord de l'Italie ; Saint-André, gothique, pour le magnifique tombeau de Thomas Gallo, maître de saint Antoine de Padoue, monument du XIIIe siècle. Le Dôme (1) est moderne. S'il n'offre point aux amateurs l'attrait d'une architecture antique, il rappelle aux chrétiens deux noms illustres dans les annales de l'Église : le B. Amédée de Savoie, qui préféra l'austérité du cloître aux délices de la cour, et Eusèbe de Verceil, l'ami de saint Ambroise et le fléau des ariens. Leurs reliques sont vénérées dans cette cathédrale. On y montre un Évangile du IVe siècle, qu'on dit avoir été écrit de la main de saint Marc. Sainte-Marie Majeure est moins remarquable par les quarante colonnes qui supportent la voûte que par son superbe pavé en marbre représentant l'histoire de Judith : travail curieux dont on ne voit guère d'exemple, et qui est plus singulier par l'idée que par le mérite de l'exécution.

Verceil est une de ces villes peu connues, peu étudiées, qu'on salue, au passage, des portières d'une diligence. Un coup d'œil rapide, quelques renseignements recueillis à la hâte pour faire suite aux indications fournies par les Guides, voilà tout ce que le touriste croit devoir à ces villes oubliées. Certain voyageur fit tout le contraire. Il parcourut rapidement les cités importantes qui lui étaient connues par les livres et la gravure ; mais il appuya sur le second ordre, cherchant de grandes choses dans les petites villes, des collections précieuses dans les monts-de-piété, enfin luttant contre l'admiration traditionnelle dont l'Italie est en possession, pour lui composer une gloire secondaire que personne n'apprécie et qui n'en fut pas une pour le naïf observateur.

Le climat des environs de Verceil, principalement sur les ter-

(1) En Italie, on donne ce nom aux cathédrales.

ritoires d'Orfengo et de Pultrengo, est vicié par les exhalaisons pestilentielles des rizières. Depuis le mois d'avril jusqu'à la fin de septembre, on inonde toute la campagne. La culture du riz est pour le Piémont une production abondante et facile ; mais les habitants, dévorés par les fièvres, paient souvent de leur vie le morceau de pain destiné à la leur conserver.

A l'extrémité de la plaine, sur une hauteur cultivée, apparaît de loin Novarre, qu'on doit citer parmi les villes les plus intéressantes du Piémont. Ses nombreux clochers, ses vieilles fortifications lui donnent un de ces aspects pittoresques et animés que les voyageurs, lassés de la monotonie des plaines, cherchent avec avidité au bout de l'horizon. Depuis que les Italiens, armés pour secouer le joug autrichien, ont été battus dans la plaine de Novarre, tout patriote ne prononce ce nom qu'avec douleur : Novarre est le Waterloo de la jeune Italie. Nous eussions parcouru cette route sans que ce souvenir fût venu attrister nos esprits, si un chaud partisan de l'indépendance, plus ardent à nous raconter les détails de la bataille qu'il ne l'avait été pour en partager les périls, ne nous eût montré le théâtre de ces douloureux événements. Il nous donna une idée de ce que peut un patriote quand il n'y a qu'à raconter. Mais la ville, pillée par ces bandes indisciplinées que la cavalerie piémontaise fut obligée de charger, a conservé le plus triste souvenir de leur conduite ; les *frères et amis* traitaient l'Italie comme un pays conquis, tandis que les Autrichiens se présentaient comme des alliés, armés seulement contre le désordre ; les populations rurales les saluaient comme des libérateurs. Novarre possède plusieurs antiquités romaines ; des autels votifs sont rangés vers l'ancien portique de la cathédrale, accompagnée elle-même d'un *columbarium* (1) devenu baptistère. Ce monument, restauré dernièrement par d'habiles artistes, conserve la disposition des basiliques primitives et se montre à peu près tel qu'il était au temps de saint Gaudens, son évêque. L'Église a consacré la mémoire de cet intrépide défenseur de l'orthodoxie catholique

(1) Enceinte dont les murs étaient percés de petites niches destinées à recevoir les urnes contenant les cendres des morts.

contre l'arianisme ; il fut l'ami et le compagnon de saint Martin, le disciple de saint Eusèbe de Verceil et de saint Ambroise. On voit dans la bibliothèque capitulaire le manuscrit de sa vie, précieux document du VIIe siècle. L'église dédiée à ce saint patron est renommée par ses peintures et ses archives ; on regarde le mausolée comme ce qu'il y a de plus beau en ce genre dans toute l'Italie. Nous ne parlons point des établissements de bienfaisance qui donnent à Novarre un rang distingué parmi les villes de la contrée. Le Piémont est couvert des monuments de la charité chrétienne. Si les pauvres y sont nombreux, si des infirmités de toute nature y affligent les regards, on se console à la pensée que la religion les soulage et que ses pieuses industries pourvoient à tous les besoins.

Novarre, située au centre des grandes routes qui conduisent de Milan et de Turin au Simplon, voit dans toutes les saisons un grand mouvement de voyageurs. Pour n'avoir point à revenir sur ses pas, on peut aller de Novarre au lac Majeur. Cette excursion obligée de l'amateur qui parcourt l'Italie supérieure, à moins qu'elle ne soit le dernier adieu donné à la Lombardie en revenant en France par le Simplon, doit être le complément du voyage de Turin à Milan. Trois heures suffisent pour aller de Novarre à Arone. On traverse une plaine ondulée, puis des coteaux qui annoncent les montagnes, et l'on voit Oleggio, connu des antiquaires à cause de ses inscriptions et de ses ruines.

Elles attestent l'existence d'un camp romain dans cette vallée du Tésin où Scipion fut vaincu par Annibal, où Murat défit les Autrichiens en 1800, où se sont livrées beaucoup d'autres batailles; car on pourrait dire de toutes ces plaines de la Lombardie et du Piémont ce qu'on a dit de la Belgique, que si Mars ne fait que passer dans les autres pays, il a planté sa tente dans celui-ci. La ville d'Arone, l'entrepôt réel du commerce qui se fait entre l'Italie et la Suisse par le lac Majeur, est située sur ses bords. Un château en ruine la domine ; plus loin, des maisons de campagne couvrent les pentes de ses collines, et le lac Majeur est là pour prêter à ce paysage le prestige de sa réputation et en répéter l'heureux effet dans ses eaux. Du reste, tout cela occupe moins que le souvenir de saint Charles Borromée, qui, né au château d'Arone, fut, pendant sa vie, le bienfaiteur du pays, comme il est devenu son protecteur dans les cieux. Grande a été la reconnaissance de la ville, si l'on en juge par le monument qu'elle a élevé à la gloire du saint archevêque. C'est une statue colossale de soixante-douze pieds de hauteur, sans compter le piédestal qui en a trente-six. Elle reproduit avec la plus grande fidélité la ressemblance du saint. La tête, les mains et les pieds sont en bronze fondu ; le reste est un massif de maçonnerie, recouverte extérieurement de plaques de bronze. Cet ouvrage a coûté 1,100,000 livres milanaises. On ne se fait pas aisément une idée de cette masse énorme et pourtant si bien proportionnée, qu'à une distance même assez faible elle ne paraît pas excéder de beaucoup les dimensions ordinaires. Mais lorsque, arrivé au pied, l'on se trouve si petit, que l'on atteint à peine aux moulures du socle, et que les yeux, se levant avec effort vers la tête du colosse, croient la voir toucher les cieux, on reste confondu d'étonnement et muet de surprise. Une ouverture pratiquée dans un pli de la robe et à laquelle on arrive au moyen d'échelles appliquées extérieurement, donne entrée dans le corps de la statue. On peut, à l'aide des barres de fer qui retiennent l'enveloppe métallique, monter jusque dans la tête et se donner le plaisir de voir par les yeux de la statue, de s'asseoir dans son nez : satisfaction assez ridicule que se procurent d'ailleurs un petit nombre d'amateurs, à cause de la difficulté de l'ascension. La statue de saint Charles a le visage tourné vers Arone et le bras étendu pour bénir.

Comme le monticule où elle se dresse est dominé par de hautes collines boisées, elle ne se distingue point assez au milieu de la verdure ; il faut se placer à une grande distance pour la voir se détacher sur le ciel. Mais sous ses divers aspects, elle se présente comme l'accessoire le plus curieux du paysage qu'offrent les bords du lac. C'est le premier objet qui arrête l'attention, lorsque de la Suisse on arrive en Italie ; ou bien c'est le dernier qu'on salue au départ : le saint évêque bénit les voyageurs. Le colosse d'Arone, placé à la limite extrême de l'Italie, semble la résumer dans ce qui fait sa gloire, la religion et les arts.

Lorsqu'on l'a perdu de vue, ainsi que les fortifications ruinées d'Angera, située en face d'Arone, le lac se découvre aux regards dans sa plus grande largeur. Le bateau à vapeur, assez rapide pour ne point laisser languir l'intérêt, assez complaisant pour toucher aux plus beaux points de vue du rivage, accomplit plusieurs fois par jour ce petit voyage de *circumnavigation*. Il s'arrête successivement à Lesa, connu par ses fruits et par l'excellent vin que ses coteaux mûrissent; à Belgirate; fier de son site; à Stresa, Baveno et Magadino; il passe devant une foule d'autres villes élégantes qui prêtent au lac Majeur autant d'agrément qu'elles en reçoivent, et se penchent sur ses eaux comme pour y chercher leur image. La scène que présente le lac est pleine de repos et de grâce. Une mer d'azur calme et silencieuse; des îles posées sur les flots comme des corbeilles de fleurs; sur les bords une ceinture de villages aux maisons brillantes, derrière lesquelles montent des collines variées dans leurs formes, couvertes d'arbres et de verdure où pointent des clochers d'ermitages; par delà ces hauteurs l'aspect sévère des montagnes neigeuses qui servent de contre-forts aux vastes sommets du Saint-Bernard et du Simplon : tel est le spectacle qui arrête longuement les regards des passagers et arrache aux moins enthousiastes des cris d'admiration. Il semble que tout a été dit sur le lac Majeur, et cela est vrai pour ceux qui le connaissent seulement par les tableaux des peintres et des poëtes; mais rien n'a été dit pour ceux qui le voient. On ne se lasse point d'en contempler les merveilles. Sur les flancs des collines qui l'entourent, il y a des habitations où vivent des amis de la nature qui ont renoncé à leur patrie pour se fixer parmi ces beaux paysages : ermites du lac Majeur qui mènent sur ses bords la vie contemplative, analysent les moindres effets de ses perspectives, s'extasient devant les tons variés que la lumière, aux différentes heures du jour, communique à ses flots, et le possèdent enfin avec délices sans pouvoir se rassasier de sa beauté.

La route du Simplon se déroule sur la rive droite. Du milieu du lac, les yeux en suivent les détours, jusqu'au delà de Baveno, où l'on s'arrête ordinairement pour visiter les îles Borromées.

Le lac Majeur leur doit une partie de sa réputation. Il y a deux siècles l'*Isola bella* n'était qu'un rocher aride, lorsque, à la voix d'un de ces Borromées dont le nom se retrouve à chaque pas, en Lombardie, consacré par la bienfaisance ou la gloire, elle sortit du sein des eaux transformée. Les statues, les terrasses, un double palais, des bois de lauriers et de cèdres, tout fut créé comme par enchantement. L'imagination italienne dut être satisfaite après avoir produit cette merveille où la vérité imite la fable et ne s'est inspirée des fictions mythologiques que pour les surpasser. Toutefois le palais n'a rien de remarquable sous le rapport de l'architecture. On y voit d'assez bons tableaux, parmi lesquels plusieurs de Tempesta, qui, après avoir tué sa femme dans un accès de jalousie, reçut ici un asile et paya de son pinceau la dette de la reconnaissance. Ses portraits lui donnent un visage d'une angélique douceur. Les appartements inférieurs sont au niveau de l'eau; des statues d'une pierre brune leur forment une décoration rustique; les murs et les voûtes couverts de rocailles rappellent ce que les poëtes ont dit des grottes des nymphes, et le lac se montre de tous les côtés pour ajouter à cet assemblage d'un goût plus ou moins correct le charme incontestable de ses perspectives, dont l'art n'a point altéré les effets. Les jardins sont étagés sur douze terrasses, où croissent des plantes exotiques; on y trouve des fleurs et des fruits de tous les pays. Bosquets, prairies, rien n'y manque de ce qui compose les villas d'Italie, pas même le pittoresque des ruines qui viennent, bien malgré le maître du séjour, répandre l'idée de la destruction sur ces trésors de vie amassés par ses aïeux. Hélas! il faut bien le dire, beaucoup de statues sont brisées; des murs s'écroulent; les canaux sont rompus, et la citerne creusée au sommet de la plus haute terrasse n'alimente plus les fontaines. Ainsi en est-il dans toute l'Italie. Au milieu des révolutions, lorsque toutes les têtes bouillonnent, comment s'occuper de villas? Depuis que le vainqueur de l'Italie, Napoléon, a passé à l'*Isola bella*, et qu'il a, dit-on, gravé sur un laurier du parc, le plus gros de l'Europe, le mot *bataglia*, ces lieux semblent avoir été délaissés. Qui dit bataille dit ruines. Ce mot solennel, écrit à la pointe de l'épée, la veille de Marengo, est lui-même à peu près effacé : l'écorce, en se renouvelant, en a détruit tous les traits. Ainsi le temps emporte ce que la victoire a fondé; mais le laurier ne meurt pas.

Nous vînmes coucher à Laveno, de l'autre côté du lac, à deux lieues de Baveno. Notre barque à trois rames nous permettait de contempler à loisir les moindres détails du tableau.

L'*Isola bella* se montra alors sous un point de vue plus agréable. Sa décoration, du côté de Baveno, n'est pas exempte de recherche et de mauvais goût ; mais dans la direction opposée, elle présente un ensemble plus pur. On la voit s'élever du milieu d'une brillante ligne d'écume, comme une pyramide flottante de verdure, chargée de cèdres et de palmiers, dont le feuillage se balance dans les rayons du soleil. Des trois autres îles Borromées, on ne visite guère que l'*Isola madre*, qui est entièrement cultivée. Tout y a un caractère d'utilité : de vastes jardins potagers, des bois d'orangers et de citronniers y accompagnent un palais non achevé qui ressemble à une vaste ferme. L'*Isola madre*, voisine de l'*Isola bella*, c'est l'utile joint à l'agréable. Les Borromées se sont conformés au précepte d'Horace et n'ont point négligé leurs intérêts en s'occupant de leurs plaisirs.

Laveno est un bourg qui prétend tirer son nom de Labienus, lieutenant de César, lequel, selon la chronique locale, aurait campé en cet endroit. Tous les Guides préviennent les voyageurs qu'il n'y a que de mauvaises auberges. Cela n'est que trop vrai. Admirateurs des beaux sites, traversez le lac en bateau pour jouir des aspects variés des îles et des agréments répandus sur les deux bords ; mais si vous voulez que rien n'altère le souvenir de cette navigation poétique, gardez-vous des auberges de Laveno !

Les lacs s'appellent : rien de plus commun dans la Lombardie supérieure. Nous voulûmes, du lac Majeur, aller au lac de Côme ; marché conclu avec un voiturin, et nous voilà partis. La route suit les hauteurs et traverse une contrée fertile. Des villages heureusement situés, des châteaux en ruine, des champs couverts d'une végétation remarquable par sa vivacité, donnent à ce pays une animation singulière. Et puis des lacs sur tous les points : entre Laveno et Varèse il n'y en a pas moins de quatre ; du sommet du *Sacro-Monte* on en distingue, de compte fait, jusqu'à sept, et l'on jouit d'un horizon qui commence aux Alpes suisses et piémontaises, et se perd au loin dans les plaines sans bornes de la Lombardie.

Le *Sacro-Monte* de Varèse est un sanctuaire renommé dans la contrée ; pas de Lombard pieux ou simplement artiste qui n'accomplisse au moins une fois en sa vie ce dévot pèlerinage.

Saint Ambroise avait fait bâtir au sommet de la montagne une église en mémoire du triomphe remporté par la foi catholique sur l'hérésie arienne. Elle devint aussitôt un lieu de pèlerinage auquel on se rendait de tout le nord de l'Italie, et qui fut bientôt célèbre par des miracles. Cela dura ainsi pendant plusieurs siècles jusqu'au XVIIe, où le pèlerinage acquit plus d'importance et d'éclat. Voici à quelle occasion. Un capucin conçut l'idée de bâtir sur le chemin de la *Sainte-Montagne* quinze chapelles ou oratoires en l'honneur des quinze mystères du rosaire, soit afin de fournir à la piété des pèlerins un nouvel aliment, soit afin de leur ménager des haltes, le long d'une voie pénible, dans une douce méditation des souffrances de l'Homme-Dieu. Ce projet conçu, il fallait le réaliser; mais le bon père capucin ne possédait rien au monde, que la foi qui transporte les montagnes. Il fit part de ses vues au curé de Malnate, village voisin de Varèse, et prêcha dans son église pour exciter la charité des fidèles. Le ciel bénit ses paroles; les habitants apportèrent les plus généreuses offrandes; bientôt la province entière s'y associa, et, au bout de quelques années, quinze chapelles s'élevaient, toutes belles d'or et de marbre, où la peinture et la sculpture prodiguaient des chefs-d'œuvre. Un arc de triomphe donne entrée à cette voie bénie; on monte admirant et priant jusqu'au principal sanctuaire qui couronne le sommet de la montagne, d'où la Vierge tutélaire protége au loin cette belle contrée dévouée à son culte. Aussi la piété l'a décoré avec une rare magnificence; il est presque toujours rempli de fervents chrétiens que la confiance y attire, que la reconnaissance y ramène : âmes généreuses dont la foi rappelle à l'indifférence de notre siècle la beauté des antiques pèlerinages et obtient des prodiges comme aux beaux jours du christianisme.

La ville de Varèse, située à trois milles du *Sacro-Monte*, est propre et bien bâtie. Sa position au pied de collines fertiles et sur les bords d'un lac lui donne beaucoup d'agrément; aussi l'aristocratie milanaise y passe la belle saison; toutes les hauteurs voisines sont parsemées de villas. L'église est accompagnée d'un des plus beaux campaniles de la province; on y trouve quelques bonnes peintures.

De Varèse à Côme, la distance n'est pas considérable. A gauche s'élèvent des collines boisées qui dominent la route; à droite se déroulent au loin des plaines brumeuses ; chaque détour du chemin présente des points de vue pittoresques et des sites charmants. Ce pays rappelle certaines vallées de la Suisse, avec cette différence que l'horizon y est plus large et le climat plus doux. Le bassin du lac de Côme, enfermé entre de hautes montagnes, se dérobe aux regards qui le cherchent ; on descend la belle avenue de la Camerlata sans que rien permette seulement de supposer qu'il y ait un lac caché derrière ces montagnes. Aussi s'arrête-t-on à considérer, faute de mieux, la vieille tour aux créneaux de laquelle fut suspendue la cage de fer où Napoléon *della Torre*, enfermé par ordre des Visconti, périt misérablement. Enfin la ville se montre tout d'un coup dans une position délicieuse. Les moindres bourgades de la haute Lombardie, bâties au pied de coteaux fertiles, sont remarquables par un certain air de fraîcheur et de gracieuse propreté qui fait plaisir à voir. Côme possède plus qu'aucune autre ville lombarde ces avantages extérieurs ; toutefois elle attire peu les regards des étrangers. Sa cathédrale, remarquable vaisseau de la Renaissance, *San-Fedele*, jadis temple païen converti en église au VIe siècle, la façade du lycée, partout ailleurs fixeraient l'attention ; ici le lac l'absorbe tout entière. Volta lui-même souffre de ce voisinage, et sa statue de marbre est oubliée sur la place dont elle fait l'unique ornement. C'est qu'en effet le lac résume à lui seul l'histoire, la poésie, le commerce et tous les intérêts du pays. Moins vaste que le lac Majeur, moins solennel dans ses horizons, il offre des perspectives pleines de charme dont l'œil distingue sans effort les divers plans. Des collines parées d'une végétation brillante et variée plongent dans l'eau qui reflète leurs cimes. Le lac se divise en deux branches : celle du Lecco, bordée de hautes montagnes presque stériles, de rochers de formes tristes et bizarres qui inquiètent la vue ; l'autre, qui se termine à la ville de Côme, présente des aspects plus tranquilles, des terrasses surchargées de plantations de mûriers et d'orangers. Parmi tout cela, des hameaux tiennent, on ne sait comment, sur les flancs escarpés des montagnes, où se montrent aussi des couvents ombragés par des marronniers ; de distance en distance, des cascades tombent le long des rochers, au milieu d'une verdure qui fait ressortir l'éclat de leurs eaux. En naviguant sur le lac de Côme, on se croirait dans un fleuve au cours égal et immobile, tant les rives sont rapprochées ; on respire les parfums des orangers et des roses : c'est un tableau où rien ne se perd, où tous les objets, par leurs contrastes harmonieux, concourent à l'effet de l'ensemble ; une lumière pure et riante leur prête des tons d'une merveilleuse douceur. Je ne m'étonne pas que les Romains, amateurs passionnés des beautés de la nature, eussent élevé sur les bords du lac des maisons de plaisance; mais il ne faudrait pas croire que la villa Pliniana moderne soit bâtie sur l'emplacement de celle de Pline. La description que cet auteur fait de la fontaine intermittente prouve qu'elle était située à quelque distance de ses deux villas. On a gravé sur le mur de la fontaine la lettre dans laquelle Pline décrit ce phénomène ; mais il reste encore inexpliqué. En attendant l'explication qui fera perdre à ces lieux une partie de leur poésie, l'imagination peut y retrouver les sites indiqués par Pline, et même, avec de la bonne volonté, reconnaître l'emplacement de ses deux villas, qu'il nommait *Comœdia* et *Tragœdia*, sans doute parce que l'une était bourgeoisement située sur les terrains plats du rivage, et que l'autre s'élevait sur le cothurne de rochers majestueux. Le lieu ne pouvait être mieux choisi pour les loisirs studieux d'un sage. Là, ce philosophe bel esprit recomposait lentement le *Panégyrique de Trajan* et écrivait les lettres maniérées qu'il adressait à la postérité sous le couvert de ses amis. Pour donner des leçons à son siècle, il crut devoir les envelopper sous d'hypocrites adulations, comme si, pour guérir la corruption, il fallait être corrompu soi-même ; il persécuta les chrétiens pour ne pas déplaire à son maître, quoiqu'il les reconnût innocents. Voilà ce qu'était la sagesse antique : comment des philosophes se disant chrétiens ont-ils pu l'admirer ?

Le chemin de fer de Côme à Milan suit une vallée qui s'élargit peu à peu et devient ensuite une plaine immense. Le paysage change complètement. Aux horizons limpides et ondulés du haut Milanais et de la Brianza succèdent des champs cultivés qui s'étendent sans fin. Leurs aspects indécis font regretter les grands sommets des Alpes que l'on contemplait tout à l'heure dans des lacs ombragés par des lauriers et des orangers. En partant de Côme, nous faisons, pour ainsi dire, nos adieux à la nature ; nous ne la reverrons plus en Italie, parée de la même simplicité majestueuse ; l'histoire, la poésie, l'art se présenteront partout sous nos pas, mais ne nous dédommageront point de sa perte. Pour commencer, voici Monza.

Un jour, la reine des Lombards, Théodelinde, se promenait dans ces belles campagnes où elle avait une résidence, préoccupée d'une pensée généreuse. Elle méditait la construction d'une église où elle déposerait les reliques précieuses que le pape saint Grégoire le Grand lui avait données. Tout à coup, une colombe s'approche d'elle et lui dit : « *Modò*, à l'instant. » La reine répond : « *Etiam*, oui. » Et aussitôt elle jeta les fondements de la basilique. Le nom latin de *Modoetia*, dont on a fait Monza, n'a, selon les chroniqueurs du pays, d'autre origine que cette charmante tradition. L'église actuelle, rebâtie sur l'emplacement et le modèle de la première, dans le XIVe siècle, présente l'aspect lourd et disgracieux des constructions lombardes. On y remarque les belles peintures de la voûte par Bianchi, celles du chœur par Procaccini et une *Visitation* du Guerchin. Mais ces peintures ne pouvaient arrêter notre attention ; nous étions impatients de contempler de nos yeux la fameuse couronne de fer qui s'est posée sur tant de têtes royales, depuis Constantin et les rois lombards jusqu'à Charles-Quint et Napoléon Ier. Munis d'une permission donnée par l'archiprêtre de cette église, qui jouit des priviléges honorifiques des évêques, nous nous rendîmes dans la chapelle de la basilique où cette relique est conservée. Un prêtre vint en cérémonie, accompagné de clercs portant des flambeaux, ouvrit respectueusement une armoire de bronze doré, et, après trois encensements, prit dans ses mains la couronne, qu'il offrit à notre vénération. Elle se compose d'un cercle d'or massif à douze pointes, de six lignes d'épaisseur et de quatre pouces de hauteur, rehaussé de pierres précieuses. Ce cercle en recouvre un autre en fer d'un demi-pouce de largeur qui forme la couronne intérieure ; il a été forgé d'un des clous du Sauveur. La couronne de fer est enchâssée au point d'intersection des deux bras d'une grande croix en argent doré, dans laquelle sont placées d'autres reliques de la passion : l'éponge, une épine, un fragment du roseau de la flagellation et un morceau assez considérable de la vraie croix. Tous ces objets sont d'une authenticité qui défie la plus sévère critique. On en peut dire autant de ceux que l'on montre dans le trésor de la sacristie et qui ont appartenu à Théodelinde, tels qu'une croix pectorale, un bassin contenant une poule et sept poussins en argent, symbole de la sollicitude de la princesse pour le bonheur de ses sept provinces, une lettre autographe de saint Grégoire le Grand écrite à deux colonnes sur papyrus. Je ne parle point d'une foule d'autres curiosités de grand prix pour les antiquaires, et de chefs-d'œuvre d'orfévrerie de presque tous les siècles, depuis l'époque des Lombards jusqu'à nos jours. La couronne de la princesse, sa coupe en onyx, son peigne et son éventail, tout ce qui rappelle le nom de Théodelinde intéresse dans cette collection. Quelle noble mission que celle de cette reine illustre qui gouverna ses peuples avec tant de gloire, les convertit au catholicisme, et sut, avec les conseils de saint Grégoire, se préserver elle-même des piéges tendus par les ariens à sa foi ! Au milieu de tous ces peuples barbares, païens ou hérétiques, encore frémissant de rage sur les ruines de l'empire romain, l'histoire nous montre de gracieuses figures de femmes travaillant sur le trône avec le courage des apôtres et l'ascendant que la vertu donne à leur sexe, pour ramener à la vérité des nations féroces : Clotilde chez les Francs, Théodelinde au milieu des Lombards, Ingonde parmi les Goths d'Espagne, Andelberge chez les Anglo-Saxons. La femme, réhabilitée par le christianisme, est devenue l'instrument de la miséricorde divine pour le salut des peuples; l'humanité perdue par sa faute lui doit aussi son rédempteur, et elle coopère à son œuvre en s'immolant avec lui.

MILAN

La Cathédrale.

VI.

MILAN.

Chaque ville d'Italie a sa physionomie particulière qui la distingue de toutes les autres. Nos grandes villes de France, quoique avec des traits divers, frappent cependant par un air de famille qui leur est commun; elles ressemblent plus ou moins à leur capitale. En Italie, chacune conserve son type caractéristique : au milieu de toutes les transformations politiques, Gênes demeure la ville des palais ; Rome, la ville des monuments. Naples, par la beauté de son site ; Florence, par ses constructions ; Venise, par ses magnificences, méritent leur réputation séculaire. Milan seul manque d'originalité ; son caractère, c'est de n'en avoir point. Tous les voyageurs, après le Tasse et Montaigne, lui trouvent de la ressemblance avec Paris. La ville est bien bâtie, elle offre une certaine élégance bourgeoise ; des maisons confortables s'alignent le long de ses rues, toujours sillonnées de nombreuses voitures roulant sur une double voie de granit. La position de Milan, au centre des plaines fertiles de la Lombardie, fait de son marché l'un des mieux approvisionnés de l'Europe, et lui assure une incontestable supériorité gastronomique : le proverbe italien dit qu'on ne mange qu'à Milan, *solo si mangia in Milano*. Les habitants ajoutent aux agréments de leur ville, qui était déjà du temps de Brantome *une des plaisantes d'Italie*, celui de leur exquise urbanité : ils sont hospitaliers, complaisants, d'une prévenance aussi délicate que désintéressée. Dès le jour de notre arrivée, un Milanais fort agréable et assez instruit se constituait notre guide ; il nous fit les honneurs de sa capitale avec une complaisance parfaite qui trouvait son bonheur à nous être utile. Cet homme généreux ne voulut jamais dire son nom ; mais sa modestie ajoute encore à notre reconnaissance.

A l'entrée de Milan, du côté du nord, s'élève l'arc de triomphe commencé en 1804 par les ordres de Napoléon, et inauguré en 1838, à l'occasion du couronnement de Ferdinand Ier, empereur d'Autriche. Il est tout entier construit de marbre blanc ; les bas-reliefs sont d'une grande beauté ; un char triomphal en bronze, attelé de quatre chevaux, couronne ce monument, l'un des plus majestueux qu'ait produits l'architecture moderne. Décrété par un conquérant, dédié par ses ennemis sous le nom d'*arc de la Paix*, il rappelle de grandes vicissitudes ; mais il consacre aussi le souvenir d'une gloire solide, parce qu'elle est utile, la construction de la route du Simplon : entreprise gigantesque qui suffirait pour illustrer un règne ; l'arc triomphal est un monument digne d'elle.

Les Romains pourraient avouer ces deux ouvrages que leur mémoire a inspirés ; mais ils condamneraient comme une indigne contrefaçon l'arène construite par Napoléon sur cette même place. Une enceinte en briques, peu élevée, supporte des gradins en gazon dont le rang supérieur est planté d'arbres ; trente mille spectateurs peuvent y trouver place. Des siéges sont réservés aux personnages de distinction, sous un péristyle qui porte le nom antique de *pulvinare* (1). Des tuyaux communiquant avec le grand canal permettent d'inonder l'arène pour les spectacles nautiques, fort rares du reste. Cet amphithéâtre est une fabrique vulgaire et sans caractère, qui a le grand tort d'avoir voulu imiter l'antique en conservant un cachet d'originalité. Il ne fait honneur ni à l'architecte qui l'a conçu, ni à la ville qui l'entretient sans en jouir, ni aux amateurs qui s'obstinent à le vanter.

---

(1) De *pulvinus*, coussin. On appelait ainsi l'enceinte couverte de coussins réservée à l'empereur et aux premiers magistrats dans les cirques et les amphithéâtres.

La place où figurent ces monuments renouvelés des Romains est un vaste Champ de Mars dans lequel soixante mille hommes peuvent manœuvrer à l'aise. La citadelle en occupe l'extrémité. Il n'existe guère de villes qui aient été prises et reprises plus souvent que la capitale de la Lombardie. Malgré certains travaux de défense exécutés à différentes époques, on ne peut la considérer comme une place forte. Aussi ses habitants en ont pris leur parti et se montrent de facile composition pour les maîtres que la victoire leur donne : Espagnols, Allemands, Français, tout leur est bon; ils se plaisent même au changement; car, pour l'ordinaire, ils y gagnent. C'est à ce point de vue qu'il faut juger leur conduite pendant les derniers événements. Les autres Italiens ne savaient guère ce qu'ils auraient fait de leur indépendance ; les Milanais étaient assurés que leur ville serait toujours la capitale de l'Italie septentrionale. En attendant de nouvelles révolutions, ils réparent leur échec par les profits du commerce et se contentent de l'indépendance qu'on leur laisse dans les plaisirs.

Les autres places de Milan sont étroites, irrégulières, peu dignes d'une capitale, sans excepter celle du Dôme, qui, malgré quelques améliorations récentes, presse encore l'édifice et ne permet pas à l'œil d'en bien saisir tout l'ensemble. Le Dôme est la gloire de Milan, et, après Saint-Pierre de Rome, la plus belle église du monde. En la voyant, l'empereur Joseph II s'écria que c'était une montagne d'or transformée en marbre. Commencée vers la fin du XIVe siècle, par les ordres de Jean-Galéas Visconti, duc de Milan, qui donna une carrière de marbre pour sa construction, elle n'est point encore aujourd'hui entièrement terminée. Le gouvernement autrichien affecte annuellement des sommes considérables pour l'achèvement des sculptures. On évalue à près de quatre mille cinq cents le nombre de statues déjà placées; il en manque encore environ deux mille. Elles sont pour la plupart d'un assez bon travail; leur nombre ne nuit point à leur exécution. Depuis longtemps on a épuisé le calendrier, et il reste encore des niches à remplir et des aiguilles à pourvoir; les biographies fournissent maintenant des célébrités de divers genres parmi lesquelles on regrette de ne pas trouver l'architecte du Dôme; son nom même est inconnu. Ce vaste monument frappe vivement l'attention par le nombre de clochetons et d'aiguilles, d'une blancheur éclatante, qui lui composent une décoration extérieure splendide, et par le caractère de grandeur et de majesté empreint dans toutes ses parties. Je sais que l'on blâme certains détails, et surtout la façade, dont les portes et les fenêtres romaines contrastent d'une manière choquante avec le style ogival de l'édifice; que ce gothique lui-même manque de la pureté naïve admirée des connaisseurs dans les cathédrales du nord de l'Europe; mais on reste cependant ébloui de ces magnificences, et tout en reconnaissant qu'on aurait pu mieux faire, on est surpris qu'on ait fait aussi bien. L'église a cinq nefs; peu ornée à l'intérieur, elle renferme toutefois quelques morceaux remarquables : les deux chapelles de la croisée, celles de Jean-Jacques de Médicis, dont les statues en bronze sont estimées, les mausolées d'Othon et de Jean Visconti, et le *Saint Barthélemy* écorché, ouvrage d'une vérité parfaite, mais d'un goût équivoque, lequel serait mieux placé dans une école d'anatomie que dans une église. Au fond de l'abside, trois grandes fenêtres ornées de vitraux présentent à l'admiration des fidèles les histoires enluminées des deux Testaments et les visions de l'Apocalypse, merveilleusement propres à ce genre de décoration. Ces vitraux modernes ont remplacé les anciens qui furent brisés par les salves d'artillerie tirées lors du couronnement de Napoléon comme roi d'Italie. L'enceinte du chœur est revêtue de marbres précieux et de bas-reliefs sculptés par Brambilla, qui a donné également une partie des dessins des stalles, regardées avec raison comme un des plus beaux ouvrages de ce genre. Au-dessus du maître-autel, un brillant reliquaire renferme le saint clou dont Constantin fit faire un mors pour son cheval. Saint Charles Borromée porta processionnellement cette précieuse relique dans les rues de la ville pendant la peste de 1576, cérémonie qu'on renouvelle encore le 3 mai de chaque année. Ce fut la seconde procession expiatoire que fit le saint prélat; dans la première, il marchait, la corde au cou, chargé d'un grand crucifix miraculeux qu'on voit encore dans la cathédrale. Il rappelle la piété d'un héros chrétien qui ne craignit pas d'exposer mille fois sa vie pour le salut de son peuple.

Devant ces trophées consacrés par le souvenir de ses vertus, on ne s'étonne point du culte légitime que lui a voué la reconnaissance publique. La chapelle souterraine où se conserve son corps éblouit par sa magnificence. Les murs sont recouverts de plaques d'argent doré et de bas-reliefs du même métal, travaillés avec une perfection qui ne permet pas de songer à la richesse de la matière. Je ne sais si l'on peut rien imaginer de plus somptueux que la châsse, tout incrustée d'or et de pierreries, dans laquelle repose le corps revêtu de ses ornements pontificaux. Une chose surprend plus vivement l'attention que tous les trésors accumulés sur ce tombeau glorieux : c'est l'expression de calme et de sainteté répandue sur le visage du bienheureux archevêque. Des hommes du monde, amenés par un simple sentiment de curiosité, firent devant moi cette remarque, et l'impression d'attendrissement et de foi qu'ils en reçurent rendit sensible à mes yeux la vérité de cette parole de l'Écriture : « Le juste parle encore après sa mort pour inspirer la vertu, *defunctus adhùc loquitur.* »

Je n'entreprendrai pas d'énumérer, ni même d'indiquer les richesses des deux sacristies : reliquaires infiniment précieux, chefs-d'œuvre de ciselure de toutes les époques, bustes d'argent, *pala d'oro* ou devant d'autel célèbre, statues de saint Ambroise et de saint Charles. Les étrangers admirent ce trésor ; mais les Milanais le montrent tristement comme une faible partie de l'ancien. Notre révolution a passé par là, et les traces de nos conquêtes ne s'y effaceront pas de longtemps. Le diocèse de Milan suit le rit ambrosien ; on ne peut célébrer la messe selon le rit romain à la cathédrale, si ce n'est dans la chapelle souterraine de Saint-Charles.

Après ce coup d'œil rapide donné à l'intérieur de la basilique, nous montons sur la plate-forme. De là, un escalier à jour, tournant dans les découpures de la grande aiguille mauresque qui surmonte la coupole, conduit jusqu'au pied d'une statue dorée de la sainte Vierge, placée sur ce piédestal aérien. On se trouve alors à trois cent trente pieds de hauteur et l'on jouit d'une perspective immense. Toute la contrée se déroule comme une vaste carte géographique ; des plaines succèdent aux plaines et reculent toujours devant l'œil qui les suit ; au nord seulement une ligne de montagnes dont les sommets s'effacent sous un désert de neiges éternelles ; des villages qui se ressemblent ; des champs uniformément cultivés ; tout le calme, toute la monotonie des aspects de la Lombardie se présente à la fois et accable la vue. Mais si on la ramène à ses pieds sur les innombrables aiguilles dont on est environné, quel spectacle féerique! Rien de brillant et d'animé comme ces clochetons de marbre qui montent, qui s'élancent de tous les côtés de la basilique, chargés d'ornements de toutes sortes et d'un millier de statues: c'est une forêt cristallisée; c'est une affluence de saints et de grands hommes qui sortent de toutes parts et viennent prendre place dans cette grave assemblée, autour de la reine des cieux dont ils forment la cour. Et le soleil dont les rayons se jouent parmi les dentelures gothiques! et ce marbre qui se découpe en dentelles, qui flotte en festons couverts de fleurs! On ne saurait peindre ce monument merveilleux dans son étrangeté, ni la variété, la richesse et la bizarre profusion des éléments qui le composent. Ce que j'en dis n'est pas exagéré. Il faudrait entendre les Italiens parler du Dôme de Milan, épuiser à sa louange toutes les figures de leur langue si complaisante. Les Milanais, que l'habitude devrait rendre indifférents à ce spectacle, ne peuvent s'en rassasier. Une fois par semaine, dans la belle saison, toute la classe ouvrière vient, à l'aube du dimanche, sur la plate-forme, déjeuner en famille. On jouit des charmes de la matinée et de ceux du panorama, on visite les saints de pierre, on s'établit sans façon dans les niches, et l'on boit à toutes ces gloires qu'on associe à sa gaîté. Cet usage indique un peuple ami de la religion et des arts, et l'on peut croire que ses plaisirs ne perdent rien sous cette double influence. Nous avons vu la plate-forme animée par ce peuple en belle humeur, pendant que la grosse cloche ambrosienne enveloppait l'édifice de ses sons majestueux, et ce spectacle nous a laissé une si agréable impression, que nous ne voudrions pas pour beaucoup avoir visité le Dôme un autre jour.

Près de la cathédrale, le palais de Bréra, autrefois collége des jésuites, réunit dans ses vastes salles toutes les collections artistiques de la ville. Dans le musée des tombeaux, peu nombreux, il est vrai, mais précieux par le choix, toutes les époques de la peinture italienne sont représentées par des chefs-d'œuvre. En parcourant la galerie, on suit pour ainsi dire les progrès de l'art, depuis les naïves inspirations de Gaudenzio Ferrari et de Gozzoli, jusqu'au *Mariage de la sainte Vierge* par Raphaël. Ce délicieux *sposalizzio* fut l'ouvrage de sa jeunesse; il n'avait que vingt-deux ans lorsqu'il le composa. Depuis lors, son génie produisit les grandes choses que l'on sait ; mais il ne conserva point ce caractère d'ingénuité religieuse qui distingue ses premières compositions : ses madones grecques font regretter l'innocence de son pinceau. Quel tableau que l'*Agar* du Guerchin ! Ce ne sont pas des couleurs, c'est de la vie, c'est une page de la Bible en action. On voit dans ce palais beaucoup d'autres toiles, et de la plus grande beauté : le *Saint Pierre* du Guide, la *Prédication de saint Marc* de Bellini, le *Moïse* du Giorgione ; mais on ne se souvient que de l'*Agar*.

Milan possède toutefois un tableau plus renommé encore, la *Cène* de Léonard de Vinci. Elle ornait le réfectoire des dominicains, qui conservaient cette relique avec un soin pieux, lorsque la révolution, ayant chassé les frères du couvent de Notre-Dame des Grâces, convertit ce local en caserne et le réfectoire en écurie. Heureusement un officier français s'aperçut du péril que courait cette peinture et la mit à l'abri des dégradations. Elle a souffert de quelques maladroites restaurations, ainsi que de l'humidité ; le nitre a jeté sur elle une espèce de voile. On connaît cette *Cène* sublime, qui, sous le pinceau attendri du religieux artiste, communique à l'âme des spectateurs les sentiments empreints sur le visage des apôtres. Le Sauveur vient de prononcer cette parole : « En vérité, je vous le dis, l'un d'entre vous me trahira. » Sa pose, son expression sont divines. Léonard de Vinci travailla pendant trois ans à la tête du Christ. S'il n'eût été que peintre, il n'eût pas trouvé cet air de tête qui révèle l'âme du Sauveur pendant sa passion ; mais il était chrétien, sa foi inspira son génie et produisit un chef-d'œuvre (1). Il peignait sur plâtre à l'huile et retouchait sans fin ses sujets. Vis-à-vis la *Cène* est un tableau du *Crucifiement*, par Montorfano, dont Léonard de Vinci a exécuté les figures latérales.

Le musée de Bréra et la *Cène* dont nous venons de parler

(1) On raconte que Léonard de Vinci, ayant épuisé tout son art à peindre les apôtres, laissait en blanc la figure de Jésus-Christ, attendant une inspiration qui tardait à venir. Le prieur du couvent le tourmentait pour qu'il s'occupât de cette figure. Malheureusement pour ce moine impatient, la figure de Judas restait aussi à peindre, et Léonard en fit le portrait du prieur.

résument Milan au point de vue de la peinture. Les galeries particulières attirent peu l'attention. Les églises elles-mêmes, dépouillées de leurs tableaux au profit du musée pendant la révolution, présentent cet attrait de moins à la curiosité des artistes. Du reste, peu remarquables, elles se perdent, en quelque sorte, dans la réputation et les splendeurs du Dôme. Il suffira d'indiquer les principales : Saint-Laurent, rebâti par saint Charles, a protégé une rangée de colonnes antiques, seule ruine romaine qu'on trouve à Milan; Saint-Eustorge intéresse au point de vue archéologique; à Saint-Satyre, on remarque, outre la sacristie, célèbre ouvrage de Bramante, un effet de perspective destiné à suppléer au défaut d'espace qui déparait le fond du sanctuaire : rien de plus évident que l'intention de l'architecte ; mais à coup sûr il n'y a pas d'illusion. La *Madona presso San Celso* peut rivaliser, par sa magnificence, avec les plus belles églises d'Italie; Sainte-Marie de la Passion et Saint-Antoine possèdent de bonnes peintures; Saint-Alexandre, un maître-autel d'une incroyable richesse ; Saint-Marc et Saint-Victor sont des églises curieuses par leur antiquité. Mais il n'est rien sous ce rapport de comparable à la vénérable basilique de Saint-Ambroise, toute remplie encore du souvenir des premiers siècles du christianisme et des vertus du saint évêque dont elle a pris le nom. Que d'autres y viennent étudier le tombeau présumé de Stilicon, le maître-autel supporté par des colonnes de porphyre et le *paliotto d'oro* qui le recouvre, précieux travail d'orfévrerie du IXe siècle; qu'ils se pâment d'admiration à la vue des mosaïques de l'abside, de la vaste tribune carrée où prêchaient les archevêques, et enfin de tous les trésors archéologiques qui font de cette église antique un véritable musée chrétien. Libre à eux de tourner en ridicule le fameux serpent de bronze placé sur une colonne de granit, où, depuis saint Charles, il ne reçoit plus d'hommages superstitieux, mais seulement des lazzi philosophiques; et cela, non point parce qu'on l'a pris quelquefois pour un Esculape : les philosophes respectent ces dieux-là ! mais parce que le peuple s'est avisé de voir en lui le serpent d'airain élevé au désert par Moïse. Pour moi, je cherchais autre chose à Saint-Ambroise. J'attachais plus de prix au tombeau d'un saint, d'un Père de l'Église également célèbre par la beauté de son génie et par la fermeté de son zèle. Cette chaire a retenti souvent des accents de son éloquente charité. Autour d'elle se pressaient le peuple et les courtisans de l'empereur, les ignorants et les lettrés, et Augustin lui-même, dont toute la jeunesse admirait la parole brillante, et qui venait, couvert des applaudissements de la foule, recevoir à son tour, sous la chaire d'Ambroise, des leçons d'éloquence et des grâces de conversion. Voilà ce parvis des pénitents qui redit encore les paroles sévères adressées par le courageux évêque au grand Théodose, coupable du sang de ses sujets; et c'est ici que cet illustre empereur, dépouillant son front du diadème pour le couvrir de la cendre des pénitents, pleura sa faute et répara aux yeux de l'Église le scandale de sa cruauté. Le peuple révère encore les portes de l'église, quoiqu'elles ne datent que du IXe siècle; on a été obligé de les protéger par des treillis en fer contre de pieux larcins. Non loin du parvis s'élève le baptistère où Augustin reçut d'Ambroise le baptême. Après la troisième immersion, ils furent saisis l'un et l'autre d'un saint enthousiasme et chantèrent alternativement les versets du *Te Deum*, qui fut ainsi improvisé par la reconnaissance. Saint Dace, archevêque de Milan, nous a conservé les détails de cette scène sublime. « Augustin, dit-il, fut baptisé et confirmé au nom de la Trinité sainte et indivisible par le bienheureux Ambroise. Tous les fidèles de Milan étaient accourus à ce grand spectacle. Sur les fonts mêmes du baptême, les deux saints, inspirés par l'esprit de Dieu, chantèrent le *Te Deum laudamus* en présence de tout le peuple attendri qui écoutait ce nouveau cantique. Depuis lors, l'Église universelle l'a adopté et chanté pieusement jusqu'à ce jour. » Telles sont les belles traditions que nous venions demander à cette illustre basilique! mieux que les objets d'art, elles intéressaient notre cœur. Hélas! en évoquant ces glorieux souvenirs, en interrogeant les pierres sépulcrales qui sont presque les seuls ornements de ce temple solitaire, nous nous demandions si la foi des premiers siècles n'était point ensevelie sans retour dans l'oubli de ces tombes. Il semble que la cité commerçante s'est écartée de l'antique cathédrale afin de n'être point troublée par les souvenirs chrétiens d'un autre âge, dans les pressantes affaires du moment.... Cependant si tout n'est pas pour le mieux dans cette capitale, il faut du moins lui rendre cette justice qu'elle est sincèrement attachée à la foi de ses pères ; le négoce et la politique n'y ont pas éteint la religion du passé.

A ceux qui pourraient en douter, je montrerais tous les établissements de bienfaisance que les siècles précédents ont légués à la génération présente : noble héritage de la charité, qu'elle a non-seulement accepté, mais qu'elle accroît chaque jour. La Lombardie est très-riche en institutions d'utilité publique, depuis les crèches et l'école, obligatoire pour chaque commune, jusqu'aux ateliers de charité et aux maisons de repos de la vieillesse. L'État et les particuliers comprennent généreusement les théories de l'assistance évangélique ; Milan surtout se distingue entre toutes les villes de la Lombardie, moins encore par le nombre de ses fondations charitables que par la sagesse d'administration qui en multiplie les ressources. On peut, dans l'Hôpital Majeur, étudier cette vaste organisation dont les moyens sont fécondés par la charité chrétienne et par ce respect de l'infortune qui semble demander grâce en faisant le bien. La religion n'est si puissante pour soulager tous les maux que parce qu'elle a, si je puis parler ainsi, la pudeur de la bienfaisance. L'Hôpital Majeur est un vaste palais dont la façade gothique, très-curieuse, ne manque pas de caractère. Le duc Sforza IV le donna aux pauvres, en y ajoutant plusieurs maisons et jardins du voisinage. A son exemple, la noblesse du pays contribua largement à sa dotation, et grâce aux legs qu'il reçoit tous les jours, on peut le considérer comme un des premiers de l'Europe.

Un autre hospice non moins remarquable et unique en son genre, c'est le Lazaret, situé hors de la porte orientale, à l'extrémité de la royale avenue *del Corso*. Commencé en 1461 par Louis Sforza, et achevé en 1507 par Louis XII, roi de France, jaloux de mériter aussi en Italie le surnom de *Père du peuple*, il a servi quatre fois à recueillir les pestiférés. Un canal d'eau vive l'isole et lui forme un cordon sanitaire ; du reste, habilement aéré, bien distribué, ce vaste édifice réunit toutes les conditions que réclamait sa destination. Il est habité aujourd'hui par la classe pauvre, qui y reçoit presque gratuitement un asile. Lorsqu'on voit cette multitude de familles entassées dans le Lazaret, on s'étonne qu'elles y puissent vivre ; et ce n'est pas une des moindres preuves de la salubrité du local que cette population n'y soit point annuellement décimée par la peste.

Nous ne pouvons parler des autres hospices de Milan, ni même les énumérer, pour ne pas multiplier sans fin ces détails. Il nous suffira de dire que tous les genres d'infortunes trouvent dans cette ville des secours; on n'a rien oublié pour soulager le peuple et pour l'éclairer : le nombre des établissements de bienfaisance n'est atteint que par celui des colléges. L'instruction populaire est très-répandue en Lombardie; tout le monde y sait lire; ces belles provinces doivent en grande partie leur aisance et leur bien-être matériel à la culture intellectuelle qui classe ce pays parmi les plus éclairés de l'Europe. Les bibliothèques publiques, à Milan, nous ont paru plus fréquentées que dans aucune autre ville d'Italie, à l'exception de Rome. Celle du palais Bréra réunit les artistes; dans l'autre on trouve plus particulièrement les érudits; on y conserve des manuscrits précieux, comme les *palimpsestes* des plaidoyers de Cicéron, le *Virgile* écrit de la main de Pétrarque, les *Antiquités judaïques* de Josèphe. Cette dernière bibliothèque, fondée par le cardinal Frédéric Borromée, reçut de lui le nom d'*Ambrosienne*, parce qu'il voulut placer ce dépôt de la science sous la protection du saint docteur. Ainsi, à Milan, tout rappelle les deux saints évêques, tout est consacré par leur nom; ils l'animent de leur esprit : saint Ambroise lui donne la science, saint Charles la charité; la ville se montre reconnaissante lorsqu'elle leur rend une partie de l'honneur qu'elle en a reçu. Que si, au milieu de tout cela, on trouve dix théâtres, dont l'un, celui de *la Scala*, jouit d'une réputation européenne pour son étendue et sa beauté, nous répondrons que le peuple italien, ardent et artiste, est passionné pour tout ce qui est spectacle, représentations musicales. Nous nous expliquons ce goût sans l'approuver, et nous croyons que la capitale de la Lombardie ne perdrait rien de ce qui fait sa gloire, si l'on pouvait effacer cette ombre du tableau.

VII.

PAVIE.

Une distance de vingt milles sépare Milan de Pavie. On sort par la porte *Ticinese*, près de laquelle se voit la *colonne infâme*, élevée sur l'emplacement de la maison d'un barbier, qui, pendant la peste de 1630, distribuait des remèdes empoisonnés. Il fut mis à mort, sa maison rasée, et cette colonne érigée à la place pour perpétuer le souvenir du crime et de son châtiment. La route côtoie le *Naviglio*, canal de communication entre le Milanais et l'Adriatique, commencé par Charlemagne et achevé par Napoléon. Des champs de rizières presque toujours inondés rendent ce pays inhabitable; on n'y rencontre que des faces hâves et consumées par les fièvres. Dans ces plaines vivent ou plutôt meurent les religieux de la Chartreuse de Pavie. Jean-Galéas Visconti, couvert de crimes, tourmenté par les remords et se voyant revivre dans des fils plus mauvais que lui, voulut par des fondations pieuses calmer sa conscience, et réparer ses injustices en consacrant à Dieu ses trésors.

Presque en même temps il jetait les fondements du Dôme de Milan et de la Chartreuse de Pavie, c'est-à-dire des plus beaux édifices de l'Italie supérieure. Si l'on juge de sa pénitence par la réparation, on peut croire qu'elle a été sincère. Le cloître, orné d'ouvrages en plastique d'une grande beauté, forme d'immenses galeries accompagnées de vingt-quatre cellules, qui furent habitées, trois ans après la fondation du monastère, par autant de chartreux. L'empereur Joseph II s'empara de leurs revenus en 1782, et ce n'est que depuis l'année 1843 que les religieux ont été remis en possession de leur couvent, mais non de leurs biens. Le père Charles-Marie, après avoir négocié à Vienne cette restitution, est rentré à la tête d'une colonie de ses frères, presque tous Français comme lui, dans ce saint héritage. Depuis lors ces bons frères sont la providence de la contrée. Pendant les derniers événements de l'Italie septentrionale, la Chartreuse de Pavie donna du pain aux soldats des deux partis; et c'est à cette occasion que le digne supérieur prononça cette parole évangélique, répétée dans toute la Lombardie: « Pour les chartreux il n'y a point d'ennemis, il n'y a que des frères. » L'église, longue de deux cent trente-cinq pieds, large de cent soixante-cinq, décorée par les plus habiles artistes du XVe et du XVIe siècle, est d'un éclat et d'un fini que l'imagination a peine à concevoir. Ordinairement les édifices de cette étendue, si parfaits qu'ils puissent être, présentent des parties faibles, des détails disparates, des morceaux inachevés; ici rien ne choque la vue; pas un pouce de mur qui n'ait reçu la dernière main du décorateur et ne contribue à l'harmonieux effet de l'ensemble. La façade de l'église est ornée de quarante-quatre statues, de bas-reliefs dans le style de la Renaissance, et de sculptures d'une si précieuse exécution, qu'on les a protégées par des treillis en fil de fer. L'intérieur, divisé en trois nefs, comprend quatorze chapelles fermées de belles grilles et remplies de fresques, de mosaïques, de tableaux d'excellents maîtres, comme Daniel Crespi, Carrache, Simonetta, Procaccini, le Pérugin, le Guerchin, etc. Les voûtes sont couvertes de rosaces et de caissons émaillés d'or et d'azur, ainsi que les boiseries et les stalles du chœur, chef-d'œuvre de marqueterie et de sculpture. Cette église semble n'être achevée que d'hier, tant on a mis d'intelligence et de soin à l'entretenir; il n'est pas de visiteur qui ne témoigne autant d'étonnement de cet admirable conservation que des richesses mêmes accumulées dans son enceinte. Ainsi, les bons religieux ont prouvé leur respect pour la mémoire du fondateur; mais cela ne suffisait point à leur reconnaissance : ils lui ont érigé, dans un des bras de la croix, un superbe tombeau, décoré de bas-reliefs, qui est sans contredit un des meilleurs ouvrages du XVIe siècle. Malheureusement, lorsqu'il fut terminé, en 1562, cent soixante ans après la mort de Jean-Galéas Visconti, on ne se souvint plus de l'endroit où son corps avait été provisoirement déposé ; le monument est donc vide. La mort pouvait-elle donner aux vivants une plus triste leçon ?

Cette église de la Chartreuse rappelle un douloureux épisode de notre histoire. François Ier, vaincu dans les plaines de Pavie, voulut, dit Brantome, *faire son oraison dans la grande Chartreuse.* Il entra dans l'église au moment où les religieux chantaient au chœur ce verset de Tierce : « *Coagulatum est sicut lac cor eorum, ego verò legem tuam meditatus sum*, leur cœur s'est caillé comme du lait, moi cependant je méditais votre loi. » Ces paroles exprimaient bien l'état des religieux pendant cette sanglante bataille. Les suivantes impressionnèrent vivement le cœur du royal prisonnier : « *Bonum mihi quia humilidsti me, ut discam justificationes tuas*, il est bon pour moi que vous m'ayez humilié, afin que j'apprenne vos jugements. » Le roi chevalier avait tout perdu, fors la religion et l'honneur, qui lui restaient pour consoler son infortune. Par une singularité bizarre, la bataille de Pavie fut perdue dans le parc de Mirebelle, lieu de plaisance de Jean Visconti, où avait été conclu le mariage de Valentine, sa fille, avec le duc d'Orléans, depuis Louis XII. C'est en vertu des droits nés de ce mariage que la France revendiquait l'héritage du duché de Milan. Ainsi, le lieu qui avait été le berceau de ses prétentions en devint le tombeau.

La ville de Pavie est située à trois milles de cette Chartreuse. L'ancienne capitale des Lombards n'a rien conservé des monuments qui firent jadis sa gloire : c'est une de ces tristes cités d'Italie, toutes marquées au coin du moyen âge, qui semblent mal à l'aise dans le temps présent et dont la vieillesse délaissée ne vit plus que de souvenirs. De ces nombreuses tours qui la faisaient appeler *la ville aux cent tours*, il n'en reste que deux ; un pont couvert, sur le Tésin, d'un caractère original, et les ruines d'un château converti en caserne, voilà tout ce qui interrompt un peu l'uniformité de ses rues. Pavie ne serait plus rien sans son université, fondée, dit-on, par Charlemagne ; quoique déchue, elle donne encore à la ville une population flottante de près de deux mille étudiants. Le palais de l'université mérite d'être visité ; son cabinet d'anatomie passe pour un des plus beaux de l'Europe. Saint Charles Borromée fit construire et dota richement le collége qui porte son nom à Pavie, et y fonda quarante bourses, à la nomination de sa famille. Les bâtiments en sont très-beaux. La cathédrale, édifice mesquin et irrégulier, renferme un trésor inappréciable, le corps de saint Augustin, vénéré dans un tombeau du XIVe siècle, dont les bas-reliefs sont estimés. Le corps du saint docteur fut emporté d'Afrique par les évêques de ce pays, lorsque, chassés par les Vandales, ils furent relégués dans l'île de Sardaigne. Plus tard, en 774, les incursions fréquentes des Sarrasins inspirant de justes alarmes pour la sûreté de ce précieux dépôt, il fut transporté à Pavie par les soins de Luitprand, roi des Lombards. Ces reliques sont, dans la cathédrale, l'objet d'une grande dévotion ; la ville savante se montre saintement fière d'avoir pour hôte et protecteur un Père de l'Église, le plus beau génie qui ait honoré l'humanité. L'église Saint-Michel, bâtie dans le VIIe siècle, mais maladroitement restaurée, possède des peintures curieuses du moyen âge ; plusieurs sont du Pérugin. Quelques particularités signalent cette église à l'attention du voyageur. Nous indiquerons une image peinte de Jésus crucifié, faite, selon l'inscription, l'année même de la mort de Jésus-Christ, par les ordres d'Abgar. Eusèbe raconte, dans son *Histoire ecclésiastique*, qu'Abgar, roi d'Édesse, contemporain du Sauveur, lui écrivit pour lui témoigner la vénération que lui inspiraient sa personne et ses miracles, et lui offrir en même temps un asile contre ses ennemis. Le Sauveur répondit qu'il devait accomplir en Judée sa mission, avant de remonter à son père ; mais qu'il enverrait au roi d'Édesse un de ses disciples chargé de le guérir et de l'instruire en son nom de la doctrine du salut. Eusèbe donne le texte des deux lettres qu'il avait copiées, dit-il, dans les archives d'Édesse. Il est certain que l'Évangile y fut prêché par saint Taddée, disciple de saint Thomas, et que les rois de ce pays firent frapper, bien avant l'époque de Constantin, des médailles marquées de la figure de la croix, dont quelques-unes sont arrivées jusqu'à nous ; enfin cette tradition était pleinement admise dans les premiers siècles de l'Église. Dom

Calmet, après avoir énuméré les preuves historiques qui lui servent de base, trouve que l'on n'a jamais allégué contre elle une raison plausible. Quoi qu'il en soit, l'image conservée à Pavie porte des caractères non suspects d'une haute antiquité ; on nous a dit qu'elle y avait été apportée après les croisades, et que les Baudouin, en perdant la principauté d'Édesse, l'avaient emportée comme le palladium de leurs États (1). C'est à Pavie que Boëce fut emprisonné dans une tour par les ordres de Théodoric, prince arien, à qui son orthodoxie l'avait rendu suspect. Il y écrivit son traité *de Consolatione Philosophiæ*, ouvrage vraiment digne d'un philosophe chrétien qui, supérieur à la bonne comme à la mauvaise fortune, vécut et mourut pour la défense de la vérité. On montrait encore, au commencement du dernier siècle, la tour de Boëce. Le roi Luitprand, deux cents ans après sa mort, lui fit ériger un magnifique tombeau que l'on voit dans l'église de Saint-Augustin.

(1) Cette image du Christ a un mètre de longueur. Il est représenté couronné d'épines, la tête entourée d'une auréole dorée ; les yeux, ouverts, sont formés de deux escarboucles. Le visage, allongé, brun, mais coloré, ne porte aucune trace de souffrance ; la barbe est noire et en pointe. Le corps, habillé, presque entièrement recouvert de plaques d'argent, paraît plutôt appuyé que suspendu à la croix. Ce crucifix est accompagné de l'inscription suivante : *Abagarus, Assiriorum rex, hanc prodigiosam imaginem fecit, anno quo Christus mortuus est. Sic hoc sacrum inscribebatur simulacrum, dùm in sanctæ Mariæ Theodotæ delubro colebatur. Anno autem MDCCIC, soluto annexo monast. ad hanc insignem basilicam translatum fuit.*

VIII.

DE MILAN A VENISE.

Les voyageurs préfèrent ordinairement la route de Milan à Venise par Bergame, quoiqu'elle ne soit point directe, à cause de l'intérêt que présentent les villes et les contrées qu'elle parcourt. Grâce au chemin de fer, quelques instants suffisent pour franchir la distance qui sépare Milan de Treviglio. En France, un chemin de fer est presque inaccessible : des fossés, des barrières le séparent de tout ce qui n'est pas lui ; la locomotive mugissante, ce monstre qui dévore l'espace, ne se montre que de loin ; et telle est la frayeur qu'elle inspire, que bien des gens n'osent pas encore l'aborder, sauf à voyager moins vite. Mais, en Italie, un chemin de fer est un chemin comme un autre ; il se déroule au milieu des champs cultivés, ne s'isole point, se mêle aux travaux et aux jeux des campagnards, et comme il suit le proverbe du pays : *Chi va piano, va sano*, il permet de saluer au passage ses connaissances et de recevoir quelques-uns de ces bons souhaits de voyage que les Italiens n'épargnent point à leurs amis.

La plaine de Milan à Bergame, sillonnée de rivières et de canaux, tire principalement sa richesse de celui qu'on appelle *Naviglio della Martesana*, ouvrage souvent tenté, mais dont la gloire devait rester à Léonard de Vinci. En France, ce nom ne nous rappelle qu'un peintre honoré de l'amitié de notre roi François Ier; pour les Italiens, Léonard de Vinci a été mécanicien, sculpteur, peintre, architecte, ingénieur, poëte, célèbre par des succès dans tous ces genres ; il n'a pourtant rien laissé de plus apprécié dans le Milanais que l'utile canal de la *Martesana*. Après avoir traversé les belles campagnes où s'élèvent une foule de gracieux villages, entre lesquels nous remarquons Stezzano, dont le clocher, terminé en aiguille, porte sur sa pointe la statue du saint patron de l'endroit, on arrive à Bergame, que l'on voit de loin briller sur la montagne.

La ville historique est séparée de ses faubourgs, où se tient annuellement, vers la fin d'août, la célèbre foire qui dure un mois. Il ne faut rien moins que les promesses des Guides pour vous déterminer à tenter l'escalade de la montagne où Bergame élève ses maisons blanches parmi quelques fortifications ruinées. Ce que l'on y trouve ne dédommage guère de la peine qu'on prend pour venir l'y chercher. Un beau tableau du Titien dans la chapelle, d'ailleurs trop vantée, de *Santa-Grata*, le vaisseau de la cathédrale et la chapelle contiguë de Coleoni, voilà tout ce que la ville haute peut offrir de curieux. L'architecture de ces monuments appartient à ce style byzantin-mauresque dont Venise nous offrira le type le plus caractérisé. Coleoni, célèbre *condottière* italien, né à Bergame, imagina les affûts de canon et employa le premier l'artillerie légère. Revenu dans sa patrie à la fin de ses jours, il voulut voir l'effet de son tombeau et s'y fit représenter armé, sur un cheval de bois, aujourd'hui tout vermoulu, qui menace de jeter son cavalier par terre. Si l'épitaphe a été, comme le tombeau, faite du vivant de Coleoni, qu'elle appelle « le plus fameux général de son temps et dont la postérité n'égalera jamais la gloire, » il est permis de supposer que la modestie n'était point sa qualité dominante. J'oubliais la statue en marbre du Tasse, adossée au mur latéral de la cathédrale, morceau très-médiocre qui ne fait pas honneur au goût de ses compatriotes. Bergame n'a rien de beau que son panorama, mais il est un des plus riches de l'Italie. De la plaine, on voit la cité se dresser sur les flancs de la montagne, toute hérissée de flèches, de clochers, de grands arbres dont la verdure sombre fait ressortir la blancheur des édifices. Du haut des terrasses, on découvre toute la Lombardie, ses rivières, ses villes, ses champs de bataille.

On a construit, vers le milieu du siècle dernier, au pied de la montagne, un bâtiment fort étendu qui se compose de cinq cent quarante boutiques, distribuées régulièrement sur des rues coupées à angles droits et arrosées par des fontaines : édifice unique en son genre, qui, au temps de la foire, présente l'aspect d'un vaste caravansérail pourvu de toutes sortes de marchandises, où se parlent tous les jargons de l'Allemagne et de l'Italie. Quoiqu'en décadence, la foire de Bergame conserve tout son pittoresque ; le Tyrol, la Suisse et le Piémont y envoient leurs produits ; les montagnards y affluent. Il y a plaisir à les voir, les mains dans leurs poches, dévorant du regard les belles choses étalées devant les magasins, s'extasiant devant les tréteaux de ces inimitables farceurs du pays, qui, de père en fils, exercent leur verve caustique aux dépens des autres populations italiennes, et s'administrent des coups de bâton, au grand ébahissement de la foule. Vous reconnaissez là le personnage d'Arlequin ; et en effet c'est bien lui, car il est originaire de Bergame ou de la vallée de Brambana, qui n'est pas loin, mais Bergamasque sur le tout. Les arlequinades sont du crû ; de là elles ont passé en France sur les théâtres de la foire et des boulevards, où leurs auteurs, goguenards, gouailleurs, pleins de spirituelle bêtise, faisaient les délices de nos pères, et ont été remplacés par des figures qui ne savent plus rire et ne les valent pas.

En Italie, les voyages se font en diligence ou en *voiturin*. Les services de diligences ne sont pas quotidiens ; voici ce qu'est la *vettura*. Figurez-vous une vieille et sale berline avec un coupé ouvert sur le devant, dont l'impériale fléchit sous une montagne de bagages, le tout branlant et traîné par des chevaux usés. Tels sont les véhicules que les *vetturini* se transmettent de père en fils ; avec cela ils s'en vont par le monde, vivent sur les grandes routes, toujours pleins d'attention pour leurs chevaux et conspirant avec eux pour lasser la patience des pauvres voyageurs. D'aussi loin qu'ils aperçoivent une montée, ils mettent l'attelage au pas ; vous vous plaignez, ils ne comprennent pas votre langue ; vous vous fâchez, ils descendent pour fumer une pipe ; vous les menacez, ils fredonnent une chanson. La traite est connue d'avance; la journée s'arrange de manière à vous faire trouver inévitablement, vers l'heure de midi, une auberge où l'on se repose une couple d'heures, et, à la nuit, un gîte où l'on ne peut dormir. On peut calculer les distances : quelles qu'elles soient, on arrive toujours aux mêmes heures; il semble que ce ne sont pas les chevaux qui font les milles, mais les milles qui font les chevaux. Ce mode de locomotion, moins dispendieux que la diligence, permet d'étudier le pays et ne laisse pas que d'avoir ses agréments, quoique les voiturins et les aubergistes exploitent les voyageurs et les grugent à qui mieux mieux; mais il ne faut pas se plaindre, c'est l'usage du pays.

Nous prîmes donc un voiturin pour Vérone et nous reçûmes ses arrhes; car le voiturin italien est obligé d'en donner; autrement il pourrait bien céder la place déjà promise au plus offrant et dernier enchérisseur. Cet usage fait connaître la délicatesse de ces industriels. La route, tracée au pied des montagnes, domine au loin les campagnes de Crémone, célèbre par ses violons. Elle ne présente rien d'intéressant que la fertilité d'un sol longtemps ingrat, mais enfin dompté par le travail et l'intelligence des habitants : résultat prodigieux qui a été le fruit d'une observation de plusieurs siècles, aidée par les connaissances scientifiques modernes. On se tromperait fort si l'on croyait l'Italie supérieure en retard sous ce rapport : nous lui devons plusieurs découvertes scientifiques; tout ce qui peut ajouter au bien-être de la vie a trouvé depuis longtemps, dans ces belles contrées, des esprits pour le comprendre et un gouvernement pour l'encourager. En dépit des agitateurs, l'Autriche est plus populaire en Lombardie qu'on ne le croit en France; et si l'on en juge par les améliorations de tout genre que lui doit ce pays, il faut bien avouer que la reconnaissance publique n'a pas devancé le bienfait.

Brescia étale au pied d'une montagne ses maisons bien bâties, son vieux château qui tombe et les jardins suspendus que portent ses remparts. Dévastée par Attila, souvent saccagée pendant le moyen âge, pillée par Gaston de Foix en punition du massacre que l'on y avait fait des Français, Brescia ne se releva un moment de ses ruines que pour être bientôt dépeuplée par la peste et enfin presque détruite par l'explosion d'une poudrière.

Son histoire, on le voit, ne rappelle que des désastres. Aussi la ville, quoique commerçante et industrielle, paraît triste, solitaire ; sa fabrique d'armes, jadis si renommée, n'est plus qu'une ombre d'elle-même : l'ancien arsenal de l'Italie supérieure se réduit à quelques magasins de mercerie. C'est dans Brescia que le chevalier Bayard fut blessé, lorsque Gaston de Foix reprit la place. « Alors descend Bayard courant et criant : France! France! et fut le premier qui oncques frappa sur les ennemys. Quant ceulx qui le suyvoient virent que Bayard ainsi frappoit, tous prindrent si grant couraige, qu'ils deffirent à première bande des Véniciens. Alors survint le seigneur André Grist...., qui fut moult ébahi. Si dist : « Au nom de Dieu régnera toujours « ce Bayard? je crois qu'ils croissent les Bayards en France « comme champignons. On ne parle en toutes batailles que de « Bayard. Or, mes amys, tirez tous contre ce gentil Bayard; « car si povez deffaire ce Bayard, tout est deffait. » Alors prindrent si grand cueur Véniciens, que tous ensemble coururent sur Bayard, et sembloit qu'ilz n'eussent paour que de lui seullement. Et tant frappèrent sur Bayard, que l'ung des capitaines véniciens s'aprocha de Bayard et luy bailla en la cuysse d'une picque si grant coup, qu'il luy bouta le fer dedans la cuysse. Lors voyant Bayard qu'il estoit moult blécé, de son espée frappa contre la picque près la cuysse et la couppa, et après plus fort frappa contre ses ennemys, nonobstant que le fer de la picque fut demouré en la cuysse bien avant. Regardant derrière luy, il vit le noble duc de Nemours descendre de la montagne, comme si c'estoit ung autre Théseus ou Achille. Alors cria Bayard : « O « noble prince! frappez dessus ces mastins, tout est nostre. » A ceste parole donna dessus Mgr de Nemours, si roydement qu'il recula les ennemys jusque près des portes de la cité, toujours frappant, et fist tant par sa prouesse qu'ilz tuèrent plus de dix mille hommes à cest assault, sans ceulx que le noble Bayard avoit deffait (1). »

On a découvert à Brescia, depuis quelques années, un temple de Vespasien, ou du moins son portique en marbre et quelques

---

(1) *Les Gestes ensemble la Vie du preulx chevalier Bayard*, par Champier, chap. VIII.

murs de l'édifice. On y a recueilli tout ce que les fouilles avaient exhumé de remarquable, notamment des bustes en bronze doré et une figure de la Victoire, regardée comme une des plus belles statues de l'antiquité. Les deux cathédrales, bâties à côté l'une de l'autre, n'offrent pas un égal intérêt; l'une, moderne, est un assez beau vaisseau grec accompagné d'une majestueuse coupole; l'autre, enfouie, presque abandonnée, passe dans le pays pour avoir été un temple païen; mais elle n'a que les caractères de l'architecture lombarde. Le vieux Dôme conserve une relique bien précieuse, s'il faut ajouter foi à la tradition locale : ce serait le *labarum* que Constantin fit faire après sa vision, pour servir d'étendard aux armées romaines. On ne peut le voir qu'à certaines fêtes. Quelques tableaux mal éclairés du Tintoret et du Giorgione ne satisfont que médiocrement la pieuse curiosité des voyageurs. Au reste, l'église de Sainte-Afra renferme encore de plus belles peintures des mêmes auteurs, de Palma, de Bassano et d'autres de l'école vénitienne. Il faut distinguer le *Martyre de sainte Affra*, un des chefs-d'œuvre de Paul Véronèse, et la *Femme adultère* du Titien, si célèbre dans l'histoire de l'art. Je ne parlerai point du palais de la *Loggia*, construit dans le XVIe siècle, et incendié, l'année d'après, par la politique des Vénitiens, jaloux d'anéantir les chartes des priviléges accordés à Brescia par les empereurs et les doges. Ses murs noircis sont des témoins non suspects de cet acte abominable. Le campo-santo ou cimetière de Brescia est un des plus nobles ouvrages que les beaux-arts et la dévotion pour les morts aient produits dans ces derniers temps. Parmi toutes ces tombes magnifiques que le ciseau des sculpteurs a couvertes de bas-reliefs admirés des artistes, mais négligés de la foule, nous avons distingué un tombeau simple, chargé de fleurs et de couronnes, toujours environné d'un peuple agenouillé. Une grossière épitaphe apprend que sous ces herbes repose le corps de Jean-Baptiste Bossino, curé de Saint-Georges, dans le XVIe siècle, mort en odeur de sainteté. On a construit une petite cabane pour mettre à l'abri ceux qui viennent y prier. Cette tombe contraste par sa simplicité avec le luxe répandu dans cette enceinte; mais elle attendrit le cœur. La mémoire des hommes de bien sera toujours le plus bel ornement d'un campo-santo.

Brescia donne aux souvenirs du passé un caractère d'élégance artistique : sa citadelle, après avoir longtemps servi à sa défense, est devenue son belvédère ; ses remparts ont été convertis en promenades et disposés sur quelques points en amphithéâtre pour recevoir les amateurs du jeu de paume, fort estimé dans ce pays. Brescia lui doit une partie de sa réputation ; ses monuments, ses quatorze cents fontaines et sa belle population l'auraient rendue moins célèbre. Les joueurs, vêtus de blanc, se partagent en deux camps et sont armés d'un gantelet de bois dont ils se servent en guise de battoir pour lancer le *pallone* ou la paume ; elle vient et revient poussée par des mains puissantes et parcourt un espace très-étendu, pendant des heures entières, sans tomber à terre. Ce jeu intéressant, qui exige autant de force que d'adresse, faisait, il n'y a pas longtemps encore, les délices de la bonne société ; acteurs et spectateurs s'y passionnaient également. Dans une espèce de congrès de joueurs de paume qui fut tenu à Sienne, le roi de Naples, Ferdinand IV, ne dédaigna pas de descendre dans la lice pour y disputer à ses courtisans les applaudissements de la foule, et il eut la consolation, tandis qu'il perdait ses États, d'être proclamé un des plus habiles joueurs de paume de toute l'Italie : heureux si son royaume avait été l'enjeu !

Depuis Brescia, l'on suit, mais d'un peu loin, les montagnes, et l'on parcourt des plaines ondulées, que la nature et le travail contribuent à embellir. Des villas se montrent sur plusieurs points. On remarque, au passage, Lonato, également célèbre par la beauté de son site et par les souvenirs militaires qui s'y rattachent depuis notre campagne de 1796 ; Belgira, un des plus riches points de vue de la contrée, d'où se découvrent au loin des pays fertiles et de charmants villages qui laissent entrevoir leurs maisons blanches parmi des bosquets. Ensuite l'on descend à Desenzano, sur les bords du lac de Garda.

Après avoir vu tant de lacs, il semble qu'il ne doive plus rester pour celui-ci que de l'indifférence. Cependant, lorsqu'il se présente tout d'un coup avec ses fraîches perspectives, l'on est ravi d'étonnement et l'on s'associe à toutes les louanges anciennes et modernes que les poëtes lui ont données. Le paysage est d'une variété pleine de charmes ; les orangers, les citronniers, tous ces arbres dont le nom sera toujours un parfum et une harmonie, entourent de leur verdure quelques châteaux de diverses époques; des forges et des papeteries ajoutent au mouvement de ce tableau. On ne voit point ici, comme au lac Majeur, de hautes montagnes suspendues avec leurs glaciers sur la tête des navigateurs; mais les rives du lac se relèvent doucement en collines verdoyantes jusqu'au *monte Baldo*, ce jardin des Alpes, qui joint à la riche végétation de l'Italie le pittoresque des montagnes du Tyrol. Il est surtout un point du rivage connu par ses riants aspects, la presqu'île de Sermione. Sa situation délicieuse, son village élégamment groupé au bord de l'eau, ses ruines romaines, appelées grottes de Catulle, donnent au souvenir du *poëte des Grâces* un attrait particulier. Virgile a chanté les tempêtes de ce lac, nommé par les anciens *Benacus*. Catulle, séduit par l'agrément du site, aurait voulu fixer son séjour dans la presqu'île de Sermione; y revenir était son bonheur: « Salut, ô gracieuse Sirmio, jouis enfin de ton maître; réjouissez-vous, ondes lydiennes du lac; folâtrez tous tant que vous êtes de ris dans ce séjour (1)! »

Un souvenir plus pur se rattache au lac de Garda: en nous en éloignant, nous emporterions un regret, si nous n'offrions l'hommage de notre vénération à une vierge qui a laissé sur ses bords le charme de ses vertus. Sainte Angèle de Mérici, née à Desenzano, dans le XVIe siècle, fonda l'ordre des Ursulines et lui donna pour mission toutes les œuvres de charité, surtout l'instruction des jeunes personnes. Elle mourut à Brescia, laissant à ses sœurs l'exemple de tous les dévouements et une règle admirable où elle inséra cette clause, que l'on y ferait de temps à autre les modifications jugées nécessaires à raison des circonstances: disposition d'une haute sagesse et qui a été rarement appliquée. C'est sur les bords du Mincio, près de Ravenne, et non point, comme l'ont écrit certains auteurs, sur ceux du lac de Garda, que saint Léon arrêta le féroce Attila. Ce fleuve sort du lac à son extrémité méridionale, au point où s'élève la place forte de Peschiera qui commande le pays. La route s'engage dans le

---

(1) Salve, ô venusta Sirmio, atque hero gaudete;
Gaudete, vosque lydiæ lacus undæ:
Ridete quidquid est domi cachinnorum.

Catull. ad Sirmionem peninsulam.

labyrinthe de ses remparts et de ses bastions, et vous laisse le temps d'admirer au passage ces belles fortifications dont presque toute la gloire appartient au général français Haxo, qui les fit reconstruire, tandis qu'il en était gouverneur. Peschiera fait partie de la ligne fortifiée qui s'étend de Mantoue à Vérone et s'appuie sur l'Adige. L'Autriche a laissé la Lombardie sans défense; mais elle s'est fortement retranchée en arrière de ce fleuve. L'armée piémontaise n'a pu, dans ces derniers temps, franchir cette ligne.

Le gouvernement autrichien, en faisant de Vérone et de Mantoue le centre du système de défense qui protége sa domination dans l'Italie, a donné à ces deux villes une nouvelle importance et comme une seconde vie. Vérone fut de tous temps une place de guerre; confondue maintenant dans la grande unité territoriale établie par les traités de 1815, elle est armée pour la défendre contre les autres villes de l'Italie supérieure qui ne rêvent que de leur ancienne liberté; toutes leurs tentatives d'indépendance viennent expirer sous le canon de ses forts. L'histoire de Vérone, comme celle de toutes les républiques italiennes du moyen âge, ne rappelle que des révolutions. Elle tenait le parti des Gibelins, qui y commirent toutes sortes d'excès, jusqu'à ce que, fatiguée de ses dissensions, elle confia ses destinées aux seigneurs de la *Scala* ou *Scaligeri*. Ceux-ci firent redouter son nom au dehors sans la rendre au dedans plus heureuse; pour en finir, elle se donna à la république de Venise. Il reste de l'époque des *Scaligeri* le palais de la place *de' Signori* où Can *grande* donnait l'hospitalité à Dante proscrit, et les tombeaux gothiques, en plein air, que les princes de cette famille s'érigèrent près de l'église *Santa Maria Antica* : monuments d'un style très-pur et d'une décoration parfaite. Le peuple véronais n'a point oublié les crimes de cette race, ni les fureurs de ces frères ennemis qui se disputaient le pouvoir par l'assassinat. La terreur de leur nom a rempli leurs palais de fantômes; on croit voir errer durant la nuit leurs ombres sanglantes parmi les colonnettes de leurs tombeaux. Un grave Vénitien, qui passait la belle saison à Vérone, me racontait ces légendes avec la plus risible bonne foi; et, pour ne me laisser aucun doute sur leur vérité, il me prouva sa descendance en droite ligne d'une de ces quarante familles qui, fuyant devant Attila, se réfugièrent dans les lagunes et fondèrent

Venise. Quand on date d'aussi loin, il est permis de croire aux revenants.

La ville de Vérone, bâtie de diverses espèces de marbres fournis par les carrières voisines, n'en présente pas moins un aspect triste et rembruni. Les rues sont en général étroites; on y trouve des palais chargés d'ornements dans le style de la Renaissance, si toutefois il y a un style qui puisse avouer ce mélange incohérent et du plus mauvais goût. Les églises ne sauraient passer pour belles dans un pays si riche à cet égard; mais le caractère de leur architecture, qui n'est ni lombarde ni gothique et participe de l'une et de l'autre, en fait des monuments curieux. La basilique de Saint-Nazaire-et-Saint-Celse date du VIe siècle et s'élève près des grottes qui servaient d'asile aux premiers chrétiens dans les temps de persécution; Sainte-Anastasie renferme de très-beaux tableaux d'artistes du pays; Saint-Zénon, édifice du IXe siècle, sombre comme une crypte et presque enfoui, est fort curieux par les richesses de son sanctuaire et par les bizarres sculptures dont ses murs sont décorés. On en attribue la fondation à Pépin, fils de Charlemagne et roi d'Italie, qui y fut inhumé. Cette église, la plus intéressante de Vérone, n'est pas le seul monument construit dans ce pays par les vainqueurs des Lombards. Le Dôme, célèbre aussi par ses belles peintures, offre une façade ornée de figures grossièrement exécutées; on croit y reconnaître la mère, la femme et la fille de Charlemagne, et des animaux symboliques représentant l'épopée carlovingienne de la destruction de la monarchie lombarde. Un guerrier sculpté dans un pilier a reçu le nom de Roland; sur son épée on lit ce mot : *Durindarda*. Le preux incomparable ne pouvait manquer à cette assemblée de famille. Seulement nous avons été étonnés que le sculpteur lui ait fait sa *durandale* si courte, tandis qu'on nous a montré, dans la cathédrale de Pavie, un mât terminé par un fer d'aviron qui aurait été sa lance : arme singulière, sans doute; mais un héros tire parti de tout.

Vérone est peut-être la seule ville du monde qui réunisse une suite de constructions monumentales de toutes les époques, depuis les premiers temps de l'occupation romaine jusqu'à nos jours. Les travaux de fortifications qu'on achève feront oublier les célèbres remparts de San-Micheli démantelés en exécution du traité de Lunéville; les palais sont de la Renaissance; les tombeaux des Scaliger, gothiques ; les églises, carlovingiennes et lombardes, sauf la basilique de Saint-Nazaire, précieuse relique de l'art romain nouvellement converti au christianisme ; enfin, l'arc de Gavius et les arènes complètent cette collection d'édifices antiques, et sont les plus admirés de tous. Les arènes, intégralement conservées, sauf quelques dégradations purement extérieures, donnent une idée exacte de la distribution des amphithéâtres romains. Rien n'y manque : ses quarante-cinq gradins, ses galeries intérieures, les *vomitoires*, enfin tout l'édifice, grâce aux soins intelligents donnés à sa conservation, se présente encore dans le même état où le délaissèrent les chrétiens de Vérone lorsqu'à la voix d'une religion de charité, ils s'éloignèrent d'un lieu témoin de tant de cruautés et de crimes. Depuis lors, l'arène est déserte ; de loin en loin, quelque combat de taureaux y rappelle le peuple ; mais dans les temps ordinaires on n'y voit qu'un théâtre d'innocentes marionnettes, sorte de spectacle aussi populaire aujourd'hui dans l'Italie que le furent jamais à Rome les grands jeux. L'amphithéâtre de Vérone peut contenir vingt-cinq mille spectateurs. La plus brillante et la plus nombreuse assemblée qu'il ait réunie a été celle des souverains et ministres de l'Europe, assemblés en congrès dans cette ville, à la fin de l'année 1822. Leur congrès fut un spectacle d'un autre genre et qui n'eut rien de plus sérieux.

Parmi les monuments de Vérone, j'ai oublié le plus renommé, le tombeau de Juliette. Il se compose d'une pierre tumulaire placée dans un jardin écarté qui servait autrefois de cimetière. La chronique du pays la signalait à peine à l'attention des étrangers; mais depuis que Shakspeare a ranimé de son souffle cette poussière glacée, les pèlerins affluent : poëtes et cœurs sensibles, tous ceux qui vivent de fictions, ne manquent pas d'y venir rêver aux malheurs de Roméo et Juliette. Les gens du pays ne conçoivent guère cet enthousiasme factice, et, à dire vrai, la meilleure part doit bien en revenir au metteur en œuvre : la douceur de ces deux noms italiens et le génie de Shakspeare, voilà en réalité tout ce qu'on admire.

De Vérone à Venise, on voyage en chemin de fer. On donne un dernier adieu à la ville, à ses fortifications, à la mémoire des grands hommes qu'elle a produits, à ces coteaux où l'on recueille le vin que l'empereur Auguste préférait à tous les autres ; puis l'on traverse une plaine glorieuse, immortalisée par nos exploits. Les noms d'Arcole, de Rivoli, de Ronco, de Montebello, se présentent successivement à la pensée du voyageur ; il découvre au loin le pont d'Arcole ; il passe sous Montebello, qui est moins admiré comme site pittoresque depuis que la victoire lui a donné un plus noble prestige. Tout le Vicentin est excessivement fertile ; on l'appelait autrefois le jardin et la boucherie de Venise. Vicence, par sa situation dans des champs arrosés de plusieurs rivières et au pied de montagnes boisées, serait encore une ville délicieuse quand même Palladio n'en aurait pas fait, sous le rapport de l'architecture, la ville modèle de l'Italie. Le palais de la *Ragione*, appelé la basilique, plusieurs maisons particulières et le *casino Capra*, hors des murs, attestent le talent du brillant architecte. Le *Cirque olympique*, quoique construit après sa mort, doit être également considéré comme son ouvrage, puisqu'il en avait donné les plans. C'est une imitation fidèle des théâtres grecs, où l'on a joué des pièces grecques, en attendant que l'art moderne, devenu grec à son tour, consentît à subir le joug des trois unités. La *Sophonisbe* de Trissino, la première tragédie conçue selon cette règle, fut représentée à Vicence. Un arc triomphal, chef-d'œuvre de Palladio, donne entrée aux portiques qui conduisent à la *Madonna del monte Berico*, l'un des plus célèbres pèlerinages de l'Italie. Rien de plus gracieux que ce chemin couvert se déroulant en arcades sur les flancs de la montagne, comme les anneaux d'une chaîne qui unit la ville au sanctuaire protecteur. La piété en a conçu l'idée, et l'art, inspiré par la reconnaissance, est venu offrir à la Vierge bien-aimée une de ces belles créations dont l'Italie seule a la gloire. La statue de la Madone est un morceau parfait. Après avoir satisfait sa dévotion dans ce temple vénérable, on peut se procurer une jouissance d'artiste en se faisant montrer dans le couvent le tableau de l'*Adoration des mages* par Ben-Montagna, et l'*opra maestra* de Paul Véronèse : *Jésus-Christ assis sous l'habit d'un pèlerin à la table de saint Grégoire.* Le couvent et l'église conservent encore plusieurs toiles remarquables ; mais après avoir vu celles-là, on n'en veut plus voir d'autres.

Toutes les rivières du pays se réunissent à quelque distance de Vicence pour former la Brenta, canal de navigation renommé sur lequel s'embarquaient les voyageurs de Padoue à Venise.

L'éclat de la reine de l'Adriatique se reflétait jusque sur les rives du canal qui lui servait d'avenue. Des palais, des statues, des jardins magnifiques le bordaient sur une longueur de plusieurs milles; et l'imagination, bercée au fond d'une gondole par le mouvement cadencé des rames, prenait, en jouissant de ce spectacle, un avant-goût des plaisirs de la plus belle des cités. Voilà du moins ce que nous avaient appris les relations des anciens voyageurs. Mais, hélas! tout est bien changé. Soit que les palais aient suivi la fortune de leurs maîtres et tombent avec eux, soit que la Brenta ait été trop vantée, nous n'avons vu sur ses bords que de vieilles maisons bourgeoises à peine recrépies, des statues de plâtre ou de terre cuite dans des carrés de légumes, quelques ormeaux chargés de vignes et une rivière qui traîne ses eaux bourbeuses parmi ces pauvretés. Heureusement, le chemin de fer ne montre ces choses-là que de loin. Nous traversâmes rapidement le pays plat et marécageux qui s'étend jusqu'à Mestre, où commencent les lagunes. Enfin Venise nous apparut pour la première fois. On se croit transporté dans un monde impossible, lorsque, à l'extrémité d'un viaduc, d'une lieue de longueur, construit sur les lagunes, on découvre une ville immense qui semble flotter sur les ondes. Les innombrables clochers, les édifices qui s'élèvent de la mer rappellent à l'esprit tout ce que l'on sait de la gloire et des splendeurs de Venise : c'est une vision pleine de grandeur et de poésie. On passe à côté de l'île de Murano ; tout à l'heure ce sera le Rialto, le palais des doges, la place Saint-Marc ; et, au milieu de tout cela, pas le moindre bruit, aucun de ces murmures sourds qui annoncent les grandes villes ; mais le plus vaste silence. On est ému. Il n'y a qu'un moment, l'espérance devançait la locomotive ; maintenant on est presque étonné d'arriver, il semble que ce soit un rêve de se trouver à Venise.

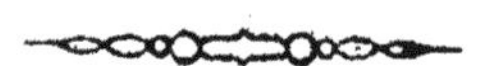

IX.

VENISE.

« Ce jour que j'entray à Venise, dit Philippe de Commines dans ses *Mémoires*, vindrent au devant de moy jusques à la Chafousine : qui est à cinq mils de Venise : et là on laisse le basteau, en quoy on est venu de Padoue, au long d'une rivière : et se met on en petites barques, bien nettes et couvertes de tapisserie, et beaux tapis velus dedans, pour se seoir dessus : et jusques là vient la mer : et n'y a point de plus prochaine terre pour arriver à Venise : mais la mer y est fort plate, s'il ne fait tormente : et à ceste cause qu'elle est ainsi plate, se prend grand nombre de poissons, et de toutes sortes : et fu bien esmerveillé de veoir l'assieté de ceste cité, et de veoir tant de clochers, et de monastères, et si grand maisonnement, et tout en l'eaüe, et le peuple n'avoir autre forme d'aller qu'en ces barques : dont je croy qu'il s'en fineroit trente mille : mais elles sont fort petites. Environ ladicte cité y a bien septante monastères, à moins de demie lieüe Francoyse, à le prendre en rondeur (qui tous sont en isle, tant d'hommes que de femmes, fort beaux et riches, tant d'edifices que de paremens : et ont fort beaux jardins) sans comprendre ceux qui sont dedans la ville : ou sont les quatre ordre des mendiens, bien soixante et douze paroisses, et mainte confrairie : et est chose estrange de veoir si belles et si grandes eglises fondées en la mer.... me menerent au long de la grand'-rue, qu'ils appelent le Grand Canal : et est bien large, les galées y passent à travers : et y ay veu navire de quatre cens tonneaux ou plus, pres des maisons : et est la plus belle rue que je croy qui soit en tout le monde, et la mieulx maisonnée, et va le long de ladicte ville. Les maisons sont fort grandes et haultes, et de bonne pierre : et les anciennes toutes painctes, les autres faictes depuis cent ans, toutes ont le devant de Marbre blanc, qui leur vient d'Istrie, à cent mils de là : et encores ont mainte grande pièce de Porphire et de Sarpentine sur le devant. Au dedans ont pour le moins, pour la pluspart, deux chambres qui ont les planchez dorez, riches manteaux de cheminées de Marbre taillé, les chalis des licts dorez, et les ostevens paincts et dorez, et fort bien meublées dedans ; c'est la plus triomphante cité que j'aye jamais veue, et qui plus fait d'honneurs à Ambassadeurs estrangers, et qui plus sagement se gouverne, et où le service de Dieu est le plus solennellement faict : et encores qu'il y peust bien avoir d'autres faultes, si croy je que Dieu les a en aide pour la reverence qu'ils portent au service de l'Église (1). »

Telle fut la Venise du xve siècle ; celle d'aujourd'hui, belle encore dans sa vieillesse, n'est plus qu'une ombre d'elle-même et vit sur sa réputation d'autrefois. Venise n'a jamais été telle que notre imagination l'a faite ; mais aujourd'hui, même comme réalité, c'est une cité qui s'en va. On se figure d'avance des milliers de canaux sur lesquels s'élèvent de brillants palais et des bazars remplis des richesses de l'Orient, des portiques somptueux où l'oisiveté se traîne fatiguée de plaisirs, de gracieuses gondoles qui viennent lui sourire, enfin une ville féerique, un navire à l'ancre où, de tous les pays du monde, se rassemblent les heureux. Eh bien ! à ceux qui ont rêvé ces merveilles, nous dirons : « Laissez au rivage vos espérances, les premiers pas que vous allez faire vous raviront presque toutes vos illusions. » Ces gondoles si renommées, ces poétiques gondoles sont noires; la cabine du milieu où l'on se

(1) *Mémoires* de messire Philippe de Commines. Liv. VII, chap. XV, p. 593. Édit. Elzév., 1648.

place, noire ; l'étoffe qui la recouvre, noire pareillement. Ainsi l'avait réglé une loi somptuaire de la seigneurie, et l'on s'y conforme encore aujourd'hui. En voyant toutes ces gondoles s'approcher de l'embarcadère pour prendre les voyageurs, il nous sembla voir défiler un convoi funèbre. Il fallut prendre place dans ces corbillards, et nous suivîmes le grand canal, qui est la grande artère de Venise où aboutissent les autres canaux. Toutes les descriptions nous le représentent bordé de palais et d'églises; et en effet il n'en manque point parmi tout ce *maisonnement* si admiré de Philippe de Commines ; mais l'éclat et la vie n'y sont plus. La plupart des édifices sont gothiques, d'une forme plus bizarre qu'élégante, du reste, noirs et décrépits; chaque jour en détache quelque pierre ; ils s'affaissent peu à peu dans l'eau d'où ils étaient sortis, sans qu'on paraisse se préoccuper de leur ruine prochaine. Franchement, lorsqu'on voit de loin une gondole noire s'écarter silencieusement de ces demeures, on croirait qu'elle en emporte le dernier propriétaire, et que la maison va finir avec lui. Les aspects du grand canal sont d'une tristesse impossible à décrire. Mais c'est encore bien autre chose lorsque, quittant la grande voie, l'on se trouve embarqué dans d'étroits et sales canaux sur lesquels s'élèvent de pauvres maisons tombant de vétusté; quelque balcon de marbre, quelque fragment de sculpture contrastent péniblement avec les briques nues dont elles sont bâties et qui ont perdu depuis longtemps la dernière trace de leur ancien badigeon. On craint à chaque instant d'être enveloppé sous les ruines suspendues au-dessus de sa tête. Ainsi l'on va, triste et ennuyé, dans des rues, je veux dire dans des canaux solitaires, cherchant Venise dans Venise même, et remontant, pour ainsi parler, contre le courant de ses souvenirs, étonné, humilié de ce que l'on rencontre. Voilà une première impression : j'en préviens le voyageur, afin qu'il ne soit pas trop prompt à louer, ni à blâmer ; car l'on ne tarde point à sortir de cet obscur labyrinthe pour venir dans le port, où l'espace s'agrandit et prête aux objets plus de perspective ; et alors se découvre aux regards un panorama fantastique dont rien au monde ne peut donner l'idée. D'un côté, les brillants édifices de la Douane et de la *Madonna della Salute* ; de l'autre, les coupoles de Saint-Marc et le palais mauresque du doge, et partout la mer, la mer qui semble encore venir, calme et docile, aux pieds de son fiancé, pour recevoir ses ordres. En présence de ces magnificences du moyen âge, on se croirait transporté aux plus belles époques de l'histoire vénitienne; on retrouve la ville de ses rêves, Venise tout entière est là. Pas un de ces monuments que l'on ne puisse nommer au passage. Ces vastes bâtiments sont les prisons ; ce pont qui établit une communication entre elles et le palais ducal est le pont des Soupirs ; voici les deux colonnes qui marquent le lieu des exécutions.

Tout ce tableau rappelle de grands souvenirs et saisit vivement l'imagination. Mais ce n'est pas assez d'une vue rapide ; pour en jouir à loisir, montons au clocher de Saint-Marc. Du haut de cette tour, on voit dans tous ses détails cette ville merveilleuse, portée sur l'eau comme une arche protectrice qui a sauvé du déluge des barbares les restes de la civilisation romaine ; des îlots, couverts de maisons et coupés de canaux, se groupent autour d'elle; il reste quelques grèves où l'on distingue des cabanes de pêcheurs qui représentent ce que Venise fut à son berceau. A quatre milles de distance, les digues de Malamoco et de Palestrina séparent les lagunes du golfe Adriatique, et le Lido se détache sur elles comme un cordon de verdure pour former une riche ceinture à la reine de la mer; enfin dans les brumes du rivage se perdent les montagnes du Frioul, les collines Euganéennes, et sur le point opposé, les clochers de Padoue. Si nous ramenons autour de nous nos regards, nous voyons se développer à nos pieds les deux palais des *Procuratie vecchie* et des *Procuratie nuove* (1) qui s'élèvent sur des portiques; ils enferment dans une suite d'arcades d'un très-noble effet la place de Saint-Marc, admirée avec raison comme une des plus belles du monde. La basilique occupe l'une de ses extrémités, et elle en est la gloire. Le palais des *Procuratie nuove*, qui en forme le côté méridional, tourne à angle droit sous le campanile, et s'étend parallèlement au palais ducal jusqu'à la mer. La place

---

(1) C'étaient les palais des procurateurs de Saint-Marc. On appelait ainsi les neuf grands dignitaires chargés d'administrer les revenus de l'église de Saint-Marc et les biens des veuves, orphelins, etc. Ils étaient censés les premiers sénateurs, et le doge était pris parmi eux.

comprise entre ces deux derniers palais est la *Piazzetta* ou *Broglio*, célèbre au temps de l'ancienne république. Ses portiques étaient le rendez-vous de la noblesse. Ces patriciens de Venise qui dédaignaient les titres de noblesse et les abandonnaient aux gentilshommes de la terre ferme, qui honoraient les rois en inscrivant leurs noms dans le Livre d'or, n'avaient garde de se mêler au peuple, pas même sur la place publique. Un côté du *Broglio* leur était exclusivement réservé. Lorsqu'un jeune noble avait atteint sa vingt-cinquième année, l'âge d'entrer au grand-conseil, il était introduit solennellement dans les réunions du *Broglio* par quatre amis de sa famille; l'exclusion du grand-conseil entraînait aussi celle du *Broglio*. Comme les brigues, les intrigues de toute nature et surtout celles de la politique, qui, à Venise, fut toujours tortueuse, s'agitaient, se croisaient dans ces assemblées, le peuple désigna par le terme d'*imbroglio* un désordre d'idées ou d'affaires, semblable à ceux dont cette place était le théâtre. Le temps a emporté les priviléges de la *Piazzetta*, mais il en a respecté les monuments ; on y trouve encore les fameuses colonnes des exécutions qui rappellent le dénoûment de plusieurs complots formés pour rendre à Venise une liberté dont elle ne connut jamais que le nom. Elles s'élèvent à l'extrémité de la place, sur le bord de la mer; l'une porte la statue de saint Théodore, et l'autre, le lion de saint Marc. Après avoir orné sous l'empire une des places de Paris, le lion de l'Adriatique a été rendu aux vœux du peuple vénitien, qui, à défaut de son ancienne puissance, aime encore du moins à en contempler le symbole.

La tour de Saint-Marc, située à l'angle de ces deux places, ajoute à leur caractère majestueux celui de sa curieuse architecture. Le campanile a près de trois cents pieds d'élévation jusqu'à l'ange qui sert de girouette. Le couronnement de la tour était doré, ce qui la faisait apercevoir, en mer, d'une grande distance. Cet ouvrage du XIIe siècle a coûté des sommes énormes. Sabellico dit que les fondements établis sur pilotis sont aussi profonds que la tour est élevée. On y monte par une pente douce et sans marches. Venise se montre fière de ce monument qui s'est mêlé à toute son histoire. Le doge seul avait le droit de faire sonner la grosse cloche; le carillon de Saint-Marc annonçait, comme dit Spon, tous les mystères extérieurs, tout l'ordre de la république. De ce beffroi partait le cri d'alarme quand la patrie était en danger; pendant le carnaval, il donnait à la cité joyeuse le signal des plaisirs. Le jeudi gras, tandis qu'on tirait sur la place le feu d'artifice, une nacelle montée par un gondolier glissait avec la rapidité de l'éclair, le long d'un câble fortement tendu, qui, du haut de la tour, venait plonger dans la mer. L'audacieux navigateur risquait sa vie dans cette course aérienne; mais il avait la gloire, en passant devant le balcon du palais ducal, de donner une fleur à la dogaresse et d'être salué mourant par les acclamations de la foule.

La *Loggietta*, gracieux édifice adossé au clocher, passe pour un des meilleurs ouvrages de Sansovino. Les sculptures de marbre et de bronze qui le décorent sont d'une pureté exquise. On en peut dire autant des trois piédestaux de bronze sculpté qui supportent les trois mâts devant la basilique. Les jours de fête, on y attache les bannières de Venise en signe de son ancienne domination sur les trois royaumes de Chypre, de Candie et de Morée. Venise est une ville dont la physionomie, les constructions, les usages ne ressemblent à rien de ce qu'on voit en Europe. Tout y rappelle ses anciennes relations avec l'Asie et son empire sur la Méditerranée; le palais ducal avec son architecture capricieuse reproduit le type des palais des califes; Saint-Marc est une imitation de Sainte-Sophie.

Vers le VIIIe siècle, deux marchands vénitiens enlevèrent d'Alexandrie le corps de saint Marc, menacé de tomber entre les mains des musulmans. La république reçut avec enthousiasme ce précieux dépôt et songea dès lors à bâtir un temple digne du nouveau patron que le ciel lui donnait. Ce projet fut exécuté dans le Xe siècle. Tous les arts prêtèrent leur concours à cette œuvre nationale; les matières les plus précieuses y furent prodiguées; les ouvriers byzantins, appelés à grands frais, y révélèrent à l'Occident ces magnificences dont les pèlerins de la terre sainte avaient fait tant de merveilleux récits. Saint-Marc rappelle cette grande époque des croisades où la foi inspirait la vaillance et les beaux-arts, où Venise marchait à la tête de l'Europe par sa civilisation et lui prêtait ses vaisseaux pour la conduire à la conquête du saint tombeau de Jésus-Christ.

Depuis ces siècles brillants, Venise a perdu sa couronne, sans cesser de se montrer fidèle au culte de son grand protecteur; la basilique de Saint-Marc est demeurée sa gloire. Nous ne pouvons la décrire, nous ne serions pas compris. C'est là une de ces grandes choses qu'il faut voir et dont toutes les descriptions ne sauraient donner l'idée. La façade, mélange de plusieurs styles, est surchargée d'ornements, de colonnes de toute espèce; au-dessus se montrent les cinq coupoles couvertes en plomb et terminées par des croix grecques. Les chevaux dorés de Lysippe, après avoir orné les arcs de triomphe de Rome, de Constantinople et de Paris, sont venus reprendre leur place sur le péristyle de Saint-Marc : glorieux trophée de la bravoure des Vénitiens et de leur pieuse reconnaissance pour le saint qu'ils invoquaient dans les combats. Le vestibule resplendit de mosaïques exécutées sur les cartons du Titien et du Pordenone. Mais ni la façade ornée de cinq cents colonnes de porphyre et de vert antique, ni la richesse du vestibule ne préparent l'imagination aux somptuosités de l'intérieur. Les marbres, le bronze et l'or brillent de toutes parts; le pavé, formé de mosaïques, est un vaste tapis de serpentine et d'agate, dont le temps a maltraité quelques parties, sans lui rien faire perdre de son admirable caractère. De vastes mosaïques à fond d'or recouvrent entièrement les murs et les voûtes; il ne se peut rien voir de plus extraordinaire que cette décoration, et l'on conçoit que le moyen âge ait appelé l'église de Saint-Marc une église d'or, *chiesa aurea.*

Les détails répondent à cette première vue. Depuis le vestibule, où la chapelle de Saint-Zénon attire les regards par son autel et son tombeau en bronze, jusqu'à la porte de la sacristie qui coûta vingt ans de travail à Sansovino, on ne peut faire un pas sans être arrêté par quelque merveille. Le bénitier repose sur un autel antique; le bassin des fonts baptismaux est fermé par un couvercle en bronze chargé de bas-reliefs d'un excellent goût; la chapelle *de' Mascoli* se fait remarquer par ses statues.

Enfin le sanctuaire renferme des ouvrages d'art d'un prix inestimable, surtout les sculptures et les colonnes d'albâtre oriental qui supportent la Confession, et le fameux *Pallio d'oro*, mosaïque émaillée sur or et argent, rehaussée de camées et de pierres précieuses, qui représentent les principaux faits des deux Testaments. C'est un précieux monument de l'art byzantin vers la fin du xe siècle. Le trésor possède d'autres objets de grand prix et de même origine, parmi lesquels deux candélabres très-riches et un *fac-simile* de l'église de Sainte-Sophie. On y voit des reliques insignes, plusieurs morceaux de la vraie croix et une grande quantité de vases d'or et d'argent donnés à la basilique. Autrefois il y avait peine de mort contre celui qui aurait soustrait quelque partie de ce précieux dépôt; maintenant on est moins sévère : les vides qu'on aperçoit en parcourant le trésor ne le prouvent que trop. La basilique de Saint-Marc a toujours été le cœur de Venise. Ses guerriers y recevaient la bénédiction qui leur donnait la victoire ; à leur retour, ils y suspendaient les drapeaux, les rostres, les armures conquises sur l'ennemi. Le nombre en devenait si grand de jour en jour, que la seigneurie abolit cet usage. C'est dans l'église de Saint-Marc que l'on rendait primitivement la justice; c'est là enfin que les nobles vénitiens demandaient à reposer après leur mort. Il semble que toute la république se résumait dans ce temple, et qu'il soit triste depuis qu'elle n'est plus. J'aimais à venir, au déclin du jour, prier dans son enceinte. Les rayons du soleil couchant ruisselant sur l'or des mosaïques animaient les figures d'apôtres et de prophètes incrustées dans les murs. Tous ces tableaux s'illuminaient d'une gloire céleste; l'église devenait une scène vivante qui, au milieu des splendeurs religieuses et guerrières du moyen âge, me rappelait la puissance et la foi de Venise. Mais les femmes du peuple qui filent leur quenouille sous le péristyle et jusque dans l'église, ne tardaient pas à troubler, par les supplications de la misère, le charme de ces méditations. Elles me représentaient Venise sous un autre jour, telle que le temps et le malheur l'ont faite, et je sortais tristement de la basilique après avoir fait l'aumône à cette reine déchue.

Le palais ducal, contigu à l'église, développe ses deux façades sur le quai des Esclavons et sur la *Piazzetta*. L'architecture arabe de ce vaste édifice a je ne sais quoi de triste et de fastueux qui s'harmonise bien avec les idées qu'on se fait de la république vénitienne; tout y conserve l'empreinte de sa sombre majesté. Dans la cour intérieure, dite *des Sénateurs*, richement décorée de colonnes et d'arabesques, on trouve le superbe escalier de marbre appelée *des Géants*, à cause des deux statues colossales de Mars et de Neptune dont il est orné, et l'*escalier d'or*, jadis si renommé par sa magnificence. Mais un voile de deuil semble couvrir ces somptuosités fabuleuses, elles excitent moins d'admiration que de terreur. Cet escalier des Géants, où l'on couronnait les doges, a vu rouler la tête de celui qui commença le palais, Marino Faliero. Foscari, qui le fit achever, ne put en jouir : déposé sous l'accusation de haute trahison, il mourut de douleur, tandis que la cloche de Saint-Marc annonçait le couronnement de son successeur. Calendario, son architecte, fut pendu comme conspirateur. Le général Carmagnola, arrêté, au milieu d'une fête, dans la galerie, tomba poignardé sur cet escalier fatal, où ces tristes souvenirs vous accueillent. Un intérêt dramatique anime encore ce palais, ses murs parlent, chaque salle a son histoire. Elles sont remplies des grandes toiles du Titien, du Tintoret, de Palma, de Véronèse et des autres artistes de l'école vénitienne, qui semblent avoir été acteurs eux-mêmes dans les sujets reproduits par leur noble pinceau, tant il y a de feu et de patriotisme dans leurs compositions. La frise de la salle du grand-conseil présente la suite des portraits des doges. La place de celui de Marino Faliero est remplie par ces mots écrits dans un cartouche noir : « *Hic est locus Marini Falieri decapitati pro criminibus*, c'est ici la place de Marino Faliero, décapité pour ses crimes. » Le grand-conseil s'assemblait tous les dimanches et formait l'assemblée délibérante, la *chambre haute* de la république. Il se composait de douze cents nobles vénitiens, qui déléguaient le pouvoir exécutif au conseil des Dix; et celui-ci l'exerçait par le conseil des Trois. Dans ce dernier venait se concentrer toute l'énergie gouvernementale d'une jalouse oligarchie : sombre triumvirat qui encourageait la dénonciation, dominait par la peur; redouté du sénat, des Dix, du doge, redouté de lui-même ; car on avait vu deux membres de ce tribunal mettre en accusation le troisième. Le doge de Venise, justiciable de tous ces conseils, régnait sans gouverner. Il recevait les ambassadeurs, paraissait en public vêtu d'une robe de brocart d'or, la couronne ou *corno ducale* en tête, suivi des sénateurs en robes : on l'eût pris alors pour un grand potentat; mais ce n'était que l'image de la royauté : malheur à lui s'il prenait son rôle au sérieux ! son palais devenait alors sa prison, et la justice était prompte. Nous avons vu la Bouche aux dénonciations dont les Trois recueillaient les mystères ; les prisons des Puits et des Plombs, tristement renommées, surtout depuis que les auteurs de mélodrames ont appelé sur elles un si lugubre intérêt.

Le palais des prisons, d'un aspect sévère et majestueux, est généralement regardé comme un modèle du genre par sa distribution et par les conditions de salubrité qu'il réunit. Un pont couvert, en marbre sculpté, joint ce palais à celui du doge ; les prisonniers le traversaient lorsqu'ils étaient amenés devant les juges, et de là son nom de *pont des Soupirs*. Les Puits se trouvent au rez-de-chaussée du palais ducal, non point, comme on l'a dit si souvent, au-dessous du niveau du canal, mais à près de deux mètres au-dessus. Il y a plus : les cachots, pavés de larges dalles, étaient boisés jusqu'à hauteur d'appui, et ce sont ces madriers que le peuple brûla en 1797, en haine du gouvernement aristocratique. Ces prisons ne sont pas humides, elles reçoivent un peu de lumière; en fait de cachots, je ne sais s'il en est au monde de plus supportables. On trouve beaucoup d'inscriptions gravées par les prisonniers dans les Puits. Généralement empreintes de résignation, elles peignent les sentiments divers que l'horreur d'une telle situation pouvait faire naître; mais je n'en ai pas rencontré une seule qui accusât le local. Les philanthropes se sont montrés plus sévères que les victimes, trompés sans doute par le terme de *Puits* qu'ils prenaient dans un sens trop littéral. Ils peuvent visiter, examiner eux-mêmes ces réduits abandonnés à la juste appréciation des voyageurs, ne serait-ce que pour épargner une calomnie au gouvernement vénitien, si mal traité dans leurs livres : on doit la vérité à tout le monde, et elle est bonne à recueillir partout, même dans les cachots.

Il y avait d'autres prisons situées dans les combles du palais, sous le toit de plomb qui le recouvre. Pendant quelques mois de l'année, c'était une fournaise. « Il est impossible, écrivait Silvio Pellico dans ses *Prisons*, de dire à quel point l'air s'échauffa dans le gîte que j'habitais. Placé en plein midi sous un toit de plomb, ayant une fenêtre en regard du toit de plomb de Saint-Marc, dont la réverbération était ardente, j'étais suffoqué. Je n'avais jamais eu l'idée d'une chaleur si accablante (1). » Les prisons des Plombs n'existent plus. Silvio Pellico est un des derniers prisonniers qui aient habité ces mansardes ; ce qu'il en a dit n'a pas peu contribué à les faire supprimer. Toutefois elles

---

(1) Chap. XXVI.

ne sont point inhabitées. Les pigeons de Saint-Marc en restent les hôtes libres, et leur histoire est touchante. Dans les premiers temps de la république, c'était la coutume à Venise, le dimanche des Rameaux, de lâcher, de la terrasse de Saint-Marc, une multitude de pigeons dont on avait embarrassé les pieds de petits rouleaux de papier. Les pauvres volatiles s'élevaient péniblement dans les airs, mais ne tardaient pas à tomber, et la populace se les disputait avec fureur. Or, il arriva que quelques-uns, s'étant dégagés de leurs entraves, se réfugièrent sur les toits de Saint-Marc et du palais, où ils se sont multipliés prodigieusement. Le peuple voulut qu'on respectât sur ces pigeons le droit d'asile et même qu'ils fussent nourris aux frais du trésor public. Depuis lors on les voit se répandre par milliers sur les places et les maisons, sans que personne se permette d'enfreindre la loi qui protége leur liberté. Jamais les oies du Capitole ne furent respectées comme les pigeons de Saint-Marc : ils sont les derniers citoyens libres d'une république finie.

De la place Saint-Marc jusque vers la pointe Saint-Antoine, s'étend le quai des Esclavons, qui rassemblait autrefois les marchands de tous les pays du monde et la population des marins vénitiens : c'était le port, le *Broglio* du commerce. Il a perdu de son animation depuis la chute de Venise ; cependant il offre une dernière image de la vieille cité par les affaires qui s'y traitent et les divertissements qu'on y trouve. Les petits commerçants et les agents d'affaires s'y réunissent dans les rez-de-chaussée de vieilles maisons de forme sarrasine, bouges infects qui ne rappellent que trop les mœurs et les usages du peuple du Levant. Les dalles blanches du quai disparaissent sous des boutiques de tout genre où l'on vend pêle-mêle le petit poisson, les denrées de l'Archipel et des États barbaresques, les défroques des vieux palais, et même de la poésie. Des voyageurs affirment, d'autres nient que l'on chante à Venise les stances du Tasse. Les uns ne voient dans les gondoliers que des bateliers vulgaires et cupides, les autres en font des rapsodes gracieux, capables non-seulement de vous réciter la *Gierusalemme liberata*, mais même de vous improviser pour quelques pièces de monnaie toutes sortes de sonnets et de *canzoni*. Il y a ici de l'exagération dans la louange comme dans le blâme. Cependant il est vrai de dire que les gondoliers artistes ne sont pas rares à Venise. On peut aisément se procurer le plaisir d'entendre les strophes du Dante ou du Tasse chantées en refrains alternatifs par deux *dilettanti* de cette classe-là. J'ai vu, sur le quai des Esclavons, d'infatigables récitateurs s'accompagnant de la guitare, des improvisateurs versifiant avec une facilité merveilleuse, sans que les défis insolents de la foule pussent déconcerter leur verve intarissable : poëtes de carrefour qui mettraient moins de temps à expédier une épopée tout entière qu'un écrivain public de France à faire une lettre de soldat. Les sujets sont ordinairement pris dans l'histoire et les légendes du pays ; un dialecte plein de douceur et de vivacité prête un charme particulier à ces scènes gracieuses et favorise encore l'inspiration. Et comment la poésie ne serait-elle pas un bienfait commun de ce ciel italien dont les teintes magiques donnent aux objets tant d'éclat ? En présence de cette ville enchantée qui sort du sein des mers pour en être la reine, de cette Venise au manteau semé de perles orientales dont un soleil étincelant varie sans cesse les reflets, quelle imagination ne tressaille ? qui pourrait demeurer insensible ? Et quand on vient à penser que la cité calme et mélancolique, fatalement condamnée à périr, porte déjà le deuil de sa puissance évanouie, on conçoit que l'admiration, la reconnaissance, le regret rendent ses enfants poëtes, que toutes leurs voix s'unissent pour consoler sa douleur. Après avoir fourni glorieusement sa carrière, Venise s'éteint au bruit des chants qu'elle inspire, et la poésie la couronne d'un éclat immortel.

Sous l'administration française on a créé, à l'extrémité de la pointe Saint-Antoine, une promenade appelée *Jardin public*, sorte de butte sablonneuse où l'on trouve des arbres chétifs et la vue des lagunes, de la ville et du Lido. Malgré ces agréments, le Jardin public n'en est pas plus fréquenté. Son éloignement et peut-être aussi son origine l'ont rendu impopulaire dans une ville qui, même encore aujourd'hui, conserve un sentiment très-vif de patriotisme. Quoi qu'on fasse, la place historique de Saint-Marc continuera de rassembler la foule ; là se presseront toujours les amateurs et les acteurs de la vieille comédie vénitienne, remarquable surtout par le personnage national de *Pantalone*, charge grotesque du noble vénitien. Ce *magnifique*, comme on appelait autrefois ses modèles, se montre plein de gravité, point méchant, mais vain, intrigant, dupé pour l'ordinaire; il a survécu au pouvoir dont il personnifiait les ridicules et raillait les abus.

Derrière le quai des Esclavons se cachent l'arsenal et l'ancienne église patriarcale de Saint-Pierre, c'est-à-dire le double centre d'activité religieuse et maritime qui fit si longtemps la gloire de Venise. La basilique Saint-Marc n'est devenue métropole que depuis une centaine d'années; on la considérait auparavant comme la chapelle du palais ducal. Le patriarche siégeait à Saint-Pierre *di Castello*, dans l'île d'Olivolo, et cette église est encore une des plus belles de la ville. On y vénère la chaire que la tradition dit avoir servi à saint Pierre pendant les sept ans de son pontificat à Anticche. L'empereur Michel Paléologue l'ayant donné au doge Gradenigo en 1310, elle fut reçue avec de grands honneurs à Venise, où elle continue à être l'objet de la dévotion des fidèles. Le corps de saint Laurent Justinien, patriarche de Venise, repose dans le sanctuaire; son tombeau de marbre, ouvrage précieux de Longhena, se fait surtout remarquer par la beauté des statues qui le soutiennent. Chaque année, le doge venait en grande pompe assister à une messe d'actions de grâces, célébrée à Saint-Pierre *di Castello* en mémoire de la cessation d'une peste que la ville avait obtenue par l'intercession du saint évêque; une inscription, placée audessus de la porte de la sacristie, rappelle le bienfait et la reconnaissance. Deux gentilshommes allemands, visitant cette église, ne purent s'accorder sur le sens des deux mots : *tutelari numini beneficentissimo*, que la reconnaissance vénitienne applique à son *bienfaisant protecteur;* ils mirent l'épée à la main pour trancher cette question grammaticale et furent emportés blessés par les prêtres de la basilique, fort étonnés d'un zèle si pointilleux.

L'arsenal, le plus ancien, et, pendant plusieurs siècles, le plus beau de l'Europe, occupe une immense étendue, puisqu'il n'a pas moins de trois milles de circonférence. Son enceinte fortifiée le mettait à l'abri d'un coup de main. La porte d'entrée est flanquée des lions gigantesques en marbre du mont Hymette, enlevés d'Athènes par Morosini, le vainqueur du Péloponèse. Au-dessus l'on voit la statue de sainte Justine, monument de la victoire remportée par les Vénitiens sur les Turcs, le jour de sa fête, en 1571. Le voyageur éprouve une impression mélancolique d'admiration à la vue de cet arsenal qui garde les débris de l'ancienne marine de la république. Il renfermait cinq fonderies de canons et des magasins d'armes si bien approvisionnés, que l'on pouvait équiper à la fois une armée de terre et une armée de mer. Deux mille ouvriers trouvaient du travail dans les immenses chantiers de construction et les quatre bassins où des flottes entières étaient à flot; la salle des modèles est longue de deux cents pieds, et la *Tana* ou corderie a plus d'un demi-mille de longueur. Les salles d'armes conservent les longs et brillants étendards pris sur les Turcs à la bataille de Lépante, et les rostres de plusieurs de leurs galères qui portent des noms nationaux, tandis que les vaisseaux chrétiens portaient des noms de saints; on ne donnait point alors des noms païens aux vaisseaux. On montre encore dans ces salles les casques des croisés, compagnons de Dandolo, et deux armures célèbres : celle de ce doge illustre qui, aveugle et âgé de quatre-vingt-quinze ans, se mit à la tête de l'expédition, prit Constantinople et y fonda l'empire des Latins; et celle d'Henri IV, roi de France; présent que ce monarque fit à la république, pour la remercier d'avoir inscrit son nom dans le Livre d'or. Son prédécesseur, Henri III, s'étant arrêté à Venise, lorsqu'il revenait de Pologne prendre possession de la couronne de France, fut splendidement traité dans l'arsenal, et ensuite conduit sur le *Bucentaure* aux verreries de Murano. Il ne reste de ce célèbre vaisseau, la gloire de l'arsenal, qui semblait porter avec lui la fortune de Venise, qu'un *fac-simile* conservé pour mémoire. Mais rien ne donne plus une idée de ces marches triomphales, de ces *andate in trionfo*, comme on disait autrefois, où le doge se montrait assis sur son trône du *Bucentaure*, environné de sa cour. C'était surtout le jour de l'Ascension, dans la cérémonie des épousailles de la mer, que se déployaient toutes les magnificences de la reine de l'Adriatique. Le *Bucentaure* venait dans le port recevoir le doge, qui s'y plaçait sur un trône supporté par la Prudence et la Force; les sénateurs, les ambassadeurs et tous les grands dignitaires de l'État occupaient les quatre rangs de siéges qui leur étaient préparés sur le tillac, recouvert d'une tenture de velours cramoisi à larges franches d'or. Ce splendide vaisseau était chargé de sculptures, doré jusqu'à fleur d'eau; son parquet se composait d'une marqueterie d'ébène, de nacre et de bois de senteur. Il s'avançait majestueusement porté sur les eaux que frappaient en cadence les rames dorées, livrant aux brises des lagunes ses éclatantes banderolles, tandis que le son des cloches, les acclamations de la foule, les chœurs de musique accompagnaient le fiancé de la mer, et qu'il était salué au loin par les canons de l'arsenal auxquels répondaient ceux de Malamoco. Lorsque le cortége avait dépassé le Lido, le doge, prenant l'anneau bénit par le patriarche, le jetait dans la mer en prononçant ces paroles : « Mer, nous t'épousons en signe de notre perpétuel domaine. » Cette cérémonie fut instituée après que Venise, par son dévouement aux intérêts du pape Alexandre III, l'eut délivré de ses ennemis. Le pontife reconnaissant fit des présents considérables à la république et donna au doge, qui avait commandé l'armée en personne, l'anneau qu'il portait, en lui disant que la mer devait être soumise aux Vénitiens comme l'épouse à son époux.

Non loin de l'arsenal, la belle église de Saint-François de la Vigne renferme d'excellents tableaux de Palma et de Paul Véronèse. Saint-Zacharie, sur les marches de laquelle fut tué un doge, n'a pas l'élégante régularité que Sansovino sut donner à Saint-François ; mais son style bizarre, qui pourtant ne manque pas de grâce, la recommande presque autant que ses tableaux de Palma et du Tintoret à la curiosité du voyageur. Le jour de Pâques, le doge venait faire hommage du *corno ducale* à la prieure des bénédictines de Saint-Zacharie, parce qu'une des sœurs de ce couvent en avait fait présent à la république. La prieure le touchait et donnait au gracieux souverain un magnifique bouquet de fleurs. Ainsi, à Venise, des usages touchants consacraient le souvenir des événements qui avaient influé sur les destinées de la patrie ; la reconnaissance publique ne se laissait point surpasser par le dévouement des bons citoyens. Quoi de plus touchant que l'*andata* à *Santa Maria Formosa* et le fait historique qui en fut l'occasion? Dans le xe siècle, c'était la coutume, à Venise, le jour de la Chandeleur, de célébrer un grand nombre de mariages à Saint-Pierre *di Castello*. Les couples se rendaient en grande pompe dans cette église, où le patriarche les bénissait. En 943, des pirates de l'Istrie formèrent le hardi projet de s'emparer des jeunes filles ; ils se cachèrent pendant la nuit dans les îlots sur lesquels s'éleva plus tard l'arsenal ; puis, au moment où le cortége arrivait à Saint-Pierre, ils fondirent sur cette foule désarmée et s'emparèrent des fiancées. Le doge Candiano, témoin de l'outrage, appelle le peuple aux armes ; on s'élance à la poursuite des ravisseurs, qui sont atteints et taillés en pièces dans les lagunes de Caorlo. Les captives, ramenées en triomphe par leurs époux, vinrent avec eux rendre grâces dans l'église de Saint-Pierre. Or, parmi les vengeurs de cette perfidie, se distinguèrent les habitants du quartier de *Santa Maria Formosa*. Le doge se les fit présenter, loua leur belle conduite et les pria de lui demander une faveur. « Que vous veniez, lui dirent-ils, avec la dogaresse et toute la seigneurie, visiter notre église à pareil jour, et nos vœux seront accomplis ! — Mais s'il pleuvait ? répondit le doge. — Eh bien ! nous vous donnerons un chapeau pour vous couvrir ; et si vous avez soif, nous vous donnerons à boire. » Et depuis, fidèles à leurs promesses, les chefs du quartier de *Santa Maria Formosa* présentaient au doge deux chapeaux dorés et deux flacons de malvoisie, le jour de la Chandeleur, au moment où il mettait le pied sur le seuil de leur église.

Après Saint-Marc, l'édifice religieux le plus frappant de Venise est sans contredit Saint-Jean-et-Saint-Paul, d'un gothique allemand irrégulier, mais très-majestueux. Le peuple l'appelle *San-Janipodio*. Aucune église ne renferme plus de peintures, de sculptures, de mausolées ; tous les artistes du pays ont voulu que leur nom fût prononcé dans ce temple de la gloire ; les sénateurs et les doges s'y érigeaient des tombeaux. Les murs sont couverts de monuments funèbres ; de toutes parts et à une grande hauteur se dressent les statues équestres des doges, en bois doré : singulière décoration pour une église que ces guerriers bardés de fer qui semblent, comme les géants, escalader le ciel. On remarque le mausolée de Vendramin, le plus beau de Venise. Un jour voilé répand son deuil tranquille dans cette enceinte et donne aux sculptures un caractère plus touchant, mais il nuit aux peintures : plusieurs ne se peuvent distinguer ; ce qui est d'autant plus regrettable qu'elles sont d'habiles maîtres, et qu'un grand nombre méritent au plus haut degré l'attention des amateurs. Quelle magnifique scène, par exemple, que le *Crucifiement*, l'un des meilleurs tableaux du Tintoret ! Quelle vérité dans le *Martyre de saint Pierre l'inquisiteur*, chef-d'œuvre du Titien ! On est dans une forêt, on ne voit que trois personnages, mais si vivants, que l'auteur semble moins avoir produit une toile qu'écrit avec son pinceau les actes du martyre. La seigneurie avait défendu sous peine de mort aux religieux dominicains du couvent de vendre ce tableau. Saint-Jean-et-Saint-Paul, avec ses richesses et sa triste magnificence, rappelle, aussi bien que le palais ducal, la Venise des sénateurs et des doges : le palais conserve l'empreinte de leur gloire, l'église en montre le néant.

En parcourant cette partie de la ville et admirant au passage toutes ces églises, qui sont les édifices les mieux conservés de Venise, les seuls qui donnent une idée de sa richesse, j'arrivai sur le quai de la Miséricorde, en face de l'île de Murano. Je ne pouvais refuser un coup d'œil à ces anciennes verreries dont Venise était fière, et que le doge Dandolo faisait jadis admirer aux barons français. Dans des temps plus récents, Henri III fut si émerveillé de tout ce qu'on lui montrait, qu'il anoblit sans distinction tous les maîtres verriers de Murano. Cette industrie est en décadence. Plusieurs pays de l'Europe, surtout l'Allemagne et la France, l'emportent sur Venise par la beauté des cristaux; ses glaces *soufflées* n'ont ni la même grandeur ni la même blancheur que celles qui sont *coulées* dans nos manufactures. Cependant les fabriques de Murano jouissent encore de quelque réputation par la supériorité de leurs produits dans un genre plus humble : les petits ornements de la toilette du peuple, perles, bracelets, etc., qui sortent de Murano, sont encore recherchés en Europe, et le Levant n'a pas cessé de s'approvisionner à Venise.

On se figure assez souvent que les rues de Venise ne sont que des canaux. C'est une erreur. Ils y sont très-multipliés sans doute, mais il y a encore plus de rues que de canaux. Du reste étroites, obscures et fréquemment coupées par des ponts, elles présentent aux étrangers un labyrinthe inextricable. Aussi, quoiqu'il ne se trouve aucun endroit où l'on ne puisse aller à pied, comme on a également la facilité d'y aborder en gondole, on préfère ce moyen de communication, qui est à la fois plus commode et plus prompt. Je quittai la mienne à l'entrée de la ville, devant l'église des Jésuites, la plus brillante de Venise, sinon la plus riche. Les autels sont des plus beaux marbres et d'un travail exquis, surtout le maître-autel orné de huit colonnes de marbre vert qui supportent un fronton d'une grande magnificence. Le *Saint Laurent* du Titien est conservé dans cette église. *Sainte-Marie dell' orto*, grande et belle église du moyen âge, cache dans l'isolement et presque dans l'oubli des peintures intéressantes qu'un voyageur consciencieux ne doit pas manquer de visiter. *Saint-Jérémie* mérite aussi quelque attention. Une des singularités de Venise, c'est d'y trouver une foule d'églises dédiées à des saints de l'Ancien Testament : Saint-Job, Saint-Moïse, Saint-Daniel, Saint-Jérémie, Saint-Zacharie, etc. Les Vénitiens, par leurs relations avec la terre sainte et Constantinople, avaient reçu des reliques très-précieuses, notamment celles que les traditions de la Palestine faisaient remonter jusqu'aux patriarches et aux justes de l'ancienne loi. Pour déposer ce butin de la victoire, plus précieux à leurs yeux que tous les trésors des califes, ils élevèrent ces temples où la piété chrétienne perpétue le culte des saintes reliques, lequel fut toujours cher au peuple de Dieu sous les deux Testaments.

De Saint-Jérémie aux *Scalzi* (carmes déchaussés), il n'y a qu'une faible distance. Cette église n'est point un monument grandiose comme Saint-Marc ou Saint-Jean-et-Saint-Paul; mais les habitants la proclament le *miracle* de Venise; elle en est du moins le bijou. Plusieurs familles nobles ont rivalisé d'enthousiasme pour la décorer et n'y ont rien épargné afin de la rendre incomparable. On peut la regarder comme une de ces églises, assez nombreuses en Italie, où l'on semble s'être proposé la solution de ce problème : étant donnée une enceinte de briques, en faire une église aussi belle que l'imagination puisse la concevoir. Et cela s'est réalisé : résultat d'autant plus surprenant à Venise, que, pour décorer les églises des dépouilles de l'Orient et de la Grèce, il a fallu d'abord des victoires, et ensuite des prodiges d'industrie pour conquérir sur les eaux le terrain même qui devait les porter. On ne peut assez admirer la puissance de cette foi des anciens jours qui se jouait avec les difficultés et ne rencontrait des obstacles que pour y substituer des merveilles. Du reste, elle règne encore sur les cœurs et survit à la gloire de la vieille cité. Malgré tous les efforts des impies, la parole de quelques agitateurs étrangers n'a pu prévaloir sur le respect des Vénitiens pour l'autorité de l'Église. En 1849, il paraissait à Venise un journal *progressiste* dont les doctrines incendiaires em-

7

pruntaient à l'éclat de la rédaction un danger particulier. Le patriarche défendit, sous peine d'excommunication, de le recevoir et de le lire. Dès le lendemain, le journal refusé partout tomba, faute de lecteurs. On parle aussi trop légèrement de la facilité des mœurs vénitiennes. Des renseignements recueillis à de bonnes sources nous permettent d'affirmer que les opinions accréditées à cet égard sont dénuées de fondement. Ceux qui distribuent avec si peu de réflexion la louange et le blâme jugent pour l'ordinaire quelques faits isolés sur des idées préconçues, et nous serions tenté de croire, ce qu'on nous affirmait à Venise, que les étrangers y apportent leurs vices et ne craignent pas ensuite de les lui imputer.

L'église des *Scalzi* se trouve à l'extrémité de la pointe de Sainte-Claire, sur le grand canal, près de la gare. De cette extrémité de la ville, on voit au loin se prolonger sur les lagunes le viaduc du chemin de fer, ouvrage curieux par son étendue, qui joint Venise à la terre ferme. Ainsi s'est consommée l'humiliation de la reine de l'Adriatique ; elle a divorcé avec la mer pour s'unir à ces terres d'où elle avait fui devant Attila, emportant avec elle sa liberté. Soumise aujourd'hui à une puissance continentale, elle lui a fait un pont pour lui donner auprès d'elle un accès plus rapide ; et la fastueuse capitale, en se livrant de la sorte, a cru réaliser un progrès. Tout ce qu'on voit ensuite sur le grand canal ne dément point cette impression. Les palais qui ne croulent pas sont replâtrés à la moderne. *Vendramin* a vendu sa collection ; *Manfrin* et *Barbarigo*, si précieux par leurs galeries, sont négligés par leurs propriétaires ; *Ca-Doro*, avec son architecture sarrasine, et *Foscari* avec ses ruines, présentent un coup d'œil pittoresque, mais rappellent des souvenirs qui attristent le voyageur. Plusieurs de ces grandes familles sont éteintes; les descendants de quelques-unes se trouvent dans la détresse ou réduits à accepter des emplois publics : heureux encore lorsqu'ils se respectent eux-mêmes et honorent leur misère, au lieu de la donner en spectacle, comme fait l'un d'entre eux, sur d'indignes tréteaux. Au milieu de ces vieux édifices du moyen âge, le pont du Rialto conserve toute sa beauté. Situé au centre de Venise, reconstruit quatre fois, et en dernier lieu dans le XVIe siècle, il coûta 250,000 sequins à la république, à peu près trois millions de notre monnaie. Il supporte trois rues ou passages bordés de boutiques qui en occupent toute la longueur et dans lesquelles se réunit le petit commerce. C'est le *Pont-Neuf* de Venise. Quant à sa perfection architecturale et à sa solidité garantie par douze mille pieux d'ormes, il y a longtemps qu'elles ne sont plus admirées que comme le chef-d'œuvre d'une époque dont on a depuis lors surpassé les travaux.

Au delà du Rialto et à quelques pas du grand canal, la noble église de Sainte-Marie *de'Frari* appelle l'attention par ses belles peintures et ses tombeaux précieux. C'est le panthéon des artistes vénitiens. Les mausolées de Canova et du Titien ont été diversement jugés. Le premier ne se compose que des copies en marbre des sujets les plus estimés produits par son ciseau : enfants du génie que la douleur semble amener au tombeau de leur père. Le second, érigé à peine depuis quelques mois aux frais de l'empereur d'Autriche, a été salué par des sonnets et des pièces de poésie affichés sur tous les murs de Venise. Charles-Quint avait anobli et enrichi le Titien, et il disait, à cette occasion, aux seigneurs de sa cour qui raillaient cette noblesse de nouvelle date : « Je puis faire des comtes et des barons tels que vous tant qu'il me plaira ; mais des hommes comme le Titien, je ne peux que les récompenser. » Un de ses successeurs lui a donné une tombe. Le grand maître, célébré par tous les talents et tous les arts, y repose environné de l'estime de la postérité.

Les amateurs qui savent apprécier ses œuvres doivent venir les admirer surtout dans le palais de *la Charité*. La première toile que vous voyez en entrant est un de ses plus fameux ouvrages, *l'Assomption*. La Vierge, radieuse, s'élève dans l'extase du bonheur, entourée de chœurs d'anges, éclairée de cette lumière si pure dont l'école vénitienne avait le secret et qu'elle avait étudiée sans doute dans le cristal des lagunes. Voulez-vous du tragique? Arrêtez-vous devant l'*Adam et Ève* et le *Meurtre d'Abel* par ce fougueux Tintoret dont le pinceau était inépuisable et l'imagination brûlante. C'est lui qui a mis en action l'histoire vénitienne dans le palais des doges, lui qui a peint les murs de la confrérie de Saint-Roch, et toujours lui ; Venise est remplie de ses compositions ; mais son chef-d'œuvre est ici, à la Charité. *Saint Marc délivrant un esclave* vous saisit par l'enthousiasme de l'inspiration et la puissance des tons qui caractérisent ce peintre. En voici un autre qui se plaît parmi les mariniers et semble se balancer dans les gondoles, Carpaccio, l'ami du peuple dont il copie les costumes, les faces basanées, et qui, parmi tout cela, conserve une grâce exquise. G. Bellini a peint le tableau du *Saint Sacrement tombé dans l'eau.* On voit une procession de la Fête-Dieu. Le diacre vient de s'apercevoir que le croissant contenant la sainte hostie est tombé dans l'eau ; toute la foule se presse sur le quai de la *Piazzetta* où la scène se passe ; prêtres en habits sacerdotaux, sénateurs en robes de soie, se jettent à l'eau; on leur donne la main, on leur tend des perches : ce sujet, par son animation et son éclat, arrête longuement l'attention. Les Palma, Bonifacio, Pordenone, sont représentés dans cette exposition nationale par quelques bonnes toiles. Paul Véronèse n'en a qu'une, si je ne me trompe, *l'Entrée de saint Nicolas à Myre.* Quoiqu'elle soit digne de lui, ce n'est pas ici qu'il faut chercher ce peintre de la jeunesse dorée de Venise, qui gâtait un immense talent par un orgueil plus grand encore; il faut aller le voir à Saint-Georges Majeur, et surtout dans le couvent de Saint-Sébastien, où il se réfugia et finit ses jours pour échapper à la vengeance d'un noble vénitien. Il avait fait son portrait; le sénateur, jugeant qu'il n'était pas assez ressemblant, exprima le désir que le peintre le retouchât. Celui-ci y ajouta des cornes. On trouve à Saint-Sébastien beaucoup de ses peintures. Correction du dessin, touche pleine de suavité, éclat du coloris, harmonie de la composition, Paul Véronèse réunit le plus de qualités ; il est le Raphaël de l'école vénitienne. Saint-Sébastien renferme son tombeau.

Notre visite à Saint-Sébastien nous amène près du canal de la *Giudecca*, sur les bords duquel est *fondée*, comme on dit à Venise, l'église du Rédempteur. Elle a la forme d'une croix latine, et on la regarde comme le chef-d'œuvre de Palladio. Plusieurs toiles renommées du Tintoret, de Véronèse et de Palma disputent à l'architecte l'attention du touriste. A quelque ordre d'amateurs qu'on appartienne, on ne peut faire moins que de venir donner un coup d'œil à cette église, à ses tableaux, à ce quartier solitaire, autrefois habité par les juifs qui lui ont donné son nom, mais aujourd'hui rempli d'une population dont les mœurs et la physionomie ont un cachet particulier.

L'église du Rédempteur est un ex-voto de la peste de 1575. Notre-Dame *della Salute*, bâtie cent ans plus tard, a une origine semblable. On trouve dans celle-ci, avec un style moins correct, une plus grande profusion d'ornements, défaut toujours impardonnable aux yeux des artistes, quoique ce soit à la reconnaissance publique qu'il faille l'imputer. De nombreux tableaux, parmi lesquels la médiocrité n'a pu trouver place, décorent ce temple majestueux : *les Noces de Cana*, par le Tintoret; *la Madonna della Salute*, par Padovanino, et une quantité d'autres où l'on reconnaît bien vite le pinceau du Titien. Cette église est une galerie presque aussi curieuse que celle de la Charité. La *Salute*, bâtie dans le site le plus pittoresque de Venise, regarde d'un côté les vieux palais silencieux du grand canal, de l'autre le palais royal et celui des doges; elle unit à ces tristes ruines la brillante jeunesse de sa façade en marbre de l'Istrie.

Pour compléter ce tableau, on trouve la belle église de Saint-Georges Majeur qui s'élève dans une île du port, superbe monument du repentir du doge Pierre Ziani. Les chiens des Bénédictins de cette île ayant dévoré son fils, il fit détruire leur maison et leur église ; mais il déplora ensuite cet ordre barbare et rebâtit l'une et l'autre avec plus de magnificence. L'église renferme de beaux tableaux de Bassano, du Tintoret et des tombeaux de doges ; le couvent possède aussi de fort belles toiles.

Je considérais à loisir ce ravissant spectacle de la mer et du port, cette Venise que toute imagination désire, que l'on contemplerait sans fin, que l'on regrette ensuite le reste de sa vie. Quelle jouissance de s'inonder de sa lumière, de jouir de l'aspect varié de tous ces monuments qui semblent rajeunir aux rayons d'un soleil pur et limpide! Comme tous ces horizons plaisent à l'imagination et qu'on les trouve admirables, surtout à la veille de les quitter! Ainsi rêvant, j'étais emporté par une charmante gondole à l'île de Saint-Lazare, dans la direction du Lido. Des éclats de rire niais vinrent me rendre aux plus tristes réalités de la vie : nous passions sous les murs du couvent des frères de Saint-Jean de Dieu, qui, dans l'île de Saint-Servolo, soignent les aliénés. Un peu plus loin, le pavillon turc, flottant sur des dômes de construction orientale, annonce l'île Saint-Lazare, où des religieux arméniens suivent la règle de leur ordre, sous la protection du croissant. Cette communauté, fondée en Morée par les soins d'un noble vénitien, fut transférée à Venise lorsque la république perdit ses possessions du Levant. Les moines instruisent leurs jeunes compatriotes qui viennent s'y préparer aux saints ordres, et ils se livrent à des travaux philologiques d'une haute portée. Leur imprimerie est célèbre dans toute l'Europe. Comme ils possèdent en langue arménienne presque tous les anciens monuments de la tradition ecclésiastique intégralement conservés, ils ont complété les éditions que nous en avions, en traduisant en latin les parties qui manquaient. On nous a montré les œuvres ainsi complétées de Philon, de saint Éphrem, et la *Chronique* d'Eusèbe. Toutes ces éditions, remarquables par la correction du texte et l'exécution matérielle, rappellent ces publications géantes de nos anciens Bénédictins, avec lesquels les religieux de Saint-Lazare ont d'ailleurs beaucoup de rapport.

Nous avions vu la ville déployer, au soleil couchant, ses ravissantes perspectives, avant de disparaître dans une mer de feu. Mais un spectacle plus merveilleux encore nous était réservé. Au moment où l'horloge de Saint-Marc sonnait onze heures, nos oreilles furent frappées des sons d'une harmonie lointaine qui suivait le grand canal; deux barques entourées d'un cordon de lumières de diverses couleurs, et remplies de musiciens, glissaient sur les flots endormis. Quelques voix délicieuses, accompagnées d'instruments à cordes, chantaient des airs nationaux dans ce dialecte vénitien, le plus doux peut-être de la Péninsule. Pour ajouter au charme de la scène, on voyait, à la clarté de la lune, des multitudes de gondoles découvertes qui suivaient l'orchestre flottant et retenaient le bruit de leurs avirons, afin de n'en pas troubler les accords. Toutes ces voix emportées par la brise des lagunes avaient quelque chose de mystérieux et de suave; on sentait dans la mélodie le léger balancement des gondoles; puis, dans les intervalles, du haut des balcons du grand canal et de toutes les barques suivant le cortége ou amarrées aux quais, partaient des applaudissements dont le bruit se prolongeait au loin sur les eaux. C'était un concert des hommes, de la mer, de la terre et des cieux; c'était Venise dans sa gloire, portée sur des flots d'harmonie qui nous rappelaient ses beaux jours. Lorsque surtout aux chants de l'Italie vinrent s'ajouter nos airs populaires de France, il nous sembla que les deux nations s'unissaient dans une alliance intime, et que Venise et la France n'étaient plus à nos cœurs qu'une même patrie.

X.

DE VENISE A BOLOGNE.

Après avoir fait ses adieux à Venise, la Byzance de l'Occident, on aime à saluer les dômes et les clochers de Padoue. La basilique de Saint-Antoine rappelle, à certains égards, l'église de Saint-Marc : c'est Venise qui vous suit, du moins c'est une dernière vue de ses coupoles que l'on retrouve sur la terre ferme, comme une consolation à la peine que l'on éprouve de s'en éloigner. Padoue cède à Venise le sceptre de la beauté ; mais elle revendique l'honneur d'avoir été sa mère, et se proclame la plus ancienne ville de l'Italie. On n'a rien dit en faveur de son antiquité lorsqu'on parle de son importance sous les Romains ; il faut au moins remonter jusqu'à un prince troyen, Anténor, frère de Priam, qui même ne la fonda point, mais l'agrandit. A preuve de cela, on montre à Padoue son tombeau. Ce qu'il y a de plus certain, c'est que du temps de l'empereur Auguste cette ville comptait plus de cinq cents patriciens, et que, pour se dérober aux fureurs des Huns, quelques-unes de ces familles illustres se réfugièrent dans les lagunes où elles fondèrent Venise. Padoue, fidèle à ses souvenirs, y trouve une dernière gloire dans l'abandon où l'ont réduite la guerre, les incendies et les tremblements de terre ; elle contemple à loisir, sur les piédestaux de son panthéon en plein air nommé *Prato della Valle*, les statues qu'elle érige à ses grands hommes, dont plusieurs tiennent là, après leur mort, autant de place que pendant leur vie. Padoue leur rend l'honneur qu'elle en a reçu : semblable à ces familles anciennes qui se consolent des revers de la fortune et des infidélités de la victoire en considérant les portraits de leurs ancêtres et conservant sans tache l'honneur de leur blason.

Le *Prato della Valle* forme une place très-étendue, ornée de soixante et dix statues au moins, entourée d'un ruisseau dérivé de la Brenta. Vers l'une de ses extrémités s'élève la belle et vaste église de Sainte-Justine, une des plus nobles de l'Italie. Les religieux bénédictins qui occupaient, avant la révolution, le couvent attenant, la firent bâtir entièrement à leurs frais. Une bibliothèque très-volumineuse, regardée comme une des curiosités de Padoue, une église admirable et par la richesse des ornements et par le goût qui en a dirigé la distribution, voilà bien le caractère des couvents de ces bénédictins qui passaient leur vie au chœur et dans les livres, à prier et à étudier. Le tableau de sainte Justine est de Paul Véronèse. Nous devons remarquer, pour l'honneur de notre patrie, que les superbes boiseries du chœur, aussi bien que celles de Milan, sont dues au ciseau d'un sculpteur français, Richard Taurigny, de Rouen. Sainte-Justine, par ses huit coupoles et ses grandioses proportions, surprend vivement l'attention des connaisseurs. Quoiqu'elle appartienne à ce style vénitien mélange un peu confus des traditions architecturales des Grecs et des innovations byzantines, elle est admirée des amateurs de l'*art chrétien*. Ce n'est pas un faible mérite pour elle que d'avoir obtenu grâce aux yeux de ces enthousiastes si difficiles, artistes exclusifs pour qui rien n'est beau que l'ogive et qui ne voient de salut que dans les églises du Nord.

La basilique de Saint-Antoine, plus ancienne et d'un goût moins pur, renferme tant de tableaux, de statues et d'ornements de toutes sortes, qu'il y aurait de quoi payer la rançon de toute la province, si, vaincue, elle avait à racheter sa liberté. Tel est du moins le sentiment du père cordelier qui nous montrait l'église. Commencée dans la seconde moitié du XIIIe siècle, elle fut décorée par les meilleurs maîtres de cette époque. On y admire des fresques de Giotto et des sculptures de

Donatello, parmi lesquelles se distinguent les anges qui supportent le tabernacle de la chapelle du Saint-Sacrement et les statues des quatre protecteurs de Padoue. Le tombeau du saint est chargé de bas-reliefs magnifiques. Enfin le chœur attire les regards par ses stalles sculptées, ouvrage célèbre d'un autre Français nommé Lecourt, et par son candélabre de Riccio en bronze, plus beau que celui de Notre-Dame *della Salute* à Venise, et sans doute le morceau le plus remarquable en ce genre qu'il y ait au monde. Il est assez d'usage de voir, à l'entrée des églises de ce pays, des lions supportant les colonnes des portes, le tout en marbre rouge d'une sculpture grossière. La porte de Sainte-Justine est gardée par deux griffons dont l'un tient un lion et l'autre un soldat armé, singulier ornement pour une église, mais placé ici à cause de la popularité que lui assure une antiquité non suspecte. Des gardiens plus redoutés à la fois et plus aimés des Padouans, sont les chiens dalmates auxquels est confiée l'église de Saint-Antoine. Tous les soirs, depuis un temps immémorial, on les lâche dans la vaste enceinte, et il est inouï qu'ils aient laissé commettre un vol. Cette église trouve une garde plus sûre dans la vénération publique. En Italie les chapelles de Saint-Antoine sont, après celles de la Vierge, les plus richement décorées. Que doit-ce être à Padoue même, où le *saint* (*il santo*) recueille autant de bénédictions qu'il répand de bienfaits? Ce n'est pas seulement de la vénération que les Padouans conservent pour sa mémoire, c'est de la tendresse, de l'amour. Jamais saint ne fut plus populaire. Né en Portugal d'une famille illustre, Antoine entra jeune encore dans l'ordre des Franciscains; il faisait voile pour l'Afrique, où il allait évangéliser les infidèles, lorsqu'une tempête le jeta sur les côtes de l'Italie. Après avoir enseigné la théologie dans plusieurs villes, il fut appelé par ses supérieurs à Padoue, et y mourut à l'âge de trente-six ans, en 1231. Les miracles sans nombre qu'il a opérés avant et après sa mort, le souvenir toujours vivant de sa tendre charité et de son zèle aimable pour le salut des âmes, ont entouré son nom d'une auréole de reconnaissance; les innombrables ex-voto qui couvrent ses autels sont une preuve de la confiance des peuples et du crédit dont le serviteur de Dieu jouit dans le ciel.

Après ces deux églises, la gloire de Padoue, il suffira d'indiquer la cathédrale, dédiée à sainte Sophie, édifice lourd et disgracieux, quoique élevé par deux architectes renommés, Gloria et Sansovino. On y trouve quelques tableaux de Palma, une vierge du Titien et une autre de Giotto qui avait appartenu à Pétrarque. Le grand poëte jouissait d'un canonicat dans cette cathédrale de Padoue ; elle conserve encore une partie de sa bibliothèque et le souvenir de la pieuse régularité qui honora sa vieillesse. Il se levait la nuit pour chanter Matines, jeûnait trois fois par semaine, afin de réparer les illusions de sa jeunesse ; ajoutant ainsi à sa gloire littéraire celle de sa pénitence et changeant en couronnes d'épines les lauriers du Capitole qui entouraient son front. Son tombeau est à Arqua, village situé à quelque distance. Plus d'une fois il a été question de le transporter à Padoue ; car la ville ne se contente pas d'honorer la mémoire de ses grands hommes, mais veut encore posséder leurs tombeaux. Un cercueil découvert par hasard, il y a quelques siècles, a reçu le nom de Tite-Live, en son vivant prêtre de Padoue ; un autre de plomb a passé pour celui d'Anténor, à cause de deux vers gothiques gravés sur une épée qui lui servaient d'épitaphe. Tout cela est d'autant plus curieux que l'on a fait cette précieuse découverte en creusant les fondations de l'hospice des Enfants trouvés.

Padoue peut se vanter d'offrir aux curieux la plus vaste salle qui soit en Europe. Ce *salone*, comme on l'appelle dans le pays, se trouve à l'hôtel de ville. Figurez-vous une place couverte, de trois cents pieds de longueur, cent de largeur et cent de hauteur ; la voûte n'a pas d'autre support que les quatre murs de l'immense salle. Elle est parfaitement orientée ; sur ses murs on a peint les douze signes du zodiaque que le soleil levant parcourt successivement pendant l'année. Le Giotto avait exécuté ces peintures et quelques autres dont les restaurations de Zannoni n'ont pu prévenir la dégradation.

L'université de Padoue fut longtemps la première de l'Europe. Déjà célèbre au moment où cette ville se donna à Venise, elle acquit sous la protection du sénat et des doges une nouvelle importance. Les savants de tous pays, les hommes les plus illustres tenaient à honneur d'y enseigner : Galilée y fut professeur de philosophie ; Facciolati, auteur du grand *Dictionnaire latin*, y donna des leçons ; Helena Piscopia, qui parlait six langues et possédait toutes les sciences alors connues, fut reçue docteur à l'université de Padoue ; une autre femme célèbre, Cassandra Fedeli, porta souvent la parole en latin au nom de tous les professeurs, et l'académie *de' Ricovrati* de cette ville se fit honneur à elle-même en les admettant dans son sein. Les femmes qu'elle s'associa à différentes époques ne contribuèrent pas peu à sa gloire; et au fait, pourquoi seraient-elles bannies de ces réunions qui ajoutent à la grâce et à la politesse d'une langue par l'intelligence vive et délicate de ses meilleurs auteurs? L'université de Padoue a compté jusqu'à dix-huit mille écoliers, parmi lesquels on trouve les noms du Tasse et de Christophe Colomb. Cette jeunesse ardente était difficile à contenir ; la république de Venise lui accorda de grands priviléges et s'en fit un moyen de police à Padoue. Les étudiants devenaient, la nuit, chevaliers du guet : passé une certaine heure, s'ils rencontraient quelque bourgeois attardé, l'un d'entre eux lui criait : *Chi va li?* Son camarade ajoutait : *Chi va là?* Et le pauvre diable était assommé entre le *Chi va li* et le *Chi va là* sans que les réclamations des Padouans eussent jamais pu obtenir l'abolition de cet odieux privilége. Ils n'ont eu raison de l'insolence des étudiants que lorsque leur nombre a diminué ; il se réduit maintenant à quelques centaines. Les magnifiques salles de l'université sont à peu près désertes. Padoue, dans son enceinte dépeuplée, présente un aspect de tristesse que les portiques, dont les rues sont bordées, rendent encore plus douloureux. Quelques réjouissances à certaines fêtes et la dévotion à saint Antoine, que le temps n'a point diminuée, amènent par intervalles les populations voisines ; le reste de l'année, Padoue ressemble à un tombeau. Il en est de cette antique cité comme de beaucoup d'autres en Italie, qui n'en sont plus depuis longtemps aux signes avant-coureurs de leur décadence, mais dont la religion semble ralentir la chute et consoler le malheur. Nous le disions à Venise, il n'y a que les églises qui rappellent sa splendeur ; celles de Padoue, mieux que son *salone*, son panthéon et les tombeaux contestés d'Anténor et de Tite-Live, donnent une idée de son ancienne gloire. Du reste, si l'Italie semble plongée dans une léthargie funeste, qu'on ne croie point à sa mort prochaine : le froid a pu gagner les extrémités, mais la religion anime encore le cœur ; elle se réveillera, la foi lui garde une nouvelle vie, et la liberté lui reviendra avec elle.

Depuis Padoue jusqu'à Rovigo, la route longe le canal de Monselice et traverse une plaine fertile qui, d'un côté, se termine aux collines Euganéennes et, de l'autre, aux racines de l'Apennin. La population, favorisée par tous les avantages que procurent la douceur du climat, la fécondité du sol et une industrie manufacturière basée sur les produits agricoles, paraît active et heureuse; il n'en est guère de mieux partagée en Italie. On laisse à gauche le village d'Arqua, où les dévots de Pétrarque vont pieusement contempler son fauteuil et sa montre, et se remémorer sa passion romanesque pour Laure, devant le squelette de son chat. Battaglia, charmante ville connue par ses eaux minérales, vous présente au passage ses casins et ses usines, qui donnent du mouvement au paysage. Monselice, situé dans une campagne superbe, s'étend au pied d'une montagne plantée de pins, qui porte les tours en ruine d'un château jadis très-renommé, site pittoresque dont la réputation survit à celle du manoir. Non loin de la route se cache la ville d'Este, fief héréditaire de cette ancienne famille célèbre dans toute l'Europe, qui gouverna Ferrare et dont le Tasse a immortalisé le nom. Rovigo, où l'on arrive après avoir passé l'Adige, est une ville peu importante, où l'évêque d'Adria fait sa résidence, depuis que la vieille cité qui donna son nom à la mer Adriatique est réduite à quelques cabanes perdues dans des marais. A Rovigo, l'on subit pour la dernière fois les ennuis de la douane autrichienne, si sévère dans le royaume lombard-vénitien, et l'on traverse ensuite le Pô, qui le sépare des États pontificaux. L'Adige est une rivière assez encaissée dont les débordements sont rares, mais terribles; le Pô, au contraire, roule ses eaux immenses dans un lit exhaussé de trente pieds sur les terres qu'il arrose et qu'il menace incessamment de submerger. Lorsque, grossi par les pluies, il coule à pleins bords, les populations riveraines veillent sur ses digues; on les élève d'année en année : c'est pour les étrangers un spectacle effrayant que celui d'une mer luttant contre de simples chaussées, tandis que les habitants du pays, tranquilles dans leurs campagnes, vivent aussi rassurés que s'ils habitaient le sommet des Apennins.

Si la différence des uniformes ne nous avait point annoncé, en touchant la rive opposée du fleuve, que nous entrions dans les terres du pape, nous nous en serions aperçus à la politesse des douaniers. Ce n'étaient plus les chicanes et les tracasseries sans fin de ces argus aux habits blancs qui ne savent qu'ajouter à la sévérité de la consigne le brusque sans-façon des formes allemandes ; nous trouvions enfin des hommes sachant tempérer par des manières et des paroles honnêtes la rigueur nécessaire dans l'exercice de leurs fonctions. On prend une excellente idée du gouvernement pontifical lorsqu'on est dans le cas de comparer les procédés de ses agents avec la rudesse des autres.

Une belle route plantée d'arbres conduit à Ferrare, à travers une plaine occupée par des plantations de maïs et par des chènevières accompagnées de mares de rouissage qui infectent le pays. La culture du chanvre rapporte au Ferrarais un revenu annuel de cinquante millions ; elle l'enrichit et le dépeuple. La ville n'est point à l'abri du mauvais air qui désole la campagne. Assez grande, beaucoup trop grande même, à en juger par la solitude de ses rues où l'herbe croît librement, elle vérifie le dicton italien : « A Ferrare plus de maisons que d'habitants. » Un vieux palais de briques, entouré de fossés remplis d'une eau croupissante, occupe le milieu de la ville, et par son aspect sévère attriste la place *de' Signori*, dont quelques vieux édifices, noirs et mal en ordre, complètent la décoration. Tout cela rappelle le moyen âge et n'en donne pas une idée riante. Ferrare avec son palais sans prince, ses larges rues sans mouvement et sa garnison étrangère, produit l'effet d'une capitale conquise et frappée à mort qui s'éteint dans l'oubli. Les princes de la maison d'Este lui avaient donné, vers le XIVe siècle, une importance qui la classait parmi les premières cités de l'Italie; mais ni le mérite de ces souverains, ni les louanges des poëtes auxquels ils accordaient l'hospitalité, n'ont pu la protéger contre les désavantages de sa position; de toute la gloire que lui prédisaient l'Arioste et le Tasse, il ne lui reste que celle d'avoir été chantée dans leurs vers. Une grande salle de la bibliothèque publique renferme le tombeau du premier, transporté dans ce local, en 1801, par ordre du général Miollis. Il était auparavant dans l'église de Saint-

Benoît, près du grand tableau du *Paradis*, chef-d'œuvre du Garofalo. L'Arioste aimait à voir travailler ce peintre qui était son ami et lui disait en riant : « *Dipingete mi in questo paradiso, perchè nell' altro non ci vo*, représentez-moi dans ce paradis, car il y a grand danger que je n'aille point dans l'autre. » Le peintre l'y plaça entre sainte Catherine et saint Sébastien. La bibliothèque conserve avec son fauteuil et son écritoire le manuscrit de son *Orlando furioso* et quelques-unes de ses lettres. On y montre aussi plusieurs autographes de Pétrarque, du Tasse, et celui du *Pastor fido* de Guarini. Tous ces manuscrits sont d'une écriture soignée et très-lisible. Il existe d'assez grandes différences entre les autographes des mêmes auteurs, notamment entre la *Gierusalemme liberata* du Tasse et ses lettres au duc de Ferrare, ce qui ne saurait tirer à conséquence contre leur authenticité : la vie du Tasse fut si mêlée, que son écriture a pu s'en ressentir. Nous avons vu dans l'hôpital Sainte-Anne le caveau qui lui fut donné pour prison ; non pavé, voûté, il a vingt-quatre pieds de longueur, et il ouvre sur le rez-de-chaussée d'une cour intérieure où sont encore les cellules des folles. Le Tasse était-il coupable ou non? Dans le pays, où l'opinion publique est, comme on sait, favorable aux poëtes et aux artistes, on croit assez communément qu'il ne fut pas innocent, et que le prince, pour ménager la réputation de son protégé, le fit traiter non comme un criminel, mais comme un fou. Dans ce réduit, ou, pour mieux dire, dans cette maison, le Tasse composa plusieurs chants de sa *Jérusalem délivrée,* ce qui prouve au moins que la captivité ne fut pas assez rude pour affaiblir son cerveau. Quoi qu'il en soit, un registre placé dans le logement du *custode* reçoit les noms des voyageurs et leurs conjectures sur ce point historique. Les opinions les plus divergentes y sont exprimés, dans toutes les langues du monde, en vers et en prose ; il n'est guère de poëte que cette prison n'inspire et dont l'enthousiasme factice n'ajoute quelques fadaises sentimentales à celles dont le recueil est barbouillé.

En face de l'ancien palais des ducs, s'élève la cathédrale, édifice du XIe siècle, dont le portail se fait remarquer par ses colonnes et son style bizarre. Il renferme à l'intérieur une copie ou du moins une imitation du *Jugement dernier* de Michel-Ange, ouvrage estimé. Après avoir parcouru ces lieux célèbres par leurs souvenirs, et visité les maisons de l'Arioste et de Guarini, on aura une idée exacte de la ville et l'on pourra échapper sans regret, quoique non sans peine, au bavardage des cicerone qui abusent étrangement de l'admiration dont les voyageurs sont pourvus, afin de la détourner sur de prétendues merveilles indignes de leurs regards.

On laisse à droite, en sortant de Ferrare pour aller à Bologne, l'imposante forteresse construite par Clément VIII, laquelle, depuis 1815, est occupée par les Autrichiens; ensuite l'on s'engage dans la plaine marécageuse qui sépare les capitales des deux légations. La complète horizontalité d'un sol plus bas que le lit des fleuves dont il est sillonné, l'expose à de fréquentes inondations. Aussi la route construite sur ce terrain mouvant est-elle pavée sur de longues distances; rien n'interrompt la monotonie de ses aspects; les villages succèdent paisiblement aux villages sans offrir aucune particularité qui puisse fixer leur nom dans la mémoire du voyageur. Après Malalbergo, gros bourg qui, en dépit de son nom, se glorifie d'une excellente auberge, la plaine devient plus accidentée, la culture plus variée; des bosquets de chênes et d'ormeaux couverts de vignes entourent des fermes soigneusement bâties; enfin les Apennins, dont on se rapproche de plus en plus, reposent agréablement les yeux fatigués des prairies et des marécages. Au milieu de ce riche horizon apparaissent les tours de Bologne et la montagne couverte de casins au pied de laquelle la ville est située.

XI.

BOLOGNE.

Bologne se présente avec l'intérêt qui s'attache à une ville historique, vaste et populeuse, où le culte des sciences et des arts fut toujours en honneur. Ses larges rues sont bordées de portiques soutenus par des colonnes ou des pilastres, de formes variées, mais d'un bon effet; ce qui, joint au caractère monumental de plusieurs parties de la ville, produit des perspectives imposantes. Lorsque, des hauteurs voisines, surtout du couvent de Saint-Michel *in Bosco*, l'on veut en embrasser tout l'ensemble, Bologne paraît comme un vaisseau immense dont les tours des *Asinelli* et de la *Garisenda* seraient les mâts; telle est du moins l'opinion des Bolonais reproduite par la plupart des voyageurs. La première a plus de trois cents pieds d'élévation, et son inclinaison de trois pieds, à peine sensible, ne sert qu'à fixer davantage l'attention sur l'incroyable légèreté de cet édifice. La seconde, moins haute des deux tiers, est penchée de huit pieds. C'est sans doute pour rassurer le peuple contre cette menace suspendue sur sa tête, que l'on a bâti une église au pied de la tour. Faut-il attribuer leur déviation au goût de l'architecte ou à l'affaissement du sol? La question ne paraîtra point douteuse à ceux qui ont voyagé dans cette partie de l'Italie. Les tours penchées n'y sont pas rares; on en voit plusieurs à Venise, notamment le clocher des Grecs, près du quai des Esclavons; d'autres à Ravenne et dans la plaine d'alluvion formée par les bouches du Pô. Les affaissements du sol, fréquents encore aujourd'hui dans ces pays, impriment souvent aux édifices élevés une inclinaison choquante, et l'on ne peut guère supposer qu'il se soit trouvé tant d'architectes qui aient visé à un effet bizarre, au risque de voir la nature venir en aide à leur caprice et renverser tout à fait leur ouvrage. Ces édifices sont arrêtés dans leur chute et l'achèveront quelque jour.

Bologne comptait avant la révolution deux cents églises; aujourd'hui, moins nombreuses, elles attirent l'attention par les tableaux qu'elles renferment, plutôt que par leur architecture. Saint-Pétrone, vaisseau gothique inachevé, tient le premier rang. On voit dans cette église une chaire qui a servi, dit-on, à saint Augustin; une méridienne, tracée par Cassini, dont le gnomon, le plus parfait qui existe, n'a pas moins de quatre-vingt-trois pieds d'élévation. Clément VII y sacra l'empereur Charles-Quint. Un côté de la place de Saint-Pétrone est formé par la façade du palais de la légation, décorée de quelques statues de papes. Les Bolonais en avaient érigé une à Sixte V, afin de le rendre favorable à leurs intérêts; car, en se donnant au pape, dans le XIIIe siècle, ils s'étaient réservé des droits et des priviléges qu'ils croyaient méconnus. Or, Sixte n'en ayant pas plus tenu compte que ses prédécesseurs, les Bolonais ôtèrent, après sa mort, la tiare à sa statue, et, l'ayant coiffée d'une mitre, la consacrèrent à saint Pétrone, leur évêque. La fontaine du *Géant*, qui est tout auprès, passe pour une des plus belles de l'Italie; elle doit ce nom au Neptune qui la surmonte. Le dieu, armé de son trident, se redresse dans l'attitude du *quos ego*, et commande aux ondes d'un océan pacifique de quelques pieds de largeur, alimenté par des sirènes qui se pressent les seins. Ces groupes en bronze sont un ouvrage fort estimé de Jean de Bologne. On n'est pas médiocrement surpris, en lisant l'inscription, de voir la ville reconnaissante faire honneur de ce monument si peu chrétien à saint Charles Borromée, pour lors légat de Bologne. Mais il faut savoir que le pieux archevêque résidait dans sa ville de Milan; par conséquent, on ne peut lui imputer les sottises municipales du sénat de Bologne, quoique celui-ci les lui ait dédiées.

Parmi les palais de la ville, nous ne pouvons oublier celui de l'université ou *dello Studio*, vaste bâtiment décoré de belles peintures, qui renferme une bibliothèque immense et de précieuses collections. A la vue des riches plaines du Bolonais, on comprend le surnom donné à la capitale, *Bologne la Grasse;* en entrant dans le palais qu'elle a élevé à l'intelligence, on s'explique la docte renommée dont elle jouit dans la péninsule : « Bologne enseigne, *Bononia docet*. » Il est vrai qu'elle a perdu les six mille étudiants qui fréquentaient les cours de son université et les soixante-douze professeurs qui en faisaient la gloire; cependant elle conserve encore une partie de son éclat; sa faculté de médecine tient le premier rang en Italie. A la liste nombreuse de ses illustrations dans tous les genres, elle a ajouté des noms modernes justement célèbres dans le monde savant : le cardinal Mezzofante, qui parlait quarante langues, et le médecin Galvani, professeur d'anatomie à l'université, dont les découvertes électriques ont fait dans les sciences la plus belle de toutes les révolutions modernes. Par une singularité qui ne l'honore guère, Bologne *la Docte* parle le plus mauvais dialecte de l'Italie, et telle est la bizarrerie de ce langage, que la comédie italienne l'a donné à l'un de ses personnages les plus grotesques et le plus populaire de tous, *le Docteur*. Il est Bolonais, comme Pantalone est Vénitien, comme Arlequin est Bergamasque, comme Polichinelle est Napolitain : c'est un échange de brocards que se renvoient les différentes provinces; on voit qu'elles s'amusent en famille et qu'elles rient sans se corriger.

« *Roma pe' i preti*, e *Bologna pe' i monachi*, Rome pour les prêtres, et Bologne pour les religieux, » dit le proverbe italien, jadis plus exact qu'il ne l'est aujourd'hui. Cependant il y a encore à Bologne des couvents magnifiques, et l'on peut regarder celui de Saint-Dominique comme le premier de tous. Saint François d'Assise, étant venu à Bologne visiter ses frères, fut scandalisé de la beauté du couvent que leur avait donné la charité publique et alla prendre son logement à celui des dominicains, qui était pauvre et peu connu. S'il revenait à Bologne, il ne trouverait aucun couvent où il voulût loger. L'église de

Saint-Dominique est la plus riche de la ville en tableaux et en monuments funéraires ; ce qui n'étonnera point lorsqu'on saura que cette église renferme le tombeau du glorieux fondateur de l'ordre. Les bas-reliefs qui le décorent sont de Nicolas de Pise, et l'on y voit deux statues de Michel-Ange. Chaque église, chaque couvent renferme des tableaux précieux ; une foule de palais présentent à la curiosité des connaisseurs de riches galeries, car ce n'est pas sans raison que Bologne ajoute à tous ses surnoms celui d'*École des peintres*. Les Carrache, l'Albane, le Dominiquin, le Guerchin, le Guide, nés dans le Bolonais, et le Corrége, du duché de Modène, composent cette illustre école qui joint la pureté du style à la vérité du coloris et l'emporte sur l'école vénitienne par la perfection du dessin.

On a réuni quelques toiles à la *Pinacotheca*, en petit nombre, sans doute, car on n'a pas voulu en spolier les églises pour lesquelles elles furent faites, mais des plus remarquables par le choix. Elles appartiennent presque toutes à l'école bolonaise, dont on peut ainsi étudier l'histoire. C'est d'abord la *Sainte Cécile* de Raphaël, où l'on trouve la couleur fauve de sa seconde manière, heureux mélange de la naïveté du Pérugin et du sentiment cultivé de Léonard de Vinci. Une vierge du Pérugin, le maître de Raphaël, indique le point de départ du génie de celui-ci et les défauts qu'il sut éviter. Rien de plus admirablement combiné que la scène du *Martyre de sainte Agnès* par le Dominiquin, ce peintre pieux et modeste qui s'ignorait lui-même et dont l'envie empoisonna et peut-être abrégea les jours. Sa *Madone du rosaire* offre un caractère céleste : aucun artiste ne peut lui être comparé pour l'idéal de la forme et la religion du pinceau. Plusieurs sujets portent les noms des Carrache, chefs parfois capricieux de l'école bolonaise, mais dignes, par leur élévation et la sûreté de leur goût, de diriger cette académie créée par leurs travaux. Un de leurs plus brillants élèves, qui, en imitant leur naturel, évita leur sécheresse, Guido Reni, a peint la *Madone della Pieta*, conservée dans cette galerie, et le *Massacre des Innocents*, tableau par lequel il ferma la bouche à ses détracteurs et se plaça définitivement au rang des plus grands maîtres. Nous ne pouvons oublier le Corrége, le premier de tous les peintres par le coloris. Génie qui n'eut point de maître, il sentit en lui le feu sacré à la vue d'un tableau de

Raphaël, et s'écria dans son enthousiasme : « Et moi aussi je suis peintre, *Anch' io son pittore!* » Depuis ce moment il se mit à l'œuvre, ne consultant que la nature et travaillant ses tableaux avec un soin infini. Il les retouchait sans fin et ne savait pas les vendre, heureux dans sa misère lorsqu'il pouvait partager avec de plus pauvres que lui. Un jour, il revenait de Parme, où il avait touché le prix d'un tableau, 200 écus qu'on lui avait payés en monnaie de cuivre; il se pressait pour porter cette somme à sa pauvre famille; ce poids, joint à une chaleur brûlante, lui donna une fièvre dont il mourut. On aime à contempler ses ouvrages, dans la plupart desquels on retrouve la bonté de son âme : il est du petit nombre des peintres dont on peut dire que la vertu inspirait le génie.

Dans cette ville des beaux arts, la musique ne saurait être négligée. Les Bolonais tiennent sous ce rapport un rang fort honorable en Italie. Rossini, le roi de la musique moderne, habite Bologne, où il s'est fait bâtir un palais; et il faut avouer que s'il a eu besoin d'aller ailleurs pour s'enrichir, nulle part il n'a recueilli plus d'hommages que dans sa seconde patrie. Enfin, l'architecture y fut toujours en honneur. Plusieurs palais frappent par leur aspect majestueux et donnent à la cité un air monumental qui l'ennoblit sans l'attrister. Un portique de trois milles de longueur, c'est-à-dire d'une lieue, conduit de la porte Saint-Vital à la montagne de *la Garde*, où s'élève l'église de la *Madone de Saint-Luc*, édifice curieux, mais moins remarqué toutefois que les arcades innombrables qui lui servent d'avenue : c'est là un ouvrage unique, et auquel le chemin couvert de la *Madonna del Monte* à Vicence ne saurait être comparé. Dans la ville des arcades on ne pouvait faire moins que d'en consacrer une ligne à Dieu. Au pied de la montagne, il s'en détache un embranchement qui conduit au campo-santo, dont la magnificence est célèbre en Italie. Tous les rangs y sont confondus dans de gracieuses sépultures, et les pauvres, dont Bologne soulage si bien la misère, ont encore l'espérance de reposer à côté de leurs bienfaiteurs après leur mort.

XII.

ROMAGNE ET MARCHE D'ANCONE.

La route que l'on suit en sortant de Bologne est la voie Émilienne qui allait de Plaisance à Rimini. Elle passe à Imola, Faenza, Forli et Césène. Imola offre peu d'intérêt. C'est une ville de 8,000 âmes, régulièrement bâtie, située dans une contrée fertile. On vénère dans la cathédrale les reliques de saint Pierre Chrysologue, archevêque de Ravenne, qui naquit et mourut à Imola. Faenza doit à un semblable trésor le renom dont elle jouit dans l'Église : le corps de saint Pierre Damien repose dans une chapelle modeste de la basilique. A Faenza, on fabrique l'espèce de poterie connue en France sous le nom de faïence ; mais ni l'industrie ni la richesse agricole de ce pays ne suffiraient pour arrêter l'attention du voyageur ; et la Romagne ne rappellerait à l'esprit que des tentatives d'insurrection ou des histoires de bandits, si Ravenne, sa capitale, n'attirait les amis du temps passé par les vénérables débris de sa grandeur. La ville des exarques, la Rome du Bas-Empire, oubliée dans ses marécages, est séparée du reste de l'Italie ; il faut se détourner de son chemin pour la visiter. Tout y a un caractère à part. Les paysans et les ouvriers que l'on rencontre dans la campagne portent la braie antique, large et rayée ; ils sont coiffés d'un bonnet de feutre gris, aux bords retroussés, sorte de chapeau à l'état rudimentaire, exactement conforme à celui qu'on voit sur les bas-reliefs antiques. Les rues de la ville, larges, mal pavées, sans bruit, presque sans habitants, conduisent à des places désertes, à des espaces cultivés; on sent tout d'abord qu'on arrive dans une capitale découronnée. Cette impression est bien connue des voyageurs. En entrant dans une cité historique et vieillie, on trouve un air grave aux habitants, à toutes les maisons un aspect sévère; avant d'avoir vu les monuments, on en devine la teinte et presque le caractère ; et après avoir passé quelques jours tristes dans ces enceintes désolées, on s'en éloigne avec émotion, parce que l'on croirait y mourir. Les villes bâties en briques prennent encore plus vite cette physionomie douloureuse : les marbres enlevés, le badigeon effacé ne laissent plus voir que la brique nue, qui chaque jour se disjoint et forme autour des monuments un sol de ruines. Au milieu de ces décombres, si quelque chose déconcerte l'imagination, ce sont les édifices modernes que la génération présente, oublieuse du passé, élève et décore avec une bourgeoise élégance, comme par exemple le théâtre de Ravenne, qui semble insulter aux ruines. La cathédrale, qu'on a *remodernée* sans aucun respect pour sa forme antique, est un vaisseau irréprochable de propreté, mais nu et sans caractère. Un immense tableau de Bononi, placé au-dessus de la porte, représente le festin d'Assuérus. Les chapelles de la croisée ont été peintes par le Guide. On y remarque surtout l'*Assomption de la Vierge*, gracieuse composition pleine de mouvement et de vérité. Vis-à-vis, le même artiste a peint à la voûte le *Christ montant au ciel*, et dans le fond, *Moïse faisant pleuvoir la manne* sur le peuple empressé à la cueillir. On admire l'animation de la foule et le calme de Moïse : il est heureux, mais non surpris ; le miracle est moins grand que sa foi ; le thaumaturge jouit du bonheur de son peuple, celui-ci pense à la manne, Moïse le rappelle à son Dieu. Dans la galerie qui entoure le sanctuaire, on conserve plusieurs objets intéressants d'antiquité ecclésiastique, une chaire, une porte de tabernacle, un cycle pascal, etc. La rotonde voisine de Saint-Jean *in Fonte* sert de baptistère pour toute la ville et porte des marques d'une très-haute antiquité. On sait qu'elle fut réparée en 450. Deux rangs de colonnes superposées lui forment une décoration élégante ; le milieu est occupé par une baignoire antique, laquelle servait autrefois lorsqu'on administrait le baptême par immersion. Ce petit édifice conserve son caractère primitif, et n'a pas subi beaucoup de dégradation ; les autels qui l'accompagnent sont l'objet d'un grand respect.

Ravenne a perdu ses monuments romains. Le temps a dévoré ses temples, son capitole, son aqueduc, son arc triomphal. On peut néanmoins rapporter à la période romaine une partie de ses remparts, que l'on sait avoir été commencés par Tibère Claude Germanicus dans les îles formées par les fleuves qui se jetaient en cet endroit dans la mer. Elle baignait autrefois ses murailles, comme le prouvent plusieurs vestiges du port ; aujourd'hui elle en est éloignée de plusieurs milles. Une fantaisie avait créé cette ville, le désavantage de la situation devait en amener la chute. Sans port, sans commerce, sans industrie, repoussée par les exhalaisons marécageuses, sa population a dû déserter une enceinte qui ne lui offrait plus qu'un tombeau. Toutefois le temps a respecté les églises. Pour la plupart bâties sous les exarques et les rois goths, elles donnent une idée de l'ancienne magnificence de Ravenne et des sentiments de foi qui distinguèrent les divers pouvoirs dont cette ville fut la capitale. L'impératrice Galla Placidia, fille de Théodose le Grand et mère de Valentinien III, en bâtit plusieurs, et, après avoir généreusement pourvu à leur dotation, se choisit dans l'une d'elles sa sépulture. Cette dernière église, dédiée à saint Celse, a la figure d'une croix latine ; l'autel en albâtre oriental fleuri, d'une forme antique, occupe le centre de la croix ; derrière se trouve le sarcophage en marbre de Galla Placidia, autrefois recouvert de lames d'argent qui furent enlevées par les barbares. Il est donc sans ornements, et vide depuis l'an 1577. Des enfants ayant imprudemment approché de la lumière d'une fente du tombeau pour voir ce qu'il contenait, y mirent le feu. Les vêtements précieux et le corps furent entièrement consumés. Aux extrémités latérales de cette église sont rangés les sarcophages d'Honorius II et de Valentinien III, chargés de symboles chrétiens parmi lesquels on remarque des agneaux et des croix. Les murs de l'église étaient revêtus de marbre jusqu'à la naissance des voûtes ; celles-ci sont encore recouvertes d'une magnifique décoration de mosaïques qui n'a pas son égale à Ravenne, ni peut-être ailleurs, soit pour l'antiquité, soit pour la beauté du travail. Ce mausolée, précieux monument de l'art chrétien à cette époque reculée, n'est pas le seul édifice à Ravenne qui permette d'en étudier les belles traditions. L'enclos des Bénédictins où s'élève l'église de Saint-Celse renferme encore la ravissante basilique de Saint-Vital, construite sur le lieu même du martyre de ce saint. Si l'art byzantin avait besoin, comme dans les deux derniers siècles, de se justifier au tribunal du bon goût, il n'aurait qu'à montrer à l'appui de sa cause la basilique dont nous parlons. C'est un édifice octogone supporté par deux rangées de colonnes qui soutiennent deux étages d'arcades; il y a huit absides. Les colonnes du sanctuaire et les belles mosaïques dont ses murs sont couverts, les bas-reliefs antiques comparables à tout ce que la sculpture antique a produit de plus pur, le caractère particulier d'ornementation de cette basilique, contribuent à lui donner dans l'histoire de l'art une place distinguée: elle est, après Sainte-Sophie, le type bizantin le plus correct. La cathédrale d'Aix-la-Chapelle, bâtie sur de plus grandes proportions, n'en reproduit point la belle simplicité. Je ne peux décrire ni même indiquer toutes les églises de Ravenne; cependant je ne saurais omettre les intéressantes basiliques de Saint-Jean l'Évangéliste et du Saint-Esprit: la première précédée d'un *atrium* et du portique des Pénitents, pavée en mosaïque, peinte par Giotto; la seconde toute remplie des souvenirs de l'antiquité chrétienne, et accompagnée du baptistère des ariens; l'une et l'autre méritent d'être étudiées avec soin, comme un précieux souvenir des premiers temps du christianisme. Un intérêt bien différent s'attache au tombeau de Théodoric, roi arien, meurtrier de Symmaque et de Boëce. Après avoir rempli Ravenne des monuments de sa gloire, Théodoric se donna le singulier plaisir de s'y construire un tombeau. Il est situé hors des murs et se compose d'un édifice rond, divisé en deux parties, savoir: un rez-de-chaussée couvert d'une eau stagnante et un premier étage auquel on monte par un escalier extérieur, le tout recouvert d'un seul bloc formant coupole, de cent pieds de circonférence. Au reste, le maître de l'Italie ne put jouir de son sépulcre que durant sa vie: l'excommunication portée contre lui, parce qu'il était arien, fit proscrire son cadavre. Le feu du ciel a frappé plus d'une fois le faîte de son mausolée. Cette justice de Dieu qui punit la gloire humaine jusque dans la tombe et disperse les cendres illustres, tandis qu'elle protége le repos des ossements ignorés, me paraît effrayante. Les monuments d'un faste qui bravait la mort en indiquent encore mieux la puissance, et elle semble triompher doublement lorsqu'on la contemple sur les ruines des tombeaux.

On doit regarder comme une fable l'inscription d'après laquelle l'urne incrustée dans le mur du palais de Théodoric aurait contenu sa dépouille. Ce palais était immense; il donne son nom à un quartier de la ville. Mais rien ne le rappelle, si ce n'est un mur en briques, avec deux arcades soutenues par des colonnes : une façade triste et ruinée, voilà donc tout ce qui reste du grand Théodoric! L'église de Saint-Apollinaire, bâtie par ses ordres à côté de son palais, dans le style primitif, renferme des colonnes et des mosaïques d'une grande beauté; mais elle n'égale pas, pour la richesse de la décoration, l'église voisine de Sainte-Marie du Port, la plus brillante de Ravenne. On y vénère une madone d'une haute antiquité, vêtue à l'orientale, priant, les yeux levés au ciel, ainsi qu'on représentait la Vierge dans les premiers siècles, d'où son nom de *Madonna greca* pour l'origine, et celui de *Sainte-Marie du Port* pour la position. Je ne parle pas de la tour du beffroi, penchée presque autant que celle de Bologne, ni de quelques statues de papes; tout cela n'est pas Ravenne : ses églises et ses tombeaux la résument tout entière, les églises belles et bien conservées, les tombeaux vides; je parle de ceux de Galla Placidia et de Théodoric; je puis y ajouter celui du Dante, vide comme les autres et qui n'offre pas même un intérêt architectural. Il date de 1780. Errant, comme le fut le Tasse, Dante se fixa à Ravenne, non point, comme on pourrait le croire, parce que cette grande ruine promettait dans sa solitude quelques consolations à ses tristesses de proscrit : on n'avait point encore imaginé la poésie des tombeaux; on faisait des ruines alors, et on ne les chantait point. Dante était un peintre de personnages, nourri dans les factions, et qui en reproduisait dans ses vers le tumulte. Ravenne lui fut hospitalière; il y vécut redouté à cause de ses satires, comme de nos jours lord Byron y a été méprisé pour ses mœurs. Depuis qu'une admiration tardive a élevé un monument vulgaire au poëte exilé, il n'est guère de romanciers ou de poëtes de passage à Ravenne qui ne viennent y donner à son génie un pieux souvenir. J'y ai vu, pour mon compte, deux jeunes littérateurs feuilletonnistes qui vinrent, en fumant leur cigare, regarder par les barreaux de la porte. Ils offrirent l'encens de leur tabac à l'ombre du poëte; puis ils raconteront en style d'épopée leur consciencieux pèlerinage au tombeau de l'auteur de la *Divine Comédie*, après y en avoir joué une qui honore fort peu sa mémoire.

Nous n'avons pu qu'indiquer rapidement les grands traits de la physionomie de Ravenne. Isolée dans ses marécages, triste au delà de toute expression, elle n'a plus de raison d'être, et son histoire est finie. Dans ces derniers temps, on a entrepris de grands travaux pour dessécher le sol et assainir le climat; mais en préservant la population actuelle, on ne l'augmentera point. Elle n'a guère d'autre industrie que celle de montrer ses ruines aux étrangers, ses églises surtout qui semblent avoir été conservées par miracle au milieu de tant de décombres, comme un souvenir des anciens temps du christianisme : leur étude offre une des plus pures jouissances que puissent se promettre la curiosité de l'archéologue et la foi du chrétien. Celle de Saint-Apollinaire *in Classe* me paraît à ce point de vue la plus intéressante peut-être de toute l'Italie. Son nom lui vient de sa situation, à une demi-lieue de la ville, près du bassin comblé qui recevait autrefois la flotte romaine de l'Adriatique. Cette église date des premiers siècles du christianisme, et fut dédiée à saint Apollinaire, disciple de saint Pierre et premier évêque de Ravenne. Narsès l'embellit dans le VIe siècle et fit exécuter les belles mosaïques à fond d'or, d'où la basilique a pris son nom historique de *Ciel d'or*. Une série de médaillons, pour la plupart en mosaïque, représentent la suite de tous les évêques qui ont rempli le siége de Saint-Apollinaire; les autels sont surmontés du *ciborium*; une crypte ou confession renferme les reliques de plusieurs saints martyrs. Saint-Apollinaire s'élève, comme un monument du désert, dans la plaine marécageuse qui va de Ravenne à la mer; le couvent contigu est célèbre dans l'histoire ecclésiastique par les conciles qui s'y sont tenus et par les saints qui l'ont habité; aujourd'hui le mauvais air a forcé de l'abandonner.

Le voyageur qui ne fait que traverser ces grands espaces

abandonnés par la mer trouve du charme à laisser égarer ses yeux sur ces prairies sans fin ; leur tranquille solitude réveille dans son esprit les souvenirs du passé. La route est bordée de larges fossés remplis d'une eau courante sur laquelle de superbes nénuphars étalent leurs larges feuilles et leurs fleurs rosacées ; une grande forêt de pins, célèbre autrefois par ses bandits qu'extermina Sixte-Quint, sert de limite à ce triste horizon. C'est dans cette plaine et sur le chemin de Forli que fut livrée la bataille de Ravenne où périrent Gaston de Foix et l'élite de la noblesse française. « Cette bataille fut moult fière et cruelle, laquelle fut composée de plusieurs nations et diverses conditions, de telle Dieu nous vueille garder, car le vaincueur en vainquant fut moult patien (1). » La colonne commémorative érigée sur le champ de bataille porte encore le nom de *colonne des Français.*

Après Ravenne, la route traverse les villages de Cervia et de Cesenatico, longe les bords de la mer et amène en quelques heures à Rimini. Mais avant d'y arriver, on passe le Pisciatello sur un pont ancien, auprès duquel s'élève une borne où l'on a gravé le sénatus-consulte défendant à tout citoyen armé de passer outre sans l'ordre du sénat. C'est dire que le Pisciatello, torrent presque desséché, n'est rien moins que le Rubicon, « coulant d'une faible source, comme dit Lucain, et roulant ses petites eaux, *fonte cadit modico parvisque impellitur undis.* » Par une coïncidence singulière, nos chevaux s'abattirent sur le pont du Rubicon, et ce ne fut pas sans peine que nous parvînmes à le passer. Ici était le point de jonction des voies Émilienne et Flaminienne. Rimini, située sur la frontière de la Gaule cisalpine, empruntait donc à sa position une importance particulière. Quelques monuments antiques, tels qu'un arc de triomphe et des restes de thermes, donnent une idée de ce qu'elle fut autrefois. On voit encore sur la place du marché un piédestal ou autel antique, sur lequel monta, dit-on, Jules César pour haranguer ses troupes, après le passage du Rubicon : une inscription gravée sur le monument affirme le fait sans en être la preuve. La ville moderne fait un petit commerce de ca-

(1) *Gestes de Bayard*, chap. IX.

botage et utilise ainsi un bassin que la mer a formé en s'éloignant de l'ancien port. Quelques églises, plutôt singulières que belles, ne font pas concevoir une haute estime des sentiments religieux du pays. La cathédrale et Saint-François méritent seuls quelque attention. Rimini et toute la contrée furent longtemps le boulevard de l'arianisme en Italie ; l'empereur Valens y assembla un concile particulier qui professa l'hérésie ; dans le moyen âge Rimini devint une ville toute manichéenne, et il fallut les prédications et les miracles de saint Antoine de Padoue pour la ramener à la foi. Les miracles n'ont pas cessé pour elle, et son indifférence doit être aux yeux des incrédules une garantie de leur vérité. Aucune population de l'Italie n'est moins portée à la crédulité, et l'on peut croire après elle, quand elle dit : Je l'ai vu. Au mois de mai 1850, une dame de Rimini, priant dans la chapelle de Sainte-Claire devant un tableau représentant une vierge, s'aperçut tout d'un coup que les yeux de cette madone se mouvaient et que le visage était altéré comme par une tristesse profonde. Croyant être dupe d'une illusion d'optique, elle se garda bien de raconter ce qu'elle avait vu. Les jours suivants, le même phénomène se reproduisit devant elle et plusieurs autres personnes, sans qu'elles se fussent communiqué leurs impressions. Enfin, le nombre des témoins augmentant, l'autorité ecclésiastique fit déplacer le tableau ; le mouvement des yeux continua ; on le transféra dans une autre église, et pendant la procession plus de deux mille personnes en furent témoins. Des docteurs de toutes les universités vinrent examiner le fait et ne purent que l'affirmer, sans en donner aucune explication naturelle. Depuis lors le tableau a été rapporté dans la chapelle de Sainte-Claire, et le prodige s'est renouvelé à divers intervalles, le jour et la nuit, devant des foules comme devant des observateurs isolés, au point que les habitants de Rimini ne s'en préoccupent plus le moins du monde, mais regardent curieusement ceux qui doutent, comme s'ils contestaient la lumière du jour. Le tableau peut avoir trois pieds de hauteur ; il représente la Vierge, les yeux levés au ciel, les mains croisées sur la poitrine, dans l'attitude de la prière et de la douleur. Cette peinture est l'ouvrage de Brancaleoni, artiste distingué du pays, qui puisait dans sa foi ses inspirations ; on l'a placée dans un cadre d'argent enrichi de pierreries, présent du cardinal Antonelli, ministre de Pie IX ; la magnifique couronne d'or qui, selon l'usage italien, est appliquée sur la tête de la Vierge, a été donnée par le pape lui-même. Le tableau repose sur le tabernacle du maître-autel. Lorsque j'entrai dans la chapelle, alors remplie de monde, car c'était un dimanche, je fus frappé de l'air de vie qui éclate sur le visage de la Vierge. J'avais vu en Italie les madones des grands maîtres et des centaines d'images vénérées comme miraculeuses, sans remarquer rien de semblable, et cela me parut d'autant plus singulier que les personnes auxquelles je communiquai mon observation m'assurèrent qu'avant 1850 la figure de cette Vierge n'attirait nullement l'attention ; depuis lors on voyait dans cette expression du visage de la Madone un miracle permanent. Je fixai longtemps mes yeux sur la sainte image ; tout d'un coup je remarquai sur le visage comme un nuage de tristesse ; les yeux brillèrent, se remplirent de larmes, et de l'œil gauche j'en vis une tomber le long de la joue et se perdre vers le menton. J'étais seul dans le sanctuaire ; j'éprouvai à cette vue un saisissement extraordinaire et jusqu'alors inconnu pour moi. Je dois ajouter que, ne connaissant que par ouï-dire le miracle de Rimini, je n'avais sur ses circonstances que des idées confuses, et j'ignorais absolument que l'on eût vu la Madone pleurer, ce qui au surplus a été remarqué, comme je l'ai appris depuis, par très-peu de personnes. Au reste, ces faits ne sont pas toujours visibles pour tous les assistants ; j'en fus seul témoin ce jour-là. En recueillant ici les observations qui me sont personnelles, je n'entends point préjuger la décision de l'Église, et je laisse toute liberté de discuter la valeur de mon témoignage, pourvu que l'on ne mette en doute ni la sincérité de ma reconnaissance ni la sécurité de ma foi.

A quelque distance de Rimini, la route passe dans les faubourgs d'un village nommé *la Cattolica*, parce que les Pères orthodoxes du concile de Rimini s'y retirèrent pour protester contre les ariens. On laisse sur la droite la montagne où la république de Saint-Marin, perchée comme un nid d'aigle parmi les rochers, brave depuis longtemps les orages de la plaine et toutes les révolutions qui bouleversent le pays. Sa constitution est la plus ancienne de l'Europe, puisqu'elle date du ve siècle, époque où saint Marin fonda la république et la ville dont il est devenu le patron. La noblesse et le peuple y ont une part directe aux affaires, et cette nation de 1,200 âmes se gouverne assez sagement pour ne faire jamais parler d'elle. Voilà sa politique extérieure, la paix à tout prix. A l'intérieur il y a bien eu parfois quelques mouvements, mais jamais de révolutions : querelle de ménage sans conséquences. La république de Saint-Marin, après avoir longtemps passé inaperçue, a fixé l'attention d'un siècle qui fait des essais de diverses formes républicaines ; les apôtres des idées nouvelles, littérateurs de tous les genres, s'épuisent en lazzi contre la *principauté* de Monaco, tandis qu'ils réservent toutes leurs tendresses pour la *république* de Saint-Marin. Il faut pourtant rendre justice à tout le monde et ne pas exterminer ce qui ne nous plaît pas. — Voici Pésaro, qui oublie quelquefois cette vérité. Ville agréable, elle joint à la richesse du sol les avantages d'un commerce assez considérable, et serait heureuse en achevant de dessécher ses marais, si le limon démocratique ne continuait à empester le pays. Après un repas très-chèrement payé dans un hôtel où l'on trouve en peinture la Générosité, l'Hospitalité, la Fidélité et les autres vertus nécessaires à un aubergiste, nous continuâmes notre voyage vers Ancône. Deux heures après nous arrivions à Fano. Son nom latin *Fanum Fortunæ* lui vient d'un temple de la Fortune jadis célèbre dans le pays. On en voit encore la statue en bronze sur la fontaine du marché. Si le proverbe n'est pas menteur, on trouve à Fano le plus beau sang de l'Italie, *à Fano il più bel sangue dell' Italia.* C'est sans doute par allusion à cette opinion et pour la sanctifier par une pensée chrétienne, que, sous la porte d'entrée de la ville, on a placé une image de la Madone, avec cette inscription : « *Tota pulchra es*, *amica mea*, vous êtes toute belle, ô ma bien-aimée. » On voit dans cette ville un ancien arc de triomphe à trois portes qui n'est pas mieux conservé que celui de Rimini, et une église des prêtres de Saint-Philippe de Néri, qui renferme de bonnes peintures.

Tout près de Fano, l'on passe le Metremo, l'ancien Métaure, fameux par la défaite d'Asdrubal, frère d'Annibal, qui venait à son secours. Totila y fut battu par Narsès. Ainsi la ville de Fano s'enorgueillit d'avoir deux fois arrêté sous ses murs les ennemis du nom romain ; et comme elle a prêté le champ de bataille, elle revendique une part du triomphe. Anciennement on prenait, en sortant de Fano, la voie Flaminienne qui s'engage dans l'Apennin et passe à Fossombrone. Les amis des beaux sites doivent la regretter, et surtout le souterrain creusé sous une montagne pour abréger le chemin, ouvrage gigantesque d'un mille de longueur dont l'origine est inconnue. La route moderne, mieux entretenue que celle-là, côtoie la mer; elle est dominée sur la droite par des collines dont la culture soignée indique plutôt l'industrie des habitants que leur aisance; enfin des terres riches et couvertes de fermes annoncent la jolie ville de Sinigaglia.

Sa population de 7,000 âmes, une des plus actives et des mieux partagées de la côte, fait un commerce de blé, de chanvre et de soie; ce qui, joint aux avantages d'une foire regardée encore aujourd'hui comme une des plus considérables de l'Europe, entretient dans le pays une prospérité matérielle constante. Malheureusement ses habitants la compromettent eux-mêmes par leur caractère inquiet et leur turbulence démocratique. Sinigaglia est bien bâtie; ses remparts et sa citadelle la protégent contre ses propres écarts, et sa cathédrale lui fait honneur. Les sentiments de foi résistent en Italie à toutes les menées révolutionnaires : on fait des dupes parmi le peuple, mais on n'y fera point des apostats. Sinigaglia a vu naître Pie IX, dont la maison s'élève sur la place principale de la ville.

Longtemps avant d'arriver à Ancône, l'on découvre son promontoire, sa citadelle et sa cathédrale. Son aspect est pittoresque, et le paysage ne manque pas de grandeur. La ville, bâtie en amphithéâtre, ne se distingue ni par sa régularité ni par ses monuments, mais elle peut cependant montrer avec orgueil plusieurs de ses églises, surtout la cathédrale. Située sur un rocher qui domine la ville, elle occupe un ancien temple de Vénus. Sa fondation remonte aux premiers siècles du christianisme; elle a la forme d'une croix grecque, et l'on regarde sa coupole comme la plus ancienne d'Italie. Plusieurs des colonnes que l'on y voit ont appartenu au temple de Vénus. Cette église, moins par sa décoration que par son caractère historique, mérite d'être examinée avec intérêt. Le gouvernement pontifical s'est toujours montré pour Ancône plein de sollicitude; il n'a pas cru faire assez en la dotant d'une Bourse ornée de sculptures et de peintures, et d'un vaste et commode lazaret; il a encore favorisé constamment son commerce, et lui a ouvert par la concession d'un port franc une source inépuisable de prospérité. La nature et l'art se sont réunis pour rendre le port d'Ancône un des meilleurs et des plus sûrs de la Méditerranée. Trajan y fit exécuter de grands travaux ; c'est à lui que l'on doit cette magnifique jetée sur laquelle s'élève l'arc érigé en son honneur, comme un monument de son triomphe sur la mer. Les barbares l'ont dépouillé de ses ornements ; mais ils en ont respecté la masse et l'inscription. Ancône se glorifie de son port, et l'Italie entière répète avec elle : *Unus Petrus in Româ, una turris in Cremonâ, unus portus in Anconâ.* Elle se loue un peu moins de sa citadelle, qui, bâtie sur le sommet de la montagne, commande la ville et le port et empêche ses habitants de détourner sur la politique une activité qu'ils peuvent avec plus d'avantage appliquer à d'autres intérêts. Le jour où nous nous y trouvions, la ville était remplie d'étrangers aux costumes variés, qui, de tous les pays de la Romagne et des Abruzzes, se rendaient à Lorette. C'était la fête principale. Sur tous les chemins, depuis Rimini, nous rencontrions des multitudes de pèlerins, trottant nu-pieds dans la poussière, des chariots ornés de fleurs et d'images de saints. Ces chars reproduisent la forme du *plaustrum* ou tombereau antique.

Après Ancône, la route pénètre dans les Apennins. L'inclinaison de ses pentes, toujours mal calculée et souvent excessive, s'explique par la nécessité de la mettre à la portée des populations perchées sur les montagnes dans des villes fort anciennes, lesquelles comptaient autrefois la difficulté de leur accès parmi leurs moyens de défense. Du haut de la montagne où est bâti Osimo, l'on découvre, sur la montagne opposée, la ville et le sanctuaire de Lorette. Quand même sa grande coupole ne dirait rien à l'âme, la vue de ces foules attirées par la confiance qui font retentir les airs de leurs acclamations et de leurs chants de fête, suffirait pour attendrir les cœurs les plus endurcis. Les pèlerins, hommes et femmes, portent le bourdon et le chaperon traditionnels, et sur le dos un léger viatique. Ils entrent processionnellement dans la ville sur plusieurs rangs, chantant les litanies de la sainte Vierge qui furent composées à l'occasion de la translation de la *Sainte Maison* de Lorette et qu'on appelle pour cela *Litanies lorettaines.* Du plus loin qu'ils aperçoivent le sanctuaire, ils se prosternent et chantent une invocation, puis ils avancent d'un pas et chantent l'invocation suivante, et ainsi jusqu'à la *Santa Casa*. Après avoir satisfait leur dévotion, ils retournent, mais à reculons, observant le même cérémonial, jusqu'à ce qu'ils aient perdu l'église de vue. Nous n'avons jamais si bien compris l'ardeur et la vivacité de foi qui distinguent les Italiens que dans cette circonstance; le souvenir de Lorette est le plus précieux que nous ayons rapporté de cette terre bénie. Comment n'être pas pénétré d'une religion profonde dans un lieu qui rappelle tant de prodiges et le plus touchant de tous les mystères, l'incarnation du Verbe? Voici en deux mots l'histoire de la Sainte Maison.

On sait que l'impératrice Hélène avait fait bâtir à Nazareth une belle église qui renfermait la petite maison de la sainte Vierge. L'histoire fait mention d'une foule d'illustres personnages, depuis les apôtres jusqu'au fameux Tancrède et au cardinal de Vitry, patriarche de Jérusalem, qui ont visité ce pieux sanctuaire. Parmi ces illustres pèlerins, nous ne pouvons oublier notre bon roi saint Louis. « De si loins come il pot véoir la cite de Nazareth, dit Guillaume de Nangis, il descendi dessus son cheval et s'agenoilla à terre dévotement, et aoura Nostre-Seigneur. Dès iluecques en avant qu'il vint au lieu où nostre sire Jhésu-Criz fu nez; icelui jour meimes jeûna en pain et en yaue, ja soit ce qu'il feût de la voie travaliez. Comme dévotement il fit chanter la messe, et solempnement glorieuses vespres et matines et tout le service à chant et à déchant, à ogre et à treble (*en parties, à orgue et à grand orchestre*), ce puent tesmongnier cil qui i furent; que puis que li fieux Dieu prit incarnacion en sa glorieuse mère la benoite vierge Marie, ne fut iluec si solempnel service fet ne chanté. A l'autel ou li angres fit l'annunciacion à la vierge Marie, fu la messe chantée et iluecques reçut moult dévotement son sauveur et puis s'en retourna à Japhe (1). » Dix ans après ce dévot pèlerinage de saint Louis, la Providence, ne voulant point, sans doute, que la Sainte Maison restât dans un pays qui allait être exposé aux

(1) Guillaume DE NANGIS, *Ann. du règne de saint Louis;* ft. Geoffroy DE BEAULIEU.

9

profanations des infidèles, permit qu'elle fût miraculeusement transportée en Dalmatie ; puis, de l'autre côté de l'Adriatique, dans une forêt; enfin, après un séjour de huit mois sur une colline appartenant à deux frères qui s'en disputèrent la possession, elle se déroba à leur jalousie et vint se fixer au milieu d'un grand chemin, sur la montagne où elle est aujourd'hui. Non-seulement ces faits sont attestés par l'Église, qui a établi une fête pour en consacrer le souvenir, mais encore par les histoires du pays et des preuves de toute nature que nous ne chercherons ni à exposer ni à défendre; il n'est pas d'événement qui soit mieux démontré. L'église actuelle, fondée par Paul II, en 1464, et achevée par ses successeurs, reçut de Sixte-Quint de nouvelles décorations. Il termina la façade, bâtit le palais attenant et entoura la ville de bastions pour la protéger contre les corsaires turcs qui avaient essayé de faire des descentes sur cette côte, attirés par l'espoir de piller le trésor de la basilique. Ce grand pape fit de Lorette un des plus beaux ouvrages de son pontificat.

La Sainte Maison, renfermée dans une vaste église que l'on a construite autour d'elle, est posée, mais non fondée, sur l'ancienne voie publique; en certains endroits on peut passer la main entre le sol et les inégalités des murs, qui se soutiennent ainsi depuis plusieurs siècles sur un terrain mouvant. Ce petit édifice n'est pas de briques, comme on le croirait à la première vue, mais de pierres rougeâtres et veineuses dont il n'existe point de carrières en Italie; d'ailleurs très-communes dans la Palestine, elles sont identiques et pour la nature et pour la disposition avec celles qui composent les fondements de la Sainte Maison restés à Nazareth. Cette identité de matériaux, de dimensions, etc., a été constatée par les députations que les souverains pontifes ont envoyées à Nazareth, lors des informations juridiques dont le miracle de la translation de la Sainte Maison a été l'objet. Sa longueur est d'un peu plus de vingt-sept pieds, sa largeur de douze; dans le fond se voit un enfoncement qui indique la cheminée; du côté opposé s'ouvre une fenêtre. Une niche placée au-dessus de la cheminée renferme l'antique statue de la Vierge tenant l'enfant Jésus dans ses bras, ouvrage grossier attribué à saint Luc. Deux tasses en poterie et une croix portant une image du Christ peinte sur toile, composent le précieux mobilier de la Sainte Maison qui l'a suivie de Nazareth en Italie. Les murs intérieurs conservent quelques traces d'un enduit autrefois couvert de peintures; le toit incliné dont parlent les anciennes descriptions a été remplacé par une voûte dans le milieu de laquelle on a laissé une ouverture pour la circulation de l'air. Deux portes latérales donnent entrée dans la sainte chapelle. On y voyait anciennement un autel sur lequel les apôtres avaient célébré les divins mystères; il est renfermé dans l'autel d'argent et de bronze doré que l'on y voit aujourd'hui. Une soixantaine de lampes en argent brûlent constamment devant la vénérable image, chargée elle-même d'or et de diamants. Louis XIII, en reconnaissance de la naissance de son fils, offrit à Notre-Dame de Lorette deux couronnes d'or rehaussées de diamants, pour être mises sur la tête de la Vierge et de l'enfant Jésus. Il donna en même temps un enfant d'or pesant vingt-quatre livres, couché sur un coussin d'argent, et présenté à la mère de Dieu par un ange d'argent de grandeur naturelle, du poids de trois cent cinquante livres. La reconnaissance avait multiplié les richesses de ce sanctuaire, lorsque la révolution française vint le dépouiller. Toutefois on en sauva une partie. De nouvelles offrandes ont réparé la spoliation, et le trésor, sans avoir acquis le degré de splendeur qui faisait la renommée de l'ancien, surpasse encore tout ce qu'on peut voir en ce genre dans les églises d'Italie. La pharmacie est célèbre par ses trois cents vases, peints d'après les cartons de Raphaël et de Jules Romain, son élève. La reine Christine de Suède les admirait plus que le reste du trésor, parce que, disait-elle, on voit partout de l'or et des pierreries, tandis qu'il faut venir à Lorette pour trouver une si admirable collection. Sans être injuste envers Raphaël, il est permis d'estimer à l'égal de son œuvre profane les offrandes de la piété chrétienne et de préférer au talent d'un grand homme l'hommage de la foi.

La basilique possède, dans les richesses de son ornementation, un autre trésor plus considérable que celui de la sacristie; le Bramante et Sansovino donnèrent les dessins des bas-reliefs qui recouvrent extérieurement la Sainte Maison. Le chapitre de cette église jouit de grands priviléges; enfin les souverains pontifes y ont attaché un collége de vingt pénitenciers de différentes nations, pour entendre les confessions dans toutes les langues de l'Europe, et ils ont défendu d'y prêcher, *parce que les pierres y parlent*..... Chaque jour il s'opère des conversions dans la Sainte Maison de Lorette. La voix de ces murs bénis par la présence corporelle du Sauveur et de sa sainte mère touche des cœurs restés longtemps insensibles aux exhortations les plus pressantes. Ah! si ceux qui doutent pouvaient recueillir la vertu qui sort de ce dévot sanctuaire, s'ils voyaient le bonheur et la foi de ces longues processions de pèlerins, ils comprendraient qu'un culte si beau ne saurait avoir l'erreur pour base; la religion de ce bon peuple se communiquant à eux, ils tomberaient à genoux avec lui, car ce spectacle attendrissant est le commencement de presque toutes les conversions qui se font à Lorette. Cette observation a été recueillie sur les lieux par un père cordelier qui me l'a communiquée; et on peut l'en croire, car il y habite depuis près de quarante ans.

XIII.

DE LORETTE A ROME.

En sortant de Lorette, on s'enfonce dans la partie la plus âpre des Apennins. Ce n'est qu'à grand renfort de bœufs que l'on peut gravir ces montées sans fin, d'ailleurs entretenues avec une louable sollicitude; car on doit cette justice au gouvernement pontifical qu'il rachète par le soin donné à l'entretien des routes ce que la dépense et des intérêts particuliers de localités ne lui permettent pas de faire pour leur amélioration. Dans ces vallées de l'Apennin, sur les flancs des collines, la patience et l'industrie des montagnards ont créé des cultures dont les aspects variés suffiraient à donner un vif intérêt à cette route, quand même les sites qu'elle traverse ne la rendraient pas la plus pittoresque peut-être de toute l'Italie. Notre voiturin, par pitié pour ses chevaux, nous laissait le temps de considérer à loisir tous les accidents qui s'offraient à nos yeux. Les intervalles de monotonie inséparables d'un tel voyage étaient remplis par des scènes d'intérieur dont quelquefois nous nous serions fort bien passés. La berline de notre *vettura* renfermait toute une famille de huit personnes qui changeait de domicile et emportait avec elle son bagage et sa ménagerie; l'aîné des six enfants avait neuf ans à peine, le plus jeune était à l'agonie; qu'on juge du tumulte qui se faisait là-dedans. J'avais pour compagnon, dans le coupé ouvert du devant, un officier municipal d'Ancône, dévoué aux Français, ancien soldat de l'Empire, qui ne parlait jamais que de Sixte Quint et de Napoléon, grognard de la vieille, mais bon homme sur le tout. Partout où nous passions, il attirait la foule par sa voix qui sonnait comme une cloche; lorsque, selon l'usage italien, tous les valets d'auberge se pressaient autour de nous pour nous demander l'étrenne ou la *bonne-main*, il leur criait : « *E justo, è justissimo! vi darò la buona mano; eccola*, la voilà ! » et il leur donnait, au grand ébahissement de la foule, une prise de tabac. Je ne l'ai jamais vu rire. Tels étaient mes compagnons de voyage.

A trois milles de Lorette, on passe à Recanati. Son nom lui vient de l'ancienne *Helvia Ricina*, bâtie et dotée d'un amphithéâtre par l'empereur Helvius Pertinax. La ville moderne, située sur la montagne, comme presque toutes les villes et bourgades des Marches et de l'Ombrie, rappelle, par les caractères de sa construction, les guerres du moyen âge. Toutes ces villes sont entourées de murailles; les portes, accompagnées de ravelins et d'avant-corps, flanquées de tours, sont fermées pendant la nuit. Recanati est dans ce goût. Ses maisons lourdes, ses églises peu intéressantes et son site agreste valent à peine le coup d'œil que leur donnent les voyageurs au passage, obligés qu'ils sont de traverser la ville.

Macerata, la capitale de la contrée, renferme une population de 18,000 âmes et des églises riches en tableaux. Celle des confrères de la Miséricorde jouit d'une grande réputation, à cause de la magnificence et du bon goût qui ont présidé à sa décoration. C'est tout ce que j'en puis dire; car notre voiturin jugea à propos, malgré nos réclamations, de nous faire passer par une autre route, celle de San-Severino. Ainsi nous fûmes privés des riantes perspectives de la plaine qui sépare Macerata de Tolentino. Nous aurions aimé à visiter un pays célèbre à tant de titres, et par les vertus de saint Nicolas, dont le corps repose dans l'église des Augustins, et par les grands événements que le nom de cette ville rappelle. C'est là que fut conclu le traité qui imposa au pape l'énorme contribution de quatre millions, pour le paiement de laquelle il se vit obligé de dépouiller les églises de Rome et les musées du Vatican. Par une coïncidence que les gens du pays ne manquent pas de faire remarquer, la puissance française en Italie vint expirer au même lieu : à Tolentino, Murat perdit sa dernière bataille et le royaume qu'il tenait de son épée.

San-Severino, ville épiscopale, emprunte à sa situation dans une vallée charmante un air de propreté rare dans ces montages. Ses eaux minérales y attirent dans la belle saison les bourgeois de la province. Du haut de ses montagnes, on jouit de l'aspect de la ville et des points de vue les plus intéressants du pays.

Après des montées et des descentes qui durent cinq heures, on arrive au pied de la montagne où s'élève Camerino, dont les maisons, noircies par le temps, se confondent avec les rochers qui les portent. La ville semble être la crête de la montagne. On y parvient avec beaucoup de peine, et on la trouve aussi triste qu'on se la figuraît de loin. La première chose qui s'offrit à ma vue, en entrant dans Camerino, ce fut une prison dont les fenêtres, à hauteur d'appui, ouvraient sur la rue. Les passants peuvent ainsi s'arrêter et donner quelques paroles d'espérance et de consolation à ces pauvres prisonniers qui seront toujours assez malheureux de la perte de leur liberté, sans qu'on y ajoute l'isolement complet, le plus cruel de tous les maux. Notre siècle philanthrope, qui s'est tant occupé d'adoucir le sort matériel des prisonniers, n'a rien fait pour leur amélioration morale, comme si c'étaient les soins corporels qui corrigent, et non point ces charitables conseils, cette douce compatissance, en un mot, ce respect dû au malheur que la religion seule peut inspirer. Voilà pourquoi elle a fait de la visite des prisonniers un devoir. Tandis qu'au nom de la loi, la justice humaine rend ailleurs ce devoir difficile à remplir, un cœur chrétien se dilate en le voyant si bien compris dans les États du pape, où il est passé dans les mœurs publiques, avec toute la délicatesse que lui donne la plus affectueuse charité.

Les églises de Camerino sont gothiques ou d'un style approchant ; car on sait qu'en Italie l'on s'occupe moins du style des églises que de leur décoration. La cathédrale possède une *Descente de croix* du Corrége. On voit sur la place une statue en bronze de Sixte-Quint, ouvrage très-remarquable de Vercelli, qui l'emporte sur celle de Lorette, du même auteur. Le duché de Camerino ayant été réuni au domaine de l'Église dont il était une enclave, les habitants prétendirent que le pape Paul III avait violé leurs priviléges. Quelques années plus tard, Sixte-Quint monta sur le trône. Les Cameriniens crurent que le nouveau pape serait favorable à leurs intérêts, attendu qu'il était, par sa mère, originaire de leur ville; et, en attendant le bienfait, la reconnaissance publique lui érigea une statue, dès la première année de son pontificat. Le bienfait ne devait pas venir. Le sculpteur, qui s'en doutait, avait ajouté à l'inscription ces mots : « *Pater, ignosce illis, quia nesciunt quid faciunt;* saint-père, pardonnez-leur, car ils ne savent ce qu'ils font. » Il eut soin toutefois de les recouvrir d'un mastic que le temps devait peu à peu détacher. Lorsque cette ligne devint lisible, Sixte-Quint était mort; les citoyens du lieu, déjà convaincus qu'ils avaient été joués par le pape, dont la bienveillance s'était bornée à ériger le siége de Camerino en archevêché, virent qu'ils l'avaient été aussi par le sculpteur; ils effacèrent les derniers mots de l'inscription et gardèrent la statue du pape qui semble encore se moquer d'eux.

Au sortir de cette vieille ville, toute composée d'églises, de couvents et de vastes maisons peu habitées, on descend avec une rapidité effroyable et l'on entre dans des gorges étroites dominées par des montagnes d'un caractère triste et imposant. Au milieu de cette solitude, l'on n'entend d'autre bruit que celui de la voiture et du torrent, et il acquiert dans ces profondeurs un retentissement qui étonne. Cela produit une situation extraordinaire, des sensations importunes, enfin une vague inquiétude qui fait désirer de sortir de ce pas, pour retrouver un ciel plus large et les horizons accoutumés de la route. Un village, surmonté d'un fort en ruines, en occupe le point le plus resserré; on le regardait autrefois comme la clef du défilé, et il doit à sa situation le nom de *Serravalle*. Lorsqu'on en est enfin sorti, l'on monte, à travers les rochers et des cultures hasardées sur les bords du torrent, jusqu'au plateau supérieur qui est appelé *Colfiorito*, col fleuri, parce qu'il est environné de collines étagées comme un amphithéâtre de verdure et de fleurs. Mais ce col est plus riant que fertile; le hameau que l'on y voit présente l'aspect de la misère. Après l'avoir dépassé, l'on arrive à l'autre versant de la montagne, et alors, du milieu de cette nature sauvage, se découvre aux regards la ville de Foligno. L'imagination, lassée des aspects sévères des Apennins, se dilate avec ces belles et vertes plaines de l'Ombrie, province chère au poëte et à l'artiste, consacrée aux yeux du chrétien par le grand nombre de saints qu'elle a produits. Une descente rapide contourne un vallon pendant en précipices et parsemé d'habitations et d'usines que des chutes d'eau mettent en mouvement : vaste jardin paysager qui nourrit une population superbe et l'enrichit.

Les villes principales de la vallée de l'Ombrie sont Spolète et Foligno. La première, et la plus considérable, lui a donné son nom. Foligno s'annonce de loin par ses clochers de forme antique. Une situation délicieuse au milieu des prairies, un commerce assez considérable donnent à cette ville beaucoup d'agrément. La vallée, dont le climat a été chanté par Horace, nourrit des troupeaux magnifiques et fabrique des étoffes recherchées; l'industrie des habitants a su mettre à profit les ressources locales, et ils passent pour être les plus riches de l'État pontifical. Ses églises permettent de croire qu'ils n'en sont point les moins religieux. La cathédrale, l'église des Franciscains, celle des Comtesses, partout ailleurs seraient l'objet d'une attention particulière, soit à cause de leur construction, qui rappelle le nom de Bramante, soit par leur décoration; mais Foligno est un point de départ pour Assise; ce que l'on y voit préoccupe moins que ce que l'on se promet.

L'illustre berceau de saint François et de ses trois ordres est à douze milles de Foligno. On suit le pied des montagnes pour traverser Spello, colonie romaine, ville ancienne et ruinée, dont les monuments jonchent le sol à une grande distance. Il est facile d'y reconnaître encore les vestiges d'un amphithéâtre, l'enceinte circulaire d'un théâtre et plusieurs portes. Chaque jour, l'on y découvre des médailles et des tronçons de marbre, dont on peut voir une collection curieuse à l'hôtel de ville de Foligno, nom à peine altéré de l'ancienne Fulgium. Assise est bâtie sur le penchant de la montagne. Parmi les bosquets d'oliviers qui la couvrent, on distingue de loin beaucoup de sanctuaires; le souvenir de saint François se retrouve partout : ces collines rappellent aux voyageurs ses combats et ses vertus; la vaste coupole de la Portioncule que l'on voit sous ses pieds proclame la gloire dont Dieu l'a couronné. Assise ne serait point connue, quoiqu'elle possède un temple de Minerve converti en église et qu'elle ait donné le jour à Properce, sans l'illustration qu'a répandue sur elle ce pauvre religieux qui ne travailla jamais qu'à se faire oublier. Assise est toute franciscaine, toute monastique; sur la porte d'entrée on lit les paroles de la bénédiction que saint François donna à sa ville natale; l'église appelée *Chiesa nuova* indique l'emplacement de la maison où il naquit; le couvent de Saint-Damien a été habité par lui-même; sur l'un des contre-forts de l'Apennin on aperçoit l'ermitage de Sainte-Marie *des Prisons*, où il a laissé de si touchants souvenirs de sa pénitence. Le couvent de Saint-Damien possède les reliques de sainte Claire, dont le corps, parfaitement conservé après six siècles, sera placé dans l'église souterraine que l'on construit. On y vénère le crucifix qui parla à saint François, image peinte du Sauveur appliquée sur une croix dont les yeux sont restés ouverts depuis lors; telle est la tradition locale. La véritable citadelle d'Assise, ce qui la résume tout entière, c'est le couvent des frères mineurs, *il sagro convento*, le quartier général des frères mendiants et de tous les pauvres de la contrée. Saint François ne l'a jamais habité, mais il y repose dans un tombeau magnifique. La triple église du couvent, bâtie en deux ans, est regardée comme la merveille du moyen âge et le berceau de la peinture en Italie. Elle possédait, avant la révolution française, des trésors inestimables dont elle fut dépouillée; mais il lui reste les plus précieux, je veux dire les fresques de Cimabué dans l'église supérieure, et celles de Giotto dans l'église moyenne. On admire les naïves inspirations du premier, génie qui n'eut point de modèle et puisa dans son âme l'idée du beau. Il eut la gloire de voir le peuple de Florence porter en triomphe un de ses tableaux, de son atelier à Sainte-Marie Nouvelle, et il put mourir satisfait, après avoir légué son esprit à Giotto, ce petit pâtre dont il avait deviné le talent. Celui-ci a peint la seconde église, où n'arrive qu'une faible lumière. Ses frèsques montrent de combien il a surpassé son maître; toutes les difficultés de l'art y sont attaquées, plusieurs vaincues par des efforts de génie. Ces deux peintres représentent noblement, au tombeau de saint François, la reconnaissance et l'admiration de leur siècle pour ce glorieux patriarche. Les œuvres des autres artistes sont trop souvent le produit d'une inspiration vaine et terrestre ; ils font penser à eux-mêmes. Giotto et Cimabué font penser à Dieu. En 1818, on se livra à des recherches pour trouver le tombeau de saint François, que l'on savait placé sous l'autel de la seconde église ; on creusa autour du caveau où il avait été déposé, et il en est résulté une église nouvelle dans laquelle sont vénérées les reliques du saint.

Un bon capucin, incliné sous le poids de sa besace, m'accompagna au couvent de Notre-Dame des Anges, dont la coupole domine toute la vallée. La Portioncule, petite chapelle donnée par les bénédictins à saint François, est célèbre par les faveurs inouïes qu'y reçut le saint patriarche. Elle a été, comme la Santa Casa de Lorette, renfermée dans une grande église ; il s'y fait, le jour de la fête, un concours prodigieux. A d'autres époques on y a compté jusqu'à 100,000 pèlerins à la fois. Cette église fut endommagée par le tremblement de terre de 1832, qui fit tant de ruines dans la vallée de Spolète ; mais la piété des fidèles les a relevées. C'est elle qui, malgré l'affaiblissement de la foi, soutient encore aujourd'hui tant de maisons religieuses dans l'Ombrie. Les étrangers s'étonnent qu'une ville pauvre et presque déserte comme Assise renferme douze couvents vivant d'aumônes, et que la charité chrétienne ne soit jamais descendue au-dessous des besoins de ces communautés. Mais l'existence même des trois ordres de saint François, les plus répandus et les plus nombreux de tous les ordres, est un phénomène bien autrement extraordinaire, et dont la sagesse humaine ne trouvera jamais l'explication. Des hommes qui prient, qui se mortifient, qui font l'aumône et ne gardent pour eux que l'humiliation de la demander, doivent être un spectacle odieux à un siècle qui poursuit la mendicité comme un crime. Les bons franciscains laissent dire leurs détracteurs et travaillent à la conversion d'un monde qui ne les comprend pas. La religion doit consacrer la terre à Dieu et sanctifier par l'exemple des vertus religieuses toutes les situations de la vie : pourquoi ne formerait-elle pas des pauvres volontaires pour apprendre à la grande famille des infortunés à bénir leur état ? La pauvreté est une loi de la nature, une nécessité sociale qui subsistera toujours, au dire du Sauveur ; il faut donc toujours que l'on puisse faire de cette nécessité vertu, et que, pour nous l'enseigner, la besace des frères mendiants nous la montre en action.

Les environs de Foligno sont délicieux, et par les accidents du sol, et par les agréments que l'art et la civilisation y ont ajoutés à la nature. Le Clitumne fait la richesse de la vallée. Quand même ce fleuve n'aurait pas été célébré par Virgile et par Pline, le voyageur n'en serait pas moins sensible à la beauté de son cours et à la fertilité du pays qu'il arrose; l'économiste et le poëte le louent également. Les anciens admiraient aussi les bœufs du Clitumne, ces bœufs aux grandes cornes, les plus beaux de l'Italie, qui avaient l'honneur de traîner les triomphateurs au Capitole et d'être immolés sur les autels des dieux. Ils servent aujourd'hui de renfort pour les voitures. Un temple antique, autrefois dédié à la divinité du fleuve, maintenant consacré au culte chrétien, s'élève près de la source, dans un village nommé *le Vene*. La route tracée sur les bords du Clitumne est l'ancienne voie Flaminienne que nous suivons jusqu'à Rome.

Au sortir de Foligno, l'on voit de loin apparaître Spolète, bâtie sur la colline, ville d'un aspect très-pittoresque, mais qui perd en agrément intérieur, comme c'est l'ordinaire, ce qu'elle offre de loin en coup d'œil. Sa position à l'entrée des montagnes qui séparent l'Ombrie de la Sabine a dû attirer de bonne heure l'attention des Romains. Spolète d'ailleurs avait fermé ses portes à Annibal, qui l'assiégea en vain; ce qui lui valut les faveurs de la métropole. Elle conserve des ruines considérables. La porte Fuga (de la fuite) est accompagnée d'une inscription qui rappelle la honteuse retraite du vainqueur de Trasimène. Plusieurs temples sont devenus des églises. Sur les ruines de celui de la Concorde s'élève l'église du Saint-Crucifix; le couvent de Saint-André remplace le temple de Jupiter; celui de Mars porte le vocable de Saint-Julien : le dieu de la guerre a été chassé de son sanctuaire par un soldat martyr. La cathédrale, de style byzantin, renferme les fresques de Philippe Leppi, peintre célèbre par ses aventures, qui fut religieux, esclave en Barbarie, artiste admiré pour son talent, méprisé pour ses mœurs, enfin assassiné; car un roman comme sa vie ne pouvait avoir d'autre dénoûment. On montre à Spolète quelques vestiges de la domination des Goths et un aqueduc dont les arcades en ogive ont lassé la patience des érudits, sans qu'on ait pu s'entendre sur la date de leur construction.

La montée de la *Somma* commence à Spolète. Une pente rapide, bordée du précipice dans lequel le torrent roule ses eaux ; des montagnes tellement rapprochées, qu'elles semblent ne laisser entre elles qu'une crevasse pour la route, tout se réunit pour donner à la scène un caractère effrayant, et en faire le véritable cadre d'un mélodrame de brigands. Certains paysans que nous rencontrions, coiffés du chapeau pointu rabattu sur les yeux et armés de carabines, n'étaient pas des personnages disparates dans ce sombre tableau : braves gens sans doute, qui valaient mieux que leur figure et ne se doutaient pas de la frayeur qu'elle pouvait inspirer. Mes compagnons de voyage, tous Italiens de la Marche d'Ancône, ne perdaient pas un de leurs mouvements ; un œil sur eux, une main sur leurs poches, ils attendaient en silence, non sans crainte, le moment où nous serions enfin sortis de ce mauvais pas. L'abîme sur lequel la route est suspendue me paraissait bien plus à craindre que les voleurs, quoiqu'une prévoyance paternelle ait multiplié les précautions pour écarter au moins l'idée, sinon la réalité du péril. Ce coupe-gorge finit à la *Strettura*, hameau ainsi appelé de sa position même au pied du défilé ; la plaine vient ensuite, et l'on ne tarde pas à arriver à Terni.

A ceux qui l'ignorent, l'inscription placée sur la porte de la ville apprend qu'ils entrent dans la patrie des deux Tacite. L'ancienne *Interamnum* était décorée de beaux monuments ; quelques restes mal conservés et de nombreuses inscriptions sont tout ce qu'elle présente aujourd'hui à la curiosité des antiquaires. Malgré tout le soin que prend la ville pour conserver ces vieux témoins de sa gloire, malgré celle qui s'attache aux Tacite, malgré tout ce que Pline raconte de la grosseur des choux et des navets de Terni, les voyageurs s'y arrêteraient peu si la cascade du Velino, un des plus beaux ouvrages des Romains, n'y amenait en grand nombre les amateurs des beautés de la nature. Le Velino prend sa source dans l'Abruzze ultérieure, passe à Rieti et se jette dans le lac de Luco. En sortant de ce lac, la pente du fleuve devient de plus en plus rapide jusqu'à la montagne *della Marmorata*, qui forme une ouverture de vingt pieds de largeur. Les eaux s'y précipitent, en sortent avec furie, tombent en se brisant sur les rochers au fond d'un gouffre, d'où elles se relèvent, semblables à un tourbillon de poussière liquide qui retombe en rosée sur les terres voisines. L'air comprimé par la chute du fleuve mugit comme un ouragan, chaque goutte réfléchit les rayons du soleil, et des multitudes d'arcs-en-ciel se croisent, montent et se jouent dans le chaos de la cascade : sublime désordre auquel il n'y a rien à comparer que le calme de la vallée, où les yeux se reposent sur de gracieux villages et des orangers fleuris. C'est un paysage des plus beaux qu'on puisse voir. Lord Byron n'a pas hésité à dire que la cascade de Terni valait toutes les cascades et tous les torrents de la Suisse mis ensemble. Et d'autres voyageurs, après avoir visité toutes celles qui ont du renom dans les différentes parties du monde, sont obligés de reconnaître qu'il n'y a rien en ce genre de comparable à Terni.

Narni, sa voisine, n'est pas moins renommée dans les États pontificaux, à cause de la beauté de ses points de vue et du charme que plusieurs empruntent aux ruines. Le pont de la Nera, un des plus grands ouvrages des Romains, élève sa masse indestructible au milieu d'un tableau sévère, et contraste avec un pont plus modeste que la rivière a entamé. Quant à la ville même, noire et chétive, elle domine une vallée fertile et semble une aire où la population met en sûreté le butin conquis dans la plaine. La cathédrale n'a de remarquable que la crypte de Saint-Juvénal, où l'on descend par un escalier très-riche. Narni se glorifie d'avoir donné le jour à l'empereur Nerva, que la reconnaissance de ses contemporains et la justice de la postérité ont décoré du nom de sage. Il rappela saint Jean de l'île de Pathmos.

Au delà de Narni, la route surplombe au-dessus d'un précipice et se suspend aux flancs de la montagne, puis elle suit d'autres montagnes boisées et des plateaux arides, jusqu'à Utricoli. De là on descend dans la vallée arrosée par le Tibre, inculte sans être stérile, qui, après les accidents variés des montagnes, présente tout d'un coup la triste uniformité du désert. Le Tibre sépare l'Ombrie de la Sabine. Cette contrée, où l'on entre en passant le pont construit par Auguste et réparé par Sixte-Quint, est une plaine dont les inégalités apparaissent comme les vagues d'un océan que l'œil suit avec effort et dont les révolutions volcaniques ont bouleversé en certains endroits la surface.

C'est à quelque commotion de ce genre que Civita-Castellana doit la tranchée taillée à pic, de deux cents pieds de profondeur, qui en fait en même temps une position militaire très-forte et un site admiré. On y arrive par un pont hardiment jeté sur cet abîme. La vallée où coule le *Rio-Maggiore* complète les moyens naturels de défense de la place. Tous ces rochers dissimulent leurs teintes sous d'énormes arbustes aventurés parmi les précipices et tout enlacés de lianes et d'églantiers agités par les vents. Civita-Castellana, l'ancienne Falisca selon les uns, l'ancienne Véies selon les autres, est une de ces cités étrusques respirant encore la guerre, qui attestent moins la civilisation de ces peuples géants qu'elles n'en rappellent la sauvage liberté.

Depuis Civita-Castellana jusqu'à Rome, on retrouve par intervalles les larges dalles de la voie Flaminienne qui portent encore l'ornière laissée par les chars romains ; à sa gauche, on a le mont Saint-Oreste, autrefois Soracte, où Virgile avait placé les dieux pour les rendre spectateurs du combat des Troyens et des Rutules. Le poëte recueillait les légendes locales : le mont Soracte dans la Sabine, la grotte d'Éole que l'on voit dans un village près de Terni, les lacs infernaux de Cumes, tout prenait place dans sa glorieuse épopée ; il consolait ainsi l'orgueil des populations conquises, en donnant place à leurs traditions dans ses chants.

On rêve à loisir de toutes ces choses en traversant les campagnes silencieuses qui séparent Civita-Castellana de Rome. Autrefois des monuments superbes, des tombeaux fastueux bordaient les voies consulaires et annonçaient par leur magnificence la capitale du peuple-roi. Depuis qu'elle est devenue un monceau de ruines, les ruines l'annoncent. Des masures de briques dont on ne peut pas même dire si elles furent temples, tours ou tombeaux, attristent singulièrement une plaine nue, sans horizons, vaste solitude dont les ondulations se succèdent sans fin, ramenant toujours le même silence et la même tristesse. Il semble que, par respect pour ce sol glorieux, le laboureur ait cessé de le cultiver. En approchant de Rome, on éprouve un sentiment indéfinissable d'impatience, de plaisir, de respect. On n'ose croire que l'on puisse être si près de la grande ville, et l'on est étonné en quelque sorte de la solennité de sa présence sur cette terre des souvenirs. Ce rêve, qui me montrait Rome dans un lointain mystérieux, allait donc enfin se réaliser ; encore quelques instants, et je serais dans la capitale du monde ! Et là-dessus, mon imagination travaillait avec une activité fiévreuse ; je dévorais de mes regards avides l'horizon très-limité qui s'étendait devant nous. Enfin, dans les brumes de la solitude, apparaît tout à coup le dôme voilé de Saint-Pierre. « *Eccola, Roma*, la voilà, Rome ! » crie le cocher. Une heure après, nous passions le Tibre sur le *Ponte molle*, où Constantin battit Maxence ; nous étions à la porte du Peuple, nous entrions dans la ville éternelle.

ROME.

Le Château St Ange et St Pierre.

XIV.

ROME.

Par où commencer ses courses dans Rome? Il y a tant à voir, que l'on hésite d'abord sur l'ordre à établir dans son itinéraire. On peut toujours craindre que l'impatience de voir autre chose et l'espérance de voir mieux ne nuisent à l'examen de ce qui occupe actuellement la pensée. Pour moi, dès le premier jour, j'ai visité Rome tout entière, du moins tout ce qui appelle plus particulièrement l'attention. Cette vue générale a l'avantage de familiariser d'abord avec la carte de la ville; dès le premier jour on est orienté. Ensuite la fièvre d'admiration qui agite tout étranger arrivant à Rome est calmée à l'instant par cette satisfaction accordée à l'imagination; le jugement se trouve alors plus libre et plus rassis. J'ai donc parcouru les principaux quartiers et j'ai vu passer en quelques heures sous mes yeux la ville ancienne et moderne, le paganisme et le christianisme; toute l'histoire s'est déroulée devant moi. Cette succession de monuments, d'idées et d'émotions qu'ils font naître, laisse dans l'âme un sentiment de lassitude et de mélancolie profonde; la majesté des ruines et les gloires religieuses sont d'un effet grandiose qui fatigue l'imagination et épuise l'enthousiasme. La voilà donc couchée sous ses immenses ruines et dormant son sommeil de mort, cette Rome, la maîtresse des nations, l'orgueil et l'effroi de la terre! Que sont devenus ses rois, et ses consuls, et ses fastueux empereurs? Ils sont perdus dans la poussière, les débris de leur puissance n'ont pas tous conservé leur nom. Ce *Forum* qui vit passer les triomphateurs, qui retentit de la parole de Cicéron, qui étalait aux yeux du peuple-roi la gloire de ses monuments et les dépouilles de l'univers, le Forum est aujourd'hui solitaire et morne, ignoblement foulé, comme le sol le plus vulgaire, par des troupeaux stupides. A peine ce *Campo-Vaccino* présente-t-il quelques restes de ces anciens édifices, mais tellement défigurés par le temps, le feu et la guerre, qu'il est souvent difficile d'en retrouver le nom et d'en assigner l'origine. Le Capitole est désert, les dieux n'y sont plus; Jupiter a abandonné son vieux temple; les palais des Césars ont disparu avec leurs maîtres, et Rome ancienne est presque comme si jamais elle n'avait été; car la population s'est retirée sur d'autres points, laissant à l'écart les ruines, tristes témoins d'une gloire finie. Cette population elle-même qui se traîne languissamment dans les rues silencieuses nous représente-t-elle les Romains qui ont soumis l'univers? Non; race dégénérée, formée d'éléments étrangers, qui, au lieu d'avoir le sentiment de la gloire, n'en a que les boutades et les agitations enfantines, elle se meurt, et sa place est marquée dans la poussière où la vieille Rome est ensevelie.

Il ne reste ici de vie que par le christianisme. Rome, comme toutes les grandes cités d'autrefois, serait tombée sous les coups de la justice divine, si elle n'avait embrassé la croix. Otez-lui sa religion, son pontife, sa royauté spirituelle, le respect de toutes les nations, elle n'a plus de raison d'exister. L'histoire nous dit que la haine des barbares l'aurait détruite jusque dans ses fondements si elle ne leur était apparue teinte du sang des apôtres et des martyrs. L'aspect de sa campagne, l'inactivité de ses habitants, l'insalubrité de son climat sont, pour elle, autant de causes de dépopulation. Sans commerce, sans industrie, sans esprit de nationalité, Rome subsiste uniquement par sa religion. Il faut donc que tout y révèle son caractère religieux : mœurs, usages, monuments devront indiquer une ville à part entre toutes les villes du monde. La foi doit être la vie publique de la capitale chrétienne; il faut qu'elle en règle pour ainsi dire tous les mouvements extérieurs; ses plus beaux édifices seront les églises. Ceux qui les trouvent en trop grand nombre devraient se souvenir que Rome païenne avait plus de temples que Rome chrétienne n'a d'églises; qu'elles sont plus multipliées à Moscou, la ville sainte de la Russie (1); enfin que Rome, par ses traditions, par la multitude de ses martyrs, par tous les intérêts religieux dont elle est le centre, a besoin d'un grand nombre d'édifices consacrés. D'ailleurs son histoire profane est dans ses monuments, pourquoi son histoire ecclésiastique n'aurait-elle pas les siens? Des ruines mutilées rappellent ses grandeurs humaines; des églises splendides sont les preuves vivantes des triomphes permanents de la religion et de son éternelle jeunesse.

Telles étaient les réflexions qui préoccupaient mon esprit à la fin de cette journée. Je montai sur le Pincius pour jeter sur la ville un regard d'ensemble. La nuit vint : le plus vaste silence s'étendit avec les ombres sur la cité des Césars; mais au delà du Tibre, le dôme de Saint-Pierre, qui s'élève au milieu de la cité Léonine des pontifes, resta longtemps encore éclairé. A nos pieds les ténèbres, devant nous la lumière; d'un côté le passé, de l'autre l'avenir.

---

(1) Au moment de l'expédition française on comptait, à Moscou, deux mille églises. La plupart ont été reconstruites après l'incendie. Le Caire compte plus de trois cents mosquées.

XV.

CORSO. — PLACE D'ESPAGNE.

S'il est au monde une entrée de capitale, c'est assurément la *porte du Peuple* à Rome. Elle donne une grande idée du reste de la ville. Après avoir jeté, en arrivant, un coup d'œil sur la décoration de la porte, qui est l'ouvrage de Michel-Ange, on se trouve sur une grande place circulaire, au centre de laquelle s'élève un obélisque de près de cent pieds de hauteur. De ce point, on a en perspective trois rues longues et alignées; deux façades d'églises parfaitement semblables en occupent les angles. Les courbes des hémicycles sont ornées de statues, et derrière on voit, d'un côté, un jardin magnifique, de l'autre les rampes ombragées qui conduisent aux promenades du mont Pincius. A gauche de la porte est l'église de Sainte-Marie du Peuple, bâtie sur l'emplacement du tombeau de Néron. La mémoire abhorrée du tyran faisait planer sur ce lieu des terreurs superstitieuses qui en éloignaient le peuple. Pour les dissiper, le pape Sixte IV y construisit une église aux frais du trésor public : de là le nom de Sainte-Marie *du Peuple*, ou *du Peuplier*, selon d'autres, qui s'élevait au même endroit : le terme italien *popolo* a ces deux significations. L'église possède des tableaux précieux. On remarque surtout la chapelle à gauche du chœur (1), peinte par Annibal Carrache et le Caravage, dans laquelle sont les statues renommées d'Élie et de Jonas, et le groupe du prophète Habacuc. La chapelle des Chigi, par ses peintures, ses bas-reliefs, ses tombeaux, est digne de leur fortune. Sainte-Marie du Peuple, moins par son architecture que par sa décoration, dont Raphaël dirigea les travaux, peut être étudiée comme une des plus intéressantes églises de Rome.

L'obélisque *du Peuple* forme, comme nous venons de dire, le point visuel des trois rues *del Corso*, *Babuino* et *Ripetta*, qui sont les trois grandes artères de la ville moderne. Si l'on est bien orienté sur leur direction, on tient à peu près Rome dans sa main. La rue *del Corso*, la plus belle de toutes, renferme un grand nombre d'églises et de palais. La chapelle de Jésus et Marie est très-riche. On voit à Saint-Charles *al Corso* un tableau de la *Conception* en mosaïque ; celui du maître-autel passe pour une des meilleures toiles de Charles Maratta. Je ne parle ni de Saint-Laurent *in Lucinâ*, ni de Saint-Sylvestre *in Capite*. Nous passons devant le palais Fiano, à côté duquel existaient encore dans le XVIIe siècle les restes de l'arc triomphal de Marc-Aurèle, et devant le palais Verospi, célèbre par son plafond peint par l'Albane, qui y représenta les Planètes et les Heures. Tout près de là se trouve le palais Chigi, qui a deux façades : l'une sur le Corso, l'autre sur la place Colonne. Chigi était un banquier opulent, une gloire financière du siècle de Léon X. Un de ses descendants fut pape sous le nom d'Alexandre VII ; ses neveux ont bâti ce palais, dont les galeries sont très-belles. Il forme un des côtés de la place Colonne. Le sol de cette place, anciennement forum d'Antonin le Pieux, était de beaucoup plus bas que le pavé actuel, comme l'indique le piédestal de la colonne Antonine, enterré de onze pieds. Marc-Aurèle la dédia à son beau-père, après y avoir fait modestement sculpter ses propres exploits. On y remarque les détails du miracle de la pluie obtenue par les prières de la légion Fulminante, et cette particularité, très-intéressante pour l'histoire de l'Église, fait de la

(1) Nous nous conformons à l'usage populaire en appelant *côté droit* celui qui est à la droite et *côté gauche* celui qui est à la gauche du spectateur entrant dans une église. Cette observation s'étend à toute la suite de cet ouvrage.

colonne Antonine un monument de notre foi. Le temps a jauni les marbres, mais il a respecté les sculptures, en sorte que l'on peut saisir aisément toute la suite de ces bas-reliefs et voir se dérouler cette fastueuse apothéose de la gloire humaine que foule à ses pieds un apôtre vainqueur du paganisme. Saint Paul, l'apôtre des gentils, a remplacé au sommet du monument Marc-Aurèle-Antonin précipité par les barbares.

Derrière la place Colonne, la place et le palais de *Monte Citorio* couvrent un monticule formé, dit-on, des décombres de l'amphithéâtre de Statilius Taurus. L'obélisque de *Monte Citorio*, élevé à Héliopolis par Psammétique, fut transporté à Rome sous le règne d'Auguste. Le palais est l'ouvrage d'Innocent X, qui y établit les tribunaux des causes civiles, d'où lui vient son nom de *Curia Innocenziana*. Il renferme les bureaux de la police. On y voit donc habituellement une masse d'étrangers, fort ennuyés des lenteurs et des formalités pécuniaires auxquelles on y est soumis. La police paraît un peu tracassière en Italie; mais ce pays étant travaillé par des complots souterrains, il ne faut pas s'étonner que les gouvernements s'y montrent vigilants et sévères. Rien de plaisant comme les scènes qui se passent dans ces bureaux, et dont les étrangers sont les acteurs. L'impatience des uns, la colère des autres contrastent avec le sang-froid des employés romains, impassibles comme l'étaient les sénateurs dans leurs chaises curules en présence des Gaulois vainqueurs. La plupart de ceux qui ont affaire là ne savent que quelques mots d'italien. S'ils se fâchent, ils ne trouvent bientôt plus de termes dans leur répertoire pour exprimer leur dépit aux placides fonctionnaires. Ces colères bâillonnées finissent par éclater dans diverses langues et rendent éminemment ridicules ceux qui ont le tort de s'y livrer.

Quelle est l'étymologie de *Monte Citorio?* Grande question, à laquelle certains auteurs répondent ce qui suit : *Citorio* est une abréviation de *citatorio*, parce qu'en ce lieu les hérauts, les jours des comices, citaient les tribus et les centuries à entrer dans les *Septi*, espèce d'enceinte ou palissade dans laquelle se faisaient les élections. Ces palissades furent remplacées plus tard par des portiques de marbre et embellis par Agrippa. Les *Septi* étaient sur la place voisine de Capranica. Je ne garantis point la vérité de cette explication du mot *Citorio;* je la donne pour ce qu'elle vaut. Il est à Rome une foule de traditions qui ont cours sans qu'aucun savant les garantisse, semblables aux anciennes baïoques, aplaties et effacées par le temps, qui sont une monnaie fort commune et que l'on trouve plutôt dans le petit commerce des places publiques que dans les coffres des changeurs.

Près de *Monte Citorio* s'élève, sur la place *di Pietra*, un ancien temple qu'on suppose être celui d'Antonin le Pieux ou de Neptune. Il conserve un grand entablement soutenu par onze colonnes de trente-huit pieds de hauteur. Ce monument défiguré, dont l'architecte Borromini a rétabli en stuc l'architrave, ne manque pas de caractère; mais comme il n'a conservé que sa façade, il offre en réalité peu d'intérêt. On en a fait le palais de la Douane. Le voyageur qui arrive, pendant que l'on visite ses effets, l'examine un instant pour distraire sa mauvaise humeur, et puis il s'en va bien vite et l'oublie. N'est-ce point à sa destination moderne qu'il faut attribuer l'oubli dans lequel le laissent la plupart des descriptions de Rome? Il n'est certes pas un des monuments les plus remarquables de cette capitale; mais il se trouverait encore quelqu'un pour le louer, si la douane ne lui ôtait tout prestige.

Au forum d'Antonin commençait une avenue qui se terminait à la porte Flaminia, près de la porte actuelle du Peuple. Les deux forums de Trajan et d'Antonin étaient reliés par une rue magnifique appelée *Via Lata*. Dans cette rue se trouvait la maison où saint Paul se logea en arrivant à Rome, et qui lui fut donnée pour prison. Convertie plus tard en oratoire, elle forme aujourd'hui le souterrain de l'élégante église de Sainte-Marie *in Vid Latd*. A l'entrée sont écrites ces paroles des Actes des apôtres : « *Permissum est Paulo manere sibimet cum custodiente se milite*, il fut permis à Paul de rester chez lui avec un soldat pour le garder. » Le chrétien visite avec un religieux attendrissement ce lieu consacré par tant de beaux souvenirs. Ici le grand apôtre écrivit plusieurs de ses *Épîtres* et fit jaillir cette source que l'on y voit encore, pour baptiser ses compagnons de captivité; ici saint Luc, son disciple, écrivit les Actes des apôtres et peignit, selon la tradition, l'image de la mère du Sauveur. Tous ces faits sont plus touchants, ils deviennent en quelque sorte palpables sur le lieu même où ils se sont accomplis. L'adage : « *Roma veduta, fede perduta*, Rome vue, foi perdue, » est matériellement faux. On citerait par milliers les impies qui ont retrouvé la foi à Rome sur le théâtre des prodiges. Quant à ceux qui y vont incrédules et qui se raffermissent dans leur impiété lorsqu'ils la sentent ébranlée, Dieu n'est pas obligé de faire pour eux des miracles.

L'église de Saint-Ignace, la plus belle de ce quartier et la plus vaste de Rome, après les quatre grandes basiliques, présente moins d'intérêt par sa décoration restée inachevée que par sa belle architecture. Le jésuite Pozzi a exécuté sur toile l'immense composition de la *Gloire de saint Ignace*, appliquée à la voûte, de manière qu'on croit voir une fresque. On y vénère les reliques de saint Louis de Gonzague dans une chapelle ornée avec la plus grande richesse ; le tombeau couvert de lapis-lazuli, le bas-relief sculpté par le Gros, les marbres et les dorures placent cette chapelle au rang des plus remarquables de Rome. Il était juste que le patron de la jeunesse fût honoré dans l'église de ce collége romain où il avait donné l'exemple des plus sublimes vertus. Cet établissement, fondé par le pape Grégoire XV et le cardinal Ludovisi, son neveu, possède de riches collections commencées par le savant père Kircher, un observatoire, et la petite chambre de saint Louis de Gonzague, où l'on voit divers objets qui ont été à son usage. La jeunesse romaine fréquente les cours de ce collége et professe pour ses maîtres la plus grande vénération, surtout depuis la révolution de 1849 qui réussit à les chasser, mais ne put les remplacer.

La rue du Corso commence magnifiquement à la porte du Peuple et se traîne, l'espace d'une demi-lieue, entre des palais fort beaux, mais d'un aspect un peu triste, jusqu'à la place de Venise où elle s'arrête brusquement. Un prolongement vers le Capitole aurait terminé, de ce côté, la rue du Corso par une perspective imposante, au lieu que le palais de Venise l'attriste et l'assombrit. Le palais de Venise est une forteresse crénelée, bâtie des pierres du Colisée, laquelle a servi quelquefois de résidence d'été aux papes, avant la construction du palais Quirinal. L'ambassadeur d'Autriche l'occupe aujourd'hui. Vis-à-vis et sur la même place, le banquier Torlonia habite le palais Bolognetti. Voilà les deux rois de Rome, l'un par sa politique, l'autre par son argent. Torlonia, duc et prince, fait d'ailleurs un noble usage de sa fortune ; sa galerie est estimée. Les familles patriciennes de Rome se distinguent par leur bienfaisance et par la protection éclairée qu'elles accordent aux talents ; il faut que la nouvelle noblesse accepte et perpétue ces traditions ; on lui demande une galerie, non d'ancêtres, mais de chefs-d'œuvre ; la charité chrétienne et les beaux-arts doivent lui faire un nom.

Derrière le palais Bolognetti, celui des Colonna occupe un espace fort étendu. Il appartient à l'illustre famille de ce nom, une des plus anciennes d'Europe ; elle y a réuni une riche collection de tableaux. Les jardins, qui sont des plus beaux de Rome, renferment quelques ruines présumées d'un temple du Soleil. Le palais Colonna sert aujourd'hui de résidence à notre ambassadeur à Rome.

L'église voisine des Saints-Apôtres, ainsi nommée des reliques de saint Philippe et de saint Jacques que l'on y conserve, est une de celles que Constantin fit bâtir. Pie II la donna aux Cordeliers. Clément XIV y repose dans un magnifique mausolée, ouvrage de Canova. C'est l'église à la mode, l'église des distractions. Le Baciccio a peint les fresques de la voûte qui représentent le triomphe de saint François. Dans le vestibule, fort ancien, de l'église des Saints-Apôtres, un bas-relief offre aux discussions des savants un aigle tenant dans ses serres une couronne de chêne dont il est entouré. De l'autre côté, se trouve le monument funèbre du graveur Volpato, sur lequel Canova, son ami, a sculpté une femme pleurant sur une urne. Ici point de discussions : tout le monde comprend le symbole de l'amitié.

Sur la place de Trévi s'élève l'église de Sainte-Marie bâtie par Bélisaire en expiation de sa complicité dans l'attentat commis contre le pape Libère. Par des promesses fallacieuses, il l'attira, du couvent de Sainte-Sabine, dans sa maison Pincienne et l'envoya en exil, pour avoir condamné l'hérésie d'Eutychès. On lit encore dans l'église une inscription touchante qui constate la faute et la pénitence : « Bélisaire, patrice, ami de la ville, a construit cette église, en expiation de sa faute. O vous qui entrez dans ce saint lieu, priez beaucoup le Seigneur, afin qu'il ait pitié de lui (1). »

---

(1) HANC. VIR. PATRICIUS. VILISARIUS. URBIS. AMICUS
OB. CULPAE. VENIAM. CONDIDIT. ECCLESIAM
HANC. ICCIRCO. PEDEM. SACRAM. QUI. PONIS. IN AEDEM
UT. MISERETUR. EUM. SAEPE. PRECARE. DEUM.

La ville des empereurs et des pontifes doit à leur munificence les plus belles eaux du monde. Ce n'est point par filets, mais par torrents qu'elles s'épanchent sur les places publiques : témoin la fontaine de Trévi, une des curiosités de Rome. Sur un massif de rochers paraît Neptune porté dans un char attelé de deux chevaux que guident des tritons. L'eau jaillit de toutes les fentes, de tous les creux des rochers; elle se brise sous les pieds des chevaux marins. Une façade corinthienne forme le fond quelque peu disparate de ce tableau. Le nom de Trévi lui vient ou du carrefour à trois voies dont elle est la gloire, ou de la forme de l'ancienne fontaine qui jetait l'eau par trois bouches. Il faut voir la fontaine de Trévi par un beau clair de lune; l'éclat des eaux et la disposition des groupes donnent lieu à des effets de lumière admirés des artistes. Agrippa, gendre d'Auguste, amena cette eau des environs de Tusculum (Frascati) pour le service de ses thermes; la source en avait été indiquée à des soldats altérés, par une jeune fille; ce qui lui fit donner le nom d'eau vierge (*acqua vergine*). Elle est d'une fraîcheur parfaite.

En se dirigeant vers la place d'Espagne, on trouve l'église de Saint-André *delle Fratte* (des haies), ainsi appelée parce que, à l'époque où elle fut bâtie, ce quartier solitaire était couvert de jardins clos de haies. On croit que les somptueux jardins de Lucullus s'étendaient sur ce versant du mont Pincius. Ces lieux, autrefois témoins des monstrueuses prodigalités du plus épicurien des Romains et des débauches de l'infâme Messaline, qui y fut assassinée, sont aujourd'hui purifiés par la religion et sanctifiés par des miracles. L'église de Saint-André est une des plus fréquentées de Rome, non à cause de sa beauté : les plus belles basiliques de Rome sont souvent désertes; mais à cause de l'intérêt qu'appelle sur elle la conversion de M. Ratisbonne. Ce juif entre là par curiosité, le sourire de l'impiété sur les lèvres, tout préoccupé d'un avenir mondain; tout à coup il est terrassé comme un autre Saul, et se relève chrétien pour aller s'ensevelir dans un cloître. Voilà des faits éclatants qui tiennent bon devant la plus sévère critique, et tellement avérés, que l'on a établi une fête à Rome pour en perpétuer le souvenir. Depuis la conversion de saint Paul, l'Église n'en avait point vu de plus merveilleuse. J'ai entendu des juifs qui connaissaient

Ratisbonne avouer que cet événement renversait leurs idées, qu'il était pour eux aussi nouveau qu'inexpliquable. Mais pour nous croyants, c'est un prodige ajouté à tous ceux dont la bonté de Dieu favorise son Église, et que notre foi recueille avec moins d'étonnement que de reconnaissance.

Le collége de la Propagande, voisin de cette église, reçoit de jeunes ecclésiastiques des divers pays du monde, qui viennent à Rome se former aux fonctions de l'apostolat. Une fois par semaine, on les rencontre dans les rues, facilement reconnaissables à leur soutane aux boutons rouges, et plus encore à leurs visages olivâtres, rouges, noirs, qui indiquent leur origine. C'est là une gloire de Rome : foyer lumineux de la vérité, elle en réfléchit les rayons sur tout l'univers. Deux fois par an, à l'époque de l'Épiphanie et de la Pentecôte, on donne, à la Propagande, des exercices littéraires dans toutes les langues, qui attirent beaucoup de savants. Le musée et la bibliothèque de l'établissement sont très-curieux; il y a près de trois mille manuscrits en langues étrangères; on en montre un du Mexique, lequel contient les annales de ce pays écrites en figures; un manuscrit indien, sur écorce de palmier; un livre chinois illustré. L'imprimerie de la Propagande est la seule au monde qui possède les caractères de toutes les langues. Ce séminaire est une des plus belles institutions du génie chrétien; on sent là cette puissance universelle de l'Église-mère qui donne le pain de la doctrine à ses enfants répandus dans tout l'univers, et embrasse tous les pays du monde dans les entrailles de sa charité. A la vue de ces merveilles, on éprouve pour le saint-siége un sentiment de reconnaissance filiale, et l'on s'écrie, comme ce Français qui assistait un jour aux exercices de la Propagande : « Voilà, voilà le triomphe de notre Église catholique romaine! Que d'autres fassent cela! »

Au pied du mont Pincius, Domitien avait construit une naumachie dont l'étendue est indiquée par la place d'Espagne. Une fontaine en forme de barque (*la Barcaccia*), ouvrage peu remarquable de Bernin le père, en occupe le centre. Plusieurs édifices l'entourent et la décorent; on distingue le collége de la Propagande et le palais de l'ambassade d'Espagne, qui, par sa grandeur et son faste, rappelle la puissance de cette monarchie, aux plus beaux jours de son histoire. Le principal ornement de la place d'Espagne est le majestueux escalier qui conduit à la Trinité du Mont; formé d'une double rampe et orné d'un obélisque, il annonce dignement cette intéressante église. Charles VIII, roi de France, la fit bâtir pour les Minimes et la leur donna, ainsi que le couvent contigu. On y voit quelques bons tableaux, notamment la *Descente de croix* de Daniel de Volterre, que le Poussin estimait à l'égal des chefs-d'œuvre du Dominiquin et de Raphaël. L'ancien couvent est habité aujourd'hui par les dames françaises du Sacré-Cœur, que Léon XII a établies à Rome pour élever les demoiselles des grandes familles italiennes. Ce quartier-là est tout français; l'église, le couvent et la villa Médicis qui le suit appartiennent à la France. La villa Médicis, devenue l'académie de France, présente aux lauréats des beaux-arts tout ce qui peut aider le talent. Ils y passent quelques années, sous l'autorité d'un directeur, et reviennent en France mécontents du gouvernement pontifical, mécontents du climat, de leurs études, de tout enfin. Cette école ressemble à beaucoup d'autres fondées par une pensée généreuse, mais qui ont dévié du but de leur institution. Au lieu de produire des capacités, elles ne forment que des médiocrités ambitieuses qui deviennent un embarras pour les gouvernements. Tout le monde sent la nécessité d'une réforme; mais il est plus aisé de la désirer que de savoir sur quelles bases l'établir.

La place d'Espagne et la rue du Corso résument, à mes yeux, la Rome moderne dans ce qu'elle a de civil et de profane; c'est le rendez-vous des étrangers, des élégants et des oisifs. Là seulement on trouve un peu de mouvement. Rome ne ressemble point aux autres capitales : ailleurs on rencontre des foules agitées qui vont à leurs affaires ou à leurs plaisirs; ici l'on voit un peuple sérieux, dépourvu de toute activité. Rome est une ville grave, cloîtrée, pour ainsi dire; rarement elle sort de sa retraite. Ce n'est que pendant le carnaval qu'elle s'anime pour quelques jours. Au signal de la cloche du Capitole, commencent les courses de chevaux et de voitures dans la rue du Corso, qui en a pris son nom. De la place de Venise à celle du Peuple, il y a un mouvement extraordinaire, un tumulte de gaîté à laquelle Romains et étrangers doivent s'associer, comme acteurs ou comme spectateurs. Toutes les fenêtres sont garnies des plus riches toilettes ; femmes, enfants, vieillards, magistrats, tous les âges, toutes les classes figurent dans ces loges improvisées. Chacun a fait sa provision de *confetti,* dragées en sucre et en plâtre. Aux masques qui excitent les sympathies, on jette des *confetti* en sucre, des fleurs et de douces paroles ; sur les autres tombent des avalanches de dragées de plâtre, et l'usage veut que l'on reçoive ces grâces d'en haut sans sourciller. Quelquefois le même masque reçoit les faveurs et les insultes du peuple. Pendant le carnaval, le Corso présente le spectacle le plus varié, le plus comique ; et ce contraste de son calme habituel avec les joies bruyantes de ce temps n'est pas un des traits les moins étonnants du caractère romain. Tout le reste de l'année, le Corso est morne ; à peine, aux dernières heures du jour, y voit-on quelques promeneurs. Les familles nobles et les hauts fonctionnaires n'y paraissent qu'en voiture, et leurs équipages sont chargés de laquais. Ainsi le veut l'étiquette, dont personne à Rome ne songe à s'écarter. Il est tel palais où l'on réduit sa dépense, où l'on vit de privations, afin de sauver au dehors l'honneur de sa race en conservant le luxe de son train. A Rome il faut faire comme ont fait les aïeux ; tout est traditionnel, tout se rattache à l'antique ; on se trouve tout d'abord rejeté de plusieurs siècles en arrière ; les Romains vivent dans le passé. Aussi n'ont-ils jamais cessé de se croire le premier peuple du monde. Sans trop s'occuper de ces barbares, venus si tard, qui ne firent que saccager Rome et lui donner de nouveaux habitants, ils rapportent naïvement leurs titres de famille aux grandes époques de la république romaine, et même, si on les pressait un peu, ils remonteraient jusqu'à ces aventuriers que Romulus appela dans sa ville naissante. La papauté n'est à leurs yeux qu'un faible incident, sans doute trop moderne, dans leur histoire ; ils n'en tiennent pas compte et l'ont toujours fatiguée par leurs mutineries. Mais parlez-leur des Césars, des Scipions, vous les verrez tressaillir ! Ces grands noms sont pour eux des cris de guerre, c'est en les évoquant avec emphase qu'on les a toujours poussés à la révolte contre un gouvernement trop paternel pour être redouté. La jeune Italie, celle qui rêve de Brutus et des Gracques, se montre au Corso avec ses prétentions et ses libres allures : peuple de *bravi* poltrons, de tribuns bavards et tracassiers, qui se posent à la manière des anciens

Romains, dont les ombres seules, si elles sortaient de leurs tombeaux, feraient pâlir tous ces modernes conspirateurs. D'autres personnages plus inoffensifs composent la fashion romaine : viveurs insouciants, jeunes gens romanesques, qui ont, comme tous leurs compatriotes, de la distinction dans l'air et les manières, mais orgueilleux, en Romains qu'ils sont, jusqu'au ridicule ; ils étalent fièrement l'avant-dernière mode parisienne, tout en méprisant les Français, et médisent du gouvernement des prêtres dont ils vont baiser les mains chaque jour. L'action des sociétés secrètes, jointe au mépris que déversent les étrangers, pour la plupart protestants ou impies, sur les institutions pontificales, affaiblissent de jour en jour à Rome le sens public et préparent à ce pays de nouvelles tempêtes. Telle est la Rome de la place d'Espagne et du Corso, légère, séditieuse, fanfaronne ; les étrangers qu'elle dédaigne et qui la font vivre, lui rendent avec usure ses mépris.

XVI.

LE FORUM. — LE CAPITOLE.

Ces grands noms, qui rappellent tant de gloire, nous font tressaillir! L'éducation nous a faits citoyens romains; nous avons longtemps vécu à Rome par la pensée. Aussi, lorsque enfin il nous est donné de fouler de nos pieds ce sol illustre, et de visiter les monuments du grand peuple, dont le temps a dû faire de majestueuses ruines, nous éprouvons un sentiment de fierté patriotique; Rome est notre patrie classique. Avec quel empressement, dès le jour de son arrivée, tout voyageur vient-il saluer le Forum! avec quelle avide curiosité il en contemple les débris! Hélas! tout est bien plus petit qu'on ne l'avait imaginé. Ce Capitole s'est amoindri avec la puissance romaine; ces monuments des Césars ne leur ont guère survécu : ruines mutilées, restes sans prestige que l'admiration de notre âge dispute en vain à l'action du temps et à la poussière qui les ensevelit, ils présentent un spectacle de désolation et de mort qui est rempli d'épouvante. Montaigne disait qu'il n'avait vu « que le sépulcre de Rome, ne comptant pour rien quelques membres qui se montraient au-dessus de la bière. » Voici ce qu'est aujourd'hui ce sépulcre.

J'arrivai au Forum du côté du Colisée. Ce monument, le plus

imposant que l'antiquité romaine nous ait laissé, a été ainsi appelé par corruption de *Colosseum*, à cause de sa masse ou parce qu'il fut bâti dans l'étang des jardins de Néron où s'élevait sa statue colossale. Douze mille Juifs, après la ruine de Jérusalem, travaillèrent pendant deux ans et demi à le construire. Il est impossible de dire l'émotion dont le cœur est saisi, lorsque du haut du dernier rang des gradins l'on domine cette arène immense. Ces galeries qui tombent, ces arceaux que des arbustes vigoureux disjoignent et démolissent pierre par pierre, les encadrant de leur feuillage; autour de soi et au loin des ruines : à ses pieds celles du Colisée, à quelque distance l'aqueduc ruiné de Néron, les vastes arcades croulantes qui environnent les crêtes du mont Palatin, enfin les grands murs des thermes de Caracalla, qui, de ce côté, ferment l'horizon, tout cet ensemble solennel, douloureux, rappelle une grande puissance et un plus grand châtiment. Le Colisée a été maltraité par le temps et plus encore par les hommes. Les barbares commencèrent par enlever les crampons de bronze qui liaient les pierres, en sorte que la précaution qui devait garantir leur durée devint la cause de leur ruine. Après les barbares, vinrent les Barberini (1), les Farnèse et une foule d'autres qui ont tiré du Colisée, comme d'une vaste carrière, les matériaux dont ils ont bâti leurs palais. Ce travail de démolition ne fut interrompu que dans le XVIe siècle. Benoît XIV mit le Colisée sous la sauvegarde de la religion, en y érigeant, sans le défigurer, les stations du chemin de la croix : sainte inspiration qui a consacré au culte des souffrances de l'Homme-Dieu l'amphithéâtre où ses disciples souffrirent et moururent pour lui. C'est, en effet, dans ce lieu que des millions de chrétiens ont confessé la foi ; c'est de ces gradins qu'une foule ivre de sang criait avec rage : « Les chrétiens aux lions ! » et repaissait ses yeux de ces effroyables boucheries qui ont donné de si beaux exemples à la terre et tant d'élus au ciel. L'amphithéâtre Flavien est un témoin vivant de la gloire de nos martyrs ; toute cette poussière a été détrempée de leur sang. Aussi, lorsque, le vendredi, un religieux vient célébrer au milieu de ces ruines

---

(1) *Quod non fecerunt barbari, fecerunt Barberini.* (Adage romain.)

les victoires que la croix y a remportées sur le monde, l'on s'attendrit et l'on tressaille ; toutes ces pierres parlent; aux sentiments qui remplissent le cœur, on se sent fils des martyrs, et sur le lieu où, en mourant, ils vainquirent, on serait prêt à mourir comme eux pour le nom de Jésus-Christ.

Au midi du Colisée s'élève l'arc de Constantin, érigé par le sénat en mémoire de la victoire de cet empereur sur Maxence. Il est formé de colonnes enlevées à d'autres monuments; les bas-reliefs appartenaient à l'arc de Trajan et représentent ses victoires sur les Daces. C'est un hors-d'œuvre condamnable dont on trouve d'autres exemples sur les constructions des derniers temps de l'empire. Les Romains furent les premiers barbares qui attentèrent à la gloire de leurs monuments. Celui-ci, quoique d'un style équivoque, ne manque pas de majesté; il n'y a rien peut-être de mieux conservé à Rome. Près de l'arc de Constantin, on voit encore les restes de la *Meta sudans*, fontaine qui avait la forme d'une borne de cirque et jetait l'eau dans un grand bassin où se lavaient les gladiateurs après les jeux de l'amphithéâtre.

A l'arc de Constantin finissait la voie Triomphale. Elle commençait aux Champs-Vaticans, traversait le Tibre à l'angle qu'il forme au-dessous du tombeau d'Adrien, suivait la partie du Champ de Mars connue sous le nom de *Campo minore*, jusqu'au premier pont du Janicule, enfin côtoyait le mont Palatin dans la vallée du grand cirque, et venait, près de l'arc de Constantin, se relier à la voie Sacrée. Celle-ci s'étendait du Colisée au Capitole. Son nom lui fut donné en mémoire des sacrifices qui consacrèrent le traité de paix entre Romulus et Tatius. Elle passait par la place sur laquelle s'élevèrent depuis les temples de Vénus et Rome et celui d'Antonin et Faustine. Avant son entrée dans le Forum, il s'en détachait une branche qui montait sur le Palatin. Quant à la partie qui, de l'arc de Constantin, vient la rejoindre à la hauteur de l'arc de Titus, elle conduisait autrefois sur la colline et fut jointe à la voie Sacrée par Adrien.

L'arc triomphal de Titus est fort endommagé. Il ne reste plus d'antique et de non restauré que deux bas-reliefs sur les architraves du cintre, dont l'un représente Titus sur son char, et l'autre, le cortége de ses soldats qui portent le chandelier à sept branches, les trompettes du jubilé et les autres dépouilles du temple de Jérusalem. Ce monument a donc conservé tout ce qui lui donne un caractère historique et un intérêt religieux; il porte les titres de son authenticité avec lui. On dit que les juifs se détournent pour ne point passer sous cet arc, qui leur rappelle leur nationalité perdue et les triomphes des gentils; l'arc de Titus et le Colisée les épouvantent et renouvellent leurs douleurs. De ce point, que les anciens nommaient *via summa Sacra*, l'on découvrait tous les monuments du Forum; l'œil attristé n'y voit plus que des ruines. Les dalles de la voie Sacrée ne retentissent que du bruit des lourds chariots de Tivoli et des Abruzzes. Au lieu des pompes triomphales, des montagnards en sabots conduisent en sifflant de longs troupeaux de bœufs au *Campo-Vaccino*. Voilà ce qu'est devenue la voie Sacrée : à la place des palais, les ruines; après la gloire, l'oubli!

Au-dessous de l'arc de Titus et de l'autre côté de la voie Sacrée, l'empereur Adrien fit construire le temple de Vénus et Rome, dont il fut lui-même l'architecte. Il fit mettre à mort Apollodore, qui en avait critiqué le plan : ce qui prouva une fois de plus qu'il n'est pas sûr de dire la vérité aux rois, même quand ils sont philosophes.... Près des ruines de ce temple dont il ne reste plus que les *cellas* (1) adossées, la piété chrétienne a bâti l'église de Sainte-Françoise Romaine, à l'endroit même où l'apôtre saint Pierre obtint par ses prières la chute de Simon le Magicien, ce digne ami de Néron, qui, selon le témoignage de toute l'antiquité, s'était élevé dans les airs. On montre encore dans l'église la pierre sur laquelle l'apôtre s'agenouilla pour demander à Dieu de confondre cet ennemi de la foi. C'est dans le portique du palais de Néron et sous les yeux d'une foule immense que se passait cette scène. L'empereur, furieux de la mort de son magicien favori, condamna saint Pierre au supplice de la croix : ainsi le martyre de l'un est devenu la preuve historique de la chute de l'autre. L'église de Sainte-Françoise occupe, à ce qu'on croit, l'emplacement de ce portique. On y voit une confession très-richement décorée, deux anges en marbre d'un beau travail, et les bas-reliefs du

(1) On appelait ainsi la partie la plus vénérée des temples où était placée la statue de la divinité.

tombeau de Grégoire XI, représentant son retour d'Avignon à Rome.

On croit que les grandes ruines qui viennent après appartiennent non point au temple de la Paix, qui, après avoir été incendié sous Commode, ne fut jamais rétabli, mais à la basilique commencée par Maxence et dédiée par Constantin. Il n'en subsiste plus que trois grandes arcades ornées de caissons, avec des niches dans le mur latéral pour recevoir des statues. Ces arcades forment un des côtés de la basilique; elle avait son entrée tournée vers le Colisée. La basilique de Constantin est fréquentée par des joueurs de paume et des mendiants que l'on voit assis dans les angles et se drapant dans leurs haillons avec une gravité toute romaine; ces habitués des ruines de Rome en complètent l'effet (1).

En se rapprochant du Forum, on trouve encore, sur le même côté, le temple de Romulus et Rémus dont il reste deux colonnes et la cella qui sert de vestibule à l'église de Saint-Côme-et-Saint-Damien. Le souterrain offre beaucoup d'intérêt. On y a découvert le plan antique de Rome, transporté depuis au Capitole. Le temple d'Antonin et Faustine, qui vient après, reste comme un magnifique témoignage du servilisme du sénat pour cet empereur et sa très-indigne épouse. Le portique, composé de dix colonnes de quarante-trois pieds de hauteur, était autrefois exhaussé sur un perron de vingt et une marches. La base des colonnes se trouve à seize pieds au-dessous du sol actuel, en sorte que le pavé de l'antique voie Sacrée gît enfoui sous des amas de ruines, à plus de vingt-cinq pieds de profondeur. Ce temple, aujourd'hui chrétien, porte le nom de Saint-Laurent *in Miranda,* sans doute à cause des magnificences du Forum dont on découvrait d'ici les plus beaux monuments.

C'est à tort que pendant longtemps on a prétendu retrouver

---

(1) Quelques auteurs pensent que la basilique de Maxence fut construite sur les ruines du temple de la Paix, dont elle aurait aussi porté le nom. Le pape Innocent raconte que les Romains, ayant élevé un temple magnifique à la Paix, consultèrent Apollon pour savoir quelle en serait la durée. L'oracle répondit : « Il durera jusqu'à ce qu'une vierge soit mère. » Ce qui leur fit croire qu'il serait éternel. Aussi placèrent-ils cette inscription sur le fronton : *Temple éternel de la Paix*. (INNOC., pap., *de Nativ. Dom.*)

le temple de Saturne ou l'*Ærarium publicum* dans l'église de Saint-Adrien. Le style architectural de cet édifice paraît se rapporter au ve siècle. A quelques pas s'élève une colonne sur laquelle on a longtemps discuté. Les fouilles exécutées en 1813 autour de sa base apprirent aux savants qu'elle avait été érigée à Phocas par Smaragdus, exarque d'Italie. Ce favori, pour honorer son maître, lui érigea cette colonne, enlevée sans doute à quelque monument du temps des Antonins; tant il est vrai qu'il faut se méfier des Grecs, même lorsqu'ils font des présents.

A l'angle de la montée *di Marforio* et à côté de l'arc de Septime-Sévère, s'élève l'église de Saint-Luc-et-Sainte-Martine, une des plus anciennes de Rome. On la croit bâtie sur l'emplacement du forum d'Auguste, où se trouvait un temple de Mars; ce qui faisait donner à ce forum le nom de *Martis forum (Marforio)*. Sous le chœur se trouve la crypte de Sainte-Martine, remarquable par sa voûte plate et par sa décoration. La statue couchée de la sainte est un chef-d'œuvre de grâce. Il y a dans les draperies tant de moelleux et dans la pose un laisser-aller si grave et si doux, que ce sommeil de la paix semble animé par une vision céleste. La chapelle dédiée à saint Luc, le patron des peintres, ne fait honneur ni à leur dévotion ni à leur pinceau. Mais en revanche on a réuni dans les salles du palais de l'académie de Saint-Luc quelques tableaux de choix, tels que la *Fortune* du Guide, une *Sainte Famille* par l'Albane, le *Saint Luc* de Raphaël, *Diane et Calisto* par le Titien, *Sisara* par Ch. Maratte, etc., et les portraits des grands peintres, généralement fait par eux-mêmes. Cette collection de chefs-d'œuvre est moins connue que d'autres, mais elle est chère aux amateurs.

Du même côté du *clivus Sacer* (montée Sacrée), qui conduit au Capitole, la chapelle de Saint-Joseph indique l'oratoire de Saint-Pierre *in Carcere* et la prison Mamertine. On l'appelle ainsi d'Ancus Martius ou Mamers, qui la fit bâtir d'énormes pierres de taille. L'escalier qui y conduisait était celui des Gémonies, nom qui rappelle les gémissements des malheureux conduits autrefois dans ce séjour d'horreur. La prison est rectangulaire et voûtée; on y descendait les criminels par un trou pratiqué à la voûte, au moyen de cordes passées sous leurs aisselles. Un escalier construit depuis peu conduit dans ces tristes souterrains que Servius Tullius agrandit encore et creusa de douze pieds au-dessous du niveau de l'ancienne Rome. C'est là que saint Pierre fut détenu pendant neuf mois; on montre encore la pierre sur laquelle son visage vint frapper quand il fut rudement poussé par les soldats, la colonne à laquelle il était enchaîné, l'eau qu'il fit sourdre miraculeusement pour baptiser ses compagnons de captivité. Le cœur se serre au souvenir des douleurs qu'ont vues ces cachots lugubres. Que de gémissements, que de hurlements de rage et de désespoir ces murs ont-ils étouffés! Jugurtha y mourut de faim; Lentulus et Céthégus, complices de Catilina, y furent étranglés. Des généraux, des rois détrônés, après avoir servi au triomphe de leurs vainqueurs, y étaient égorgés en même temps qu'on sacrifiait les victimes sur l'autel de Jupiter Capitolin. Mais la foi est venue purifier la dernière demeure du crime; ces souterrains insensibles se sont émus à la voix d'un pauvre batelier; la céleste résignation y descendant avec lui a touché des cœurs dégradés, et d'hommes repoussés par la terre a fait des martyrs pour le ciel. Depuis lors ces murs abhorrés sont devenus chers à la piété chrétienne par les souvenirs qu'ils rappellent; une vertu sort de ces pierres, et chaque jour de nouveaux bienfaits du ciel y justifient le culte qui les a consacrées.

L'arc de Septime-Sévère forme l'entrée du *clivus Sacer* par où les triomphateurs montaient au temple de Jupiter Capitolin. Cet arc triomphal érigé en 205, en mémoire des victoires de cet empereur sur les Parthes, est en marbre, orné de huit colonnes, avec des rosaces et des caissons dans les cintres. L'attique portait jadis un groupe en bronze représentant Septime-Sévère avec ses deux fils Caracalla et Geta, sur un char attelé de six chevaux. Septime-Sévère, vers la fin de sa vie, disait amèrement : « J'ai été tout, et rien ne vaut, *omnia fui, et nihil expedit.* » Son arc mutilé, déshonoré par les barbares, m'a rappelé ce mot.

Les ruines voisines appartiennent au temple de Jupiter Tonnant, dont il ne reste que trois colonnes. Il fut érigé par Auguste, en reconnaissance de ce que la foudre l'avait épargné, tandis qu'elle tuait à côté de lui un de ses esclaves. Quelques vestiges d'une cella représentent le temple de la Concorde, qui était situé près de celui de Jupiter-Tonnant, derrière l'arc de

Septime-Sévère. Camille le bâtit en mémoire de la réconciliation du sénat et du peuple; Cicéron y assembla le sénat pour lui dévoiler la conjuration de Catilina, et y prononça les quatre harangues que l'on nous a appris de bonne heure à admirer. Quant au portique, formé de huit colonnes, que l'on voit du côté opposé, ce n'est point, comme on le croit communément, le temple de la Concorde, mais bien celui de la Fortune Capitoline, édifice de la décadence, d'un style défectueux; ce qui ne doit pas étonner, puisqu'il fut rebâti sous Maxence.

Pendant longtemps on a regardé les trois colonnes qui sont vers l'église de Sainte-Marie Libératrice, comme les derniers restes du temple de Jupiter Stator; aujourd'hui il est généralement admis qu'elles faisaient partie du palais affecté au logement des ambassadeurs étrangers. Ceux de Pyrrhus furent les premiers qu'on y reçut : de là le nom de *Græco-Stasis*. Ces trois colonnes sont si parfaites dans leurs proportions, qu'on les prend pour type du module corinthien.

Les savants ne sont pas d'accord sur l'étendue et les limites de l'ancien Forum. L'opinion la plus accréditée lui assigne une longueur de trois cents mètres, depuis l'église de la Consolation jusqu'au temple de la Fortune, en y comprenant l'église de Saint-Théodore, autrefois temple de Vesta ou de Romulus, et la Græco-Stasis. La tribune occupait d'abord le centre de cette enceinte; Jules-César la fit transporter à l'angle du Vélabre. Derrière la tribune était la Curia Hostilia, bâtie par Tullus Hostilius pour les assemblées du sénat. Cet édifice fut incendié lorsque le peuple brûla en grande pompe le corps de Clodius, sur un bûcher composé des chaises curules des sénateurs, puis rebâti sous Auguste, qui lui donna le nom de Curia Julia. A droite de la Curie étaient la Græco-Stasis et les Comices, sorte de plateforme entourée de parapets où se tenaient les assemblées populaires. Entre la Curie et les Comices, on place le figuier Ruminal (*ruma*, mamelle), sous lequel Romulus et Rémus furent allaités par une louve. Les édiles Cnéus et Quintus Ogulnii érigèrent une louve de bronze près de ce figuier, où fut véritablement le temple de Romulus. Elle a été trouvée, depuis, près de Sainte-Marie Libératrice; ce qui détruit l'opinion qui voudrait reconnaître ce temple dans l'église actuelle de Saint-Théodore. Le côté occidental du Forum était borné par le temple de Jules

César et par la basilique Julia; le côté opposé par le *secretarium senatûs*, les basiliques Émiliennes et les *tabernæ* ou boutiques, dans l'une desquelles Virginius acheta le couteau dont il frappa sa fille. Au bas du Capitole, on voyait, vers la roche Tarpéienne, le temple de Saturne et le trésor public, le temple de Vespasien et l'arc de Tibère sur l'hôpital actuel de la Consolation, et en revenant vers l'arc de Septime-Sévère, les temples de la Fortune et des dieux Consentes, de Jupiter Tonnant et de la Concorde. Au centre du Forum s'élevaient la colonne Rostrale du consul Duillius, et la colonne Milliaire qui indiquait la distance des principales villes de l'empire à la capitale. Dans le Forum, il y avait encore le lac Curtius, ainsi nommé du dévouement de Curtius, qui s'y précipita pour apaiser les dieux. Quoique desséché et couvert de monuments, il conserva toujours son premier nom (1). Près de là existe aujourd'hui une espèce de fondrière ou d'égout qui reçoit les eaux pluviales et communique avec la *Cloaca maxima*. Au delà de la Curia, dans la direction du Vélabre, étaient le temple de Castor et Pollux et la fontaine Juturne. Sous le mont Palatin et près du temple de Castor, se trouvaient celui de Vesta, dans lequel on conservait le feu sacré; le Palladium, statue en bois de Pallas, sauvée, disait-on, de la ruine de Troie, et le bouclier sacré que Numa vit tomber du ciel. C'est aujourd'hui l'église de Saint-Théodore, que le peuple appelle familièrement Saint-Toto. On y porte les enfants malades. Cet usage est très-ancien, puisque les femmes romaines y venaient, pendant les Lupercales, demander la guérison de leurs enfants. La sagesse des pontifes romains, au lieu d'abolir cet usage, l'épura en substituant une dévotion chrétienne à une superstition idolâtrique : le temple de Vesta fut converti en église et dédié à un enfant martyr, comme le temple de Romulus et Rémus à deux frères, saint Côme et saint Damien. Nous trouverons d'autres exemples de ce respect pour l'antiquité sanctifié par la religion.

En donnant cette courte description du Forum, nous avouons que les opinions qui lui servent de base ont besoin d'être con-

---

(1) Curtius ille lacus siccas qui sustinet aras,
Nunc solida est tellus, sed fuit ante lacus. (Ovid.)

firmées par de nouvelles recherches. Les fouilles dirigées sur ce point fourniront à la critique éclairée de notre époque des indications à l'aide desquelles on reconstituera sa topographie. Ainsi, à force d'inductions historiques, on travaille à exhumer la vieille Rome. Si l'on fait attention au peu de certitude qu'offrent ses antiquités, malgré l'érudition que l'on dépense pour remonter contre les siècles jusqu'au temps de sa gloire, on trouvera qu'en réalité la Rome païenne n'est plus reconnaissable. On sait que chaque monument a joué un rôle, que chaque pierre tient sa place dans l'histoire; mais il ne faut pas se hâter de prononcer sur leur signification et leur origine. De grands savants se sont épuisés à la peine et ont laissé dans cette poussière une partie de leur réputation, sans aucun profit pour l'histoire.

Après avoir visité le Forum en détail, il faut monter sur le Palatin, d'où l'on en peut considérer tout l'ensemble. Le mont Palatin fut d'abord le siége de la ville arcadienne d'Évandre, sur les ruines de laquelle Romulus bâtit la sienne. Il avait sa maison du côté du mont Aventin; Numa, sur le versant du nord, près du temple de Vesta; Ancus Martius, vers le temple de Vénus et Rome, sur la voie Sacrée; Tullus Hostilius habitait sur le sommet appelé Velia, au-dessus du Forum; Tarquin l'Ancien, du côté du Vélabre; les deux derniers rois se fixèrent sur le mont Esquilin. Après l'abolition de la royauté, les citoyens les plus distingués de la république n'osèrent s'établir sur le mont Palatin, détesté du peuple à cause des crimes de leurs rois. Les Gracques furent les premiers qui bravèrent le préjugé; Hortensius, Cicéron, Catilina, Octave, père d'Auguste, s'y firent bâtir de somptueuses demeures. Celle d'Auguste était au milieu de la colline, dans la partie qui regarde l'Aventin. Tibère l'agrandit, et Caligula jeta un pont pour joindre le Palatin au Capitole; il fut démoli par Claude. Néron ne se contenta point du palais de ses prédécesseurs : il en étendit démesurément l'enceinte, jusque sur les pentes des monts Cœlius et Esquilin, y creusa des étangs, y bâtit des portiques, et y accumula tant de magnificence, que, lorsqu'il vint pour l'habiter, il déclara fastueusement « qu'il y serait à peu près logé comme un honnête homme. » Le vestibule de la *maison dorée* de Néron occupait, dit-on, l'emplacement de l'église de Sainte-Françoise Romaine, et peut-être le temple de la Paix. Vespasien et ses successeurs revinrent dans les limites du Palatin. Les barbares saccagèrent ces palais et en emportèrent toutes les richesses. Ils furent restaurés en partie et même habités momentanément par Héraclius; mais ils lui donnèrent à peine une idée de leur ancienne distribution. Les guerres du moyen âge achevèrent de les détruire. Aujourd'hui, on vous fait remarquer deux chambres souterraines, ornées de peintures, qui sont appelées *Bains de Livie* et paraissent plutôt appartenir au temple d'Apollon bâti par Auguste à côté de son palais. Près de là s'élevait le théâtre de Caligula dont on voit quelques restes près du grand cirque. Dans la villa Spada, aujourd'hui Mills ou Smith, on visite trois chambres bien conservées du palais d'Auguste, et, dans un jardin attenant, une cour oblongue, autrefois entourée de portiques, que l'on croit être la Palestre, lieu destiné aux exercices athlétiques. Entre le couvent de Saint-Bonaventure et l'arc de Constantin s'étendait l'hippodrome où saint Sébastien fut percé de flèches. La villa Farnèse n'offre plus rien d'intéressant depuis que toutes ses collections de tableaux et de sculptures antiques ont été transportées à Naples, dont la famille royale a hérité des Farnèse. Rien n'égale l'aspect imposant que présente le mont Palatin. Les vastes substructions qui l'environnent, et du milieu desquelles s'élancent des lauriers, des pins, des cyprès, forment à cette colline des Césars une couronne de gigantesques ruines. Qu'il devait être beau le Palatin, lorsque de somptueux palais, tout resplendissants de marbre, s'élevaient sur ses flancs et l'enveloppaient de leur magnificence! Qu'il est triste aujourd'hui que la main de Dieu l'a visité! De toutes parts, des ruines! Les monts Cœlius, Esquilin et Aventin en sont couverts. Les sept collines furent la gloire de Rome; devenues maintenant des amas de décombres, elles en sont les tombeaux (1). A Rome, les ruines modernes se mêlent à des ruines plus anciennes; tous les siècles y sont représentés par des ruines. Ailleurs elles disparaissent, ici elles demeurent; en sorte que Rome vieillit, vieillit toujours, toujours s'affaisse, sans pouvoir tomber ni mourir. Un pâtre en sabots me servait de guide. Je m'avisai de lui demander pourquoi Dieu avait châtié

(1) Hæc dùm viva sibi septem circumdedit arces,
Mortua nunc, septem contegitur tumulis.

Rome. « Parce que, me dit-il avec vivacité, les Romains ne voulurent point tous se convertir lorsque saint Pierre vint leur prêcher l'Évangile, et même persécutèrent les chrétiens, à commencer par l'apôtre. » Le pâtre avait raison; il avait exposé en quelques mots la véritable philosophie de l'histoire romaine depuis les empereurs.... Et n'était-ce point aussi une chose étonnante que de voir un obscur plébéien, sans autre connaissance que celle de l'Évangile, expliquer avec tant de sagesse le mystère des ruines sur le lieu même des forfaits !

Près du Forum, le mont Capitolin forme une crête qui ne se cache point sous des maisons comme le reste de la colline : c'est la roche Tarpéienne, cet épouvantail classique auquel nous rattachons de si tristes souvenirs. Si l'on veut juger de sa hauteur, il faut entrer dans une basse-cour ignoble, d'où l'on découvre un rocher d'une trentaine de pieds d'élévation; tout cela est si vulgaire, que l'on se retire fort désappointé. Un Anglais en fit dernièrement détacher un quartier qu'il a pieusement expédié en Angleterre, et cet honnête gentleman se moque de ceux qui emportent de Rome quelque relique des saints. Au pied de la roche Tarpéienne est l'hôpital de la Consolation. Singulier rapprochement !

La rampe voisine, *di Capranica*, conduit sur le sommet du mont Capitolin, nommé *Arx;* la citadelle en occupait la plus grande partie. Les chaumières de Romulus et de Tatius étaient sur cette pointe. Plus tard on y bâtit les temples de Junon Monéta, de Jupiter Férétrien, et la Curia Calabra, d'où le pontife annonçait la nouvelle lune. Sur l'autre sommet qui retint le nom de Capitole, Tarquin fit construire le temple de Jupiter Capitolin. L'espace compris entre ces deux pointes, nommé *Intermontium*, était l'*asile* établi par Romulus. Une enceinte fortifiée fermait le Capitole, et l'on y entrait par une seule porte de bronze, quand on avait l'honneur d'être citoyen romain. Quatre grands édifices s'élèvent aujourd'hui sur le Capitole. Le palais du sénateur, qui est le juge de la ville, occupe le fond de la plate-forme; il est bâti sur les ruines du *Tabularium*, où les Romains conservaient les sénatus-consultes et les autres décrets de l'autorité souveraine, gravés sur des tables d'airain. Il reste des morceaux très-curieux de cet antique édifice dans les caves du palais du sénateur. La tour du beffroi le domine, construction en briques fort chétive, où est suspendue la cloche qui sonne le commencement du carnaval et la mort du pape ; elle ne sert qu'à cet usage. Le palais du sénateur et les deux autres parfaitement semblables qui en forment les ailes sont l'ouvrage de Michel-Ange. Michel-Ange et le Capitole, quels noms ! La puissance des souvenirs jointe à la puissance du génie n'a pu produire que ces misérables fabriques. C'est là tout le Capitole ; Michel-Ange l'a deshonoré. Du côté du nord, on y arrive par une grande rampe ornée de statues antiques, entre lesquelles se font distinguer celles de Castor et Pollux, des deux fils de Constantin, trouvées dans ses thermes, et les trophées de Marius. Sur la même place on a transporté une colonne milliaire découverte hors de la porte Saint-Sébastien ; elle porte le chiffre indiquant le premier mille de la voie Appienne. Enfin la statue équestre en bronze de Marc-Aurèle, le seul ouvrage de ce genre que l'antiquité nous ait laissé, occupe le milieu de la plate-forme. Michel-Ange en admirait le travail. Le musée Capitolin, collection immense qu'il vaut mieux étudier que décrire, renferme l'antique plan de la ville, la série des bustes des empereurs, ceux des philosophes, et les statues des divinités ; puis, une foule de chefs-d'œuvre, dans tous les genres, qu'il suffit de nommer pour en indiquer le mérite : le *Faune*, le *Gladiateur mourant*, la *Vénus du Capitole*, le *Groupe de Psyché*, etc. Rien de plus gracieux que Psyché, rien de plus léger que Flore ; mais quelle vérité, quelle grâce à mourir dans le Gladiateur ! Épuisé par le sang qui coule à flots de sa blessure, il est tombé avec calme ; un sourire que la mort va glacer montre qu'il s'étudie à rendre son dernier soupir digne des applaudissements de la foule. Quel chef-d'œuvre ! mais quelle accusation contre le peuple barbare qui avait besoin de tels spectacles ! Quelles mœurs atroces ! Je n'ai jamais revu le Gladiateur sans être attendri. Si j'avais été assis dans l'amphithéâtre, il ne serait point mort sans consolation, je me serais précipité dans l'arène pour recevoir dans mes bras ce courage défaillant ; et si je n'avais pu lui rendre la vie, du moins avec son sang auraient coulé mes larmes, et j'aurais flétri la dureté du peuple qui se délectait à le voir mourir !

Vis-à-vis est le palais des Conservateurs. On donne ce nom aux membres d'une commission qui s'occupe officiellement de tout ce qui intéresse les monuments et les arts. A droite, dans la cour, on a placé la statue de Jules César, que l'on dit être authentique. Ce visage éclairé, cette tête à la fois douce et majestueuse indiquent les grandes qualités que l'histoire admire en lui; le laurier qui couronne sa tête ne cache point ses défauts. Les salles de ce palais renferment les Fastes consulaires, gravés sur des tables de marbre, un des plus précieux monuments de l'antiquité; la louve de bronze qui fut frappée de la foudre, le jour de la mort de Jules César; deux oies en bronze qui ont le bec ouvert pour le salut de Rome, et une foule de tableaux, statues, objets d'art, etc., dont la description remplirait des volumes.

A côté de la grande rampe du Capitole, se dresse l'escalier de Sainte-Marie *in Arâ cœli*, composé de cent vingt marches de marbre. L'église est bâtie sur les ruines du temple de Jupiter Capitolin. Ce temple, la gloire de l'ancienne Rome, et qui en résume l'histoire dans nos souvenirs, fut construit par Tarquin le Superbe pour acquitter un vœu de Tarquin l'Ancien, relevé, après un incendie, par Sylla, incendié de nouveau et rebâti sous Domitien. Son enceinte, presque carrée, renfermait trois cellas : l'une consacrée à Jupiter, la seconde à Junon, la troisième à Minerve. La statue de Jupiter était d'or, ainsi que celle de la Victoire qu'on prétend avoir été du poids de trois cent vingt livres. C'est dans ce temple que les triomphateurs venaient rendre à Jupiter de solennelles actions de grâces et lui consacrer les dépouilles de l'ennemi vaincu, à moins qu'ils n'eussent tué de leur propre main le chef ennemi; dans ce cas ils les offraient à Jupiter Férétrien sur l'autre sommet du Capitole. Il a vu trois cent vingt-deux triomphes, depuis Romulus jusqu'à la fin de l'empire. La Rome des papes n'a célébré qu'un seul triomphe militaire, celui de Marc-Antoine Colonna, le vainqueur de Lépante. Je ne parle point de ceux que l'on y a décernés à la gloire des lettres : ces pacifiques ovations ressemblent peu aux autres, et le laurier accordé au talent victorieux ne coûte point de sang aux vaincus. L'église de l'*Ara cœli* (autel du ciel), bâtie dans le goût romain du moyen âge, se divise en trois nefs et renferme de bons tableaux. Voici l'origine de son nom. L'empereur Auguste, à l'époque de la naissance de Jésus-Christ, fit ériger dans le temple de Jupiter Capitolin un autel sous le titre de *Ara primogeniti Dei* (autel du Dieu nouveau-né), parce que l'oracle de Delphes lui avait déclaré qu'un Enfant-Dieu était né en Judée, dont l'empire s'étendrait sur tout l'univers. Sans avoir recours à l'oracle, Auguste put apprendre du consul Pollion, ami d'Hérode le Grand, roi des Juifs, les détails prodigieux de la naissance d'un enfant adoré par des bergers et des rois. D'ailleurs, à cette époque, comme nous l'apprenons des auteurs profanes, tous les esprits étaient dans l'attente de grands événements qui devaient s'accomplir en Judée (1). Les livres sibyllins, dépositaires des traditions antiques sur le règne à venir du libérateur, annonçaient une ère glorieuse qui serait inaugurée par la naissance d'un Enfant-Dieu, et elle fut magnifiquement chantée par Virgile, qui dédia ses vers à Pollion, sans doute parce que son enthousiasme poétique s'était inspiré des récits du consul. Quoi qu'il en soit, l'autel fut consacré par le pape Anaclet, l'an 103 de notre ère, au culte de Jésus enfant. On conserve dans cette église une image sculptée de l'enfant Jésus, connue sous le nom de *Santissimo Bambino*, qui est l'objet d'une grande vénération. Souvent les malades demandent à lui baiser les pieds, et l'on rencontre alors dans les rues de Rome une magnifique voiture, au fond de laquelle est dévotement assis un franciscain tenant sur ses genoux le *Santissimo Bambino*. Toutes les voitures s'arrêtent sur son passage; la foule se prosterne : c'est la dévotion la plus populaire à Rome. Les républicains de 1849, après avoir brûlé les voitures des cardinaux, allaient condamner au même sort celle qui sert au pape dans les grandes solennités, lorsque l'un d'entre eux proposa de la donner à l'église d'*Ara cœli*, pour le service du Jésus miraculeux, ce qui fut accepté d'enthousiasme. Ainsi fut conservé ce précieux joyau. L'église d'*Ara cœli* n'a point de décoration extérieure, les mosaïques dont elle était jadis ornée n'existent plus. Ses colonnes et les marches de son escalier, prises dans d'autres édifices antiques, sont les dépouilles du paganisme, recueillies dans le temple de Jupiter Capitolin et consacrées avec lui à l'éternel triomphe du vrai Dieu.

(1) Tacite, *Hist.*, lib. v.

Du haut du Capitole, on a sous les yeux la ville entière et l'on domine le Forum. Autrefois on pouvait, de ce point, contempler les merveilleux aspects du Palatin, la voie Sacrée avec ses arcs de triomphe, ses palais et ses temples. Lorsqu'on se figure cette belle avenue remplie d'une foule innombrable se pressant sur les pas du triomphateur et faisant retentir les airs de ses acclamations, lorsqu'on se souvient de toute la pompe que la ville, le Forum, le Capitole déployaient dans ces apothéoses de la victoire, l'on ne trouve rien d'exagéré dans ces paroles qu'un esclave répétait à l'orgueil triomphant : « *Respice post te, hominem te memento*, regarde derrière toi, souviens-toi que tu es homme. » Certes, s'il avait regardé derrière lui, il aurait vu des esclaves enchaînés, des empires détruits, souvent par une politique injuste, et tous les malheurs que les guerres entraînent; il aurait vu sous les fleurs de la voie Sacrée des larmes et du sang....; et s'il avait pu voir devant lui, dans l'avenir, il aurait frémi à la vue des ruines et de la désolation prochaines de cette ville qui se parait pour célébrer sa gloire; il aurait maudit ses triomphes sur des peuples qui devaient triompher à leur tour de Rome dans Rome même, et y éterniser le souvenir de leur vengeance en y faisant le désert.... Et nous voyageurs, venus pour interroger ces ruines, nous y trouvons encore des taches, que le temps n'a point effacées; nous condamnons une gloire souvent empruntée et qui ne fut jamais pure. Un peu de bruit alors; et depuis, les larmes de l'humanité, les malédictions de la postérité, voilà le Capitole! Nous lui dirions anathème, s'il n'était surmonté de la croix qui a délivré l'univers.

XVII.

CHAMP DE MARS.

Romulus avait réservé pour l'apanage de la royauté les fertiles terrains compris entre le mont Pincius, le Quirinal, le Capitole et le Tibre. Après l'expulsion des Tarquins, le peuple en ravagea les récoltes, et fit de ce vaste espace un champ d'exercices militaires qui fut consacré à Mars. On y bâtit dans la suite des temples et des monuments publics ; mais ce ne fut que dans le XIe siècle que la population vint l'habiter, après que Robert Guiscard, le vengeur de Grégoire VII, eut fait de la ville ancienne une immense ruine. Les rues Julie et Ripetta, les plus remarquables du *Campo Marzo*, présentent quelques beaux palais. Mais ces quartiers sont tristes, sales, et en général mal percés; l'air y circule avec peine; le jour, on y rencontre un peuple en guenilles; la nuit, on court le risque d'y être assassiné. Rome est un peu, sous ce rapport, ce qu'étaient nos villes au moyen âge. Ne serait-il pas possible de corriger ces vieux abus et d'y introduire, sans lui rien faire perdre de sa physionomie historique, quelques-uns des progrès matériels de la civilisation moderne ? Après cela, il faut bien avouer aussi qu'il y a une certaine convenance à ce que Rome, cité veuve et retirée du monde, soit un peu en retard sur un siècle léger et trop jeune pour elle. Est-ce que l'on vient à Rome dans l'espérance d'y trouver des rues alignées, de brillants magasins? Conçoit-on une Rome proprette, élégante comme une ville qui débuterait sur la scène du monde, la reine des siècles parée de modernes ajustements? Ces choses-là, on les trouve partout; mais les grandes ruines, les sanctuaires de la foi, voilà ce que l'on cherche dans la ville éternelle. Eh bien! c'est par respect que l'art moderne y a laissé des rues étroites et irrégulières s'ouvrir au hasard un passage parmi la multitude des monuments. De vulgaires alignements auraient détruit leur caractère. Ainsi, reproduisant les types des divers âges et conservant des vestiges de chacun, Rome, telle qu'elle est, devient elle-même son histoire. Les hommes de plaisir ne la comprennent point, sa gravité les rebute; mais les hommes de science et de foi y respirent à l'aise, Rome est faite pour eux. Combien sont venus dans l'intention de ne lui donner que quelques jours d'un voyage rapide, qui y sont demeurés toute leur vie pour étudier et prier!

On trouve à gauche, en entrant dans la rue Ripetta, ou plutôt dans celle *de' Pontefici,* un ancien monument *remoderné*, comme disent les Italiens: c'est le mausolée d'Auguste, vaste édifice autrefois de forme pyramidale, dont les murs extérieurs étaient revêtus de marbres. La partie inférieure renfermait les chambres sépulcrales, au nombre de treize, disposées circulairement. Un monceau de terre (*tumulus*) couronnait le monument qui était ombragé d'arbres funèbres. Il ne reste plus que le soubassement de l'édifice dont l'éboulement du *tumulus* a comblé l'enceinte. On a profité de cette disposition circulaire pour y construire, dans le XVIe siècle, une espèce d'amphithéâtre, où l'on joue des drames populaires. Auguste, sur le point de mourir, dit à ceux qui environnaient sa couche: « N'ai-je pas bien joué mon rôle? Eh bien! mes amis, applaudissez: la pièce est finie. » Il se trompait: elle devait continuer sur sa tombe. S'il crut jouer la comédie, il ne pensait pas du moins que des histrions viendraient la continuer sur ses cendres. Ainsi la postérité accomplit l'œuvre de la justice divine. Le marché des bêtes de somme est établi au Forum; des troupeaux sont parqués dans les thermes de Caracalla; j'ai vu des pourceaux dans les restes de ceux de Titus; il y a du fumier dans plusieurs tombeaux célèbres; on joue la farce dans le mausolée d'Auguste: toutes les ruines de Rome parlent bien moins de gloire qu'elles n'en prouvent le néant.

Le palais Borghèse est près de là. On le regarde comme un des plus vastes et des plus beaux de Rome. La galerie des tableaux n'occupe pas moins de onze chambres, toutes décorées avec la plus grande richesse. Parmi ces chefs-d'œuvre, j'indique en courant la *Chasse de Diane*, la plus belle composition du Dominiquin, un portrait de Raphaël par lui-même, les *Grâces* du Titien, le *Jules II* et le portrait de César de Borgia par Jules Romain ; ce dernier est qualifié par les Italiens de *Stupendo Ritràtto*. En entrant dans la première salle de cette galerie, le visiteur voit se dérouler devant lui la splendide enfilade de chambres remplies de tableaux ; l'œil suit cette magnifique perspective qui lui montre des peintures, des glaces, des jets d'eau, des dorures, le port de Ripetta et enfin le mont Marius qui borne de ce côté l'horizon. Ce spectacle est d'une animation brillante et rappelle certaines descriptions que font les auteurs arabes des palais orientaux. Plusieurs tableaux seraient aussi mieux placés dans un harem asiatique que dans une demeure chrétienne. On trouve dans cette collection un peu trop de nudités : les Vénus y sont placées en compagnie des Madones, et ce rapprochement de mauvais goût nuit aux unes et aux autres. Quand on pense qu'il est à Rome plusieurs palais aussi riches en objets d'art ; qu'à Gênes, à Florence, à Bologne, à Venise et dans les grandes villes de la Péninsule, se trouvent en grand nombre de semblables collections, on ne regrette plus pour l'Italie l'empire du monde. Après avoir fait de grandes choses, l'Italie a reçu les dons du génie pour en perpétuer le souvenir sur la toile et le marbre, et la langue la plus harmonieuse pour les chanter en beaux vers : elle a perdu ses conquêtes militaires ; il lui reste le sceptre de la religion et celui des beaux-arts.

Le port de Ripetta, construit par Clément XI, donne une idée peu avantageuse du commerce de la ville et de la navigation du Tibre. Quelques barques avariées, quelques tonnes sur les quais, une douzaine de bateliers accroupis au soleil, voilà le port de Ripetta. On peut y ajouter quelqu'un des six bateaux à vapeur qui font le service de navigation intérieure et apportent à Rome les denrées de la Sabine. Le Tibre roule ses eaux bourbeuses dans un lit très-profond, et fuit, triste et humilié, au travers de cette ville dont il a vu la gloire. Les vaisseaux ne le remontent plus ; les atterrissements formés à son embouchure ont comblé le port d'Ostie et ne permettent pas que Rome acquière une importance commerciale. Tout contribue à éloigner de cette ville le mouvement et le bruit. En face du port actuel de Ripetta, de l'autre côté du Tibre, quelques auteurs placent les champs Quintiens, où Quintius Cincinnatus conduisit la charrue. Ces lieux illustrés par le souvenir du paysan-dictateur sont aujourd'hui consacrés par le souvenir du pêcheur de la Galilée, devenu le maître de Rome. L'histoire romaine est une grande preuve de cette vérité, que Dieu choisit de faibles instruments pour opérer ses merveilles.

La rue Ripetta se termine par deux églises : Saint-Augustin et Saint-Louis des Français. La première est gothique, à trois nefs, d'un style défectueux, surmontée d'une coupole qu'on regarde comme la plus ancienne de Rome. Cette église offre quelque intérêt par les fresques de Speranza ; elle possède aussi les *Prophètes* de Raphaël, entre lesquels *Isaïe* mérite une mention particulière. Les Romains y vénèrent une statue miraculeuse de la Vierge, ouvrage de Sansovino. Toutes sortes d'ex-voto l'environnent, et l'on y remarque jusqu'à des couteaux et des poignards : ce qui n'annonce point une vengeance satisfaite par un assassinat demeuré impuni, comme n'ont pas rougi de l'écrire certains voyageurs, mais une vengeance désarmée par une pensée religieuse qui a détourné le cœur d'un forfait.

Notre église nationale de Saint-Louis, sans être une basilique, occupe, entre les églises du second ordre, un rang assez honorable pour que notre orgueil patriotique n'ait point à en rougir. On peut l'estimer la plus belle des églises nationales de Rome (car chaque nation catholique y a la sienne). J'en excepterai toutefois celle de Saint-Marc des Vénitiens, moins grande, mais plus riche. La nôtre possède quelques bonnes toiles. La chapelle de Sainte-Cécile, peinte par le Dominiquin ; celle de Saint-Matthieu, par le Caravage ; l'*Assomption* du maître-autel, chef-d'œuvre de Bassano, jouissent à Rome d'une grande réputation. L'église est desservie par une communauté de prêtres français qui occupent le palais contigu et forment une espèce de chapitre, avec la mission de venir en aide à leurs compatriotes par tous les soins d'une affectueuse charité. Ce qu'est l'Académie française à Rome pour les artistes, la maison de Saint-Louis devrait l'être pour les ecclésiastiques français ; on désirerait que les deux établissements fussent dignes des rois très-chrétiens et de la première nation du monde. Grégoire XVI disait, avec cette bonhomie pénétrante qui faisait le fond de son caractère, à M. de Bonnechose, alors supérieur de Saint-Louis : *A San Luiggi tutte le cose non sono buone*. C'était un compliment et une leçon.

Derrière Saint-Louis des Français, s'étend la place Navone, située sur les décombres de l'ancien cirque agonal construit par Alexandre-Sévère. Elle en reproduit la forme ; mais son niveau est à la hauteur du premier étage des gradins. Innocent X fit ériger par le chevalier Bernin, sur la fontaine dont il décora la place Navone, l'obélisque provenant du cirque de Romulus. Tous les samedis et dimanches d'août, cette place est inondée. Les Romains, dignes enfants de ceux qui ne demandaient que *du pain et des jeux*, aiment passionnément cette espèce de naumachie. Vous y verriez charrettes et voitures barboter dans l'eau trouble, les calèches des grandes familles heurtées par les tombereaux des balayeurs, des équipages renversés, les spectateurs des trottoirs éclaboussés, et les musiciens qui animent cette scène s'efforçant de dominer par le bruit de leur orchestre les rires bruyants et les cris de la foule. On trouve là, surtout les jours de marché, le plus bizarre assemblage de physionomies, tous les costumes du Latium et de la Sabine ; tous les genres de petit commerce s'y donnent rendez-vous. Un étalage de citrons et de melons d'eau vient se confondre avec des bouquins sur les rayons d'un brocanteur ; une marchande d'Albano présente en termes poétiques ses plus jolis bouquets aux matrones romaines, tandis qu'à côté d'elle un chiffonnier étale ses rebuts au soleil et assourdit les passants de sa voix criarde. J'y ai vu un aveugle tourmentant son violon devant un marchand de légumes qui lui donnait l'aumône, tandis qu'un gamin crachait dans la balance du charitable fruitier. Ce sont les scènes les plus pittoresques, les plus mêlées ; on peut y faire des études de mœurs curieuses et s'y familiariser avec la pantomime italienne si expressive et si gaie. Dans les autres quartiers, Rome est grave ; la place Navone, c'est Rome en belle humeur.

L'église de Sainte-Agnès en fait le principal ornement. Elle a la forme d'une croix grecque, et sa magnificence honore la famille Panfili qui pourvut aux frais de sa reconstruction. Le palais voisin fut donné par Innocent X, de cette famille, pour y élever des ecclésiastiques pauvres. En décorant la place, on voit qu'il s'occupait des malheureux; les souverains pontifes surent toujours associer le goût des beaux-arts avec la charité. Parmi les statues remarquables de l'église nous citerons celle de saint Sébastien, figure antique, transformée habilement par le sculpteur Campi, et surtout celle de sainte Agnès, dans l'église souterraine, autrefois les *Fornices* du cirque agonal : c'était un lieu de prostitution, où la jeune vierge fut conduite et miraculeusement préservée. L'Algarde l'a représentée couverte seulement de ses cheveux et lui a donné un air de douleur et de céleste confiance qui attendrit, qui élève la pensée bien au-dessus de la beauté plastique du chef-d'œuvre pour la rapporter sur la page sublime des actes des martyrs qui l'a inspiré.

Le palais Braschi a une façade sur la même place, mais la principale occupe un côté de la rue voisine. Il fut construit par le neveu de Pie VI; son escalier passe pour le plus beau de Rome, il est le dernier *miracolo* des papes. Les Romains appellent ainsi les monuments ou établissements remarquables dont les souverains pontifes dotent leur capitale. Les successeurs de Pie VI n'ont plus fait de *miracles;* mais ils ont ordonné que les parents du pape régnant ne pourraient point habiter Rome : ce qui vaut encore mieux que la protection toujours accordée par le népotisme aux beaux-arts. A l'un des angles extérieurs de ce palais, on remarque la statue fameuse de Pasquin, torse mutilé de gladiateur que Raphaël admirait. Un maître tailleur de ce quartier s'était fait dans Rome une réputation par ses brocards et ses spirituelles malices. Il avait nom Pasqualino. Après sa mort, on trouva enfouie devant sa maison cette statue antique, laquelle fut huchée sur un piédestal et hérita des bons mots et du nom du tailleur; de Pasqualino, les habitués de la boutique aux satires firent le petit nom familier de Pasquino. Marforio, qui est une autre vieille statue, maintenant oubliée dans la cour du Capitole, adressait les demandes, et le lendemain Pasquin répondait. On conseillait au pape Adrien IV, qui avait fort à se plaindre de Pasquin, de le faire jeter dans le Tibre. « Je craindrais, répondit-il, qu'il ne se métamorphosât en grenouille pour coasser jour et nuit contre moi. » Autrefois, en France, le gouvernement était absolu, mais tempéré par des chansons; à Rome, c'est un gouvernement absolu tempéré par des pasquinades. Du reste, Pasquin ne parle guère maintenant que pendant les conclaves.

De l'autre côté de la place, on voit l'église de Sainte-Marie de la Paix, célèbre par son image miraculeuse de la Vierge qui était autrefois sous le portique de l'église Saint-André, au même endroit. Un joueur désespéré l'ayant percée à coups de poignard, il en sortit du sang. Sixte IV, à cette occasion, fit reconstruire l'église et l'appela Sainte-Marie de la Paix, en action de grâces de la paix qu'il venait de conclure entre les princes chrétiens. La façade, chef-d'œuvre de Pierre de Cortone, se compose d'un portique demi-circulaire très-gracieux. Quelques peintures de la voûte sont de l'Albane; les quatre sibylles de la coupole par Raphaël, page immortelle que son auteur opposait à celle de Michel-Ange, un des plus beaux ornements de la voûte de la chapelle Sixtine, rappellent la noble émulation des deux artistes, qui furent rivaux sans cesser d'être amis, et dont la postérité admire également les travaux. Il y a dans une chapelle des symboles sculptés d'une exécution parfaite, une *Descente de croix*, bas-relief en bronze de Fancelli, les statues de saint Pierre et de saint Paul et deux tombeaux. J'étais venu et entré au hasard : quelle ne fut pas ma surprise lorsque je me trouvai, dans cette jolie église, au milieu de chefs-d'œuvre? Voilà une des séductions de Rome. On va sans but déterminé, on rencontre une église, souvent sans trop d'apparence, on entre, et l'on est ravi. Jusqu'au dernier jour, on marche ainsi de découvertes en découvertes. Les Guides du voyageur ne suffisent pas à énumérer toutes ces merveilles; l'imagination elle-même se lasse, et il reste encore beaucoup à admirer lorsqu'il semble qu'il n'y a plus rien à voir.

L'église voisine, Sainte-Marie de l'Ame, construite au commencement du XVe siècle, est d'un style demi-gothique, demi-renaissance, qui ne manque pas néanmoins d'agrément. Quelques fresques de Salviati et une *Sainte Famille* de Jules Romain, sont à peu près toutes ses peintures. Plusieurs tombeaux remarquables la recommandent plus particulièrement à l'intérêt des sculpteurs; les Allemands, auxquels appartient cette église, y ont élevé un monument à Adrien VI, qui avait été précepteur de Charles-Quint.

Entre Sainte-Marie de la Paix et le Tibre, se trouve la belle église de la *Vallicella,* autrement *Chiesa nuova,* moins remarquable par sa grandeur et par plusieurs tableaux de Rubens, etc., que par le souvenir de saint Philippe de Néri, l'apôtre de Rome, dont elle garde les reliques. Ce saint est populaire à Rome comme saint Vincent de Paul en France. Par sa parole et par sa charité, il réforma les mœurs publiques; Rome est remplie des œuvres que son zèle a créées. Aussi rien n'égale la vénération qui environne son tombeau; sa fête est solennisée avec une pompe extraordinaire, elle est d'obligation dans la ville : juste hommage rendu par le saint-siége à son glorieux apostolat. C'est saint Philippe de Néri qui établit les *oratorios,* sortes d'opéras religieux destinés à détourner un peuple éminemment artiste des spectacles profanes, en donnant le change à ses goûts. Depuis la Toussaint jusqu'à Pâques, les théâtres sont fermés, et l'on se rend en foule dans l'*Oratoire,* qui est à côté de la *Chiesa nuova*, pour entendre les *oratorios.* La pieuse industrie d'un saint a enrichi la musique d'une branche nouvelle : ainsi la religion donne une légitime satisfaction à tous les besoins du cœur et appelle à son secours tous les arts pour les faire servir au salut des âmes.

Non loin de l'Oratoire de saint Philippe, est le théâtre Tordinona ou d'Apollon, le plus beau, dit-on, de la ville ; on y joue le grand opéra. Une opinion généralement accréditée en France tendrait à faire croire que les prêtres de Rome ne se font point scrupule de fréquenter les théâtres. Mais il faut savoir d'abord que les femmes n'y paraissent jamais sur la scène; les pièces ne sont jouées qu'après avoir été soumises à une censure rigoureuse; le théâtre y est plus moral qu'en France. Malgré cela, les prêtres n'y paraissent point. L'erreur des étrangers vient de ce qu'une foule de laïques employés dans les chancelleries, dans les maisons des cardinaux, dans les églises, etc., portent l'habit court ecclésiastique et ne l'honorent point toujours par une conduite exemplaire de tous points. Jusqu'à Léon XII, les médecins avocats, professeurs, en un mot les gradués des diverses facultés portaient assez communément le même habit.

Ce pontife le leur interdit, et ce fut précisément dans le but de détourner du corps sacerdotal une imputation calomnieuse. Si cette utile réforme avait été appliquée à tous ceux qu'elle devait naturellement atteindre, les voyageurs se feraient une idée plus avantageuse et plus vraie du clergé de Rome, qu'ils ne jugeraient point sur des apparences, comme on le voit, mensongères. Loin d'en faire l'objet de malveillantes préventions, ils rendraient justice à son mérite et à sa régularité.

Arrêtons-nous un instant dans la magnifique église de Saint-André *della Valle*, qui a été terminée par Maderne. Sa coupole, une des plus vastes de Rome, peinte par Lanfranc et le Dominiquin, est dignement accompagnée par les splendides chapelles des Strozzi et des Barberini. Cette église renferme les tombeaux de Pie II et de Pie III, de la famille Piccolomini; elle appartient aux pères théatins. Dans ces dernières années, elle a souvent réuni l'élite de la société romaine et des étrangers qu'attirait l'éloquence du P. Ventura, ce père Ventura

Qui depuis.... Rome alors estimait ses vertus (1)

et admirait son génie, comme aujourd'hui elle bénit son repentir, plus équitable envers lui que ne le furent les démagogues.

L'église de Saint-André *della Valle* est bâtie en partie sur la scène du théâtre de Pompée, dont on voit encore quelques substructions dans le palais Pio. Près de ce théâtre, le premier construit dans Rome malgré les lois portées par les censeurs, Pompée avait élevé un magnifique portique où le sénat s'assemblait, les jours de spectacle. César fut assassiné dans cette curie de Pompée; il tomba aux pieds de la statue de son rival, que l'on montre encore dans le palais Spada.

Celui de la chancellerie, situé dans le voisinage, offre, par son style harmonieux et pur, un sujet d'études aux architectes; mais il rappelle un de ces faits malheureusement trop communs pour l'honneur des mœurs italiennes. Rossi, ancien ambassadeur de France à Rome et ministre de Pie IX, y fut poignardé au moment où il allait faire l'ouverture des chambres. Ainsi commença la dernière révolution romaine, d'autant plus crimi-

(1) RACINE, *Britannicus*.

nelle qu'elle était dirigée contre un pontife salué par les acclamations de toute l'Europe comme le père du peuple et le bon génie de la liberté.

Le champ de Flore, voisin de ce palais, fut ainsi appelé, dit-on, d'une courtisane qui laissa ses biens au peuple romain. Ce legs servit pour instituer les jeux Floraux, concours de poésie et de libertinage, qui était tout ce que les Romains avaient de plus immonde. Cette place, à laquelle se rattachent ces hideux souvenirs, est devenue un marché pour les bêtes de somme : digne compensation! Les chrétiens purifièrent ce quartier en érigeant dans la grotte du champ de Flore une statue de la Vierge. Plus tard on y bâtit un oratoire où l'on vient prier la Madone *della Grotta pinta.*

Le palais Farnèse est le plus beau de Rome par son architecture et sa décoration. Michel-Ange Buonarotti, Vignole et San Gallo voulurent en faire un modèle que l'on ne pût surpasser, et il faut avouer que le résultat n'a pas trompé leurs espérances. Les chefs-d'œuvre de la statuaire antique, *l'Hercule, la Flore, la Dyrcé*, etc., ont été transportés à Naples ; mais il reste les fresques renommées de Carrache, de Salviati, de Daniel de Volterre. Parmi celles de ce dernier, on m'a fait remarquer la *Signature de la paix entre Charles-Quint et François Ier*, des sujets allégoriques et la *Dispute de Gaëtano et de Luther*. Le peintre a donné à celui-ci une figure qui m'a rappelé le mot de Théodore de Bèze sur Calvin : « *Neque magnus, nec parvus; non dares liardum de ejus mind;* ni grand, ni petit, vous n'auriez pas donné un liard de sa mine. » Toutes ces peintures sont classiques; la gravure les a reproduites, et elles forment une galerie à laquelle, après les *Chambres* du Vatican, on ne trouve rien de comparable, surtout si l'on y réunit la *Farnésine*. Jules Romain y a peint la fable de Psyché sur les dessins de Raphaël, son maître; ce dernier a exécuté la *Galathée*, figure sublime de grâce et de poésie. Ces lieux, qui ont vu tant de fêtes, sont aujourd'hui solitaires; les peintures elles-mêmes s'en vont, personne n'ose les restaurer : ce sera une perte irréparable aux yeux des artistes, mais le caractère licencieux des sujets doit singulièrement diminuer les regrets de tous les cœurs en qui l'art n'a point tué la foi.

Lorsque, de la rue Julie, on vient au pont Sixte, on est frappé du spectacle que le mont Janicule, la ville et le fleuve présentent sur ce point. A côté de soi, à droite et à gauche, s'élèvent des masses d'édifices noirs, mais distribués d'une manière pittoresque; le Tibre, dans ses profondeurs, en mine les fondements, sans bruit, comme un conspirateur acharné à son œuvre; le mont Aventin adoucit un peu la sévérité du paysage par ses grands arbres verts. Quelque part que l'on s'arrête à Rome, on trouve des aspects d'une tristesse solennelle; le présent et le passé vous poursuivent avec leurs grandeurs en ruines; à chaque pas on peut méditer et gémir. C'est une douloureuse jouissance que de prêter l'oreille à ces voix de la solitude et de recueillir les enseignements de ces antiques débris. Je plains les voyageurs qui vont par troupes et visitent Rome à vol d'oiseau. Ils s'arrêtent un instant sur les villes au-dessus desquelles ils passent, et ensuite vont s'abattre sur d'autres pour les quitter aussitôt. Rome veut être étudiée; il faut la voir à loisir, la revoir sous toutes ses faces, se familiariser avec son histoire et ses ruines, apprendre à connaître son peuple. Or, avec des compagnons si complaisants qu'ils soient, il faut se faire des concessions réciproques; on discute, on se gêne, ou l'on se neutralise. Heureux qui sait se suffire à lui-même! Mais plus heureux celui qui a trouvé, pour visiter Rome, un ami digne de le comprendre! En admirant ensemble, on se devient plus cher l'un à l'autre et l'on jouit deux fois.

Les rues qui avoisinent le pont Sixte forment un labyrinthe inextricable où les églises, les échoppes, les palais, les hôpitaux, le luxe et la misère se trouvent confondus. Voici l'hospice des Pèlerins, puis l'église de Saint-Charles *de' Catinari*, où l'on admire l'*Annonciation* de Lanfranc, la *Sainte Anne* de Sacchi, la fresque de *Saint Charles* par le Guide et les *Vertus cardinales* du Dominiquin. Plus loin, l'église de Sainte-Lucie *des Boutiques obscures* nous indique l'emplacement de l'ancien cirque Flaminien, envahi au moyen âge par les cordiers et les petits marchands. Là se trouvaient aussi, mais plus près du Capitole, le temple de Bellone, la colonne Bellica, d'où le licteur jetait une flèche dans la direction du peuple auquel on déclarait la guerre, et la colonne Lactaria, au pied de laquelle l'on exposait les enfants nouveau-nés que les pères ne voulaient point élever. Cet usage n'excitait aucune réclamation, ne fut jamais condamné par les sages ! Il subsista jusqu'à Constantin, parmi le peuple le plus civilisé de l'univers ; tant il est vrai que la civilisation sans le christianisme n'est que la parure des vices. La place Mattei a pour ornement la fontaine des Tortues, par Jacques *della Porta;* les palais Mattei et Costaguti renferment quelques fresques de l'Albane et du Dominiquin ; Spada, Censi, Orsini se distinguent par leurs belles galeries. Puis, encore des églises : Sainte-Catherine *de' Funari*, Saint-Ange *in Pescheria*, Saint-Ambroise, Sainte-Marie *in Campitelli* avec sa croix lumineuse d'albâtre et son saphir du maître autel. Ce quartier, sous des dehors sales et misérables, renferme donc bien des objets dignes d'attention. Mais voici que la saleté augmente ; les maisons s'élèvent indéfiniment ; plus de palais, plus d'églises ; un peuple à part se montre sur les portes d'obscurs magasins pour offrir aux passants ses marchandises au rabais : ce marché, c'est le quartier des juifs, le *Ghetto degli Ebrei*, comme on dit en Italie. Les juifs sont, à Rome, très-nombreux ; ils ont toujours trouvé dans les États pontificaux une tolérance particulière, au point qu'ils ont appelé Rome le *Paradis terrestre des Israélites.* A l'entrée du Ghetto, ou du moins vis-à-vis, sur la façade d'une chapelle, est attaché un crucifix de grandeur naturelle, accompagné de ce texte du prophète Isaïe, en hébreu et en latin : « J'ai étendu tout le jour mes mains vers ce peuple incrédule qui marche dans une voie mauvaise et provoque ma colère en m'insultant en face (1). » Pie IX a comblé les juifs de ses bienfaits, il leur a accordé la jouissance de tous les droits civils ; ce qui ne les a point empêchés de fraterniser contre lui avec les démagogues et d'acheter de toutes mains les objets pillés dans les églises. Persécuté ou protégé, ce peuple n'a rien oublié ni rien appris ; il présente dans sa durée un phénomène inexplicable, à moins que l'on ne reconnaisse l'anathème divin écrit encore sur son front.

Non loin de là s'élèvent les ruines imposantes du théâtre de Marcellus, qu'Auguste fit bâtir et dédia à ce jeune prince si regretté des Romains. L'édifice avait un diamètre de deux cent soixante-sept pieds ; des trois étages de gradins qui contenaient

(1) Chap. LXV.

trente mille spectateurs, il ne reste que les deux inférieurs. A ce théâtre, comme à celui de Pompée, on avait ajouté un portique, pour que le peuple pût s'y promener à l'abri des injures de l'air, en attendant les jeux. Auguste lui donna le nom de sa sœur Octavie et l'orna d'un temple de marbre, le premier qui ait été bâti à Rome. Le théâtre fait partie du palais Orsini, et l'on voit quelques ruines du portique d'Octavie près de Saint-Ange *in Pescheria*.

En revenant de ce quartier dans le cœur de la ville, on passe devant quelques églises d'une grande beauté : c'est d'abord, près du Capitole, Saint-Marc, aux colonnes plaquées de jaspe, qui renferme des toiles estimées du Bourguignon et du Pérugin, et des tombeaux si gracieux, qu'ils ôtent à la mort sa laideur. Charmant bijou à côté du noir palais de Venise, Saint-Marc est d'un éclat, d'une fraîcheur qui représentent à Rome le faste de la ville des doges et le luxe oriental de cette république.

Près de cette église vénitienne, dont l'ornementation n'est pas exempte de recherche, le bon goût des Romains a construit celle du *Gesu*, qui, pour l'étendue et la magnificence, ne le cède qu'aux grandes basiliques. Les voûtes resplendissent de dorures, et les fresques, ouvrage de Baciccio, sont admirables de vigueur et de vérité. On ne voit jamais cette église sans s'émerveiller devant toutes les richesses que la piété chrétienne y a réunies; les deux chapelles de Saint-Ignace (1) et de Saint-François Xavier sont d'une somptuosité fabuleuse. Les colonnes de la première, revêtues de lapis-lazuli et entourées de palmes en bronze doré, portent un entablement de vert antique. Le bas-relief formant tableau représente saint Ignace aux pieds de la Trinité; on y remarque la figure du Père éternel qui tient dans ses mains un globe en lapis-lazuli, le plus gros morceau que l'on connaisse de ce précieux minéral. Ce bas-relief, ouvrage renommé du Bernin, recouvre une niche renfermant la statue de saint Ignace, dont la tête est d'argent et le reste de bronze argenté, couvert de pierres précieuses. On croit assez communément que toute la statue est en argent; l'ancienne était

(1) Dans la maison du Gesu on voit la chambre de saint Ignace, qui a été transformée en oratoire.

de ce métal, mais elle fut fondue par les ordres de Pie VI et servit à payer une partie de l'énorme contribution que le traité de Tolentino lui avait imposée. La chapelle de Saint-François Xavier n'a pas la même splendeur que celle de Saint-Ignace; mais il faut qu'elle soit vis-à-vis pour être moins remarquée. L'église du Gesu fait éprouver une douce impression d'admiration religieuse; elle est plus recueillie que les autres églises de Rome. Ailleurs les richesses de décoration se produisent avec un éclat qui distrait le cœur; ici elles sont voilées par une certaine dégradation de lumière, par une légère teinte vaporeuse qui prête aux objets des tons moelleux et mystiques : au *Gesu* l'admiration incline à la prière, et c'est bien le cas de dire que toutes ses magnificences sont *pour la plus grande gloire de Dieu.*

L'église de la Minerve, bâtie sur un ancien temple de Minerve, est demi-bizantine, demi-gothique, d'un effet grave et imposant. On y voit la statue de *Jésus-Christ portant sa croix*, par Michel-Ange, qui dans son œuvre a fait une étude anatomique plutôt qu'un acte de foi. Léon X et Clément VII, de la maison des Médicis, furent ensevelis dans cette église, où l'on voit leurs tombeaux et leurs statues. Léon X est obèse, sa physionomie vulgaire ne répond pas à l'idée que l'on se fait de lui; Clément VII, au contraire, a un air spirituel et fin : n'étaient leurs épitaphes, on les prendrait l'un pour l'autre. Il y a aussi de très-belles peintures, notamment le *Crucifix* de Giotto, le *Saint Louis* du Baciccio, les *Anges* et les *Sibylles* de Raphaël *del Garbo.* Après un coup d'œil rapide donné aux fresques médiocres du cloître qui représentent les quinze mystères du Rosaire, je me fis conduire dans la bibliothèque *Casanatense*, léguée aux dominicains par le cardinal Casanata. Elle ne compte pas moins de 120,000 volumes et réunit dans ses salles le public studieux de Rome. J'admirai bien moins les raretés bibliographiques de cette immense collection que les bibliothécaires eux-mêmes, répertoires ou pour mieux dire bibliothèques vivantes très-utiles à consulter. Un grand nombre de moines et de laïques étaient là ensevelis dans l'étude, perdus sous des montagnes de volumes et de manuscrits; ils ne faisaient pas aux visiteurs l'honneur d'une distraction. Aussi bien, que venais-je faire, moi voyageur ignorant et léger, au milieu de cette société grave et savante, parmi toutes ces figures monumentales et racornies comme de vieux parchemins? Qu'ils goûtent les tranquilles joies de l'étude, ces modestes travailleurs; que les bruits de la rue et le tumulte des révolutions respectent ces paisibles retraites de la science! Rome renferme des hommes éminents dans toutes les branches des connaissances humaines, et nous sommes bien petits, nous Français de la littérature légère, spirituels auteurs de feuilletons, à côté de ces grandes capacités qui interrogent les temps et les peuples et travaillent pour la postérité.

Sur la place de la Minerve, Alexandre VII fit placer un obélisque haut de seize pieds, porté par un éléphant de marbre; c'est peut-être le seul monument ridicule de Rome. Si, comme on le dit, le Bernin, en exécutant les ordres du pape, voulut s'ériger à lui-même cet énorme symbole de la puissance de son génie, on peut dire qu'il n'a fait qu'immortaliser sa vanité; l'éléphant de la Minerve et les clochers du Panthéon écrasent sa mémoire.

Le Panthéon! voilà le plus beau, le mieux conservé de tous les monuments antiques, le plus noble représentant de l'art grec sous le règne d'Auguste; il nous donne une grande idée de l'époque où il fut élevé. Agrippa le construisit en l'honneur d'Auguste, son beau-père; mais celui-ci ne se crut pas digne d'un temple plus superbe que ceux des divinités de l'empire, et alors on prit le parti de le dédier à Jupiter Vengeur, en y rassemblant un petit olympe de dieux subalternes pour lui former sa cour. Un portique octostyle, long de soixante pieds, large de quarante et un, donne entrée dans l'intérieur du temple, immense rotonde qui a cent trente et un pieds de diamètre, autant de hauteur; elle est éclairée par une ouverture de vingt-six pieds de circonférence. Outre l'abside dont la statue de Jupiter occupait le fond, six chapelles étaient pratiquées dans le pourtour intérieur de l'édifice, consacrées aux divinités terrestres et ornées de leurs statues. Des autels adossés aux piliers qui séparent les chapelles, recevaient l'encens offert aux dieux célestes; les statues des dieux infernaux se cachaient dans les souterrains. L'empereur Constance II dépouilla le temple de ses richesses; Genséric lui enleva ses portes de bronze, et alors il fut abandonné. En 610, le pape saint Boniface le consacra au culte de tous les martyrs; on y déposa les reliques d'un grand nombre, ce qui fit donner à cette église le titre de Sainte-Marie des Martyrs. A l'occasion de sa seconde dédicace, en l'année 830, Grégoire IV institua la fête de la Toussaint. Urbain VIII dépouilla le Panthéon de ses bronzes et y fit construire les deux clochers qui déparent l'édifice ; Bernin en fut l'architecte. Le Panthéon possède aujourd'hui quelques belles statues, entre lesquelles on distingue celles de sainte Anne et de saint Joseph et surtout la *Madonna al Sasso* que Lorenzetto sculpta pour l'autel qui s'élève au-dessus du tombeau de Raphaël, son ami. Le grand peintre y a fondé une messe à perpétuité pour le repos de son âme. Quoique depuis 1820 on n'accorde plus l'honneur de la sépulture dans les caveaux du Panthéon, on n'a point voulu troubler dans le repos de leurs tombes quelques célébrités dont les épitaphes, gravées sur les murs du temple, exposent les titres à cette distinction. Nous citerons Raphaël, Carrache, Métastase et Winckelmann, le restaurateur de la science archéologique, lequel, après avoir tant aimé la Rome ancienne, est venu se reposer de ses travaux dans le plus illustre monument qu'elle nous ait laissé. Le Panthéon, dépouillé de ses richesses, n'est plus beau que de son architecture et de ses harmonieuses proportions; mais il excite encore dans sa vieillesse l'enthousiasme de tous les amis de l'antiquité. Cette lumière diffuse qui descend d'en haut, comme un jour céleste, sur les murs noircis par le temps, donne à ce temple une teinte calme et religieuse qui s'harmonise avec nos idées chrétiennes ; mais elle devait manquer de l'éclat nécessaire pour animer les statues, lorsque l'édifice était livré au culte sensuel de la forme. Le Panthéon, toujours beau, toujours admiré et étudié, mérite les éloges anciens et modernes qu'on lui a décernés. Honneur aux papes qui l'ont préservé de la fureur des barbares en le consacrant au vrai Dieu ! Ceux qui les blâment d'avoir transformé en églises les temples des faux dieux, devraient examiner avant de condamner : ils ne tarderaient pas à se convaincre que tous ces monuments auraient été depuis longtemps anéantis, si les papes n'avaient protégé leur existence. C'est la religion qui leur a donné une seconde vie : les arts n'en reçoivent pas seulement de magnifiques inspirations, elle leur a conservé des modèles.

XVIII.

SAINT-PIERRE ET LE VATICAN.

Le pont Saint-Ange met en communication la ville des Césars avec la cité des pontifes. Ælius Adrien le bâtit, non loin du pont Triomphal, pour joindre le Champ de Mars au fastueux mausolée qu'il s'était préparé de l'autre côté du Tibre. Ce mausolée (*moles adriana*) était entièrement revêtu de marbre de Paros et couronné de statues. Le superbe empereur avait voulu sans doute que son tombeau, placé vis-à-vis celui d'Auguste, pût l'éclipser par sa grandeur et sa magnificence ; c'était une satisfaction qu'il ménageait à ses cendres : ô vanité ! La porte du monument se trouvait à l'extrémité du pont. Honorius convertit en citadelle le mausolée d'Adrien ; les Grecs y soutinrent un siége contre les Goths, et, du haut du rempart, leur jetèrent les statues et les marbres pour les écraser. Plus d'une fois les papes s'y sont mis en sûreté; une galerie couverte conduit du palais du Vatican au château Saint-Ange. Quant à son nom moderne, il lui vient d'un miracle qui eut lieu sous saint Grégoire le Grand. La peste ravageait la ville, et le peuple était dans la désolation. Le saint pontife ordonna une procession qui, de Saint-Marie Majeure, se rendrait à Saint-Pierre, en parcourant les quartiers affligés de la contagion. Lui-même y assistait, portant l'image de la Vierge peinte par saint Luc. Au moment où la foule suppliante arrivait sur le pont Ælius, on vit au-dessus du tombeau d'Adrien un ange remettant son épée dans le fourreau, et en même temps des voix célestes chantèrent ces paroles : *Regina cœli*, *lætare*, etc. Saint Grégoire y ajouta l'invocation qui les termine : *Ora pro nobis Deum.* La peste cessa aussitôt. En mémoire de ce prodige, une statue en marbre de l'archange saint Michel fut placée au sommet du monument; sous Benoît XIV on y substitua celle en bronze que l'on y voit encore.

Michel-Ange voulait que l'église de Saint-Pierre fût aperçue dans tout le développement de sa façade, à partir du château Saint-Ange, et qu'une colonnade magnifique unît les deux monuments. Ce plan n'a été exécuté qu'en partie par le Bernin. Il faut venir jusqu'à la place Rusticucci pour envisager la basilique et la place qui la précède immédiatement sous leur vrai point de vue. Dirons-nous les sentiments qui remplissent le cœur, lorsqu'on se trouve pour la première fois en présence de cette basilique? L'univers entier en proclame la gloire; le voyageur, en partant pour Rome, l'entrevoit au bout de la carrière comme la merveille des temps modernes; le pèlerin la salue comme l'un des plus vénérables monuments de la religion. Saint-Pierre est le produit d'une inspiration sublime qui s'est emparée de toutes les splendeurs terrestres pour les consacrer à Dieu; c'est un acte de foi demandé par le catholicisme aux beaux-arts. Essayer de décrire ce premier temple du monde serait chose impossible : jamais on ne se trouve si petit que lorsqu'on est dans son enceinte, ni si faible que lorsqu'on veut le louer.

Une immense place entourée de galeries circulaires formées par quatre rangs de colonnes et surmontées de statues, sert d'avenue à la basilique. Tout cet espace était occupé par le cirque de Néron. Les chrétiens, devenus l'objet de ses atroces divertissements, y souffrirent pour la défense de la foi et y remportèrent une couronne immortelle. Au centre de cette place, Sixte V fit ériger le grand obélisque qui était resté debout sur son ancien socle, près de la sacristie de Saint-Pierre; il porte l'inscription : « *Christus vincit*, *Christus regnat*, *Christus imperat;* le Christ est vainqueur, le Christ règne, le Christ commande. » C'est un cri de triomphe sur le lieu du combat. Deux fontaines complètent la décoration de la place; elles jaillissent à trente-huit pieds de hauteur, et en retombant forment des nuages liquides et des arcs-en-ciel vantés par les Romains. Lorsque, arrivé sur le perron, l'on reporte ses regards sur la place que l'on vient de traverser et dont alors on domine l'ensemble, on est vivement impressionné par le grand caractère que son architecte, le Bernin, a su lui imprimer. Il semble que la première basilique du monde, l'église-mère, dilate ses entrailles pour rassembler tous les peuples, et qu'elle étende ses bras pour les attirer sur son cœur; ces statues innombrables des galeries représentent ses enfants venant à elle pour recevoir la vérité.

La façade, réduite à elle-même et privée de la perspective de la coupole qui s'évanouit avant que l'on soit arrivé au milieu de la place, est, de l'aveu de tous, un peu chétive. Charles Maderne ne fut pas aussi bien inspiré pour la façade que le Bernin pour les galeries circulaires. Cependant on reste confondu d'étonnement lorsqu'on apprend que sa hauteur est de cent cinquante-huit pieds, et celle des colonnes de quatre-vingt-trois; ce qui est énorme. Le vestibule qui règne sur la longueur de la façade, long de quatre cent quarante-huit pieds, est somptueusement décoré de marbres et de dorures, au point que l'on a vu des pèlerins s'y agenouiller pieusement, croyant être dans la basilique même, et retourner satisfaits dans leur pays, après y avoir fait leur prière. Les deux extrémités du vestibule sont ornées de statues équestres de Constantin et de Charlemagne, protecteurs de l'Église romaine. La basilique a cinq portes, dont la dernière, du côté du palais pontifical, ordinairement murée, ne s'ouvre que pendant l'année sainte du jubilé; celle du milieu est en bronze d'un fort beau travail. Lorsque, du seuil de cette porte, l'église m'apparut pour la première fois, j'éprouvai, comme tous les voyageurs, un véritable désappointement. Je m'attendais à cette illusion, elle alla bien au delà de mes craintes. Mais où est donc cette longueur de six cents pieds, cette immensité pour laquelle toutes les descriptions épuisent les formules de l'enthousiasme? A Saint-Pierre, la réalité s'amoindrit, la vérité se dérobe aux yeux qui la cherchent.

Quoi qu'en disent les Italiens, cette illusion n'est point la preuve du parfait accord des parties, mais un véritable défaut provenant de l'interruption des lignes droites sur lesquelles le rayon visuel ne peut se prolonger. Trois grands arcs seulement mesurent toute la longueur de la nef du milieu; or, l'imagination habituée à des proportions moindres ne suppose point à ces courbes un si vaste développement. Si l'on eût multiplié les arcades, ainsi qu'on le fait dans le style ogival, on aurait obtenu un résultat tout autrement majestueux ; mais dans Saint-Pierre, on dirait que l'art ne cherche qu'à s'effacer et à provoquer l'examen des détails pour exalter graduellement l'admiration de l'observateur. Il faut prendre dans la basilique un terme de comparaison, afin de se faire une idée de ses proportions extraordinaires. Les anges des bénitiers, par exemple, vus même à une très-faible distance, paraissent comparativement petits ; on reconnait, en approchant, que ce sont des colosses de plus de six pieds de hauteur. J'ai vu un de ces serviteurs attachés à l'église, qu'on nomme *San Pietrini*, debout sur le bras d'un ange de la Gloire, lequel ne semble ni bien grand, ni placé bien haut ; sa tête atteignait à peine celle de la statue. De la porte d'entrée du vestibule, les hommes qui circulent dans l'église paraissent des nains ; les enfants sont imperceptibles. La basilique a la forme d'une croix latine, à trois nefs, surmontée, à son point d'intersection, de la grande coupole. Les dorures, les marbres qui la remplissent, la richesse de la matière, la beauté du travail, l'éclat de cette ornementation font un ensemble d'un goût exquis. Les chapelles des bas côtés, surtout celles du Saint-Sacrement et du chœur des chanoines, sont dignes de la basilique. Tous les autels, uniformément incrustés de mosaïques, sont garnis de six candélabres en bronze de même forme et de même valeur, et surmontés de tableaux en mosaïque. Ces tableaux, de dimensions très-considérables, mais d'une délicatesse et d'une fraicheur parfaites, paraissent, même d'assez près, des toiles dans tout leur éclat : excellente idée qui conserve pour l'éternité dans le plus beau temple du monde les copies des chefs-d'œuvre chrétiens de la peinture. Chaque tableau a coûté 60,000 écus romains (300,000 fr.). Dans la nef du milieu, et adossée au pilier le plus rapproché de la confession, on vénère la statue en bronze de saint Pierre, que quelques auteurs croient être celle de Jupiter Capitolin, dont la main aurait échangé son foudre pour les clefs du paradis. C'est une erreur. Saint Léon le Grand, dans le ve siècle, ne fit qu'employer le bronze de Jupiter pour en couler cette statue, dont le visage et l'attitude modeste, la main étendue pour bénir, indiquent suffisamment l'origine chrétienne. Tous les fidèles baisent par respect l'extrémité du pied droit que l'apôtre porte en avant ; ce léger frottement des lèvres a usé le bronze au point que les doigts du pied n'ont plus aucune forme déterminée. Ceux qu'étonne cette dévotion naïve ignorent sans doute que les statues païennes usées par des baisers n'étaient pas rares en Italie : ainsi l'Hercule d'Agrigente et une foule d'autres. La religion chrétienne ne pouvait que s'approprier une marque de dévotion naturelle au cœur de l'homme, dès lors qu'elle n'est point condamnable dans son principe, et que la foi le consacre dans son objet. Au centre du transept on voit l'autel papal, et en avant, tout à fait sous le point central de la coupole, la confession, dont le sol est plus bas que le pavé de l'église. Une balustrade l'entoure et supporte cent douze lampes de bronze doré, constamment allumées. Les parois intérieures et le sol de la confession, décorés de marbres précieux, éblouissent par leur magnificence. Pie VI a voulu y être inhumé ; sa statue, agenouillée devant le tombeau de l'apôtre, passe pour un des plus beaux ouvrages de Canova. L'une des joues n'est point achevée ; par respect pour l'auteur, aucun artiste n'a voulu y toucher, dans la crainte de profaner un chef-d'œuvre. Au-dessus de la confession s'élève le baldaquin en bronze supporté par des colonnes torses. L'abside est décorée par la Gloire, dont les rayons couvrent le fond du sanctuaire ; des anges de toutes les grandeurs et dans toutes les attitudes de l'adoration et du ravissement, animent ce tableau. Au-dessous de la Gloire, les quatre docteurs de l'Église soutiennent une chaire en bronze renfermant la chaire en ivoire de saint Pierre. C'était la chaise curule du sénateur Pudens ; elle représente les travaux d'Hercule, et fut donnée au prince des apôtres par ce patricien, qu'il avait converti au christianisme. La Gloire, le groupe de la chaire et le baldaquin produisent un effet imposant ; on s'extasie devant cette puissante ornementation où la grandeur et la majesté s'allient avec des détails pleins de grâce. N'y eût-il que cela dans Saint-Pierre, il faudrait encore faire le voyage de Rome et ne point mourir sans l'avoir vu (1). On éprouve dans la basilique vaticane des impressions

(1) Le baldaquin a une élévation de quatre-vingt-quatre pieds. C'est un ouvrage du Bernin qui fait connaître son talent et ses défauts. On y voit, par exemple, un âne ouvrant la bouche pour braire, épigramme contre Borromini, qui en avait critiqué le modèle. La charité fraternelle n'est pas la vertu des artistes.

très-diverses : c'est d'abord, comme je l'ai dit, une sorte de mystification ; à mesure que l'on avance, l'église paraît s'allonger et s'agrandir, et on se blâme soi-même d'avoir été trop prompt à accuser ; ensuite la multiplicité des ornements éblouit les yeux, lasse l'attention ; on voit et on sent le besoin de revenir pour voir mieux encore ; et plus on y revient, plus on y trouve à admirer. Ce n'est pas une petite affaire d'énumérer seulement les bas-reliefs, mosaïques, colonnes, statues, inscriptions, tombeaux qui en remplissent l'enceinte. Les tombeaux des papes et des princes que l'on voit à Saint-Pierre (et il n'y en a pas d'autres) sont tous établis sur des proportions gigantesques et composent une décoration ravissante. Leur renommée est faite ; on admire, à celui de Paul III, les statues de la Prudence et de la Justice, dont la dernière, presque nue, était si belle, qu'on a dû la voiler. Urbain VIII a pour compagnes la Justice et la Charité, douces figure qui respirent : sous le ciseau du Bernin, le marbre est devenu chair. Cet artiste fut moins heureusement inspiré pour le monument d'Alexandre VII, dont la composition est incorrecte. Benoît XIV, debout dans sa chaire, enseigne avec autorité, et verse sur la ville et le monde les trésors de son immense érudition. Le mausolée de Clément XIII par Canova doit sa renommée à deux statues représentant la Religion et la Politique éplorées, et surtout aux deux lions couchés à leurs pieds, dont l'un, celui qui est endormi, est d'une beauté idéale. La comtesse Mathilde repose dans un modeste et gracieux monument : hommage rendu à sa générosité par la reconnaissance des pontifes. Christine de Suède y a été également ensevelie. Un tombeau sculpté par Canova rappelle le nom des Stuarts, qui, après avoir reçu des papes l'hospitalité due à de nobles infortunes, ont trouvé une place digne d'eux parmi les sépultures royales de Saint-Pierre. On compte dans la basilique dix-neuf tombeaux de papes, cent trente-cinq statues, dont vingt-quatre de fondateurs d'ordres. La première chapelle à droite en entrant est décorée du groupe de la Pitié par Michel-Ange. Enfin il est bon de remarquer que les colonnes torses qui ornent les tribunes des reliques de la passion, furent, selon la tradition de l'Église romaine, apportées du temple de Jérusalem. Les sacristies construites sous Pie VI sont, à tous égards, dignes de l'église, et renferment des raretés de divers genres qui en font une espèce de musée.

Mais toute cette décoration de la basilique n'est point ce qui frappe le plus en elle. Ce qui lui donne son grand caractère, ce qui la distingue entre tous les autres temples du monde, autant comme œuvre architecturale que comme symbole de la primauté du siége apostolique, c'est la fameuse coupole dont les proportions sont si étonnantes et si belles. Du pavé de l'église, on l'examine, on l'admire, on se fatigue à l'étudier; et l'on désire de voir de plus près cette œuvre de Michel-Ange pour mieux juger de son immensité. Un escalier, ou, pour mieux dire, une de ces rampes douces que les Italiens appellent *cordonnata*, conduit sur l'église. Là on trouve une plate-forme très-vaste, une place suspendue dans les airs; on domine toute la ville d'une hauteur de plus de cent quarante pieds. Les statues qui couronnent la façade, vues du perron, semblent être d'un travail achevé et d'une grandeur ordinaire; on reconnaît alors, à sa grande surprise, qu'elles n'ont pas moins de vingt-cinq pieds de hauteur et qu'elles sont composées de plusieurs blocs grossièrement ébauchés. Les *San Pietrini*, qui n'ont d'autre occupation que l'entretien et l'appropriation de la basilique, habitent les combles et y forment une population de quatre cents âmes, en sorte que la plate-forme de Saint-Pierre offre l'aspect et le mouvement d'une place publique; on y trouve même une fontaine qui a été construite par Grégoire XVI. On monte encore quelques degrés et l'on arrive à la base du tambour, sur lequel la coupole s'appuie. De ce point jusqu'à l'entablement, l'œil mesure une élévation de cent soixante-quatre pieds. C'est là, littéralement, le fameux Panthéon jeté dans les airs par Michel-Ange; car il commence à cent quarante-deux pieds au-dessus du sol, et atteint une élévation de quatorze pieds plus considérable que celle du panthéon d'Agrippa. Il est vrai que la circonférence intérieure est moindre de trois pieds; mais lorsqu'on réfléchit que l'architecte a construit une double coupole, et que les deux sphères laissent entre elles un intervalle de quinze pieds dans lequel tourne l'escalier qui conduit à la lanterne, on trouve en réalité que le dôme de Saint-Pierre est plus haut et plus large que le Panthéon, sans avoir comme lui l'aspect disgracieux qu'un dôme bien proportionné à l'intérieur présente extérieurement, défaut que Michel-Ange évita au moyen de sa double coupole. Voilà assurément l'œuvre d'architecture la plus hardie que l'esprit humain ait conçue et exécutée. Si l'on considère sa hauteur, qui ne le cède qu'aux pyramides d'Égypte, on dirait une construction élevée par les géants pour atteindre le ciel ; à voir sa légèreté gracieuse, on la supposerait doucement descendue et posée de la main des anges sur des fondements prêtés par la terre. De la base de la lanterne au haut de la croix, il y a encore quatre-vingt-quatorze pieds. On monte dans la boule qui la porte au moyen d'une échelle en fer : ascension qui offre peu d'intérêt. Le mouvement que l'on fait communique au métal de cette boule des vibrations et une sorte d'oscillation qui étonne et effraie. Après dix heures du matin, on ne peut y pénétrer ; la chaleur en fait une étuve où l'on serait bientôt asphyxié. Du haut de la galerie intérieure des candélabres qui entoure le pied de la lanterne, les regards plongent dans l'abîme de la coupole qui s'ouvre sous les pieds de l'observateur : les objets vus de cette élévation se rappetissent étrangement, on les distingue à peine ; le baldaquin ressemble à ces petits ornements dont on décore les tabernacles ; les lampes de la confession ne sont plus que des points lumineux qui échappent à la vue ; ce n'est qu'au mouvement qu'on distingue les formes humaines ; mais ce mouvement qui ne s'accompagne d'aucun bruit, car les bruits de la terre n'arrivent plus dans cette région, leur donne quelque chose de fantastique ; on croirait voir des ombres. De la galerie extérieure des candélabres, se déroule aux regards un panorama des plus solennels : d'un côté, le cordon des montagnes de la Sabine et du Latium ; de l'autre, la mer ; et dans l'intervalle, les plaines mortes au milieu desquelles est assise, comme une cité du désert, la grande Rome. On la voit avec ses ruines et ses innombrables églises qui élèvent dans les airs leurs clochers et leurs dômes, semblables aux pavillons du camp d'Israël, si beaux, que les prophètes du mensonge venus pour les maudire sont forcés de les admirer et de les bénir.

En descendant de la coupole, nous voulûmes visiter l'église souterraine. Son pavé, assez beau, est celui de l'église primitive, édifiée par Constantin sur le tombeau des saints apôtres. Leurs corps furent inhumés par les premiers chrétiens dans les grottes que les potiers creusaient sous le sol argileux du mont Vatican, d'où le nom de *Grottes vaticanes* resté aux cryptes de la basilique. La voûte en fut détruite lorsqu'on bâtit l'église actuelle; la hauteur des souterrains n'est que de douze pieds. On y voit plusieurs chapelles ornées de marbres et de mosaïques, et un grand nombre de tombeaux fort simples, parmi lesquels ceux d'Othon le Cruel, de Charlotte, reine de Chypre, et de beaucoup de papes. La partie la plus intéressante des Grottes vaticanes est la chapelle du tombeau de saint Pierre, décorée de mosaïques et de peintures curieuses, de bas-reliefs très-anciens qui nous donnent une idée fort exacte des ornements de sculpture employés pour les tombeaux des martyrs, à une époque où l'art chrétien ne s'était pas encore dégagé tout à fait du fatras mythologique. Les reliques de Saint-Pierre sont déposées sous l'autel, à une grande profondeur. L'église souterraine n'est visitée qu'à certaines fêtes : alors éclairée par des torches, elle semble revivre un moment, puis elle rentre dans la nuit de ses tombes. Jamais les hommes et les femmes n'y sont admis simultanément.

Nous ne pousserons pas plus loin une description pâle et misérable dès lors qu'il s'agit de la basilique de Saint-Pierre. Que pouvons-nous, d'ailleurs, faibles amateurs que nous sommes, en présence de ces merveilles enfantées par le génie et la foi? Les admirer à la hâte, en parler au hasard! Ceux qui les ont visitées savent qu'il est presque aussi difficile de parvenir à les connaître en détail que de dire les sentiments que leur vue fait éprouver. N'est-ce point cependant une chose étonnante que ce temple élevé à la gloire d'un pauvre batelier, sur les ruines du paganisme, reconstruit encore plus beau dans le moment même où le protestantisme enlevait au siége apostolique la moitié de l'Europe? Il n'y a qu'un pouvoir divinement assuré de sa perpétuité, qui puisse répondre par un tel prodige aux attaques de ses ennemis, et écrire au front de la coupole qu'il lance dans les airs les paroles de la promesse sur laquelle il s'appuie, laissant aux siècles à venir le soin d'en justifier la vérité : *Tu es Petrus, et super hanc petram ædificabo Ecclesiam meam, et portæ inferi non prævalebunt adversus eam.* La basilique de Saint-Pierre a vu naître les hérésies modernes; elle leur survivra. Ses splendeurs matérielles ne sont que le reflet de la gloire spirituelle de l'Église romaine. Certes, je rends justice aux papes qui l'ont faite si belle, aux artistes qui l'ont remplie de chefs-d'œuvre ; mais sa beauté élève plus haut ma pensée et mon cœur ; chaque fois qu'il m'a été donné de la voir, je me suis écrié dans le bonheur de ma reconnaissance : Gloire à Dieu, dont elle est sur la terre la plus digne demeure, et sur la terre paix aux hommes de bonne volonté que sa vue rend plus croyants et meilleurs ; car ceux-là seuls en ont compris le véritable caractère !

Lorsque, du haut de la coupole, le regard s'abaisse sur le palais du Vatican, il est frappé de cette multitude de bâtiments, de cours et de jardins qu'embrasse son enceinte. Il n'y a pas moins de douze cents chambres, vingt-deux grandes cours, deux cents escaliers, dont huit principaux. On se rend difficilement compte de la distribution d'un si vaste édifice, masse irrégulière à laquelle chaque siècle a ajouté quelque partie, et qui dans ses transformations conserve la trace du talent et des caprices de plus de douze architectes. Une rampe triste et déserte sert d'avenue à la cour d'honneur entourée de trois étages de galeries dans le style architectonique de la Renaissance. L'escalier Royal, qui termine la galerie de la place, conduit au premier étage du palais, dans la salle Royale, immense vestibule des chapelles Pauline et Sixtine. La première, bâtie par Paul III, renferme deux tableaux de Michel-Ange : *le Crucifiement de saint Pierre* et *la Conversion de saint Paul* On y fait la cérémonie des Quarante-Heures et l'exposition du jeudi saint. La chapelle Sixtine, ouvrage de Sixte IV, sert pour les offices auxquels le souverain pontife assiste. Ses murs latéraux sont couverts de belles fresques de divers auteurs, surtout de Michel-Ange et du Pérugin. On admire le *Sermon sur la montagne* et les *Clefs données à saint Pierre*. Mais ce qui dans la chapelle Sixtine fixe d'abord l'attention et l'absorbe bientôt tout entière, c'est le *Jugement dernier* de Michel-Ange, qui occupe le fond du sanctuaire. Je sais ce que l'on a dit de cette composition : qu'elle est, à certains égards, incorrecte ; que les règles de la perspective y sont violées, les figures raides, l'expression quelque peu caricaturée ; enfin, que l'auteur avait commencé un tableau et qu'il a fini par signer un pamphlet. Cela est vrai, celui qui l'a dit (Sigalon) devait s'y connaître. Mais quelles que soient les critiques de détail dont cette composition est l'objet, on ne peut s'empêcher d'y reconnaître une hardiesse d'imagination, une force de dessin, un caractère de beauté inculte, enfin un ensemble de puissance et de majesté qui feront toujours l'admiration des siècles. Les *Sibylles* et les *Prophètes* de la voûte sont encore de lui, et on les reconnait sans peine pour être de sa famille, à leur pose rude et fière. La création du monde devient sous son pinceau une scène vivante où son génie semble se reposer des terreurs du jugement dans le spectacle plus doux de l'ouvrage des six jours : c'est le commencement et la fin de l'univers, j'ai presque dit de la peinture.

Près de la chapelle Sixtine sont les *Chambres* de Raphaël. On y trouve la *Dispute du saint Sacrement*, ouvrage de sa jeunesse qui ne pouvait être surpassé que par lui, l'*École d'Athènes*, l'*Incendie du Borgo*, le *Couronnement de Charlemagne*, le *Miracle de Bolsena*, et plusieurs autres pages immortelles que la gravure a souvent reproduites et qui, toujours étudiées, sont le modèle et le désespoir des artistes. Il est dans ce palais des beaux-arts un appartement reculé où l'on a réuni un petit nombre de toiles; mais ce sont les chefs-d'œuvre de l'art; aucune médiocrité ne dépare cette collection; tout y est du premier choix. Voici, pour l'énergie et la disposition du sujet, le *Sauveur placé dans le sépulcre*, tableau du Caravage; pour l'idéal et la beauté mystique, l'*Extase d'une sainte*, par le Baroccio; André Sacchi est l'auteur d'une *Vision de saint Romuald*. Quelle suavité de coloris dans le *Rédempteur* du Corrége! Que de vérité dans la *Madeleine* du Guerchin! La *Communion de saint Jérôme* est rapprochée de la *Transfiguration*, afin que l'on puisse juger entre ces deux œuvres capitales, entre le Dominiquin et Raphaël. D'un côté, la mort désirée, bénie, consolée par la communion, cet avant-goût des joies célestes : la figure exténuée du vieillard se ranime et resplendit déjà du bonheur de l'éternité; il se relève, il va recueillir sa couronne, le ciel s'entr'ouvre pour le recevoir; anges de Dieu, portez-le sur vos ailes. D'un autre côté, dans la *Transfiguration*, le Christ apparaît environné d'une lumière incréée qui resplendit sur Moïse et Élie; les apôtres éblouis succombent sous les émotions que ce spectacle leur fait éprouver; l'étonnement, le respect, la frayeur, la reconnaissance donnent à la partie inférieure du tableau un mouvement, une vie terrestre qui contrastent avec le calme extatique et le colloque divin dans lequel sont ravis les personnages du plan supérieur.

Je ne suis qu'un barbare, réduit aux simples instincts d'un goût que l'étude n'a point développé; toutefois, il me semble avoir compris ici la pensée du grand maître, la vérité s'y fait sentir par ce charme inimitable qui n'appartient qu'à elle. J'admire le dessin et la couleur qui distinguent le Dominiquin; mais Raphaël, c'est la nature en action, et son pinceau lui prête encore des charmes! Il est bien supérieur à cet égard, je veux dire par le naturel et la beauté de sa pantomime, aux autres grands maîtres, surtout à Michel-Ange. Celui-ci exagère, heurte les situations; il est beau, mais incorrect; on ne discute pas son génie, on le subit. L'autre est doux, pur, d'une souplesse et d'un fini qui appellent l'examen; on l'admire moins qu'on ne l'aime; Michel-Ange m'étonne, Raphaël m'attendrit.

Les *Chambres* ne sont pas les seuls ouvrages que Raphaël a exécutés au Vatican, quoique d'ailleurs les plus considérables. Les galeries qui précèdent les musées des antiques ont été peintes par lui ou par son école, et représentent, entourés d'arabesques d'une grande vivacité, des sujets bibliques, magnifique décoration que le grand jour et les injures des saisons effacent peu à peu. On nomme ces galeries les *Loges*, de Raphaël; elles servent de vestibule au musée des inscriptions. Le chevalier Marini, sous le pontificat de Pie VI, fut chargé de les mettre en ordre et de les recueillir dans un long corridor où l'on peut les lire, mais il est défendu de les transcrire. Les inscriptions chrétiennes sont du côté gauche en entrant; les profanes, du côté droit; il y en a plus de trois mille. Après ce corridor, vient la grande galerie des sculptures antiques, où l'on a réuni une quantité prodigieuse de vases, sarcophages, statues de toutes les époques. Suivant une estimation assez plausible, les fouilles successives auraient rendu à la lumière près de cent mille statues. Il n'y a rien là dont on doive être surpris, lorsqu'on se souvient de ce que dit Cassiodore : « que la sculpture avait donné à la ville de Rome un peuple de statues égal en nombre à celui qu'elle avait reçu de la nature. » Il faut remarquer dans cette première galerie un bas-relief représentant les jeux du cirque, un autre où des *Génies* s'ébattent dans les eaux, et le *Bacchus* à deux têtes relevées de deux cornes de taureau, qui doit sa réputation à l'originalité du symbole autant qu'à la beauté du travail. Le musée Chiaramonti, construit par les ordres de Pie VII, dont il a retenu le premier nom, forme une galerie latérale ornée avec un luxe prodigieux. Nous citerons entre un grand nombre de figures antiques d'une rare perfection : le *Silène* portant dans ses bras *Bacchus enfant* qu'il regarde avec tendresse, *Ganymède* appuyé sur un tronc d'arbre, une *Diane;* la *Vénus anadyomène*, chef-d'œuvre de délicatesse; la *Minerve medica*, regardée comme un antique de premier ordre; la statue colossale du *Nil*, entourée de seize petits enfants, groupe qui présente un contraste charmant entre les nobles proportions du colosse et l'exquise délicatesse des marmots. La galerie du *Belvédère* est pour ainsi dire le sanctuaire de ce temple élevé par les papes au culte des beaux-arts. On y voit l'*Hercule en repos*, ce torse mutilé que Michel-Ange admirait et étudiait sans cesse, au point qu'il s'appelait lui-même l'élève de l'*Hercule du Vatican;* le *Méléagre*, le *Persée* et le *Faune*, l'*Antinoüs* que d'autres croient un *Mercure*, mais dont tous admirent la beauté; le fameux *Apollon du Belvédère*, resté le type idéal de la perfection corporelle; enfin le groupe du *Laocoon*, qui fait passer dans l'âme du spectateur les angoisses de ces victimes désespérées. On souffre avec ce malheureux père; avec lui on sèche de rage de ne pouvoir se délivrer de ces affreux reptiles : c'est la plus sublime expression de la force physique et morale brisée par la douleur.

Au delà du *Belvédère*, l'œil étonné voit se dérouler encore des salles, des musées : musées de sculptures grecques et romaines, musées étrusque, égyptien, etc. On les parcourt d'abord avec intérêt; mais ils renferment tant de richesses, qu'après avoir examiné certains objets, donné un coup d'œil aux autres, on finit par se lasser d'admirer, de voir; cette profusion épuise la plus intrépide curiosité. Les yeux sont éblouis à la vue de l'énorme quantité d'objets d'art de toutes les matières, de toutes les formes et de toutes les époques, qui se trouvent distribués dans ces galeries avec cet ordre et cet arrangement dont le génie italien a le secret. Les galeries elles-mêmes sont décorées avec une magnificence orientale; l'eau jaillit sur tous les points : peintures, dorures, tout y est réuni pour la satisfaction de l'esprit et le plaisir des yeux. On se demande comment des souverains pauvres, des vieillards usés par l'âge et les travaux, ont pu recueillir dans leurs palais tant de richesses artistiques, tant de collections précieuses, et cela à une époque où l'Europe, indifférente à la gloire des lettres et des arts, ne pouvait apprécier les lumières et les efforts qu'il fallait aux pontifes romains pour en rechercher les chefs-d'œuvre. Les papes ont toujours été en avance sur leur siècle : leur demeure fut l'asile des lettres dans des temps de barbarie, des arts dans des temps d'indifférence; et maintenant que tous les peuples les cultivent, il faut encore qu'ils viennent à Rome, restée la capitale des lumières et du goût, pour en étudier les modèles. Aux accusations d'ignorance que l'impiété leur adresse, les papes répondent en ouvrant leurs trésors à leurs propres ennemis; ils se vengent de la calomnie par des bienfaits.

Une porte en fer, ouvrant sur le corridor des inscriptions, donne entrée à la *Bibliothèque vaticane*, où l'on est fort surpris d'abord de ne point voir de livres. Ils sont renfermés dans des armoires peintes qui les préservent de la poussière et des regards indiscrets. La bibliothèque du Vatican, le plus précieux dépôt des connaissances humaines, sinon le plus volumineux, renferme des manuscrits très-anciens : une Bible grecque, sur parchemin, qui date au plus tard du VIIe siècle, vaste rouleau (*volumen*) de vingt pieds de longueur, enluminé de quelques estampes représentant l'histoire de Josué; un *Virgile* du IVe siècle, un *Térence* du VIIIe, des manuscrits du Dante, de Pétrarque; des autographes de Henri VIII, le bréviaire illustré de Mathias Corvin, un calendrier mexicain et une foule d'autres manuscrits. On ne montre ces curiosités qu'avec une certaine réserve; il faut obtenir bien des permissions pour étudier dans la bibliothèque du Vatican; ce qui tient sans doute à l'état d'isolement du palais pontifical et au grand nombre d'autres bibliothèques qui sont ouvertes au public dans les différents quartiers de Rome. A l'extrémité de cette salle s'ouvrent deux galeries ornées de fresques représentant les événements mémorables de l'histoire ecclésiastique : un côté est réservé au musée sacré, à la collection des papyrus et des sceaux que les anciens appliquaient sur les poteries; l'autre renferme les antiquités profanes et la collection d'estampes formée vers la fin du dernier siècle. Enfin il existe dans le palais du Vatican une salle où sont déposés les instruments de martyre : musée vénérable, aussi intéressant pour l'archéologue que pour le chrétien. On ne peut rien voir de plus attendrissant que ces précieuses reliques; mais ce n'est pas sans peine qu'on obtient de les visiter.

Le palais du Vatican est le cœur de la grande ville : ses musées sont incontestablement les premiers du monde; sa bibliothèque est la plus ancienne et la plus précieuse qui existe; l'atelier des mosaïques, le plus renommé pour la perfection de ses produits; les jardins, les plus curieux de Rome; et partout la décoration du palais rappelle les noms des plus célèbres artistes. Depuis le seuil de cette immense habitation, gardée par les Suisses, dont la pique et le hoqueton bariolé n'ont pas plus varié que la politique pacifique dont ils sont les appuis, jusqu'aux extrémités les plus reculées des galeries, l'on va de surprise en surprise, presque ennuyé de trouver toujours des chefs-d'œuvre. On s'attend à rencontrer encore plus de luxe et d'éclat dans les appartements habités par le pape, mais ici on est fort désappointé, ils sont délabrés et meublés pauvrement. Les souverains pontifes se sont montrés magnifiques lorsqu'ils ont élevé des temples à Dieu et des palais à l'indigence, aux sciences et aux arts; mais ils se sont oubliés eux-mêmes pour ne s'occuper que de la gloire du siége apostolique et du bonheur des Romains. Rien ne peut donner une idée de la simplicité des papes de ces derniers siècles. A mesure que la peinture couvrait de ses sublimes inspirations les murs de leur demeure, les maîtres se retiraient pour en faire jouir leur peuple; et ainsi, cédant peu à peu leur palais aux beaux-arts, ils se sont réduits à une aile qu'ils ne pensent point à décorer. Voilà l'asile mystérieux, couvert de l'ombre vénérable de la coupole de Saint-Pierre, où le pontife suprême tient dans ses mains le gouvernail de l'Église, et résume en lui, comme chef du peuple fidèle, les destinées du monde. L'homme disparaît ici dans la sublimité de sa mission. Il est trop grand pour avoir une cour; mais la solitude un peu triste de son palais dispose l'âme au respect; le chrétien ne peut se défendre d'un sentiment profond de vénération devant cette majesté du pontife que le Christ appelle son vicaire et que tout l'univers révère à genoux. L'admiration provoquée par les musées, on la rapporte sur le pape, et la plus douce impression qu'on éprouve au Vatican est encore celle qu'on recueille à ses pieds.

XIX.

MONT AVENTIN, ETC.

Avant de gravir le mont Aventin, arrêtons-nous sur la place de Sainte-Marie *in Cosmedin*, l'une des plus intéressantes de Rome par ses ruines et par ses souvenirs. Elle était autrefois appelée *petit Vélabre* et s'étendait, entre les monts Palatin et Capitolin, jusqu'au Tibre. Le *grand Vélabre* était la vallée comprise entre le mont Aventin et le Palatin, dans laquelle s'élevait le grand cirque. Tous ces lieux ne furent à l'origine que des marais. « Il fut un temps, disait Ovide, où, dans ces Vélabres qui voient passer la pompe des jeux du cirque, il n'y avait que des saules et d'incultes roseaux (1). » Le voisinage des forums et du port les rendit ensuite un des quartiers les plus brillants de Rome. Aujourd'hui les saules et les incultes roseaux n'y croissent plus ; mais le Vélabre est presque comme sous les premiers rois, sale, boueux, désert. Un mot sur ses antiquités.

Au nord on voit le *Ponte Rotto* (rompu), que son nom classe parmi les ruines. Il fut bâti par Scipion l'Africain, tandis qu'il était censeur, et appelé Sénatorial ou Palatin, parce que les sénateurs le passaient lorsqu'ils allaient consulter les livres

---

(1) Quà Velabra solent in circum ducere pompas,
Nil præter salices crassaque canna fuit. (*Métam.*)

sibyllins sur le mont Janicule. Plusieurs fois les inondations du fleuve l'avaient emporté ; depuis celle de 1598, il en reste trois arches qu'un pont suspendu en fil de fer raccorde avec la rive gauche, sous la *maison de Pilate*.

Le peuple donne ce nom à une maison dont la façade est composée de divers ornements d'architecture du moyen âge. Peut-être a-t-elle été bâtie sur l'emplacement de celle de Pilate. Quoi qu'il en soit, elle fut habitée par Rienzi, ce tribun que Pétrarque avait loué, que les Romains saluaient comme le restaurateur de la liberté antique, et dont l'extravagance sanguinaire fit bientôt regretter le gouvernement paternel des Pontifes ; il périt misérablement.

Près de la maison du tribun, s'élève le temple bâti par un autre ambitieux qui n'eut pas un meilleur sort, quoiqu'il en fût plus digne. Je veux parler du temple que Servius Tullius dédia à la Fortune Virile, en reconnaissance de ce que d'esclave elle l'avait fait roi. Les côtés en sont formés de murs très-épais décorés de colonnes ioniques engagées. Le pape Jean VIII, dans le IXe siècle, consacra cet ancien édifice sous le vocable de Sainte-Marie Égyptienne, patronne des Arméniens, qui y suivent leur rit.

Sur cette place se tenait autrefois, comme aujourd'hui, le marché aux bœufs. Il reste encore la basilique Sempronienne, où l'on jugeait les causes commerciales du *forum boarium*. Elle fut rebâtie en partie dans le VIe siècle et transformée en église qu'on dédia à saint Georges. Le petit arc adossé au vestibule fut érigé en l'honneur de Septime-Sévère par les marchands de bœufs, qui ne firent preuve en cela ni de générosité ni de goût ; l'ouvrage est mesquin à tous égards. On voit en face un de ces arcs de Janus que les Romains construisaient dans les marchés et les carrefours. Quelques auteurs le rapportent au règne de Domitien ou de Trajan, ou même de Septime-Sévère. Il est à quatre faces, d'où lui vient son nom de *Quadrifrons*, et orné sur chacune de douze niches ; son architecture n'a rien de remarquable. Il ne faut pas le confondre avec le temple de Janus, qui était ouvert pendant la guerre et fermé pendant la paix ; celui-ci se trouvait au nord du *forum romanum*, près de la porte Carmentale.

En face de l'arc de Janus *Quadrifrons*, une ruelle de quelques pas, resserrée entre des masures, conduit à la *Cloaca maxima* et à la fontaine du lac Juturne, qui est d'une limpidité extraordinaire. Les anciens lui rendirent un culte depuis que deux jeunes soldats, étant venus annoncer la victoire remportée par le dictateur Posthumius sur les Latins, disparurent après y avoir abreuvé leurs chevaux. Quant à la *Cloaca*, c'est un des plus grands ouvrages que l'ancienne Rome ait laissés et peut-être le plus utile. Denys d'Halicarnasse l'admirait sur tous les autres. « Il y a surtout trois sortes d'ouvrages, dit-il, qui donnent la plus haute idée de la grandeur romaine : les aqueducs, les routes et les cloaques ; et je ne parle pas seulement de l'utilité de ces ouvrages, mais encore de leur magnificence et des frais énormes qu'ils ont coûtés (1). » Tarquin l'Ancien construisit cet égout pour recevoir et déverser dans le Tibre les eaux du Forum, des monts Palatin et Aventin. Sa voûte, d'une hauteur de douze pieds, se compose de trois cintres concentriques, formés de blocs énormes unis sans ciment. Cette construction, qui depuis vingt-quatre siècles résiste à l'action du temps et des eaux, appartient par sa masse à l'architecture cyclopéenne des Étrusques et des peuples aborigènes de l'Italie. Elle fut le premier monument remarquable de Rome ; jusqu'à ce moment, les temples et les habitations n'avaient été couverts que de chaume. La *Cloaca* et les prisons Mamertines sont les plus anciens monuments de Rome, et les mieux conservés.

Le temple de Vesta, une des plus gracieuses ruines qui soient arrivées jusqu'à nous, ne doit point être confondu avec celui que Numa fit bâtir pour y conserver le feu sacré : nous avons dit qu'il était près du Forum, à l'endroit où l'on a construit l'église de Saint-Théodore ; mais un de ceux que chaque curie devait élever, selon les rites établis par Numa. On le restaura sous Néron. Il se compose d'une enceinte circulaire entourée de dix-neuf colonnes corinthiennes de marbre blanc, d'un très-bon style. Bien que privé de son architrave, de son entablement, et à peine couvert d'un pauvre toit, il offre un aspect d'élégante simplicité qu'on admire. La place solitaire du Vélabre ajoute au pitto-

(1) In tribus magnificentissimis operibus Romæ maximè apparent illius imperii opes : aquæductus, viarum munitiones, cloacarum structuræ, neque id solum ad utilitatem ejusmodi operum respiciens, sed etiam ad impendii sumptuumque modum. (DYONIS. HAL., lib. III.)

resque de ces ruines la vue du port de la *Marmorata* et des hauteurs verdoyantes du Janicule; mais le temple de Vesta est l'accessoire le plus gracieux de ce tableau.

L'église de Sainte-Marie *in Cosmedin*, sur la même place, a remplacé, suivant l'opinion la plus accréditée, un temple de Cérès et de Proserpine dont il reste encore quelques débris. Cette curieuse église, divisée en trois nefs, pavée en mosaïque alexandrine, conserve encore le *presbyterium* et les deux ambons à la manière des églises primitives, ainsi que la chaire pontificale qui a servi, dit-on, à saint Augustin. Le maître-autel, formé d'une urne antique de granit, est surmonté du baldaquin ou *ciborium*. Au fond de l'abside, l'on voit une image de la Vierge, de celles qu'on dit avoir été peintes par saint Luc. Ce fut le pape saint Denys qui bâtit cette église dans le IIIe siècle, pour les bateliers grecs de ce quartier; et saint Adrien, dans le VIIIe, l'ayant reconstruite et embellie, changea son nom primitif de *Schola græca* en celui de *in Cosmedin*, qui signifie ornement, embellissement. Le peuple l'appelle Sainte-Marie *de la Bouche de la vérité*, à cause d'un mascaron antique placé dans le vestibule, lequel refermerait sa gueule béante sur la main du menteur qui ne craindrait pas de l'y enfoncer : superstition très-ancienne que les mères entretiennent pour corriger leurs enfants du mensonge. Au moindre soupçon, elles menacent leurs marmots de les conduire à la Bouche de la vérité, et les petits menteurs épouvantés n'affrontent jamais cette épreuve.

Le chemin qui de Sainte-Marie conduit sur le mont Aventin s'appelait autrefois *clivus Publicius*. Ce mont fut primitivement nommé *Mureus* des myrtes dont il était couvert sur son versant occidental, ensuite Aventin, d'un roi d'Albe de ce nom que l'on y ensevelit. Ancus Martius le renferma dans l'enceinte de la ville et l'assigna pour demeure aux peuples vaincus du Latium. C'est sur le mont Aventin que se retira le peuple mécontent du sénat : cette retraite fut la seconde; la première eut lieu sur le mont Sacré, à quelques milles de Rome, du côté de la porte Pie, et la troisième sur le Janicule. Les principaux édifices du mont Aventin étaient le temple de Mercure, sur la pente du grand cirque; du côté opposé, vers le Tibre, le temple de Portumne ou Palémon, dieu des ports, et à quelque distance celui de la Fortune Douteuse. Sur le plateau l'on voyait ceux de Diane, de

Minerve et de Junon Reine. Ce dernier avait été élevé par Furius Camille, après la prise de Véies, pour y placer la statue de cette déesse qui faisait partie du butin. Rétabli par Auguste, ce temple disparut au ve siècle, lorsqu'on fonda l'église de Sainte-Sabine.

Bâtie sur la maison paternelle de la sainte martyre, puis réparée par Sixte-Quint, elle est divisée en trois nefs soutenues par des colonnes de marbre de Paros. Au fond de celle de droite, un beau tableau de Sasso-Ferrato représente Notre-Dame du Rosaire avec saint Dominique et sainte Catherine de Sienne. L'église et le couvent contigu appartiennent aux Dominicains. On voit la chambre de saint Pie V et celle du saint fondateur de l'ordre, l'oranger qu'il a planté et une énorme pierre noire que, selon la tradition du couvent, le diable lança contre lui dans l'intention de l'écraser. Il paraît qu'il n'y allait pas de main morte; car la pierre porte l'empreinte très-profonde d'une griffe qui s'y est enfoncée comme dans du beurre. Le religieux dominicain qui me montrait l'église me donna tous ces détails avec une complaisance et une amabilité parfaites. J'en fus surpris; car les Romains, habitués qu'ils sont à voir des étrangers, les accueillent avec politesse, mais sans trop d'empressement. Aussi, en témoignant ma reconnaissance au bon père, je lui dis que le savoir-vivre et le bon ton *s'étaient retirés* sur le mont Aventin. Il me répondit en souriant que si le bon ton et le savoir-vivre s'étaient retirés sur le mont Aventin, le *bon air* ne les y avait pas accompagnés. C'est un des quartiers les plus malsains de Rome; la *mal-aria*, le mauvais air, le rend presque inhabitable. Ce calembourg tout français me parut charmant dans une bouche romaine.

A côté de Sainte-Sabine, l'église de Saint-Alexis, bâtie sur la maison du bienheureux, possède ses reliques. On y déposa autrefois celles de saint Boniface. Un riche baldaquin supporté par quatre colonnes de vert antique y intéresse moins que le souvenir des deux saints auxquels l'église est consacrée. Leur histoire est des plus touchantes. Alexis s'en va, guidé par l'esprit de Dieu, la première nuit de ses noces, et après diverses fortunes revient auprès des siens que son départ avait laissés inconsolables. Pauvre et inconnu dans son propre palais, que de fois il entendit les plaintes de ses parents dont l'éloignement d'un fils chéri consumait la vieillesse! Que de fois les larmes de son épouse retombèrent brûlantes et amères sur son cœur! Il souffrit, il persévéra jusqu'à la fin; le ciel lui parut mériter le sacrifice des tendresses naturelles, même les plus légitimes. Reconnu à son agonie, lorsque déjà il n'appartenait plus à la terre, ses parents, en le couvrant de leurs larmes, l'invoquèrent comme un saint; Rome tout entière célébra ses vertus. On ne peut voir encore l'escalier sous lequel ce fils de sénateur, pauvre volontaire, accomplit ce long martyre, sans être attendri. L'autre saint, Boniface, était l'intendant d'Aglaé, jeune et illustre Romaine, aussi riche que belle; il vivait dans son intimité. Tous deux amis des plaisirs et des fêtes, ils oubliaient, dans l'égarement de leurs cœurs, le Dieu jaloux qu'ils avaient le bonheur de connaître. Du reste, bons et compatissants plus que ne le sont d'ordinaire les cœurs déréglés, ils faisaient d'abondantes aumônes, exerçaient l'hospitalité et soulageaient les malheureux par tous les soins de la charité la plus tendre. Cependant Aglaé ouvrit les yeux; elle voulut que Boniface allât dans l'Asie Mineure lui chercher des reliques de martyrs, car l'on persécutait alors les chrétiens en Asie. « Que feriez-vous, lui dit en souriant Boniface, si l'on vous apportait les miennes? » Aglaé le réprimanda pour cette parole peu chrétienne. Arrivé en Asie, Boniface reprit le cours de ses œuvres charitables; témoin des tourments des martyrs, il les exhortait, les consolait, baisait leurs chaînes. Il fit tant, qu'on l'arrêta lui-même. Amené devant les juges, il confessa courageusement sa foi, et, après de cruelles tortures, il eut la tête tranchée. Ses serviteurs embaumèrent son corps et l'apportèrent à Rome.... Alors, sur la voie Latine, on vit un long cortége de prêtres et de pieux chrétiens, portant des flambeaux pour honorer les reliques d'un martyr : c'était Aglaé qui venait recevoir celles de Boniface. Depuis lors, elle vécut pénitente, et après sa mort elle fut ensevelie auprès de lui, sur le mont Aventin. Cette ancienne église, illustrée par cette double gloire, est bâtie non loin de l'antre où Cacus dépouillait et massacrait les passants. On trouve souvent à Rome ces contrastes, et ils ajoutent à l'intérêt qu'inspirent ses souvenirs.

Le temple de la Bonne Déesse, dont Juvénal a révélé les infâmes mystères, était situé près de là. C'est presque sur son emplacement que s'élève l'église de Sainte-Marie Aventine, aujourd'hui prieuré de l'ordre de Malte. Du jardin de cette maison, on jouit d'un des plus beaux points de vue de Rome : on a sous ses pieds le port de *Ripa grande*, autrefois *Navalia* et *Ripa græca;* les restes du pont Sublicius apparaissent à fleur d'eau dans le Tibre; au delà se montrent les grands bâtiments de l'hospice Saint-Michel, les rues en amphithéâtre du Transtevere, les hauteurs couronnées de pins du Janicule, enfin le mont Marius dont la coupole de Saint-Pierre semble vouloir atteindre le sommet. Ce paysage est admirable.

Nous ne pouvons oublier l'église antique de Sainte-Prisque, dédiée en 280 et bâtie sur la maison d'Aquileia et de sainte Priscille, juifs établis à Rome, qui reçurent saint Pierre et saint Paul et les secondèrent dans la prédication de l'Évangile. Saint Paul en parle dans ses *Épîtres aux Corinthiens* et *à Timothée;* il recommande de saluer Prisque, Aquilée, et l'église qui est dans leur maison. On y voit l'urne dans laquelle saint Pierre baptisa un grand nombre de gentils. Le couvent contigu a été transformé en un conservatoire ou ferme-école pour les orphelins.

En face de cette église ont subsisté longtemps les ruines d'un temple de Diane élevé par Servius Tullius, et à côté, celles d'un autre consacré à Minerve Aventine, au milieu d'un bois sacré. Enfin, sur la crête opposée du mont Aventin apparaît un édifice remarquable par ses galeries et le caractère oriental de son architecture : c'est l'ancienne abbaye de *Cella nova*, où mourut sainte Silvie, mère de saint Grégoire le Grand. Elle fut plus tard donnée à des moines grecs qui changèrent son nom en celui de Saint-Sabas, leur patron ; inhabitée aujourd'hui, elle appartient au collége germanique.

Ainsi, quelques couvents, quelques fermes solitaires, voilà le mont Aventin; des sept collines de Rome, celle-ci est la plus abandonnée. On n'y trouve que des vignes, de grandes terres labourées, des jardins clos de murs comme des cimetières. J'aime encore mieux les ruines que les champs cultivés : les ruines sont quelque chose au moins; mais ces campagnes fertiles ne représentent plus aucun souvenir; l'art, l'histoire, tout est enfoui dans les sillons; je comprends mieux Rome déserte que Rome cultivée.

On se fait une grande idée de l'ancienne importance de Rome à la vue du mont Testaccio, formé, à ce qu'on prétend, de fragments d'amphores et autres poteries. Comme il était défendu de les jeter dans le Tibre, on les portait dans cet endroit écarté, où leurs débris, en s'accumulant, ont produit une éminence de cent soixante-trois pieds. Il existe dans l'intérieur de la montagne des *pots cassés*, comme disent nos soldats qui la connaissent bien, des courants d'air très-frais, ce qui a donné l'idée d'y construire des caves où les marchands et propriétaires aisés conservent leurs vins. Le dimanche, *monte Testaccio* devient le rendez-vous des buveurs : c'est la Courtille de Rome. On n'y reconnaît plus ce peuple grave et réservé qui semble ne pouvoir sortir de son calme stoïque, ou plutôt on se rappelle le mot d'Aurélien : « *Populo romano saturo nihil est lætius*, rien de plus joyeux que le peuple romain en goguettes. »

La pyramide de Cestius, près de la porte Saint-Paul, semble presque aussi élevée que Testaccio ; elle a cent vingt-cinq pieds de hauteur et porte une inscription qui apprend à la postérité le nom de *Caïus Cestius*, *fils de Lucius*, *de la tribu Popilia*, *épulon*, *préteur, tribun du peuple, etc., qui ordonna par testament que ce monument fût élevé en* 330 *jours*. L'intérieur renferme une chambre sépulcrale longue de dix-huit pieds, large de douze, ornée de curieuses peintures. Tout le monument est revêtu de marbre blanc ; la statue de Cestius en occupait le sommet. Caïus Cestius, simple épulon et l'un de ceux qui présidaient aux banquets *Lectisternes*, n'a réussi, en se faisant ériger ce singulier mausolée, qu'à éterniser sa prétention ridicule de singer les rois d'Égypte. Ce n'est pas du haut d'un monceau de pierres qu'il faut se présenter à l'admiration des siècles, mais avec des œuvres utiles et des vertus. Mieux vaudrait l'obscurité qu'une réputation fondée sur d'aussi misérables bases !

La porte Saint-Paul, autrefois porte d'Ostie, bâtie par Aurélien, restaurée par Bélisaire, a pris son nom actuel de la basilique de Saint-Paul *hors les murs*, qui en est éloignée de deux milles. La voie d'Ostie unissait Rome avec son port et son entrepôt maritime par une suite non interrompue de monuments. Les Romains l'ont suivie pour s'élancer au delà des mers et planter sur tous les rivages de la Méditerranée leurs aigles victorieuses ; les deux apôtres fondateurs de la Rome chrétienne l'ont suivie à leur tour, l'un pour aller mourir aux *eaux Salviennes*, et l'autre pour revenir dans la ville et monter au Janicule, nouveau Calvaire où la croix des esclaves l'attendait. L'oratoire élevé à quelque distance de la ville en l'honneur des deux apôtres, indique le lieu où ils se séparèrent.

La basilique de Saint-Paul *hors les murs*, une des plus anciennes et des plus belles de Rome, avait été construite par ordre de Constantin, agrandie par Théodose et achevée par Honorius; tous les papes, successivement, avaient travaillé à l'embellir, jusqu'à l'incendie qui la consuma presque entièrement sous le règne de Pie VII, en 1823. On ne peut assez déplorer un malheur qui prive l'art chrétien d'un édifice précieux par l'époque reculée de sa construction et par la magnificence de sa décoration; on doit surtout regretter la galerie des portraits en mosaïque des papes, commencée dans le ve siècle et continuée jusqu'à nos jours. La charpente en bois de cèdre du Liban était supportée par une immense architrave retombant elle-même en arcades sur cent dix-huit colonnes, qui divisaient l'église en cinq nefs. Il n'y avait pas de chapelles dans les bas côtés, mais seulement quelques-unes dans le transept. On sauva de l'incendie quelques mosaïques, quelques colonnes, divers ornements et les chapelles de la croisée. L'église se relève, grâce aux aumônes de l'univers catholique et aux libéralités des papes. Les travaux de restauration sont poussés avec activité; un instant suspendus pendant la dernière révolution, ils ont été repris aussitôt après le retour du pape. L'autel de la tribune et la croisée sont déjà rendus au culte. Le sol plus élevé mettra la nouvelle basilique à l'abri des inondations du Tibre; les colonnes sont des monolithes énormes en granit du Simplon; les portraits des papes formeront une nouvelle série de médaillons en mosaïque presque aussi intéressante que la première, sauf l'antiquité, car les ressemblances conservées par des médailles et d'autres monuments seront fidèlement reproduites. Enfin, si l'ancien baldaquin gothique, revêtu de plaques d'argent, a péri dans les flammes, le nouveau sera porté par quatre colonnes d'albâtre oriental qui formeront une décoration splendide. C'est un présent de Méhémet-Ali et un témoignage de son admiration pour la civilisation européenne, offert à son plus noble représentant, le souverain pontife. Saint-Paul, avec ses quatre cents pieds de longueur, surprendra les yeux plus vivement que Saint-Pierre; et si, maintenant que les travaux ne sont point terminés, l'on porte ce jugement, que sera-ce lorsque l'église, débarrassée des échafaudages et apparaissant dans son immense étendue, révélera toutes ses gloires? Voilà ce que produit encore de nos jours la puissance de la foi. A la parole du pontife universel, l'Église s'émeut, les aumônes affluent de toutes les parties de la terre, les îles les plus éloignées, les rois de Tharsis et de Saba viennent offrir leurs présents, et la basilique renaît plus glorieuse et plus belle. L'Église catholique n'est pas sur son déclin ; elle a besoin, comme aux temps anciens, de grandes enceintes pour y réunir ses enfants de jour en jour plus nombreux. Peut-être la Providence a-t-elle permis que le XIXe siècle reconstruisît à Rome le temple de l'apôtre des nations, parce que c'est le siècle du retour à la lumière, à l'unité de la foi. Un temple s'élève, témoin de cette grande rénovation, construit lentement, parfois interrompu, dont la dédicace sera l'époque du dernier triomphe de l'Église sur le mensonge et le mal. Alors les gentils, rassemblés sous une même houlette et dans un seul bercail, chanteront dans la basilique de l'apôtre des nations le cantique de la reconnaissance : *Louez le Seigneur, toutes les nations; louez-le, tous les peuples; parce qu'il a affermi sur nous le règne de sa miséricorde et que la vérité du Seigneur demeure éternellement* (Ps. 116). J'aime à envisager dans les quatre basiliques de Rome les destinées de l'Église : Sainte-Marie Majeure me montre la protection de la mère de Dieu qui écrase de son pied la tête du serpent de l'hérésie ; Saint-Jean de Latran, la dignité de cette chaire où siége l'évêque de Rome, successeur du prince des apôtres ; Saint-Pierre, le triomphe de la primauté pontificale sur les sectes modernes ; Saint-Paul s'associe avec la grande victoire promise à l'Église ; c'est la basilique de l'avenir.

A un mille plus loin, une même enceinte renferme les trois églises bâties aux *eaux Salviennes*, sur le lieu du martyre de saint Paul. Un cercle de collines forme comme un amphithéâtre naturel sur lequel se répandait la foule, lorsqu'on lui donnait le spectacle des chrétiens livrés aux bêtes. On voit dans l'une des églises les trois sources qui jaillirent, selon la tradition romaine, aux trois points que toucha la tête de saint Paul, lorsqu'elle rebondit après avoir été détachée du corps. Ces églises sont intéressantes comme souvenir chrétien ; mais on n'y fait que rarement le service religieux, parce que le mauvais air ne permet pas d'habiter ce lieu consacré par le sang de tant de martyrs. Une galerie souterraine met en communication le couvent des Trois Fontaines avec celui de la basilique de Saint-Paul, le lieu du martyre avec celui de la sépulture. Ces vastes espaces prennent le nom de cimetière de Sainte-Lucine ; plus de dix mille chrétiens y ont été ensevelis ; il se rattache lui-même au cimetière de Saint-Calixte, plus connu sous le nom de catacombes de Saint-Sébastien, parce que l'entrée principale se trouve dans cette basilique.

Elle n'est éloignée que d'un mille de celle de Saint-Paul. On y voit quelques tableaux estimés, parmi lesquels un *Saint-Jérôme* du Pérugin. La chapelle de Saint-Fabien est très-riche; celle de Saint-Sébastien renferme la statue de ce martyr, regardée comme un des meilleurs ouvrages du Bernin. A côté de cette dernière chapelle s'ouvre l'escalier des catacombes. Les Romains donnèrent ce nom à d'immenses souterrains creusés avant et après les apôtres, pour l'extraction de la pouzzolane, terre réfractaire de tous temps employée en Italie dans la composition du mortier. Qu'on se figure trois étages de galeries se croisant dans toutes les directions, plus ou moins larges, selon qu'elles sont taillées dans le tuf ou dans la pouzzolane. De distance en distance se trouvent des espaces qui servaient aux réunions des fidèles, et l'on y voit encore des autels, des chaires pontificales, des images et des monuments chrétiens des premiers siècles. Les tombeaux pratiqués dans les murs des galeries forment des séries étagées; ceux des martyrs portent des figures sculptées indiquant le genre de leur supplice, des palmes et quelquefois leurs noms. Une grande quantité de reliques ont été tirées soit des catacombes de Saint-Sébastien, soit de celles qui se trouvent à l'opposé de la ville sur la voie Salaria; mais il reste dans ces catacombes de vastes régions qui n'ont jamais été explorées. Celles de Saint-Sébastien, seulement, qui communiquent d'ailleurs avec les autres, n'ont pas moins de seize milles de circuit et contiennent cent soixante-dix mille corps de martyrs. Elles portent le nom du pape saint Calixte, qui les fit agrandir, et furent toujours les plus célèbres, parce que les corps de saint Pierre et de saint Paul y ont reposé à certaines époques, ainsi que ceux de saint Sébastien, de sainte Cécile, d'une foule de papes et de martyrs particulièrement honorés.

Les catacombes servaient ordinairement de lieu d'assemblée aux chrétiens pendant les persécutions, à cause de la proximité de la voie Appienne. Comme elle était très-fréquentée et bordée de monuments, les chrétiens pouvaient venir aux catacombes sans éveiller des soupçons. Du reste, la pieuse troupe avait ses sentinelles qui, par des signes convenus, donnaient l'alarme. De pauvres mendiants remplissaient ce touchant office; en échange des libéralités de leurs frères, ils veillaient sur leurs assemblées : ainsi la foi inspirait la charité qui, à son tour, en protégeait les mystères. « Allez, disait sainte Cécile à son époux Valérien encore infidèle, allez au troisième mille de la voie Appienne, vous y trouverez des pauvres qui demandent l'aumône aux passants; je les ai toujours assistés et ils connaissent mon secret. Quand vous serez arrivé auprès d'eux, donnez-leur le salut de la bénédiction et dites-leur : Cécile m'a envoyé vers vous pour que vous me présentiez au vénérable vieillard Urbain.» Pendant plusieurs siècles on a continué à prier dans ces catacombes, à y célébrer les vigiles des fêtes d'un grand nombre de martyrs; la foi aimait à se retrouver dans ces asiles mystérieux; elle y cachait d'abord ses reliques et plus tard les richesses de ses temples, dès qu'elle entendait de loin la marche des barbares. On éprouve, en visitant ces lieux, une émotion indicible. J'étais seul avec un religieux du couvent de Saint-Sébastien qui me servait de guide; nous portions chacun un cierge allumé. « La lumière lugubre des lampes, rampant sur les parois des voûtes, répandait une mobilité effrayante sur ces objets éternellement immobiles(1). » Il me semblait être un néophyte conduit par un chrétien du temps des persécutions, à l'assemblée des frères, pour y entendre lire les actes des martyrs et puiser dans les agapes eucharistiques la force et l'espérance pour les combats du lendemain : illustres souvenirs de l'âge d'or du christianisme, rendus plus touchants sur les lieux où il a si longtemps enseveli ses mystères! Voilà cette Rome souterraine inconnue aux hommes, mais féconde pour le ciel, où se sont formés tant de grands caractères et de si glorieux dévouements; c'est de ces tombeaux que la Rome chrétienne est sortie grande, victorieuse,

(1) CHATEAUBRIAND, *les Martyrs*, liv. V.

pour soumettre l'univers une seconde fois ! Et nous, chrétiens accourus de si loin pour vénérer cette sainte poussière, barbares vainqueurs des Romains par les armes, mais vaincus par la foi qu'ils nous ont donnée, nous aimons à contempler ces sépulcres qui en furent le berceau, à réchauffer notre cœur au foyer de ces antiques vertus. Il est à Rome bien des monuments chers à la piété ; il n'en est aucun que l'on puisse comparer aux catacombes, grande relique du christianisme : l'art, l'histoire, toute la religion est là. Les ossements des martyrs prêchent, toute cette poussière qui eut vie semble se ranimer pour inspirer l'amour de la vertu ; et telle est l'impression qu'on recueille dans ces asiles de la mort, que l'on en sort moins content de ce que l'on a vu que mécontent de soi-même.

A un demi-mille de la basilique de Saint-Sébastien, sur la voie Appienne, s'élève le tombeau de Cécilia Métella. N'est-il pas vrai que ce nom harmonieux promet un tombeau poétique ? On le regarde, en effet, comme l'un des plus beaux et des mieux conservés de l'ancienne Rome. Il est de forme ronde, d'un diamètre de cent pieds romains, et porte sur un soubassement carré. L'intérieur renferme une petite chambre circulaire. Le fameux triumvir Crassus le fit ériger à sa femme Cécilia Métella, et y employa le marbre, luxe inouï jusqu'alors. Ce monument, construit de blocs énormes de travertin, a dû à sa masse de résister si longtemps ; le moyen âge l'avait converti en forteresse, et il a soutenu plusieurs siéges ; mais on l'a dépouillé de son magnifique sarcophage, aujourd'hui placé dans la cour du palais Farnèse. Les mânes de la pauvre Cécilia doivent donc errer inconsolables autour de ce champ funèbre qu'ils ont longtemps habité. Qui lui aurait dit que la magnificence de son tombeau ferait un jour le malheur de ses cendres ? Je plains Cécilia Métella.

Un peu au-dessous s'étend un vallon occupé par les ruines intéressantes d'un cirque, présumé de Caracalla jusqu'en 1825, mais attribué maintenant à Maxence, qui le dédia à son fils Romulus, après que le sénat l'eut mis au rang des dieux. Sa forme peut être réduite à un espace oblong de dix-sept cents pieds romains de longueur et deux cent soixante de largeur, terminé à ses deux extrémités par deux courbes. L'entrée d'où s'élançaient les chars regardait la voie Appienne et s'appelait *carceres*; elle était entourée de treize arcs pour l'introduction de la *pompa circensis*, sorte de procession où figuraient les gladiateurs, les bêtes et tout ce qui devait prendre part aux jeux. On y déployait un éclat et un luxe tels que les Romains, passionnés pour ces sortes de spectacles, n'imaginaient rien de plus beau : c'était tout l'appareil des jeux mis à la fois sous les yeux des spectateurs. Aussi les chrétiens renonçaient aux *pompes* du démon, et telle est probablement l'origine de cette promesse du baptême. Le cirque de Maxence avait une seule *précinction* de dix rangs, contenant dix-huit mille spectateurs. Deux balcons, appelés, à cause des coussins dont on les couvrait, *pulvinaria*, interrompaient la suite des gradins. Celui du nord était réservé à l'empereur; l'autre, situé vis-à-vis, était destiné aux juges. L'épine, *spina*, formait une sorte de chaussée ornée de temples, de statues et d'un obélisque; elle divisait en deux parties inégales l'arène du cirque, sur une longueur de trois cents pieds. A quelque distance de la *spina*, les bornes, *metæ*, composaient un groupe de trois cônes surmontés d'un œuf. Ce cirque, quoique dégradé, donne une idée exacte des monuments de ce genre et ennoblit singulièrement un paysage que les accidents du terrain et les ruines répandues sur cet espace rendent d'ailleurs fort pittoresque.

Sur le plateau de Saint-Sébastien, la campagne est assez bien cultivée; mais on voit au loin les plaines incultes, sur la solitude desquelles se déroulent de nombreux aqueducs interrompus et toutes ces grandes ruines que le peuple appelle *Roma vecchia*. Elles indiquent, selon les uns, l'emplacement de quelque cité du Latium détruite par les Romains; selon d'autres, les derniers restes de la villa des Quintiliens. On peut placer le champ des Horaces près des *fossæ cluiliæ*, sur la voie Appienne.

La colline de la Cafarella, voisine du cirque de Romulus, n'attirerait point la curiosité du voyageur sans un temple antique de Bacchus ou des Muses qui en occupe le plateau. Quatre colonnes de marbre blanc en soutenaient le portique; elles sont aujourd'hui engagées dans le mur de façade. Urbain VIII transforma ce temple en chapelle et lui donna le nom de Saint-Urbain. Elle domine la vallée Égérie. On y descend par un sentier couvert de mousse, sous lequel se trouve une grotte bâtie de briques et couronnée d'un magnifique bouquet de chênes-verts qui, placé entre le temple de Bacchus et la grotte de la Nymphe, ne peut être moins qu'un bois sacré. Au fond de la grotte, une statue mutilée, qui n'a aucun mérite artistique, reçoit les hommages, ou, pour mieux dire, les critiques des visiteurs. L'eau coulait jadis par des ouvertures ménagées sous les niches; maintenant elle sort au hasard par un trou couvert de mousse et de rocailles et se répand sur les dalles brisées. Voyageur pieux, je voulus en boire. Quelle surprise! elle n'était ni douce ni fraîche, mais d'une saveur sulfureuse assez désagréable. J'appris ensuite qu'on lui a toujours attribué des vertus médicinales. Quand donc le vieux Numa Pompilius se retirait dans cette grotte, c'était par raison de santé. Mahomet fit croire que ses accès d'épilepsie avaient pour cause des apparitions de l'archange Gabriel. Numa était un galeux peut-être qui allait prendre des bains, et pour cacher son mal se disait favorisé des entretiens de la nymphe. Si tant est qu'il y soit venu; car je n'ignore point que quelques-uns placent ailleurs ce souvenir mythologique, et le regrette fort pour la grotte, laquelle en est digne assurément. Rien de si gracieux : elle est ornée de feuillages verts qui retombent dans l'intérieur; le gazon y recouvre le pavé; on y respire un air très-doux; on y entend le bruit de l'eau et du vent qui se joue dans les branchages du bois sacré. Que faut-il davantage pour embellir un site? et combien ont été chantés qui n'offraient ni le même charme ni les mêmes souvenirs?

Non loin de cette nymphée apocryphe est un temple anonyme de forme carrée et d'une bonne architecture, auquel le voisinage d'un moulin donne beaucoup d'agrément. Les uns disent qu'il fut bâti par les dames romaines, à la Fortune Féminine, après que la mère de Coriolan eut obtenu de son fils, en ce même endroit, qu'il épargnât sa patrie; les autres veulent qu'il ait été construit en mémoire de la retraite forcée d'Annibal, que les pluies obligèrent d'abandonner cette vallée où il campait avec ses troupes. Dans cette hypothèse, ce serait le temple du dieu Rédicule (de *redire*, revenir). Ce qu'il y a de certain, c'est que Coriolan à la tête des Volsques, et Annibal avec ses Carthaginois, ont occupé cette vallée. Elle offre un double intérêt historique et mythologique.

Ce quartier si curieux est compris entre les voies Latine et Appienne, à une petite distance des remparts. La voie Latine, autrefois si fréquentée, maintenant déserte, n'est plus qu'un chemin creux, étroit, tout gâté par les pluies, indiquant à peine la direction de l'ancienne voie. Elle aboutissait à la porte Latine, aujourd'hui fermée. La voie Appienne n'a que quatorze pieds romains de largeur; elle doit son nom au censeur Appius qui la fit construire, plus de trois siècles avant Jésus-Christ; Jules César et Auguste la restaurèrent et réussirent à dessécher les marais Pontins. Abandonnée depuis l'invasion des barbares, elle fut enfin reconquise sur les eaux et mise dans son état actuel par le pape Pie VI, qui ordonna d'immenses travaux de dessèchement et rendit à l'agriculture toutes ces campagnes submergées depuis quinze siècles. La voie Appienne était pavée de gros quartiers de pierre, bordée de villas et de tombeaux dont il reste encore de belles ruines. Celui des Scipions, que l'on croyait reconnaître dans un monceau de briques, à un demi-mille hors des murs, a été retrouvé près de la porte Saint-Sébastien, dans l'intérieur de la ville. Avant d'y entrer, nous passons le petit fleuve Almon, à l'embouchure duquel les prêtres de Cybèle lavèrent le simulacre de la mère des dieux. Dans la suite, on célébrait l'anniversaire de cette fête par la répétition du même rit. Voici, d'après Tite-Live, quelle en fut l'origine. Les sénateurs, ayant consulté les livres sibyllins à l'occasion d'une pluie de pierres qui avait désolé le territoire de Rome, y trouvèrent deux vers dont le sens était que Rome n'avait pas de *mère*, et que, lorsqu'elle viendrait, ce serait à une main chaste à la recevoir. L'oracle de Delphes, interrogé sur la signification de ces vers, répondit qu'il fallait amener à Rome la mère des dieux, Bérécinthie, vénérée sur le mont Ida. On envoya des députés chargés de riches présents, qui ne l'obtinrent qu'avec peine d'Attale, roi du Pont. Cette déesse était une pierre informe, de couleur noire. Quand le vaisseau qui l'apportait fut arrivé, en remontant le Tibre, près des murs de Rome, on s'aperçut avec douleur qu'il s'arrêtait sans qu'aucune force humaine fût capable de le remettre en marche. Alors une vestale, nommée Claudia Quincta, dont la réputation était fort équivoque, pria la déesse de manifester son innocence en permettant que le vaisseau la suivît dès qu'elle l'aurait touché, ce qui arriva dans le moment. Scipion Nasica fut seul jugé digne de recevoir la déesse et de la porter dans son temple.

La porte Saint-Sébastien ou Appienne fut construite en même temps que la porte Latine, lorsqu'Aurélien agrandit de ce côté l'enceinte de la ville. Jusqu'alors il n'y avait sur ce point que la seule porte Capène, située à la hauteur de l'église Saint-Césarée, au point de l'embranchement des voies Latine et Appienne. C'est là qu'il faut placer la véritable vallée Égérie et le tombeau des Scipions. Des fouilles exécutées vers la fin du siècle dernier amenèrent la découverte de bustes et de sarcophages qui ôtaient toute crainte d'erreur sur l'authenticité de ce monument; ils sont aujourd'hui déposés au Vatican; les os des Scipions, recueillis par le sénateur vénitien Quirini, furent déposés par lui dans sa villa de Padoue. On s'en console aisément lorsqu'on sait que le vainqueur de Carthage n'a point reposé dans cette tombe. Ainsi, un nom, le souvenir d'une injustice qui ne fit pas même grâce aux cendres d'un exilé, un tombeau longtemps inconnu et profané depuis sa découverte, voilà tout ce qui reste des Scipions. La voie Appienne aurait pu s'appeler la voie des tombeaux, tant ils étaient nombreux. Les monuments funèbres les plus communs depuis Sylla, époque à laquelle on commença de brûler les corps, se nommaient *columbarium*, sortes de chambres dont les murs étaient percés, comme les colombiers, de petites niches où l'on plaçait les *ollæ*, vases renfermant les cendres recueillies du bûcher qui avait consumé les cadavres. Une inscription, *titulus*, indiquait le nom du défunt et recommandait, sous peine d'anathème, de respecter ses restes (1). Le *columbarium* des serfs et des affranchis était ordinairement dans le champ de leur maître et près de son tombeau.

En revenant vers la ville, on passe devant l'église de Saint-Césarée *in Palatio*, ainsi appelée du voisinage des thermes de Caracalla : le peuple romain donne le nom de palais à toute grande fabrique. On voit dans cette église une chaire incrustée de mosaïques et une confession remarquable par ses colonnes

---

(1) QUISQUIS. HOC. SUSTULERIT. AUT. LAESERIT. ULTIMUS. SUORUM. MORIATUR.

C. TULIUS. C. L.
BARNAEUS
OLLA. EJUS. SI. QUIS
OUVIOLARIT. AD
INFEROS. NON. RECIPIATUR.

Inscriptions citées par Mabillon.

et ses ornements qui portent le caractère d'une haute antiquité. La colline qui domine Saint-Césarée, souvent appelée le faux Aventin, portait autrefois un temple célèbre de Mars dit *Extramuraneus*, parce qu'il se trouvait hors des murs, avant la construction de l'enceinte d'Aurélien.

Il n'est à Rome aucune ruine plus imposante que celle des thermes de Caracalla. Les petits temples du Forum à moitié enfouis, le Panthéon lui-même empâté dans des constructions vulgaires, surprennent peu à la première vue. Mais cette masse des thermes antoniniens, se développant sur une colline où les yeux la découvrent à une grande distance, apparaît avec cette majestueuse grandeur qui nous semble le caractère distinctif des travaux des Romains. L'ensemble de ces thermes formait un carré qui avait mille cinquante pieds sur chaque côté; un aqueduc, dont il reste encore de nombreuses arcades, y amenait de fort loin l'eau Marcia. On y a trouvé, à diverses époques, des objets d'art très-précieux; les mosaïques ont enrichi le musée de Latran; les baignoires en basalte se voient dans celui du Vatican; l'Apollon du Belvédère provient de ces thermes, ainsi que l'Hercule, la Flore et le taureau Farnèse qui sont aujourd'hui au musée des *Studj* à Naples. La destruction des thermes antoniniens date probablement de l'invasion des Goths sous Justinien; mais déjà ils étaient abandonnés par les chrétiens, qui les regardaient comme des foyers de libertinage et des écoles d'immoralité. Tous les monuments de la corruption romaine, amphithéâtres, cirques, thermes, théâtres, devenus de leur part l'objet d'un profond dégoût, leur apparaissaient comme les complices d'une société usée par les excès qui devaient périr avec elle.

Au pied du faux Aventin, la route passe entre l'église et le couvent de Saint-Sixte, berceau de l'ordre de Saint-Dominique, et celle des saints Nérée et Achillée qui souffrirent le martyre à Terracine et furent inhumés ici. Le pape Jean Ier éleva une église sur leur tombeau, qui fut rebâtie plus tard par les soins du cardinal Baronius, titulaire de cette église. Elle a conservé la forme primitive, la crypte de la confession sur laquelle s'élèvent la tribune et l'autel avec un baldaquin supporté par des colonnes en marbre africain très-rare, les deux chaires ou ambons incrustés de mosaïques, enfin derrière l'autel, la chaire pontificale sur laquelle s'assit saint Grégoire le Grand, lorsqu'il prononça la vingt-huitième de ses homélies, le jour même de la fête des saints martyrs. On l'a gravée sur le dossier de cette chaire. Avec quelle émotion profonde ne lit-on point ces belles paroles prononcées au même endroit et par un si grand pape, à la louange des confesseurs de la foi : « Ce monde que l'on aime fuit. Les saints au tombeau desquels nous sommes foulèrent aux pieds le monde florissant. Ils avaient devant eux une longue vie, une santé soutenue, les biens de la fortune, une famille nombreuse, le repos dans une paix durable, et cependant, lorsque le monde fleurissait en lui-même, il était déjà flétri dans leur cœur. Hélas! ce monde est desséché en lui-même, et il fleurit encore dans nos cœurs : partout la mort, partout le deuil, partout la désolation ; de partout nous sommes frappés, de partout nous viennent des amertumes ; et néanmoins, dans l'aveuglement de notre cœur, nous aimons jusqu'aux amertumes mêmes des convoitises terrestres; le monde fuit, nous le suivons dans sa fuite ; il tombe, et nous l'embrassons (1). » Quelles paroles ! quels enseignements ! et comme le spectacle de toutes les ruines que l'on a sous les yeux leur donne de l'autorité ! Des monuments fastueux qui tombent, des débris sans nom qui furent des palais; et dans ce désert une voix qui crie depuis plus de mille ans : Partout la mort, partout le deuil !... C'est la grande leçon que les monuments profanes et les décombres de l'ancienne Rome font à leurs visiteurs, et il faut être bien peu chrétien pour ne pas la comprendre : néant de la gloire, justice de Dieu !

---

(1) Eccè mundus qui diligitur fugit. Sancti isti ad quorum tumbam consistimus florentem mundum mentis despectu calcaverunt. Erat tunc vita longa, salus continua, opulentia in rebus, fecunditas in propagine, tranquillitas in diuturnâ pace, et tamen, cùm in seipso floreret, jàm in eorum cordibus aruerat. Eccè jàm mundus in seipso aruit et adhùc in cordibus nostris floret : ubique mors, ubique luctus, ubique desolatio, undique percutimur, undique amaritudinibus replemur, et tamen cæcâ mente carnalis concupiscentiæ ipsas amaritudines amamus; fugientem sequimur, labenti inhæremus. (S. Greg., *Hom. habit. in basil. horum SS. Martyrum in die natali eorum.*)

XX.

TIVOLI.

Il est dans le voyage de Rome des excursions qui sont un devoir : on n'aurait pas une idée complète de la grande ville, si l'on ne connaissait un peu ses environs. Albano, ancienne villa de Pompée ; la forêt de Nettuno, chantée dans l'*Énéide ;* Grotta-Ferrata et Castel-Gandolfo; Frascati, autrefois Tusculum; Palestrina, l'ancienne Preneste, méritent toute leur réputation; aucun voyageur consciencieux ne se dispense de les visiter. Mais entre ces lieux célèbres, il n'en est pas de plus pittoresque, de plus vanté, de plus aimé que Tivoli; ce coin, *angulus ille*, qu'Horace préférait à Rome et au reste de l'univers; car, disait-il, « le printemps y est long, Jupiter y envoie de doux hivers, et le soleil y mûrit un vin comparable au falerne. »

Nous partîmes de Rome à six heures du matin, ou à treize heures, pour parler comme les Romains (1). La porte Saint-

(1) A Rome et dans la Romagne, où rien ne change, on a conservé l'antique usage de compter les heures d'un coucher du soleil à l'autre, depuis la première heure jusqu'à la vingt-quatrième. Après la douzième heure, on continue : il est treize heures, quatorze heures, etc. Les heures suivent les variations du soleil, et le changement officiel de la première se fait tous les huit jours. Ainsi midi varie selon les saisons, mais il reste entre quinze et dix-neuf heures : de là le dicton qu'il ne faut pas chercher midi à quatorze heures.

Laurent, ancienne porte Tiburtina, la seule qui ait entièrement conservé sa forme primitive, a pris ce nom de la basilique Saint-Laurent, située à une petite distance de la ville. Constantin fit bâtir cette église, restaurée depuis, dans le XIIIe siècle. C'est le plus précieux monument de Rome au point de vue archéologique ; tout y respire un parfum d'antiquité chrétienne : il y a de plus belles églises à Rome, je ne sais s'il s'en trouve qui laissent dans le cœur une plus douce impression de respect et de foi.

De Rome à Tivoli, la route suit la direction de l'ancienne voie Tiburtine, dont on retrouve sur divers points les dalles brisées. Elle traverse des campagnes incultes, marécageuses, où paissent de grands troupeaux surveillés par des gardiens à cheval. Voilà la ressource du campagnard romain : jamais l'inclémence du ciel n'a détruit ses pâturages ; les maladies du climat épargnent ses troupeaux ; sans travail pour le jour présent, sans inquiétude pour le lendemain, tranquille et oisif, il voit ses cavales peupler ses haras, ses bœufs devenir l'honneur des *Maremmes*, ses bergeries prospérer. Ce produit assuré d'une industrie facile suffit à son ambition. L'agriculture fatiguerait, les sueurs du paysan ne rendraient pas la récolte certaine ; il y aurait plus de travail et moins de profit ; les fièvres s'exhaleraient des champs en exploitation, comme des essais désastreux l'ont prouvé à plusieurs époques : tout cela rebute un peuple ami de l'argent et du *far-niente*. Que peuvent les gouvernements contre de pareilles impossibilités ? Jamais la politique des papes ne pourra corriger l'indolence des habitants, ni l'insalubrité du sol, ni enfin poursuivre un résultat douteux par des spéculations homicides. C'est là ce qui explique l'absence de culture dans la campagne romaine, ce qui répond aux accusations de quelques niais industriels contre l'insouciance prétendue des moines et des prêtres pour les intérêts matériels du pays. Dans les autres provinces des États pontificaux les champs sont magnifiquement cultivés.

A quatre milles de Rome, l'on passe le Teverone ou Anio, sur un pont appelé Mammolo, parce qu'on l'attribue à Mamméa, mère d'Alexandre Sévère ; il fut détruit par les Goths campés sur les bords de ce fleuve et rebâti par Narsès. Plus loin on rencontre le canal de la Solfatara, qui fut creusé par les ordres du cardinal d'Este, pour l'écoulement du lac du même nom. Ses eaux sont bleuâtres et infectes ; à sa surface flottent des débris végétaux imprégnés de soufre. Les anciens l'appelaient *Albula* et avaient consacré au dieu Faune la forêt voisine ; le peuple y venait consulter l'oracle, et Virgile y amène le roi Latinus pour interroger le destin sur le mariage de sa fille Lavinie avec le pieux Enée. C'est dans les environs, au sein d'une riante demeure, que la reine Zénobie finit ses jours, après avoir servi au triomphe d'Aurélien.

On repasse le Teverone au pont Lucano, qui prend son nom d'une victoire que les Romains y remportèrent contre les Lucaniens. Tibérius Plautius le fit reconstruire ; sa famille avait là son tombeau qui est semblable à celui de Cécilia Métella, mais moins considérable. Le pont Lucano, avec le tombeau de Plautius situé sur les rives en cet endroit verdoyantes de l'Anio, annonce le fertile terroir de Tivoli : c'est un paysage charmant qui donne un avant-goût de ce qu'on va chercher. Des rampes douces et ombragées d'oliviers conduisent sur les hauteurs où la ville est assise, gracieusement suspendue sur le bord du précipice où tombe l'Anio. L'ancien Tibur, le frais Tibur dont les poëtes de Rome chantaient l'heureuse situation, les belles eaux et la salubrité, a perdu ce qui en faisait le charme à leurs yeux, sa cascade. L'Anio, arrivant des montagnes de la Sabine sur le plateau de Tivoli, se précipitait d'une hauteur considérable et de la manière la plus pittoresque, mais minait peu à peu les rochers qui supportent les maisons. Il fallait donc sacrifier la cascade ou la ville : Grégoire XVI résolut le problème, en donnant au fleuve une autre direction ; il fit creuser un tunnel pour détourner l'Anio à quelque distance de la ville et le rejeter sur le point où il forme la chute actuelle, à deux ou trois cents pas de l'ancienne. Quelle que soit la beauté de cette immense nappe d'eau qui roule avec grand bruit et grand fracas dans un vallon poétique, les peintres regrettent la première qui, produite par la nature, se faisait jour de toutes parts à travers les crevasses des rochers et avait pour couronnement la ville et deux temples antiques. Nous avons voulu descendre dans le gouffre où bouillonnait l'ancienne cascade et visiter les grottes de la Syrène et de Neptune. Aujourd'hui que les eaux ne descendent plus qu'en faible quantité, on peut examiner à loisir le lit du fleuve, les grottes où il se perdait pour reparaître un peu plus loin aussi calme qu'il était ici bruyant et tumultueux. Par l'effet de la percussion des anciens courants, les flancs de la montagne sont criblés dans tous les sens; de ces ouvertures capricieuses s'échappent encore quelques filets d'eau et des plantes qui retombent en festons agités par un vent frais et humide; des stalactites brillent au milieu de cette végétation; des jardins sont aventurés sur des rochers creusés à leur base; enfin au-dessus de tout cela se montrent la ville et les antiquités à demi voilées sous un brouillard léger qui environne des couleurs de l'arc-en-ciel, comme d'une auréole, les temples de la Sibylle et de Vesta.

Je ne m'étonne point que les patriciens de Rome aient aimé passionnément le site de Tibur. Selon leurs habitudes religieuses dont on retrouve partout des vestiges, les Romains donnèrent à ce paysage un caractère sacré. Ils bâtirent au-dessus de la cascade le joli temple de Vesta, qui est semblable à celui de Rome, mais mieux conservé ; à côté ils placèrent celui de la Sibylle, maintenant converti en église, dont les murs extérieurs sont ornés de colonnes engagées. La mystérieuse horreur de la cascade, le murmure profond et prolongé des grandes eaux donnèrent à un peuple éminemment religieux l'idée d'une sibylle tiburtine. Raphaël l'a représentée sous l'image d'une femme inspirée, d'une beauté agreste, à l'attitude fière et désordonnée. Le temps a emporté la sibylle et son culte ; il reste le sentiment de religieuse terreur qui le fit naître, avec ce prestige des souvenirs mythologiques qui attendrissent le poëte et font gémir le chrétien.

En face de la cascade, on montre la maison où le poëte Catulle a habité. C'est là sans doute qu'il se guérit d'une maladie dont il parle dans les vers AD FUNDUM SUUM. « *Et me recuravi*, dit-il, *otioque et urticâ*, je me guéris par le repos et l'ortie. » Ce qui ne doit pas surprendre ; car, outre les vertus spécifiques du repos et de l'ortie, Catulle trouvait à Tibur un air plus salutaire que les remèdes et plus puissant que tous les médecins. Au-dessous de la maison de Catulle, quelques bâtiments modernes ont remplacé la villa d'Horace. Située dans un angle formé par deux montagnes couvertes d'oliviers, à mi-côte et sur le bord opposé de la cascade, cette villa se trouvait placée le plus heureusement pour en offrir aux regards une perspective complète. Le poëte avait sous les yeux le spectacle de l'Anio se précipitant d'une hauteur de deux cents pieds dans le vallon qu'il fertilise, les cascatelles de la villa de Mécène, les accidents de ces belles montagnes et les grands monuments de Rome qui se distinguent à peine dans les brumes de l'horizon. Le lieu était bien choisi, la retraite embellie par le culte des Muses et par l'amitié du protecteur qui lui avait fait ces loisirs, rien ne manquait au poëte. Ses descriptions sont fidèles; mais le vin ne mérite pas les louanges qu'il lui donnait; on ne connaissait point alors sans doute les saucisses de Tivoli.

La villa de Mécène n'est plus représentée que par quelques arcades. Des ateliers de métallurgie en occupent une grande partie; les eaux, après avoir servi différentes usines, se répandent sur les rochers où elles forment les cascatelles. La villa d'Este, qui passait pour une des plus belles de l'Europe, dépérit de jour en jour; on dirait presque une ruine antique. Enfin, au pied de la montagne de Tivoli, s'étendent les imposants débris de la villa Adriana. Si les Romains, dans les beaux temps de leur république, eurent de la grandeur et des vertus, on peut dire que sous les empereurs il ne leur resta que des travers et des vices. Adrien avait beaucoup voyagé, beaucoup vu; il eut l'idée de rassembler dans sa villa de Tivoli des imitations de ce qu'il avait admiré dans toutes les provinces de l'empire, en sorte qu'elle fut le résumé des merveilles de l'univers. Il y fit bâtir trois théâtres, dont l'un est assez bien conservé pour que l'on puisse y reconnaître encore les premières assises des gradins, les substructions de la scène et les chambres des acteurs; le Pœcile d'Athènes, vaste portique destiné aux exercices militaires; le temple des stoïciens, une naumachie, la bibliothèque, plusieurs temples, tels que celui de Sérapis et d'Apollon avec les niches des neuf Muses; un palais et les *centum cellæ*, cent chambres destinées aux officiers des gardes; des thermes et une vallée de Tempé aussi belle que celle de la Thessalie et arrosée par un *Pénée* détourné de l'Anio au moyen de conduits que l'on voit encore. Les objets précieux découverts dans cette villa, parmi lesquels il faut citer l'Antinoüs du Vatican, donnent une haute idée de l'amour de ce prince pour les beaux-arts et révèlent à la postérité tous ses vices. Il les étala d'une manière cynique, et les siècles ne lui rendront jamais en mépris tout ce qu'il leur a légué en scandales. Les successeurs d'Adrien dépouillèrent sa villa ; les Goths plus d'une fois s'y réfugièrent et prirent plaisir à la dévaster; toutes les armées qui ont campé dans les plaines de Tivoli, depuis Totila jusqu'à Garibaldi, y ont laissé des traces de leur vandalisme. Le temps et les hommes ont ainsi concouru à détruire ces palais, témoins du faste d'un sophiste couronné ; les canaux sont desséchés ; l'herbe croît partout, grande et abondante comme dans un cimetière ; les bruyères obstruent les chemins, et le lierre, ce fidèle et dernier ami des ruines, enlace de ses bras les vieux murs sans pouvoir en prévenir la chute. L'aspect de cette immense villa est profondément triste ; on dirait une cité ruinée dont il ne resterait que quelques constructions éparses dans un désert. Le cicerone qui nous accompagnait, vigoureux adolescent de ces montagnes, au chapeau pointu, aux guêtres sales et couvrant mal un cuir noir et tanné, avait une physionomie fixe comme celle d'un aveugle. Il nous donnait les noms des antiquités de la villa, sans commentaires, absolument comme une borne indicative. Ce n'est certainement pas la moindre humiliation de toutes ces vieilles gloires que d'être abandonnées à des campagnards ignorants et cupides ; mais ils devraient les conserver avec plus de soin, puisqu'ils y trouvent leur profit.

Nous fûmes chassés de la villa Adriana par une pluie d'orage qui nous poursuivit longtemps sur la voie Tiburtine. Puis le soleil reparut brillant et humide, la verdure des bois nous en parut plus vive, le paysage plus pur ; nous jetâmes un long adieu sur Tivoli que nous laissions derrière nous dans des flots de lumière : on aimerait à y vivre, comme Horace ; en s'en éloignant on est tenté de redire avec lui :

Tibur argeo positum colono
Sit meæ sedes utinam senectæ,
Sit modus lasso maris et viarum
Militiæque (1)!

---

(1) Que Tibur, fondé par le colon d'Argos, soit le repos de ma vieillesse, qu'il soit le terme de mes travaux sur mer, sur terre et dans les camps.

XXI.

MONT COELIUS.

Le mont Cœlius, ainsi appelé de Cœles Vibenna, chef des Étrusques qui y furent établis par Tarquin l'Ancien, portait auparavant le nom de Querquetulanus, des chênes qui le couvraient. Tullus Hostilius le réunit à la ville, et y transporta les habitants d'Albe la Longue, après l'avoir détruite. Tacite donne ces détails à propos d'un incendie qui le dévasta sous Tibère et qui fut désastreux, car il y avait plusieurs quartiers dont les maisons étaient construites en bois. Sur le mont Cœlius, les cavaliers *singulares* et les soldats étrangers avaient leurs quartiers, *castrum peregrinorum*. Sa population était pauvre et méprisée. Robert Guiscard fit du mont Cœlius une immense ruine, lorsque, à la tête de ses hommes d'armes, il vint à Rome venger le pape Grégoire VII et punir un peuple révolté contre son autorité paternelle. Depuis lors, cette colline est presque déserte; les voyageurs qui étudient Rome et veulent se rendre compte de tout sont à peu près les seuls êtres humains que l'on rencontre dans ses chemins poudreux.

Au delà de l'arc de Constantin et à l'extrémité de l'avenue, on trouve l'église de Saint-Grégoire le Grand. Cet illustre pontife avait fait bâtir sur sa propre maison et sur les débris d'un temple de Bacchus, une église et un couvent en l'honneur de saint André; il en était religieux avant son élévation sur la chaire de Saint-Pierre. Après sa mort, l'église lui fut dédiée à lui-même. Elle est décorée de seize colonnes de granit et renferme de belles peintures du Dominiquin et du Guide; on y voit une statue de saint Grégoire le Grand ébauchée par Michel-Ange. Le souvenir et les reliques de ce saint pontife rendent cette église une des plus vénérables de la ville apostolique. Le dernier pape, Grégoire XVI, avait été religieux camaldule dans ce couvent; c'est lui qui en a créé le jardin botanique, un des plus beaux de l'Europe, et il a souvent reçu dans ses allées solitaires les savants de tous les pays qui venaient admirer en lui la rare alliance de la science et de la modestie. Le couvent illustré par les deux Grégoire qui forment le premier et le dernier anneau de la chaîne de ses traditions, est un des plus réguliers de Rome; il se montre à tous égards digne de son histoire.

De l'autre côté de Saint-Grégoire, un jardin public planté de jeunes arbres attire l'attention par de grandes ruines qu'on a prises pour celles de la Curia Hostilia et des Rostres. Ce sentiment n'est plus suivi. Les uns croient y reconnaître les restes d'un réservoir construit pour amasser l'eau Claudia destinée aux naumachies du Colisée, les autres n'y voient qu'un *vivarium* ou parc des bêtes féroces qui devaient servir aux jeux. Enfin ces arcades auraient fait partie, selon certains archéologues*, des substructions de la nymphée de Néron. Même incertitude sur la position du palais de Scaurus, que quelques auteurs placent sur le mont Palatin, tandis que d'autres croient en retrouver les ruines au haut de la rampe qui conduit de Saint-Grégoire sur le mont Cœlius. Il paraît que les vieux murs qu'on regardait comme ses derniers vestiges appartiendraient plutôt au *macellum magnum*, marché qui servait à la vente de la viande et du poisson : cette opinion semble confirmée par le nom vulgaire de *Pescaria vecchia* que porte ce quartier. Tous ces sentiments opposés ne concluent à rien, et il est fort ennuyeux, quand on parcourt la ville de Rome, de se trouver devant une ruine sans pouvoir en constater l'origine, de rencontrer la critique où l'on cherche l'histoire. On va, admirant et croyant dans la simplicité de son âme, et tout à coup, du milieu des ruines, du sein des tombeaux, la critique sort comme un fantôme qui vous arrête de sa main glacée, détruit une à une toutes vos impressions naïves et ne vous laisse que le doute, la crainte. Au grand désespoir de l'amateur, elle démolit pour expliquer; peu lui importe l'effet des ruines; elle fouille sans cesse et ne se reposera que le jour où, trouvant sous les dernières pierres des monuments les preuves de leur origine, elle en pourra tracer froidement l'histoire avec les pièces à l'appui. N'est-ce pas assez du temps pour les détruire, sans que la science y contribue?

Le couvent de Saint-Jean-et-Saint-Paul a été bâti sur la maison de ces deux frères martyrs. L'église n'a de remarquable que son pavé en *opus alexandrinum* (1) et la pierre sur laquelle les deux saints furent décapités. Leurs reliques reposent sous l'autel dans un vase de porphyre. Le couvent de Saint-Jean-et-Saint-Paul a servi de prison au cardinal Maury, qui y a passé les dernières années de sa vie, expiant dans une retraite forcée le tort d'avoir sacrifié son devoir à une ambition inexcusable. O sainte obscurité, que tu es précieuse, mais que tu es peu connue! Si l'on savait te préférer au tumulte, l'on aurait trouvé le secret d'être heureux.

Un peu plus loin, on passe sous l'arc de Dolabella et de Silanus, qui fut construit par ces deux consuls, vers l'an 12 de notre ère, pour réunir deux aqueducs. La tour qui le surmonte fut habitée longtemps par saint Jean de Matha, fondateur de l'ordre de la Rédemption des captifs. Ce souvenir d'une charité dont l'univers entier recueille les bienfaits emprunte un caractère plus touchant au voisinage de ces lieux que les empereurs Claude et Néron avaient couverts des constructions de leur faste inutile. Avant le christianisme on procurait des plaisirs au peuple, mais qui pensait à soulager ses maux?

L'arc de Dolabella indique à peu près l'espace occupé autrefois par le *Ludus matutinus* des gladiateurs, et le Champ de Mars qui servait aux exercices militaires pendant les inondations du Tibre. Il reste là quelques ruines intéressantes de la nymphée de Néron. Entre ce Champ de Mars et l'église de Sainte-Marie

---

(1) On appelle ainsi une sorte de mosaïque composée de fragments de marbre de différentes couleurs, qui fut surtout employée depuis le règne d'Alexandre Sévère : de là son nom d'*opus alexandrinum*.

della Navicella, s'étendait le *castrum peregrinorum*. Cette église porte aussi le nom de *in Dominica*, qui est celui de sa fondatrice, sainte Cyriaque (Κυριακή, en latin Dominica), et le surnom de la *Navicella*, d'une nacelle en marbre que Léon X fit placer près de son vestibule; le peuple l'appelle *la gran mysteriosa navicella*, sans doute à cause de la solitude de ce quartier et de la terreur qu'il inspire. L'église a été restaurée sur les dessins de Raphaël; Michel-Ange en a élevé le portique; Jules Romain et Perrin del Vaga en ont peint la frise. La villa Mattei située tout auprès renferme un petit obélisque égyptien et des inscriptions militaires se rapportant à la cinquième cohorte des vigiles.

Le chemin qui s'ouvre au fond de la place de la Navicella conduit tout près de la porte Latine, consacrée par le souvenir du martyre de saint Jean l'Évangéliste. Une pauvre petite chapelle ronde, assez mal tenue, s'élève à l'endroit où l'apôtre fut plongé dans une chaudière d'huile bouillante, sous Domitien. A quelques pas, l'église bâtie en son honneur sur les ruines d'un temple de Diane semble moins attester la dévotion des Romains que leur incurie pour ces édifices anciens auxquels se rattache un culte si légitime. Vous en témoignez votre étonnement, on vous répond de fièvres; le *mauvais air* à Rome fait la guerre non-seulement aux vivants, mais aux reliques des martyrs; il éloigne de leurs églises la piété craintive. « C'est, comme l'a dit un voyageur, la divinité malfaisante qui habite les plaines incultes de l'Italie. Elle sort à jour fixe des marais Pontins, traîne son linceul sur les campagnes, ferme les portes à son passage et tue les imprudents qui s'attardent en chemin. Vous vous couchez fatigué sur ce gazon pour dormir une heure, c'est fini, vous ne vous réveillez pas, vous êtes mort. »

En revenant de la porte Latine sur le mont Cœlius, on visitera l'église de Saint-Étienne le Rond, qui doit ce nom à sa forme circulaire. Elle est plus grande que le Panthéon, ornée à l'intérieur de deux rangs de colonnes, d'un style bizarre, mais qui ne manque pas de majesté; on ne voit rien à Rome de plus curieux. Cet édifice, que l'on a cru un temple de Claude, de Faune ou de Bacchus, paraît n'avoir jamais été autre chose qu'une église bâtie au ve siècle en l'honneur de saint Étienne, premier martyr. Les peintures de Pomarancio représentant les diverses tortures des martyrs y forment une suite de tableaux effrayants, ouvrage d'une imagination formée plutôt dans la lecture des légendaires qu'à l'école du bon goût.

Ce n'est pas chose facile que de pénétrer dans toutes ces enceintes d'églises ou de couvents isolés du côté de la porte Latine et sur le mont Cœlius. Vous frappez à ces portes obstinément fermées : nulle réponse. « *Signore*, criez-vous d'une voix désespérée, *dove è il custode*, où est le gardien? — *E in Roma!* » vous dit-on enfin avec humeur et pour se débarrasser de vos importunités; puis un silence de mort dont vous ne pourrez triompher. *E in Roma!* Mais le mont Cœlius avec ses églises et ses ruines, lui est-il donc étranger? Pour être solitaire, cesse-t-il d'être romain? Rome ne serait-elle que dans l'agglomération de ses habitations modernes, et ses remparts encore debout dans la solitude ne rappellent-ils rien à cette population si fière de son histoire? Rome méconnue par ses citoyens, ignorée dans sa propre enceinte, quelle humiliation!

L'église voisine des Quatre-Saints-Couronnés possède les reliques de quatre frères martyrs : Sévère, Carpophore, Séverin et Victorin. Le palais contigu a servi d'habitation au pape Pascal II, et pendant longtemps aux cardinaux titulaires de l'église. Pie IV restaura le palais et l'église et y fonda un conservatoire d'orphelines. La supérieure de cette communauté me raconta ces choses avec autant d'esprit que de bonté. Je regrettai de ne pas savoir mieux l'italien; elle le parlait avec un accent moelleux et un peu traînant, comme on fait dans les cloîtres, avec cette *morbidezza* qui prête à la langue italienne tant de douceur et d'agrément. Enfin, elle parlant italien, moi français, nous nous comprenions beaucoup mieux par ce que nous voulions dire que par ce que nous disions; ce qui fait en vérité une conversation charmante.

De l'autre côté de la rue, l'église de Saint-Clément, bâtie sur sa propre maison où l'apôtre saint Barnabé avait logé, reproduit fidèlement le type de distribution des basiliques primitives. On la croit du IVe siècle; du moins on sait que le pape Zozime, au commencement du Ve, y condamna l'hérétique Célestius. Les restaurations que l'on y a faites à plusieurs reprises n'ont point altéré sa forme antique. Un portique carré supporté par quatre colonnes donne entrée dans l'*atrium*, cour entourée d'un second portique où s'arrêtaient les catéchumènes et les pénitents.

A l'intérieur deux rangs de siéges se prolongent en avant de la tribune ou sanctuaire et se terminent à deux ambons, incrustés de mosaïques. Ce *presbyterium* est fort beau. Derrière l'autel surmonté du *ciborium* ou baldaquin, on voit la chaire pontificale en marbre, d'un travail précieux, et au-dessus dans le fond de l'abside une mosaïque du XIIIe siècle où, par un de ces anachronismes dont on ne se faisait pas scrupule en ce temps-là, le Sauveur se montre accompagné de prophètes, de saint Dominique, etc. Il faut citer encore les fresques célèbres de Masaccio qui représentent le jugement et le martyre de sainte Catherine. L'église de Saint-Clément, considérée à bon droit comme un monument du premier ordre, au point de vue de l'art chrétien, nous donne une idée exacte de la simplicité sévère qui distinguait les anciens édifices élevés par les pontifes romains, après les persécutions. Toutefois la sobriété d'ornements n'y exclut point la richesse de la matière, ce qui prouve le zèle des chrétiens pour la décoration de leurs temples, même à une époque où l'art en pleine décadence et nourri des traditions profanes ne rendait pas toujours heureusement les inspirations de la foi.

La rue de Saint-Jean de Latran passe à côté de cette église et se prolonge depuis le Colisée jusqu'à la grande basilique. On peut la regarder comme la voie triomphale qu'a suivie le christianisme, lorsque, de l'arène encore trempée du sang des martyrs, il vint s'asseoir sur le trône des Césars et habiter leur palais pour régner de là sur le monde. Constantin donna son palais de Latran au pape et y bâtit une église magnifique. Ce palais avait été confisqué par Néron sur le sénateur Latéranus, mis à mort comme conspirateur. Les papes l'ont habité jusqu'à la translation du saint-siége à Avignon, époque à laquelle il devint en même temps que l'église la proie des flammes. Sixte-Quint le reconstruisit et fit élever l'obélisque du grand cirque sur la place de Latran, à laquelle il donne beaucoup de majesté; il a cent pieds de hauteur. Depuis leur retour à Rome, les papes ont fixé leur résidence au Vatican; et le palais de Latran, après avoir reçu différentes destinations, a été converti, il n'y a pas longtemps, en musée. On y voit, entre autres curiosités, des urnes superbes, et surtout la célèbre mosaïque trouvée dans les thermes de Caracalla que certains antiquaires mettent audessus de tout ce que l'on connaît de plus précieux en ce genre.

La basilique de Saint-Jean de Latran, appelée aussi Constantinienne, porte à son fronton cette inscription glorieuse : « *Ecclesia urbis et orbis mater et caput ecclesiarum*, église mère et maîtresse de toutes les églises de la ville et du monde. » C'est la cathédrale du pape, qui, après son couronnement, vient solennellement en prendre possession. Son vestibule, un des plus beaux de Rome, est orné de colonnes et élevé sur un vaste perron qui contribue à lui donner un aspect à la fois noble et gracieux. Cinq nefs divisent l'intérieur sur une longueur de trois cent quinze pieds. Des colonnes supportaient celle du milieu ; mais Borromini, les jugeant trop faibles, les enveloppa dans des piliers qui ont consolidé l'édifice en lui faisant perdre sa noble simplicité. Sur chaque pilier s'ouvre une niche ornée de deux colonnes de vert antique, qui renferme une statue d'apôtre ; celle de saint Barthélemy par le Gros est la plus admirée. Au-dessus de ces statues, des bas-reliefs et des tableaux complètent l'ornementation de la nef principale. L'architecture a les défauts du genre *Borrominesco;* la décoration rappelle tous ceux de l'école du Bernin. Borromini, contemporain du Bernin, voulut, mais en vain, lutter contre la réputation toujours croissante de son rival et ne réussit qu'à surpasser ses défauts; les lauriers du Bernin l'empêchaient de dormir, ils l'empêchèrent de vivre : Borromini se suicida. La basilique de Saint-Jean de Latran, malgré les défauts qui la déparent, ne laisse pas que de plaire ; elle est la plus recueillie de toutes les basiliques ; si son style incorrect ne lui fait point obtenir grâce aux yeux des critiques, son caractère profondément religieux la rend chère à la piété des chrétiens. A droite, en entrant, la chapelle Torlonia vient d'être ornée par les ordres du banquier. En y jetant l'or à pleines mains, on a visé à l'effet pour atteindre au ridicule ; c'est une pauvreté fastueuse. La critique peut ici se montrer d'autant plus sévère que l'on avait sous les yeux des modèles plus parfaits. La chapelle Corsini, presque en face de la Torlonia, la surpasse par sa sage magnificence : on dirait que la religion a créé celle-ci et que la vanité a fait l'autre. Clément XII dédia cette chapelle à saint André Corsini, un de ses ancêtres. Elle a la forme d'une croix grecque éclairée par une coupole ; les murs sont revêtus des plus beaux marbres ; d'un côté, le tombeau de Clément XII se fait remarquer par son urne antique d'une grande beauté; de l'autre, celui du cardinal Néri Corsini mérite l'attention des artistes pour ses statues et ses bas-reliefs qui représentent les Vertus cardinales. Sur l'autel, entre deux superbes colonnes de vert antique et dans un cadre de bronze doré, un tableau en mosaïque reproduit le tableau sur toile de *Saint André Corsini*, célèbre ouvrage du Guide ; il est accompagné des statues non moins renommées de l'Innocence et de la Pénitence. La partie supérieure de la basilique resplendit de marbres et d'or ; la sculpture et la peinture ont concouru à l'embellir et y ont réuni une profusion d'ornements qui ne sont pas des chefs-d'œuvre, mais dont l'ensemble est admiré. Sous le baldaquin gothique de l'autel papal, deux bustes d'argent renferment les chefs de saint Pierre et de saint Paul. La mosaïque de l'abside, œuvre de Jacques Torriti, est la plus belle du XIIIe siècle. Saint-Jean de Latran possède un tableau de Michel-Ange, placé dans la chapelle des chanoines. Enfin l'on ne doit point oublier que les quatre colonnes de l'autel du Saint-Sacrement ont appartenu, selon les uns, au temple de Jupiter Capitolin et furent faites avec les proues du vaisseau de Cléopâtre ; selon les autres, au temple de Jérusalem. Le portique qui règne autour de l'abside a reçu le nom de *Leonino*, parce qu'on en attribue la construction à saint Léon Ier ; on y voit des autels de forme antique et des monuments funéraires. Dans une armoire richement décorée, à côté de la sacristie, on conserve la table en bois de cèdre sur laquelle Notre-Seigneur fit la Cène avec ses apôtres ; elle est coupée en deux parties et un peu usée à l'un de ses angles. Le cloître du couvent renferme des cénotaphes, des inscriptions antiques, des objets d'art de différents styles, enfin quelques pieux souvenirs de la passion du Rédempteur : deux colonnes de la maison de Pilate, une autre qui se fendit à la mort de Jésus-Christ, la pierre sur laquelle on tira au sort sa tunique, l'empreinte de ses pieds, la mesure de sa taille et quelques autres reliques que l'on contemple avec un douloureux attendrissement : les débris de la profane antiquité ne laissent point le cœur indifférent, ceux qui nous rappellent les prodiges d'une charité divine méritent-ils moins d'intérêt?

La basilique de Latran présente, sur le côté septentrional, une seconde façade dont le portique fut reconstruit par Sixte-Quint. On y voit la statue de Henri IV, roi de France. Le roi de France était chanoine d'honneur de Saint-Jean de Latran et payait une rente de 24,000 livres à ses collègues. Peut-être a-t-elle été fondée par le Béarnais. Quoi qu'il en soit, la reconnaissance du chapitre lui a érigé cette statue, comme au plus aimé de ses bienfaiteurs. Auprès du portique de Sixte-Quint, s'élève la rotonde de Saint-Jean *in Fonte*, édifice lourd et informe à l'extérieur, mais par son antiquité et sa décoration intérieure digne de la grande basilique. Bâtie par ordre de Constantin, qui, selon la tradition populaire, y aurait reçu le baptême (ce qui est contredit par l'histoire), rétablie par Grégoire XIII et Urbain VIII qui lui ont donné sa forme actuelle, cette église sert encore pour le baptême des catéchumènes. Elle est surmontée d'une coupole soutenue par deux rangs de colonnes superposées et possède quelques tableaux remarquables, notamment ceux d'Andréa Sacchi, représentant la vie de saint Jean-Baptiste, la statue du même saint par Donatello et une mosaïque du VIIIe siècle appliquée à la voûte dont les arabesques paraissent avoir été copiées sur celles des thermes de Titus.

L'incendie qui consuma l'ancien palais de Latran ne s'étendit pas jusqu'à sa chapelle intérieure, appelée, à cause de ses reliques, *Sancta sanctorum*, ni à une partie du *triclinium* de saint Léon. Sur l'autel de cette chapelle on vénère une très-ancienne image du Sauveur, haute de cinq pieds, connue sous le nom antique de Αχειροποιητη, *non faite de main d'homme*, parce que la tradition porte qu'elle fut commencée par saint Luc et achevée par les anges. L'escalier qui y conduit est celui du prétoire de Pilate que Notre-Seigneur monta plusieurs fois pendant sa passion et arrosa de son sang. Sixte-Quint l'a fait transporter ici et l'a accompagné de quatre autres placés de face sous les arcs latéraux d'un portique qui règne sur toute la longueur de ce vénérable édifice. On monte le saint escalier à genoux et l'on redescend par les escaliers latéraux. Les marches de la *scala santa*, quoique de marbre, ont été creusées par le concours des fidèles. Clément XIII, pour les conserver, les fit recouvrir de gros madriers et ordonna d'y laisser des ouvertures correspondant aux endroits qui avaient été marqués du sang de Jésus-Christ, indiqués sur le marbre par des croix de bronze. — Certains voyageurs insultent à la piété des fidèles qui montent à genoux la *scala santa*; on a même vu des hérétiques la monter au pas de course, devant une foule péniblement surprise de ces bravades d'impiété. Les uns et les autres auraient trouvé des raisons pour approuver Jules-César lorsqu'il gravissait à genoux les cent vingt marches du temple de Jupiter Capitolin ; mais ils sourient à la vue des chrétiens agenouillés sur la voie consacrée par les souffrances de leur Dieu, ils élèvent des doutes sur l'authenticité de la *scala santa*.... Toujours des doutes! Il y a des gens qui semblent avoir pris à tâche, dès qu'ils voient faire un acte de foi, de venir avec des *si* et des *mais* pour en contester le motif et en ôter le mérite. Pour moi, je me souviendrai toujours avec bonheur d'avoir monté à genoux les vingt-huit marches du saint escalier, priant et baisant chaque marche, à côté d'un pieux pèlerin qui répandait ses larmes où Jésus-Christ avait versé son sang. J'enviais sa ferveur et sa foi : cela ne vaut-il pas mieux que les critiques? Les sages du monde avec toutes leurs lumières perdent le ciel, les simples et les ignorants le ravissent.

Sur la façade latérale du *Sancta sanctorum*, une sorte d'abside indique l'emplacement du *triclinium* ou salle à manger du palais de Latran, qui servait aux repas de cérémonie. Saint Léon l'avait ornée, sans doute à l'occasion du séjour de Charlemagne à Rome, d'une belle mosaïque qui représentait son couronnement. Clément XII fit démolir les derniers vestiges de cet ancien édifice pour agrandir la place ; mais Benoît XIV, ne voulant point que ce souvenir historique se perdît, fit élever l'abside actuelle et y plaça ce qui restait de la mosaïque.

Saint-Jean de Latran, la plus ancienne des églises constantiniennes, est illustre par le souvenir des conciles qui s'y sont tenus et de cette longue suite de saints pontifes qui y ont habité. Tous les siècles, tous les souverains catholiques, tous les papes l'avaient enrichie des plus précieuses offrandes ; mais les patriotes de 1797 la dépouillèrent en partie ; ceux de 1848 en ont emporté des objets d'art pour une valeur de plus d'un million. Toutes les révolutions se font non dans l'intérêt d'un principe, mais au profit des voleurs. Les républicains de Rome, vaincus sans être corrigés, se promettent de revenir à la charge et d'abolir enfin ce gouvernement temporel des papes qui pèse tant aux philosophes. Rome n'est pas à l'abri des secousses qui bouleversent les sociétés humaines ; mais elle a des promesses qui protégent son existence contre ses propres fureurs. Des épreuves, toujours ! il en faut à l'Église ; mais périr, jamais ! car Rome est nécessaire au pape, comme le pape est nécessaire à Rome. Cette ville ingrate sera châtiée pour avoir laissé outrager son pontife ; mais elle ne tombera point, le saint-siége la sauvera.

La place de Saint-Jean de Latran présente un des plus beaux points de vue dont on puisse jouir à Rome. Le regard se porte sur l'église de Sainte-Croix en Jérusalem, à l'extrémité d'une belle allée d'arbres qui s'étend de l'une à l'autre basilique ; le long du rempart, se développent les grandes arcades de l'eau Claudia ; l'œil embrasse ces ruines et se perd au loin sur les montagnes de Palestrina et de Frascati. La place de Saint-Jean de Latran est belle par ses monuments et ses points de vue, belle de sa solitude ; les ruines et les souvenirs religieux répandent sur ce quartier une teinte de douce tristesse. C'est la promenade d'hiver des Romains.

L'emplacement où se trouve aujourd'hui la basilique sessorienne ou hélénienne de Sainte-Croix était jadis occupé par les jardins de Varianus que l'infâme Héliogabale souilla de toutes sortes de crimes ; ils s'étendaient hors de l'enceinte actuelle des remparts et renfermaient un grand édifice ou basilique nommée *Sessorium*. Sainte Hélène, ayant retrouvé le bois de la vraie croix, voulut placer une des trois parts qu'elle en avait faites, dans un temple digne de ce précieux dépôt. Le sol impur des jardins *Variani* fut recouvert d'une couche de terre apportée du Calvaire, et l'on y jeta les fondements de la basilique qui prit de là le nom de Sainte-Croix en Jérusalem. Elle a été souvent restaurée ; Benoît XIV l'a mise dans son état actuel. La façade, d'un genre défectueux, annonce un temple à la construction duquel a présidé un goût équivoque ; les trois nefs sont soutenues par des colonnes et des pilastres qui servent d'étui à d'autres colonnes. Le maître-autel repose sur une belle urne antique de basalte, et son baldaquin s'appuie sur quatre magnifiques colonnes de brèche coraline. Au fond de l'abside, le Pinturicchio a représenté l'*Invention de la sainte Croix*, vaste composition où, malgré quelques défauts, on remarque beaucoup de noblesse dans les poses et de vérité dans le sujet. Derrière l'autel, une chapelle souterraine, qui ne se fait admirer ni par son architecture ni par sa décoration, renferme les reliques de sainte Hélène, mère de Constantin, à qui l'Église de Rome rend un culte particulier. Quelle belle page l'histoire ecclésiastique a reçue de sainte Hélène! Le cœur de Dieu et le cœur d'une mère se comprennent : Constantin lui dut sa conversion; Rome et l'univers, une foule de temples; l'Église, les reliques de sa passion; combien d'élus sont au ciel par ses soins!

Je désirais vivement pouvoir contempler de mes yeux les reliques conservées à Sainte-Croix de la passion du Sauveur. Elles sont d'une authenticité qui ne laisse pas la moindre prise à la critique, au point que l'auteur des *Recherches historiques sur la basilique sessorienne*, de Corriéris, a pu dire avec confiance : « Quiconque aura seulement mis le pied sur le seuil de l'histoire ecclésiastique de cette ville ne pourra douter de la conservation non interrompue des instruments de la passion, dans la basilique sessorienne. » Mais ce n'est pas chose facile que d'être admis à les visiter. Il faut y venir en compagnie d'un évêque : on leur accorde le privilége de vénérer la croix du Sauveur, afin qu'ils reçoivent la force de porter la leur qui, pour être d'or, n'en est pas moins pesante. Le morceau de la vraie croix conservé à Rome peut avoir une longueur approximative de quarante centimètres et une largeur de cinq. On l'a renfermé dans une magnifique croix ornée de pierres précieuses, donnée en 1803 par la duchesse de Villa Hermosa. Le clou est plus précieux encore que le fragment de la croix; car on ne peut douter qu'il n'ait touché les membres sacrés du Sauveur et n'ait été arrosé de son sang. On le trouva à côté de la croix, dans le lieu où on l'avait enfouie; car les Juifs enterraient avec les criminels les instruments de leur supplice. Le saint clou est carré, long de quinze centimètres, couronné d'une tête ronde semblable au chapeau d'un champignon; la pointe manque, parce que, au dire de Théodoret, l'impératrice Hélène la fit enchâsser dans le casque de son fils, comme un préservatif assuré contre les traits des ennemis. Le titre de la croix, enfermé dans une caisse de plomb, fut anciennement placé au-dessus du grand arc de la basilique; en 1492, lors des réparations faites à l'édifice, on ouvrit le reliquaire, et l'on trouva que la planche du titre, rongée par le temps, avait perdu les deux dernières lettres du mot JVDÆORVM : elle avait alors une longueur de trente-six centimètres; en 1648, le mot JESVS avait disparu. On sait que le titre de la croix était en hébreu, en grec et en latin. Il reste de l'inscription hébraïque placée au haut de la planche, quelques traits indéchiffrables ; de l'inscription grecque, le mot NAZARENOVS ; enfin, de la ligne inférieure, le mot latin NAZARENVS et les deux premières lettres de REX. Ces deux inscriptions, grecque et latine, sont écrites de droite à gauche (SVNERAZAN), de telle sorte qu'elles correspondaient mot pour mot à la ligue hébraïque. On montre encore dans cette chapelle le doigt de saint Thomas, un des croisillons de la croix du bon larron qui est conservé dans le gradin de l'autel dont il occupe toute la longueur. — Nous étions heureux et attendris en vénérant ces saintes reliques; des militaires français qui étaient avec nous avaient peine à contenir leur émotion. Un officier de l'armée d'occupation, après avoir fait toucher sa croix d'honneur à la vraie croix et au clou de la passion, disait en pleurant : « J'étais pour quelque chose sur cette croix, lorsque Jésus-Christ y souffrait tant, et plût à Dieu que je n'y fusse plus pour rien! » Le vénérable vieillard, abbé des Cisterciens qui desservent l'église, nous présentait ces reliques de la passion avec un air de componction que son extérieur mortifié rendait plus touchant encore. Il nous dit que les moines de Sainte-Croix n'avaient jamais été volés, et qu'ils attribuaient cette faveur spéciale à la protection du bon larron. Je ne nie point, à Dieu ne plaise, le crédit ni le bon vouloir du saint larron; mais que viendraient faire les voleurs dans un couvent de Cîteaux ?

Le jardin des religieux renferme les restes de l'amphithéâtre *Castrense* qui est moitié en dedans, moitié en dehors du rempart. Autrefois l'enceinte de la ville s'étendait beaucoup plus loin, comme le prouvent les ruines du cirque d'Héliogabale et du *tepidarium* de sainte Hélène. Honorius fut obligé de la resserrer après que les guerres des barbares et la fondation de Constantinople eurent diminué la population de Rome. L'amphithéâtre Castrense était destiné aux combats des soldats contre les animaux et à divers jeux militaires; son *vivarium* se trouvait à quelque distance, dans la direction de la porte Majeure.

Près de là on croit reconnaître les ruines d'une cella de Vénus et de Cupidon; du moins on y a trouvé ces deux statues. L'artiste a donné à Vénus les traits de la femme d'Alexandre Sévère ; ce qui nous montre à quel excès de dégradation était tombée la société romaine. Au reste, c'est une chose digne d'attention que la plupart des temples de Vénus se trouvaient près des cirques et des amphithéâtres : à côté du Colisée on voit les ruines du temple de Vénus et Rome; dans la vallée du grand cirque, celle de Vénus Murtia; sur le mont Pincius, le cirque de Salluste était accompagné d'un temple de Vénus. Le rapprochement de ces lieux de corruption indique ce que les anciens pensaient des spectacles; ils étaient plus sincères que nous.

Il était nuit quand je rentrai. Après avoir écrit, je dormais du sommeil des fatigués, lorsque le son d'une cloche et des chants graves me réveillèrent en sursaut. Étonné, je prêtai l'oreille à ces mélodies de la nuit auxquelles l'heure et la solitude donnent une douceur rêveuse qui est pleine de charmes. Le lendemain, j'appris qu'il se fait à Rome, une fois par semaine, à l'heure de minuit, une procession qui parcourt la ville avec des torches et s'arrête à la place Barberini : usage touchant qu'on a probablement substitué à quelque pratique impure du paganisme. Loin de troubler la ville, ces chants, qui jettent sur le silence des ténèbres une pensée religieuse, portent avec eux le calme, la paix. Le crime veille et appelle la vengeance, l'expiation veille aussi pour implorer le pardon.... Puis, je ne sais; mais il me semble que ces voix mystérieuses ont dû quelquefois exciter le remords dans le cœur ulcéré qui méditait un crime, réveiller la terreur dans l'âme du malheureux endormi au sein des plaisirs, et sans doute aussi porter une consolation sur la couche du malade qui s'y retourne en vain pour trouver le sommeil. Il y a à Rome un sens religieux qui se montre en tout. Celui qui n'examine point critique; l'esprit éclairé qui observe ne tarde point à admirer. La religion s'y mêle à la vie publique et privée, et, il faut bien le dire, pour l'instruction, la moralisation du peuple et le soulagement de tous ses besoins, elle a opéré des merveilles. Voilà Rome ! Il y a du mal, sans doute, mais infiniment moins qu'on ne dit. S'il est ici plus remarqué, c'est que dans une ville sainte l'on voudrait ne trouver que des vertus : chose impossible dès lors qu'elle est habitée par des hommes. Le vice est obligé de s'y cacher; la vertu y trouve les secours les plus abondants pour s'y soutenir; ceux qui demandent davantage sont injustes : la religion doit soutenir les bons, en tolérant, comme Dieu, les méchants; vouloir autre chose, c'est malveillance ou ignorance. Quand il s'agit des autres villes d'Italie, on s'accorde assez généralement dans la louange et le blâme; on les juge froidement. Mais pour Rome, aucune plume n'est froide : on la déteste ou on la chérit; les sentiments qu'elle inspire sont des passions. C'est qu'on ne se trouve jamais dans une indifférence réelle touchant la vérité religieuse, on l'aime ou on la hait; Rome en est le foyer, elle doit donc partager avec elle ce privilége d'amour et de haine. Or, il n'appartient qu'à la vérité de soulever contre elle des répulsions aussi opiniâtres, et, toujours faible en apparence, de sortir toujours victorieuse de la lutte. Rome, toujours en butte aux traits de l'impiété, loin de s'affaiblir, gagne à toutes les attaques : la calomnie est nécessaire à sa gloire.

XXII.

MONTS ESQUILIN ET VIMINAL.

Romulus avait tracé la première enceinte de sa ville au pied du mont Palatin. Il assigna la colline du Capitole pour demeure aux Sabins, qui occupèrent aussi le Quirinal, ajouté depuis à la ville par Numa. Le mont Cœlius ne fut d'abord qu'un faubourg habité par les Étrusques et les Albains; Tullus Hostilius le ferma de murailles. Ancus Martius agrandit encore l'enceinte de Rome en y réunissant le mont Aventin et le Janicule. L'Esquilin et le Viminal y furent compris sous Servius Tullius, et enfin le mont Pincius sous Aurélien. Le mont Esquilin commence à Sainte-Marie *de' Monti* et finit à la basilique de Sainte-Croix; le Viminal s'étend de la même église à la porte Pie, qui a été longtemps appelée Viminalis. Ces deux noms viennent des chênes (*escus*) dont l'Esquilin était planté, et des osiers (*vimina*) qui couvraient le Viminal à l'origine. Un certain nombre de temples et de bois sacrés donnaient au mont Esquilin une importance religieuse; nous citerons celui de Junon Lucine, situé près de la basilique actuelle de Sainte-Marie Majeure, et non loin de là, le bois de *Méphitis*, divinité chargée de la salubrité publique : le culte qu'on lui rendait est une preuve ajoutée à tant d'autres que Rome fut toujours une ville malsaine.

L'église de la *Madonna de' Monti* n'offre dans son architecture ni dans sa décoration rien de remarquable ; mais les fidèles y vénèrent une image miraculeuse de la Vierge et les reliques du bienheureux Labre, qui habitait ce quartier, un des plus pauvres de Rome. Tout y offre l'aspect de la misère ; les rues sont remplies d'une fourmilière d'enfants déguenillés : le bienheureux Labre, qui se sanctifia en mendiant son pain, est le patron de cette population plus qu'il n'en est le modèle.

Près de là, à mi-côte d'une des pentes de l'Esquilin, l'église et le couvent des Minimes se font remarquer par leur simplicité sévère et semblent destinés à faire ressortir, par l'effet du contraste, les nobles bâtiments de Saint-Pierre *in Vincoli*, occupés par des chanoines réguliers. Sur cet emplacement, le prince des apôtres bâtit la première église de Rome, qu'il dédia au Sauveur. Incendiée sous Néron, rebâtie dans le ve siècle, restaurée plusieurs fois depuis, elle a gagné à chacune de ses réparations ; ce qui n'est pas arrivé pour beaucoup d'autres. On y conserve les chaînes de saint Pierre. Selon la tradition ecclésiastique, lorsqu'on rapprocha la chaîne dont l'apôtre avait été lié à Jérusalem, de celle dont on l'avait chargé à Rome dans la prison Mamertine, elles s'unirent miraculeusement. Il est digne de remarque que la chaîne de Rome est beaucoup plus pesante que celle de Jérusalem ; car saint Pierre, aux yeux des Romains, n'était qu'un esclave appartenant à une nation méprisée. Une observation semblable s'applique à la chaîne de saint Paul conservée dans la basilique hors les murs : elle est assez légère, telle que la portaient les citoyens romains ; saint Paul, à raison de cette qualité dont il jouissait comme originaire de Tarse, était traité avec des égards particuliers. L'église de Saint-Pierre *in Vincoli*, quoique d'un style incorrect, plaît néanmoins par la richesse de sa décoration. Plusieurs tableaux du Guerchin et du Dominiquin, la chaire pontificale, une mosaïque du VIIe siècle arrêteraient l'attention du visiteur, si elle n'était absorbée tout entière par le *Moïse* de Michel-Ange. Cette fameuse statue, placée au tombeau de Jules II, est le chef-d'œuvre de la sculpture moderne. Le législateur des Hébreux exprime dans sa pose et dans sa figure encore éclairée des splendeurs du Sinaï, la sainte colère qui l'enflamme contre le peuple prévaricateur : ce marbre frémit, l'artiste est oublié, on ne voit plus que Moïse. Mais quand la pensée revient à l'auteur de cette sublime composition et que l'on se rappelle tous ses titres de gloire, ce n'est plus de l'étonnement qu'on éprouve, c'est presque de l'effroi. Quel génie que Michel-Ange! Architecte, sculpteur, peintre, il a conçu le *Jugement dernier*, produit le *Moïse*, jeté le *Panthéon* dans les airs : la postérité l'admire, l'antiquité lui eût dressé des autels.

Les thermes de Titus, la gloire du mont Esquilin sous les empereurs, occupaient l'espace compris entre le Colisée et l'église de Saint-Martin. Lorsque Vespasien eut réduit le palais impérial aux anciennes limites du Palatin, il forma le projet, exécuté par Titus, de construire des thermes dans les jardins de la maison dorée de Néron. Domitien, Trajan et Adrien y ajoutèrent successivement; cet ensemble a porté le nom générique de thermes de Titus; mais il faut distinguer les thermes primitifs de cet empereur, augmentés par Domitien, de la partie qui fut l'ouvrage de Trajan. Les premiers seraient entre Saint-Pierre *in Vincoli* et le Colisée; ceux improprement appelés de Titus appartiendraient à Trajan. Les souterrains où l'on voit les arabesques célèbres que Raphaël a, dit-on, copiées, étaient des dépendances du palais de Néron que l'on conserva comme substructions du nouvel édifice. Les fouilles pratiquées sur ce point ont amené la découverte d'une grande quantité d'objets d'art antiques, entre autres du groupe de Laocoon. Virgile et Horace avaient leur maison sur l'Esquilin, où étaient aussi les jardins de Mécène, réunis plus tard à ceux de Néron. D'une tour de son palais, située, à ce qu'on croit, sur le plateau de Saint-Pierre *in Vincoli*, l'infâme empereur contemplait l'incendie de Rome. La tour de Conti, que l'on voit près du couvent des moines arméniens, n'a aucun rapport avec ce souvenir historique, bien que les traditions populaires la donnent comme le monument authentique de cette froide barbarie. On sait qu'Innocent III la bâtit dans le XIIe siècle, sur les ruines du temple de la Terre, près de la maison du grand Pompée.

La rue qui descend de Saint-François de Paule est l'ancien *vicus Sceleratus*, ainsi appelé du crime atroce de Tullia, qui, dans cette rue, fit passer son char sur le corps inanimé de Servius Tullius son père. L'église de Saint-Martin, une des plus belles de Rome, malgré la singularité de sa décoration, est au moins l'édifice le plus remarquable du quartier. Le pape saint Sylvestre avait, pendant les dernières persécutions, converti en oratoire un souterrain abandonné des thermes de Titus. Après que Constantin eut rendu la paix à l'Église, ce lieu devint un des plus révérés de la ville. On y a tenu plusieurs conciles. Dans le XVIIe siècle, l'église tombant de vétusté, un prieur des Carmes qui la desservent de temps immémorial parcourut l'Europe pour intéresser la piété des fidèles à la conservation d'un temple auquel se rattachaient de si beaux souvenirs ; le ciel bénit son zèle, l'église fut reconstruite et l'on y dépensa 70,000 écus romains (370,000 fr.). Le sanctuaire est élevé sur des arcades qui laissent voir une crypte magnifique d'où l'on entre dans l'église souterraine, celle de Saint-Sylvestre. On y conserve sa chaire pontificale, des statues et des peintures des premiers siècles, et même le tronc qui recevait les offrandes des fidèles. Les nefs supérieures sont formées par vingt-quatre colonnes de marbre dont quelques-unes ont leurs chapiteaux dorés. La frise très-riche porte les traces du mauvais goût qui caractérisait l'époque où l'église fut restaurée : sur un fond d'or se détachent en grisailles des symboles de l'Ancien et du Nouveau Testament, ou plutôt tout ce que l'imagination de l'artiste lui a représenté comme ayant un rapport quelconque avec les usages religieux, des autels, des piscines, des palmiers, des barques, des cuirasses, etc. Les murs des bas côtés offrent une série de paysages peints par Gaspard Poussin, que les Italiens appellent *Guaspre ;* Nicolas, son frère, ajouta les figures. Ces fresques très-remarquables, mais qui malheureusement dépérissent, composent un genre de décoration peu employé pour les églises, mais fort remarquable d'ailleurs pour l'exécution artistique. L'église de Saint-Martin, malgré le caractère défectueux de son ornementation, ne laisse pas que d'étonner par sa richesse : elle est une de celles que les Romains aiment le mieux.

Moins brillante, mais plus ancienne, l'église de Sainte-Praxède, bâtie vers l'an 160, était le refuge ordinaire des chrétiens durant les persécutions. Suivant une inscription qu'on lit dans une nef, on y a enseveli les corps de deux mille trois cents martyrs. La sainte recueillait leur sang et l'exprimait avec une éponge dans le puits que l'on voit encore au milieu de l'église. « Il y a, dit Villamont, une pierre ronde, remplie du sang de plusieurs martyrs qu'alloit recueillant saincte Praxède par Rome, avec une éponge, qui est encore si frais et vermeil que le pape Léon X, qui n'estoit dévot que de bonne sorte, esmerveillé de ce, feist enfermer et clorre la pierre où il est de grilles de fer (1).» L'église fut restaurée dans le IXe siècle et plus tard ornée par saint Charles Borromée, qui en était cardinal titulaire. On monte au sanctuaire, très-élevé selon la forme antique, par un double escalier d'un marbre rouge fort rare. Le tableau de la *Flagellation*, chef-d'œuvre de Jules Romain, aujourd'hui placé dans la sacristie, avait été peint pour la chapelle de Saint-Zénon où l'on vénère la colonne de la flagellation à laquelle Notre-Seigneur fut attaché. Elle est de jaspe ou de marbre gris, longue d'un pied et demi, d'un pied de diamètre, et l'on y voit encore l'anneau où l'on attachait les criminels. Les historiens ecclésiastiques nous apprennent qu'on la conserva à Jérusalem sur le mont Sion jusqu'à l'an 1223, où le cardinal Colonna, légat du saint-siége dans la terre sainte, la fit apporter à Rome.

De Sainte-Praxède, pour n'avoir point à revenir sur nos pas, nous nous dirigerons vers la rue *Felice*, où nous arrivons par l'arc de Galien. Ce monument, érigé à l'empereur Galien par un nommé Marc-Aurèle, se ressent de la décadence des arts à l'époque de sa construction. Le peuple l'appelle *l'Arco di San-Vito*, du nom de l'église voisine bâtie sur l'emplacement présumé de la basilique Sicinienne, où se jugeaient sans doute les causes du forum Esquilinum. Il y avait aussi en ce lieu un abattoir public nommé *macellum Livianum*, et plus tard *macellum Martyrum*, à cause de la boucherie de chrétiens que les païens y firent à plusieurs époques. On montre encore une pierre appelée *Scelerata* sur laquelle on les égorgeait.

Il est dans cette rue *Felice* une porte que rien ne distingue sous le rapport de l'art ou de l'antiquité, mais dont les jambages chargés de signes astrologiques et cabalistiques attirèrent mon attention. J'y lus des inscriptions singulières : « *Tria sunt mirabilia in mundo : Deus et homo, mater et virgo, trinus et unus;* il y a trois merveilles au monde : un Dieu homme, une mère vierge, une trinité dans l'unité; » et cette autre assurément

(1) *Voyages en Europe, en Asie et en Afrique*, 1598.

très-philosophique : « *Quandò in domo tuâ nigri corvi parturient albas columbas, tunc vocaberis sapiens*, lorsque dans ta maison les noirs corbeaux produiront les blanches colombes, alors tu pourras t'appeler sage. » Quelque mauvais plaisant aura voulu mystifier sans doute les amateurs d'inscriptions par ces inepties. Je m'étonne de trouver celles-là dans une ville grave comme Rome, où l'on donne aux inscriptions une si grande importance. Elles y sont très-multipliées : on en voit aux façades des palais, des églises; le moindre événement y prend des proportions historiques, pas un monument qui ne porte son acte de naissance avec lui. Rome demeure fidèle à ses traditions; aujourd'hui comme autrefois, elle travaille pour la postérité : usages, constructions, tout y reçoit la consécration des siècles; son histoire est écrite à la face du soleil; ses monuments sont des témoins contemporains restés sur place; ce que les livres racontent, les inscriptions le confirment avec un sceau de pierre à l'appui, elles demeurent les titres nobiliaires de la ville éternelle.

Au carrefour des chemins qui descendent vers la porte Majeure, s'élève une ruine antique appelée communément le château de l'eau Marcie ou trophées de Marius. C'est une double erreur de nom : le niveau des eaux qui entrent dans Rome fournit une preuve matérielle que cette fontaine ne pouvait être alimentée que par l'eau Julie; les trophées qui l'ornaient se rapportent incontestablement à une époque de beaucoup postérieure à Marius; plusieurs les croient du temps de Septime-Sévère. Sixte-Quint les fit transporter sur la place du Capitole, où on les voit aujourd'hui. Un peu plus loin, sur la pointe de l'Esquilin, entre la porte Saint-Laurent et la porte Majeure, se montrent de loin les ruines pittoresques du temple de Minerve Médica. Cet édifice, successivement appelé basilique de Caïus, temple d'Hercule, de Minerve, salle des jardins de Licinius, renfermait des ornements sculptés et des statues qui pouvaient autoriser ces différentes hypothèses. Aujourd'hui la critique, lasse de recherches, l'abandonne aux peintres qui admirent ce paysage comme l'un des plus intéressants de Rome. Près de là deux *columbarium* se présentent avec des caractères divers : le premier, sous une apparente simplicité, ne manquait pas d'élégance; il était destiné aux affranchis d'Aruntius, consul sous

Tibère; le second se compose d'une seule chambre entourée de niches qui étaient vendues aux gens du peuple : l'un a été élevé par la vanité, l'intérêt a fait l'autre.

Dans ce quartier reculé on a bâti au IVe siècle une église en l'honneur de sainte Bibiane, près du palais de Licinius et sur la maison que la sainte avait habitée. Urbain VIII la fit restaurer, et le chevalier Bernin, son fidèle serviteur, en construisit la façade. La statue du maître-autel passe pour un de ses meilleurs ouvrages. Les reliques de sainte Bibiane, de sa mère et de sa sœur, sont déposées dans une urne d'albâtre oriental. Ciampelli et Pierre de Cortone ont décoré cette église de fresques remarquables. Ce n'est guère que le dimanche que l'on peut visiter les églises situées dans les quartiers éloignés de Rome; il semble que l'on ne soit plus dans la ville, tant la solitude y est profonde; les chemins qui y conduisent sont poudreux, mal entretenus : les édiles de Rome les négligent totalement; ou plutôt ne disons rien, car ils ne peuvent en ôter le soleil, et la dernière république en a détruit les arbres.

L'église de Saint-Eusèbe, quoique restaurée dans le dernier siècle, peu délicat, comme on sait, en matière d'art, offre une œuvre architecturale d'un goût plus pur que la façade de Sainte-Bibiane. Après les productions du Bernin, belles sans doute, mais déparées par les caprices d'une imagination exubérante, il se fit à Rome une réaction vers le genre classique et les saines traditions de l'antiquité. A Saint-Eusèbe tout est marqué au coin d'une sage réserve : il y a des marbres rares, de riches autels, une boiserie remarquable par ses sculptures. Raphaël Mengs en a peint la voûte qui représente la Gloire de saint Eusèbe. Cette église est précédée d'une cour plantée d'arbres et de fleurs; rien de gracieux comme ces jardins servant d'avenue aux églises. On croit que cet espace était anciennement couvert par les thermes de Gordien.

L'église de Saint-Antoine, selon quelques-uns, aurait remplacé le temple de Diane ou la basilique Sicinienne. Elle fut desservie d'abord par les religieux français antonins, et n'a de remarquable que quelques bons tableaux de Parrocel et les fresques des tentations de saint Antoine, œuvre assez médiocre. Devant cette église un Français ne peut manquer d'arrêter ses regards sur la colonne de granit égyptien surmontée des figures du Christ et de la Vierge, érigée en 1595, en mémoire de l'absolution donnée à Henri IV, roi de France. La colonne voisine qui porte une statue en bronze de la sainte Vierge, est la seule qui reste de la basilique de Constantin au Forum. On voit d'ici tout l'ensemble de la façade de Sainte-Marie Majeure. Elle ne manque pas de grâce; mais il est à regretter que Benoît XIV, en la restaurant, ait conservé les deux bâtiments au milieu desquels le portique est étouffé, comme entre des constructions bourgeoises; ces appendices nuisent à l'unité de la perspective.

La basilique de Sainte-Marie Majeure, la plus grande et la plus riche, sinon la plus ancienne des églises consacrées dans Rome à la mère de Dieu, fut construite en 352, sur le sommet de l'Esquilin nommé Cispius, près du temple de Junon Lucine, à l'occasion d'une vision que Jean Patricius et le pape Libère eurent la même nuit. La sainte Vierge leur apparut pour leur indiquer l'emplacement où elle voulait qu'on lui bâtît une église. Cette vision fut confirmée le lendemain par la chute de la neige qui couvrit l'espace désigné. En mémoire de cet événement, les souverains pontifes ont établi la fête de Notre-Dame des Neiges, qui se célèbre le jour anniversaire de ce miracle, le 5 août; et on le reproduit en quelque sorte en jetant dans l'église, du haut de la lanterne de la chapelle Borghèse, des touffes de jasmin sur le peuple; ce qui produit une illusion charmante. Cet usage prouve le goût, le culte historique et la foi des Romains. Un double portique soutenu par des colonnes en granit décore la façade orientale. La basilique de Sainte-Marie Majeure, la seule dont la forme rappelle exactement celle des antiques basiliques, est d'un style irréprochable. Trente-six colonnes ioniques de marbre blanc, dépouille du temple de Junon, la divisent en trois nefs; sur l'architrave qu'elles portent règnent une série de mosaïques représentant la vie de la sainte Vierge; on a employé pour dorer le plafond le premier or venu du nouveau monde. Le maître-autel, formé d'une grande urne de porphyre, est surmonté d'un baldaquin soutenu par quatre colonnes de porphyre, entourées en spirales de palmes dorées. Les mosaïques qui recouvrent le fond de l'abside et les faces antérieures du grand arc offrent un grand intérêt archéologique, surtout les dernières qui, datant du pontificat de Sixte III, dans le ve siècle, peuvent être considérées comme les plus anciens monuments iconographiques chrétiens, après les peintures des catacombes. Les chapelles des bas côtés, sans altérer la régularité du plan général, contribuent singulièrement à augmenter, par l'examen de leurs détails, l'admiration que la première vue de la basilique fait naître : celle de la famille Patrizi, qui descend du fondateur de l'église, intéresse par ce souvenir; on conserve dans la suivante, dédiée au saint crucifix, la crèche du Sauveur renfermée dans une urne d'argent ornée de pierres précieuses, magnifique joyau donné par Marguerite d'Autriche, reine d'Espagne. La nuit de Noël on porte processionnellement la sainte crèche tout autour de l'église, qui est parée et illuminée d'une manière splendide (1) ; puis on la dépose dans la chapelle basse de Sixte-Quint, appelée Sainte-Marie de la Crèche, où l'on garde quelques autres reliques. Au-dessus de cette crypte, on remarque sur l'autel du Saint-Sacrement le tabernacle qui reproduit, à ce qu'on croit, la forme du temple de Jérusalem. Les murs latéraux sont ornés de deux mausolées remarquables : celui de saint Pie V, qui repose dans une urne de vert antique, et, vis-à-vis, celui de Sixte-Quint, du même style. Il est représenté en prières. Sa physionomie n'exprime pas son grand caractère. On a peine à reconnaître sous ces traits placides et vulgaires le souverain admiré de l'Europe dans un siècle fécond en grands hommes, le pontife, ami des arts, dont Rome reçut tant d'éclat, et le sévère justicier qui purgea l'Italie des brigands. En face de la Chapelle de Sixte V, Paul V, de la famille Borghèse, fit construire une chapelle plus belle encore : c'est une rotonde d'une somptuosité qui étonne même dans la ville de Rome, où l'œil, à force de voir des merveilles, y devient peu à peu insensible. L'autel, tout incrusté de pierres précieuses, s'accompagne de quatre colonnes cannelées, de jaspe, avec des bases et des chapiteaux en bronze doré. Au milieu du champ de lapis-lazuli qui forme le contre-retable, est placée l'image de la Vierge peinte par saint Luc, entourée d'un cordon de pierres fines et soutenue par quatre anges de bronze doré, ouvrage du Bernin. Des sept images de la Vierge peintes par saint Luc, celle-ci est la plus

(1) La dépense de l'illumination de Sainte-Marie Majeure pour la nuit de Noël s'élève au chiffre de 10,000 fr.

anciennement vénérée et la plus authentique. Déjà au VIe siècle nous la voyons portée processionnellement par saint Grégoire le Grand, pendant une calamité publique. Les fresques de la chapelle Borghèse sont du Guide et du chevalier d'Arpin; les bas-reliefs, du Bernin et de Maderne. Le pavé recouvre les caveaux mortuaires de la famille Borghèse, une des plus illustres de Rome, alliée à plusieurs maisons souveraines d'Europe, notamment à celle de Napoléon Ier : Pauline, sa sœur, avait épousé le prince Camille Borghèse. Pauline, belle et brillante, aima le monde, où elle recueillit des hommages décernés à ses qualités personnelles encore plus qu'à son nom. Revenue vers la fin de sa vie à des sentiments vraiment chrétiens, elle répara ses erreurs par des vertus austères. Un jour, elle se fit apporter sa plus belle parure, examina une à une toutes les pièces dont elle se composait, et dit à ses dames d'honneur : « Conservez tout cela avec soin jusqu'au moment où il plaira à Dieu que sa pauvre servante en soit revêtue. » La princesse venait de choisir sa toilette mortuaire; elle est donc descendue dans sa dernière demeure avec ses plus brillants atours, laissant au monde cette nouvelle leçon du néant de ses biens.

Nous avons donné une idée de cette basilique que tous les arts se sont efforcés d'embellir. Il convenait que la ville sainte eût pour la Vierge, mère du Sauveur, une basilique digne du culte que lui rend l'Église catholique, et surtout la riante Italie. Le marbre, les pierres précieuses, l'or, tout ce que la nature pouvait offrir de plus riche, et l'art de plus gracieux, de plus pur, devait être employé pour orner son sanctuaire et embellir son autel. Sainte-Marie Majeure, avec ses blanches colonnes et sa décoration ravissante, apparaît comme la basilique la plus aimée des Romains. C'est la reconnaissance et la piété filiale qui ont pris plaisir à entourer l'image d'une mère de cœurs d'or et de symboles d'amour; il a fallu que son temple fût placé bien haut, sur le sommet de l'Esquilin, afin que de toutes parts la confiance pût en découvrir le faîte vénérable, et que la mère pût, elle aussi, embrasser d'un seul regard la multitude de ses enfants. L'Italie et Rome particulièrement révèrent dans la *Madonna* la plus pure expression de la beauté céleste, la plus tendre commisération pour nos faiblesses, la toute-puissance de l'amour maternel auquel un Dieu même est soumis. Aussi, dans ce pays de foi et de religion profonde, on retrouve partout l'image de la Madone éclairée par deux lampes, dans des niches proprettes, toujours parées de fleurs. Chaque maison est son temple ; aux angles des rues, on la rencontre comme un heureux augure ; dans des lieux solitaires elle écarte le poignard assassin ; l'ouvrier qui part à l'aurore la salue et en reçoit force et courage ; le soir, à son retour, il se découvre pieusement devant elle, lorsque les cloches de la ville tintent l'*Ave Maria*. Nous n'avons rien vu de plus respectable que le culte rendu à la mère du Sauveur dans l'Italie, et nous plaignons bien sincèrement ceux qui en méconnaissent le caractère ou qui y trouvent des abus.

Derrière le chevet de la basilique, sur la pente de l'Esquilin, s'élève un obélisque, autrefois placé à l'entrée du mausolée d'Auguste et transporté ici par les ordres de Sixte-Quint. Il contribue à l'effet de la perspective que présente l'église, située à l'extrémité d'une avenue directe, d'une demi-lieue de longueur. A partir de l'obélisque, on descend le mont Esquilin ; ensuite l'on monte le Viminal pour le redescendre aussitôt, et enfin l'on monte le Quirinal. Je ne trouve rien de plus long que ces lignes droites où l'on voit le terme, sans jamais y arriver : la pensée franchit tout d'abord la distance ; dès le départ, l'imagination atteint le but et appelle impatiemment le corps qui se traîne à sa suite; cette lutte entre l'esprit et la matière lasse le voyageur. Que l'on me donne *un chemin montant*, *sablonneux*, *mal aisé*, *et de tous les côtés au soleil exposé*, je le gravirai volontiers, pourvu qu'il ne soit pas direct.

La rue qui commence au pied de l'Esquilin, à gauche, vient se relier à celle appelée *Urbana*, autrefois *vicus Patricius*, dans la vallée formée par les contre-pentes des monts Esquilin et Viminal. Servius Tullius y avait relégué les patriciens soupçonnés de conspirer contre lui. On y trouve l'église de Sainte-Pudentienne, célèbre dans les annales ecclésiastiques. Le sénateur romain Pudens avait ici un palais et des thermes ; il accueillit saint Pierre, qui le baptisa lui et ses enfants et y consacra évêques saint Lin et saint Clément, qui furent ses successeurs. Le pape Pie I fit bâtir l'église l'an 164 et en donna le soin à Pastor, son frère, d'où lui vient le titre de *in Pastore*. On peut donc regarder cette église comme le berceau du christianisme à Rome. Au milieu se voit encore le puits où sainte Pudentienne a enterré plus de trois mille martyrs. Dans la chapelle de la sainte, à côté de l'autel, une large pierre garde l'empreinte sanglante d'une hostie consacrée, laquelle s'échappa des mains d'un prêtre qui doutait de la présence réelle. L'église de Saint-Laurent *in Panispernâ*, l'une des plus anciennes de Rome, indique l'emplacement des thermes d'Olympiade et l'endroit où saint Laurent souffrit le martyre. Sa dénomination est obscure.

Le point où la rue *Felice* coupe à angles droits celle de la porte Pie, me paraît, par ses points de vue, l'un des plus remarquables de Rome. Les rues alignées qui s'y réunissent sont longues, propres, ornées de palais et d'églises, et terminées par des monuments et des obélisques imposants qui reposent à la fois l'esprit et les yeux. Cette idée de Sixte-Quint est digne de lui : si Rome avait quelques quartiers semblables, elle serait par sa beauté, comme elle est par ses monuments, la première ville du monde. Ce quartier passe pour le plus sain de la ville ; on vient le soir s'y promener, pendant la semaine, comme sur le mont Pincius, le dimanche. On y voit bon nombre de mendiants ; car on ne les traque pas, comme en France ; on leur laisse respirer l'air pur des grandes places, ils font partie de la société romaine ; mais ils n'implorent la charité publique qu'avec une certaine réserve : le Romain qui mendie a aussi sa fierté. C'est un spectacle fort mêlé que celui des promenades à Rome ; tous les costumes du monde s'y croisent ; on y entend toutes les langues ; on jouit des charmes de la soirée, des derniers rayons du soleil, de la vue du Tibre ; on se raconte les nouvelles du jour, on désespère du lendemain, on accuse le gouvernement, on parle de la France, on déraisonne, et tout cela gravement, niaisement, comme il convient à des Romains. Dans ces foules de promeneurs se montrent beaucoup de prêtres, des moines de toutes les couleurs, et les Français de crier au scandale ! A Rome, on éprouve le besoin, pour conserver sa santé, de sortir quelques heures de cette atmosphère malsaine qui enveloppe les deux tiers de la ville, et de faire chaque jour un peu d'exercice au grand air. Or, il faut bien, pour le respirer, venir où il se trouve.... Mais des prêtres, des moines ! — Eh ! Messieurs, que faut-il faire pour vous convenir ? Si l'on vit en reclus, on est accusé d'excentricité, de fanatisme ; si l'on sort un instant, on est taxé de fainéantise et de mondanité. Comment contenter des gens qui de parti pris condamnent et dont la passion dicte tous les arrêts ? Les cardinaux ne fréquentent guère la promenade du mont Pincius et du Corso ; ils préfèrent celle de la porte Pie. Leurs voitures se distinguent à leurs trois laquais en livrée et au respect avec lequel la foule les accueille ; toutes les têtes se découvrent, on se range révérencieusement contre les murs. L'étiquette veut qu'ils ne sortent jamais qu'en voiture ; ils sont véritablement les princes de Rome, puisque chacun d'eux est héritier présomptif de la couronne. Heureux État que celui où l'élection se fait sans secousses ! Il n'y a ni les agitations des gouvernements électifs, ni l'immobilité des monarchies héréditaires : l'Église romaine ajoute à toutes ses gloires celle d'offrir au monde un type inimitable de gouvernement.

A l'extrémité du mont Viminal, Sixte-Quint fit construire la fontaine appelée de son nom *Felice*, qui reçoit l'eau Marcie, ramenée à Rome du village de Colonna, sous son règne. La décoration de la fontaine Félix se compose de quatre colonnes ioniques, entre lesquelles s'ouvrent trois niches, dont l'une, celle du milieu, est occupée par la statue de Moïse frappant le rocher; les autres par des bas-reliefs représentant Aaron conduisant le peuple à la source miraculeuse, et Gédéon sur le point de faire passer le fleuve du Jourdain aux Hébreux. Cette fontaine tient le troisième rang parmi les plus belles de Rome ; son architecture imposante, quoique peu appropriée à sa destination, écrase les figures, d'ailleurs très-médiocres, dont on l'a décorée. Le *Moïse* fut tellement critiqué, dès le principe, que son auteur, Jean-Baptiste della Porta, en mourut de chagrin. La fontaine Félix partout ailleurs fixerait l'attention ; dans la capitale des beaux-arts elle semble un hors-d'œuvre. Si en fait d'art la médiocrité n'est pas supportable, c'est à Rome surtout qu'on ne saurait la tolérer.

Les thermes de Dioclétien furent construits par quarante mille chrétiens que l'empereur livra ensuite aux bêtes. Cette vaste construction formait une enceinte carrée dont chaque côté avait mille soixante-neuf pieds de longueur ; trois mille deux cents personnes pouvaient s'y baigner à la fois. On y trouvait d'immenses portiques, des salles, des bibliothèques, entre autres celle de la basilique Ulpienne, qu'on y avait transférée du forum de Trajan. Pie IV eut l'idée de consacrer, sous le titre de Sainte-Marie des Anges, ces lieux qui rappelaient les triomphes des martyrs. Il chargea Michel-Ange d'y bâtir un temple digne de représenter la gloire de la religion sur les ruines du monument où le plus cruel de ses persécuteurs croyait l'avoir ensevelie. Michel-Ange, y trouvant une salle immense quadrilatère, appelée *Pinacotheca* ou mieux *Schola Labri*, la disposa en croix grecque en y conservant les huit colonnes qui la supportent et qui n'ont pas moins de quarante-trois pieds de hauteur, bien qu'enfouies d'un tiers. La longueur de la nef est de cent soixante-dix-neuf pieds; sa hauteur de cent cinq; la rotonde qui sert de vestibule était une des étuves ou *calidarium*, de même que l'église voisine de Saint-Bernard. Sainte-Marie des Anges possède une foule de tableaux dont les copies en mosaïque se trouvent à Saint-Pierre, tels que le *Baptême de Jésus-Christ* par Charles Maratte; la *Punition d'Ananie et Saphire*, peinture sur ardoise du Pomarancio; les *Évangélistes* de Procaccini; le *Martyre de saint Sébastien*, du Dominiquin, fresque célèbre qui fut, par des procédés ingénieux, transportée avec le mur qui l'avait reçue, d'abord dans l'atelier des mosaïques au Vatican, puis à Sainte-Marie des Anges. L'architecte Zabaglia fit exécuter cette opération délicate avec un plein succès; on emploie encore sa méthode en Italie. Le *Saint Jérôme* de Mutien, réputé son chef-d'œuvre, figure dans cette collection si connue des artistes. Charles Maratte et Salvator Rosa sont inhumés dans cette église. Entre ces deux peintres, l'un doux et régulier, l'autre impétueux et bizarre, la mort seule pouvait établir un rapprochement, celui de la tombe. Sainte-Marie des Anges est un de ces monuments, peu nombreux à Rome, qui causent une véritable surprise. On ne supposerait jamais que la croix grecque pût acquérir une telle expression de noblesse et de religieuse majesté. A la vue de cette belle église, on se prend à regretter que le plan primitif de Saint-Pierre ne se soit point réalisé; c'est pour l'art une perte irréparable. Si Michel-Ange a su tirer un si noble parti d'une ruine, que n'eût-il pas fait pour accompagner dignement sa coupole, lorsque l'espace dont il disposait ne présentait aucun obstacle aux créations de son génie? C'est lui qui a fait élever le cloître des Chartreux contigu à l'église; il aimait ce séjour, et l'on montre encore dans le jardin du couvent plusieurs arbres qui ont été plantés de sa main.

Derrière les thermes de Dioclétien s'étendait, sur un espace assez considérable, l'*agger* de Servius Tullius, sorte de terrassement soutenu par des remparts énormes. Hors de l'enceinte actuelle, on reconnaît les restes du *castrum prætorianum*, camp des prétoriens, entre la porte Pie et la porte Saint-Laurent. Constantin détruisit cette milice et démantela son camp, parce qu'elle avait suivi les drapeaux de Maxence.

En revenant de Sainte-Marie des Anges dans la rue Pie, on a sous les yeux, de l'autre côté de la fontaine Félix, les façades des églises de Sainte-Suzanne *à Termini* et de Sainte-Marie de la Victoire. On conserve dans la première les reliques de sainte Suzanne, de sainte Félicité martyre et de ses compagnes. Les boiseries du chœur, en noyer sculpté, sont regardées comme ce qu'il y a de plus beau en ce genre à Rome. La princesse Camille Perretti, sœur de Sixte-Quint, y fonda, en faveur de neuf filles pauvres, neuf dots de 50 écus romains (220 fr.) qu'on distribue le jour de la fête de la sainte titulaire, le 11 août de chaque année. La seconde église fut dédiée sous l'invocation de Sainte-Marie de la Victoire, à l'occasion des victoires remportées par Maximilien d'Autriche et les autres princes chrétiens sur les Turcs. On y voit suspendus les étendards pris à la bataille de Lépante. La seconde chapelle a été peinte par le Dominiquin, la coupole par le Pérugin; il y a des tableaux du Guerchin, de Nicolas Lorrain et de plusieurs autres grands maîtres. Parmi les sculptures, on distingue le *Sommeil de saint Joseph* par Dominique Guide, et surtout la magnifique chapelle de Sainte-Thérèse, exécutée sur les dessins du Bernin, qui sculpta la statue de la sainte, représentée dans une extase d'amour divin. Ce groupe est réputé son chef-d'œuvre. La façade de Sainte-Marie de la Victoire fut construite par les ordres du cardinal Scipion Borghèse, en reconnaissance du présent que les religieux carmes lui firent de l'*Hermaphrodite* trouvé dans les fondements de l'église.

La porte Pie est bâtie à quelque distance de l'ancienne porte Nomentana, ainsi appelée de la voie Nomentana qui conduisait à la ville de Nomentum, aujourd'hui Lamentana. Pie IV en avait confié la décoration à Michel-Ange, qui ne l'acheva point. Hors de cette porte, la villa Torlonia, prônée plus qu'elle ne mérite de l'être, ne vaut pas la peine qu'on prend pour venir la visiter. Elle manque de caractère et semble vouloir causer par là quelque surprise aux voyageurs lassés du beau. C'est une villa anglaise ; rien n'y manque de ce que nos voisins d'outre-Manche prennent pour la nature vraie : montagnes russes, rocailles, kiosques, ruines classiques, chalets, cascades, etc. Ces temples imités de l'antique, ce morceau de forum, cet amphithéâtre qui ressemble à une citerne, tout cela rappelle le mauvais goût qui créa la villa Adrienne, moins la fidélité de la reproduction et le grandiose de l'œuvre. Les arbres pourront croitre, le sol pierreux s'embellir, le casin compléter ses collections ; il restera toujours ces tristes fontaines qui ne suffisent point à désaltérer les plantes des jardins, ces *laguni* ou petits lacs qui ne sont en réalité que des grenouillères, ces étroits sentiers qui ôtent tout prestige à ce qu'ils environnent et ces ruines dont la vieillesse moderne sera toujours ridicule. A Rome, les beaux-arts n'ont rien à emprunter aux peuples étrangers ; c'est à eux qu'il convient de leur offrir des modèles.

Non loin de la villa Torlonia, on voit les bâtiments de l'église de Sainte-Agnès que Constantin fit élever, à la prière de sa fille Constance, sur l'endroit même du cimetière où le corps de la sainte fut trouvé. Quoiqu'on ait construit sur le niveau des anciennes catacombes, l'église n'est point souterraine, mais dans une tranchée. Le jour qui descend d'en haut prête aux objets des tons mystérieux et tranquilles ; ce n'est ni l'éclat du ciel ni l'obscurité des tombeaux. On y descend par un escalier de quarante-cinq marches. Quatre colonnes de porphyre supportent le baldaquin de l'autel, orné de la statue de la sainte, torse antique d'un beau travail. A droite, en entrant, on montre dans une chapelle une tête du Sauveur, ouvrage de Michel-Ange que les républicains de ces derniers temps avaient vendu aux Anglais ; mais le pieux patriotisme du curé de Sainte-Agnès parvint à le dérober à leur rapacité. Lui-même, en nous faisant les honneurs de son église, nous raconta ce fait ; après quoi, en retour de sa confiance, croyant avoir mérité la mienne, il me demanda en latin quelle était la profession de mes deux compagnons de voyage ; je lui répondis : « *Medicus et pharmacopola ; prior jubet, alter exsequitur, et ego tumulo ;* médecin et pharmacien; le premier ordonne, le second exécute, et moi j'enterre.» Folie, sans doute; mais il en rit beaucoup, et c'est quelque chose que de dérider un Romain.

Dans l'enclos de Sainte-Agnès il existe une seconde église, de forme circulaire, dont la voûte repose sur douze couples de colonnes corinthiennes. Elle est dédiée à sainte Constance. Quelques auteurs prennent cet édifice pour un temple de Bacchus, se fondant sur le genre de décoration de la frise qui représente des enfants exprimant des grappes de raisin; mais les chrétiens employaient quelquefois ces sortes de symboles. Sous l'autel repose le corps de la sainte. Il paraît que cette église fut construite pour servir de baptistère à la basilique de Sainte-Agnès; on y a trouvé les tombeaux de la famille de Constantin. Le mur voisin, qui enclôt un espace assez étendu, n'appartient pas à un hippodrome de Constantin, mais à un cimetière chrétien, comme on l'a reconnu par les fouilles. Il y aurait une étude à faire sur l'église de Sainte-Agnès, qui présente le type parfait des basiliques civiles, et sur celle de Sainte-Constance, monument intégralement conservé de l'époque constantinienne. Leur monographie offrirait des particularités intéressantes pour l'histoire monumentale de l'Église de Rome. Cette ville a été étudiée par les historiens profanes et ecclésiastiques; il y reste encore aux amis de l'art chrétien un vaste champ à explorer.

A un mille au delà et de l'autre côté du pont Nomentanus, s'élève le mont Sacré où se retira le peuple mécontent du sénat. Ménénius Agrippa vint lui adresser l'apologue des *Membres et l'Estomac* et lui persuada de revenir à Rome. Le peuple s'y retira de nouveau après que les décemvirs eurent supprimé les tribuns, et il y jura de ne jamais se révolter contre ces magistrats qui protégeaient sa liberté contre les patriciens. Le mont, appelé jusqu'alors *Velia*, prit de ce serment le nom de *mont Sacré*. Dans cette direction, et à un mille plus loin, entre les voies Nomentane et Salaria, était située la villa de Phaon, affranchi de Néron, où ce tyran se donna la mort.

Près de la porte Salaria, la villa Albani se recommande aux amateurs d'antiquités par la plus riche collection privée de statues qu'il y ait à Rome. L'abbé Vinckelmann les a mises en ordre, vers la fin du dernier siècle. L'ancienne galerie de tableaux, si précieuse et par le nombre et par le choix, fut en grande partie dispersée à l'époque de la Révolution. L'Europe s'est enrichie des dépouilles des villas romaines, et les artistes le regrettent vivement; car ils ne vont pas étudier en Russie ni à Londres : Rome seule peut être le musée de l'univers.

La porte Salaria, construite par Honorius, a remplacé l'ancienne porte Colline de Servius Tullius. Cette porte, étant la plus faible à raison de sa position, fut assiégée et emportée par les Gaulois et les Goths. Annibal se proposait d'attaquer la ville par ce côté, lorsque les pluies l'obligèrent à se retirer. Ici commençait l'*agger* de Servius Tullius, qui se prolongeait jusqu'à la porte Tiburtine. Sous cet *agger*, entre la porte Pie et la porte Salaria, était le *campus sceleratus*, où l'on enterrait vivantes les vestales coupables. Les jardins de Salluste occupaient l'espace compris entre la porte Salaria et Sainte-Suzanne *à Termini* d'un côté, et Saint-Joseph *à Capo le case* de l'autre. On reconnaît encore dans la vigne Mandosia les restes d'un palais, l'emplacement du cirque où fut trouvé l'obélisque de la Trinité du Mont, et enfin un temple de Vénus parfaitement conservé. C'est donc là que Salluste, ce stoïcien sybarite, écrivait ces belles pages d'austérité philosophique dans l'intervalle des plus coupables plaisirs; qu'il parlait de vertu en jouissant de ses rapines, et qu'il mentait à la postérité, espérant que son beau langage effacerait le souvenir de ses vices. Ses jardins furent, après sa mort, possédés par son neveu et réunis ensuite au domaine impérial. Néron y demeura quelquefois, Vespasien en aimait le séjour, Nerva y mourut; Aurélien y avait fait construire ou décorer un portique appelé, de son étendue, *Milliarensis*, autour duquel il prenait plaisir à faire courir ses chevaux; enfin les Goths les dévastèrent dans le ve siècle, et depuis lors ils ont été abandonnés.

XXIII.

MONT QUIRINAL.

Ce mont, anciennement appelé *Collis*, reçut ensuite le nom de *Quirinal*, d'un temple dédié à Romulus sous le titre de Quirinus (1), lequel était situé sur la pente qui regarde le Viminal, près de l'église actuelle de Saint-Vital. Les trois autres pointes de la même colline, je veux dire la *Martialis*, la *Latiaris* et la *Salutaris*, prenaient leurs noms des temples de Mars, de Jupiter Latial et de la Santé *(salus)*. Le mont Quirinal fut toujours le plus salubre de Rome. Vers les derniers temps de la république, les Romains avaient détruit plus de quatre-vingts villes ou vil-

---

(1) Après la conclusion de la paix entre les Romains et les Sabins, Romulus et Tatius voulurent fonder sur des bases durables l'unité politique des deux peuples. Rome reçut une partie des Sabins; la capitale de la Sabine était Curium ou Cures, dont les habitants s'appelaient Quirites; leur arme principale portait le nom de Quiris. Romulus prit le surnom de Quirinus; son peuple, celui de Quirites; les Sabins reçurent à leur tour le titre de citoyens romains, d'où l'adage latin : *Tota Sabina civitas*. Enfin il fut convenu que tout Sabin venant à Rome trouverait place au foyer dans quelque maison qu'il entrât. Cet usage existe encore, au moins à certaines époques solennelles de l'année. L'hospitalité violée par l'enlèvement des Sabines reçoit depuis vingt-cinq siècles cette touchante réparation.

lages dans les plaines qui environnent la ville; pour la défendre ils firent le désert autour d'elle; le peuple abandonna la culture des terres; les cours d'eau se convertirent en marais infects, et Rome, qui avait toujours été une ville malsaine, le devint alors plus que jamais, à tel point que ses maîtres et ses riches citoyens la désertaient pour se retirer à Naples, à Baïes, etc. Ainsi les empereurs l'ont léguée aux papes insalubre, et il est probable que la paternelle sollicitude de ces derniers ne pourra jamais neutraliser l'action des causes locales qui viennent ajouter leurs influences malignes à celle du climat.

Au pied du Quirinal s'élève un des plus glorieux monuments de la puissance romaine, la colonne Trajane, érigée par le sénat au fils du sage Nerva, en mémoire de ses triomphes sur les Daces. Elle est haute de cent trente-deux pieds, et se compose de vingt-trois blocs sur lesquels sont sculptées deux mille cinq cents figures humaines, ouvrage d'une perfection qui fait l'admiration des siècles. Sixte-Quint ordonna de placer la statue colossale de saint Pierre sur l'acrotère; l'apôtre a remplacé Trajan. En 1812, les fouilles dirigées sur cet espace mirent à découvert le pavé de l'ancienne basilique Ulpienne, et l'on redressa quelques tronçons de colonnes, de manière à indiquer approximativement son enceinte. Une singularité digne d'attention, c'est qu'autrefois la colonne Trajane, au lieu d'être dégagée comme aujourd'hui, se trouvait, pour ainsi dire, ensevelie dans une de ces cours rectangulaires à portiques, nommées par les anciens *cavœdium*, en sorte qu'un tiers au moins de sa hauteur se dérobait à l'œil du spectateur.

Le forum de Trajan s'étendait jusqu'au pied du Capitole. Il était entouré de portiques et renfermait des temples et un grand nombre de statues; la statue équestre de l'empereur en occupait le centre. Ce forum surpassait tous les autres en étendue et en magnificence; les auteurs nous en ont laissé de pompeuses descriptions. « Lorsque le César Constant, dit Ammien-Marcellin, fut arrivé au forum de Trajan, il demeura comme frappé de stupeur à la vue de cette merveille unique dans le monde et digne même de l'admiration des dieux, et il dit que la renommée, qui exagère tout, était ici restée au-dessous de la vérité.» Le forum de Trajan rappelle un des plus beaux souvenirs de l'histoire de l'Église, la reconnaissance officielle du christianisme par l'empereur Constantin. Après sa victoire sur Maxence, il réunit les sénateurs dans la basilique Ulpienne, et leur annonça solennellement sa conversion au christianisme, les priviléges accordés aux prêtres chrétiens, son intention de respecter les croyances religieuses des païens, quoique décidé lui-même à faire une profession ouverte de sa foi et à bâtir une église dans son propre palais pour ne laisser aucun doute sur ses véritables sentiments. « Pendant ce discours, les patriciens frémissaient de colère; mais le peuple, qui remplissait les portiques et le forum, s'écriait dans l'ivresse de sa joie : « Malheur « à ceux qui nient le Christ! Le Dieu des chrétiens est le seul « Dieu! Les blasphémateurs du Christ sont ennemis des Au« gustes, ennemis des Romains! Qu'on ouvre les églises; que « les temples se ferment! Qui a sauvé l'empereur, sinon le Dieu « des chrétiens, le véritable Dieu? Victoire au prince adorateur « du Christ!... » Cette scène se termina au milieu des acclamations publiques : chrétiens et païens souhaitaient de longues années à l'empereur clément et victorieux.... Le peuple, qui par ses applaudissements avait soutenu Constantin au milieu des marques d'impatience données par les sénateurs, l'accompagna jusqu'à son palais de Latran, avec des cris de joie et de triomphe; la ville fut couronnée de lampes et de torches de cire, et cette fête se prolongea bien avant dans la nuit (1). » Rome n'avait jamais rien vu d'aussi beau que ce triomphe pacifique de la vérité.

Le forum de Trajan se reliait aux autres forums qui occupaient l'espace compris entre le Viminal, le Quirinal, le Palatin et le Capitole. Chaque empereur était jaloux d'attacher son nom à quelque grand ouvrage qui popularisât sa mémoire, et de flatter les goûts des Romains par de fastueux monuments. Jules César fit construire, derrière le temple de Saturne, un forum qui se prolongeait jusqu'à l'endroit où fut plus tard le temple d'Antonin et Faustine. Le forum d'Auguste était un peu plus haut, vers l'église Sainte-Martine; ils se trouvaient l'un et l'autre rapprochés du *forum romanum*, et c'est pour cette raison

(1) *Acta S. Sylvestri.*

que l'église de Saint-Adrien fut appelée *in tribus Foris*. Domitien en commença un troisième, dont il reste les deux colonnes corinthiennes, enterrées à moitié, que les Romains appellent *colonnacce*, et quelques débris du temple qu'il y avait élevé à Pallas. Nerva continua l'ouvrage de Domitien et l'agrandit. Le forum de Nerva prit le nom de *transitorium*, parce que, mettant en communication des quartiers très-fréquentés, on le traversait continuellement. Il en reste un arc appelé *de' Pantani*. Les trois colonnes et l'architrave qu'on voit à côté sont les restes du portique de la basilique ou du temple que Trajan érigea à Nerva. Dans l'enceinte de ce forum, Alexandre Sévère fit étouffer par de la fumée de paille son secrétaire Turinus, qui vendait aux solliciteurs son crédit auprès du maître. Pendant ce long supplice, un licteur criait : « On punit avec la fumée celui qui a vendu de la fumée, *fumo punitur qui vendidit fumum*. » Ce même Alexandre Sévère refusa constamment les titres de seigneur et de dieu que le sénat décernait aux empereurs. On voit ici un mur très-ancien qui a pu servir à l'enceinte du forum de Nerva; il est fort élevé, composé de blocs d'une grosseur énorme assemblés sans mortier, mais retenus par de forts crampons de bois. C'est ce qui explique sa parfaite conservation : les barbares ont souvent mutilé ou démoli les édifices antiques pour s'emparer des pièces de métal qui en liaient les pierres; ils préféraient la valeur matérielle des objets à leur valeur artistique ; heureusement pour la postérité ! tous ces forums avaient été respectés par les barbares; Constant II et ses successeurs en enlevèrent les statues, les ornements en bronze, etc., pour les transporter à Constantinople. Plus tard, ils furent dévastés par les Sarrasins de la Sicile. Enfin la grande ruine commença avant la fin du xe siècle, et Robert Guiscard l'acheva.

Dans ce quartier, la petite église de Saint-André *in porto gallo* indique le lieu où l'on brûla les corps des Gaulois sénonais tués par Camille dans le forum. Du côté de l'arc *de' Pantani*, l'ancienne église de Sainte-Marie *alle colonnacce* ou bien *in macello martyrum* marque l'endroit où l'on fit, au pied de la statue de Minerve, une effroyable boucherie de chrétiens. On voit près de Sainte-Marie *in campo carlæo* les restes d'une ancienne et vaste construction que l'on appelle communément les Bains de Paul-Émile ; selon d'autres, ce ne serait qu'un mur de soutènement construit par Trajan sous le Quirinal. On y visite quelques parties d'édifices assez curieux par la bizarrerie de leurs ornements.

La rue qui monte de la place Trajane au Quirinal passe sous les murs des couvents de Sainte-Catherine, des Saints-Dominique-et-Sixte, et conduit jusqu'au sommet appelé autrefois *Salutaris*. Il était occupé par les thermes de Constantin, sur les ruines desquels on a bâti le palais pontifical et celui des Rospigliosi. Ce dernier possède le chef-d'œuvre du Guide, *l'Aurore sur son char, accompagnée des Heures*, et une foule d'autres peintures des grands maîtres, entre lesquelles la curiosité du voyageur distingue les fresques recueillies dans les thermes de Constantin, au nombre de dix-huit, moins remarquables toutefois par leur beauté que par leur antiquité. La place du Quirinal ou de *monte Cavallo* est irrégulière, mais décorée d'un obélisque, d'une belle fontaine dont le bassin en granit n'a pas moins de soixante-quinze pieds de circonférence, et de deux groupes antiques représentant Castor et Pollux domptant des chevaux, colosses d'un magnifique travail qui ont plus de vingt pieds de hauteur. S'il fallait en croire l'inscription qui paraît du temps de Constantin, ils seraient l'ouvrage de Phidias et de Praxitèle ; mais les savants n'y reconnaissent point le ciseau de ces habiles sculpteurs et les attribuent à leur école. C'est de ces chevaux que le mont Quirinal a pris son nom moderne de *monte Cavallo*.

Le palais pontifical, commencé par Grégoire XIII en 1574 et achevé par Alexandre VIII, forme une masse irrégulière dans son ensemble, mais qui offre des parties d'une grande beauté. La façade principale, où se trouve le balcon destiné aux bénédictions, est l'ouvrage du Bernin. Au fond d'une cour entourée de portiques, un escalier à double rampe conduit aux appartements du premier étage. Ceux du pape sont fort simples; mais il y a un certain luxe dans les salles destinées à la représentation. Le salon royal, décoré splendidement, renferme une foule de tableaux peints par d'habiles artistes; la chapelle particulière du pape se fait admirer par les belles fresques du Guide et surtout par l'*Annonciation* du sanctuaire. Dans le palais du Quirinal se réunissent les cardinaux après la mort du pape, et des cellules d'une simplicité sévère reçoivent ces princes dont l'un doit en sortir souverain pontife : la régularité du conclave et la prudence qui préside à cette élection sont un des plus beaux spectacles que présente l'Église romaine. « La vue du cénacle où les apôtres reçurent le Saint-Esprit et jetèrent les sorts pour l'élection de saint Mathias, me toucherait moins, disait un saint religieux de Rome, que la vue du conclave où le Saint-Esprit désigne le successeur de saint Pierre. » On nous avait vanté le jardin du palais pontifical ; mais il nous fallait une permission pour le visiter. Je montai à tout hasard pour la demander à un employé supérieur, logé du côté des appartements du conclave. Non-seulement il me l'accorda avec une amabilité charmante, mais il voulut, sans me connaître, me présenter à sa famille, qui se composait de sa dame et de trois demoiselles : c'était la Modestie au milieu des trois Grâces. Le jardin, assez bien dessiné, quoique d'un goût équivoque, ne mérite, ni par ses charmilles, ni par le jeu de ses eaux, les louanges que lui donnent les Romains. Un petit casin très-élégant y a été construit par les ordres de Benoît XIV, qui aimait les allées solitaires du Quirinal où il se délassait de ses travaux d'érudition ecclésiastique et des ennuis de la grandeur : le casin est le plus léger de ses ouvrages. Les divers accidents du sol ont donné lieu à d'agréables effets de perspective. « Au même lieu, dit Villamont, le pape y a ung beau palais accompagné de belles vignes et jardins qui sont arrousez de grand nombre de belles fontaines qui descendent de son grand Moyse (1). » Les eaux distribuées partout s'échappent en filets inattendus sur les jambes des visiteurs ; elles forment des cascades, mettent en mouvement un orgue de Barbarie dont les derniers souffles sont recueillis par des anges qui sonnent de la trompette : innocentes espiègleries qui font les délices du peuple romain. Le palais du Quirinal sert d'habitation d'été au souverain pontife. Il rappelle toute l'histoire moderne de la papauté, depuis le XVIe siècle jusqu'à la dernière révolution dont il a vu la scène la plus coupable.

Le génie du mal prend plaisir à accuser quelques pontifes qui, dans des époques de corruption universelle, au lieu de dominer

(1) *Voyages en Europe, en Asie et en Afrique*, 1598.

leur siècle, en ont peut-être partagé les vices. L'histoire impartiale flétrit, comme elle doit, ces faiblesses de l'humanité; toutefois elle ne peut s'empêcher de reconnaître aussi que la passion, l'esprit de parti ont exagéré des torts réels et souvent calomnié les intentions les plus droites, qu'il n'est aucun trône où se soient assis tant de savoir et de vertu. L'Europe doit aux pontifes romains sa foi, son droit public, sa civilisation, avec les lettres et les arts qui en sont la parure. Tous les bons esprits sont forcés d'en convenir, et quant à ceux qui les accusent, leur haine honore les papes qui en sont l'objet. N'est-ce point une gloire que d'avoir pour ennemis ceux de la religion, de la civilisation, des beaux-arts, tous ces démagogues des derniers temps, lâches assassins dont les murs criblés du Quirinal racontent les attentats? Qu'avaient-ils à reprocher à Pie IX, leur bienfaiteur et leur père? Et pourtant il dut se résigner à s'éloigner d'un peuple égaré, afin de lui épargner par sa fuite un crime qui n'a point encore de nom. Voilà ce que nous apprend le palais du Quirinal; cette page de sang qui a taché son histoire ajoute une gloire de plus à celle de la papauté.

De l'autre côté de la rue, attenant au palais de la Consulta, est un modeste couvent de religieuses où nous ne serions probablement pas entrés, si des chants magnifiques n'avaient, à notre passage, arrêté notre attention. Nous trouvâmes là une chapelle remplie de monde, l'autel richement paré pour un salut, un orgue médiocre, et, derrière les grilles, des voix admirables qui s'exhalaient avec l'encens vers le trône de Dieu. Jamais je n'entends ces voix dolentes et pures sans me rappeler saint Gaëtan, qui, mécontent de son prince, entre par hasard dans une église de couvent, prête l'oreille à ces gémissements de la solitude, et renonce aux espérances du monde pour demander à Dieu, dans l'oubli du cloître, une justice que les hommes lui refusaient. Comment n'être pas touché en entendant ces douces mélodies? Ces accents plaintifs sont des adieux à la terre; c'est peut-être le regret de l'avoir aimée qui affaiblit cette voix; l'espérance du ciel anime cette autre; ces notes traînantes sont l'expression du bonheur et de la paix, et ce concert de tant de voix différentes, mais unies dans une même prière, émeut doucement comme les sons d'une harmonie lointaine; c'est un écho des chants de la patrie.

La rue Pie s'étend jusqu'à la porte du même nom ; un de ses côtés est occupé par la longue galerie du Quirinal, jusqu'au carrefour des *Quàttro Fontane*. C'est à la dernière fenêtre de ce côté que fut tué Monsignor Palma, prélat domestique de Pie IX, par les démagogues romains : on voyait encore en 1852 la direction des balles qui ont sillonné les murs.

La place Barberini, voisine des Quatre Fontaines, occupe l'emplacement du cirque de Flore, surnommé le *rustique*, soit à cause de sa structure grossière, soit parce que l'on y donnait des divertissements aux gens de la campagne. Les fêtes Floréales qui se célébraient dans ce cirque étaient les plus immondes de toutes. La place Barberini est décorée de deux fontaines : l'une formée d'une conque marine ouverte, accompagnée de trois abeilles qui jettent de l'eau ; l'autre accompagnée de quatre dauphins qui supportent une vaste coquille sur laquelle un triton debout sonne d'une trompette marine, avec laquelle il lance de l'eau à une grande hauteur. Cela est si maniéré, qu'on y reconnaît sans peine l'imagination du Bernin, le grand décorateur de Rome, dont la gloire serait sans nuages s'il avait montré autant de goût que de fécondité. Le palais Barberini, bâti des pierres du Colisée, est, après celui du Vatican, le plus vaste de Rome. Quoique très-riche en tableaux, les voyageurs le visitent moins que d'autres, parce que ces peintures sont distribuées dans les différentes parties de cette immense habitation. On croit pouvoir fixer dans l'espace actuellement occupé par les jardins de ce palais, le *Capitolium vetus* de Numa, sanctuaire dédié à Jupiter, qui devint le modèle du temple bâti plus tard par Tarquin, sur le mont Tarpéien nommé depuis Capitolin.

Le couvent et l'église des Capucins occupent le fond de la place et sont l'ouvrage du cardinal Barberini, frère du pape Urbain VIII et religieux de cet ordre. L'église possède le fameux tableau de *Saint Michel* du Guide, une vierge d'André Sacchi, le *Saint Paul guéri par Ananie*, l'un des plus beaux ouvrages de Pierre de Cortone, et enfin une *Extase de saint François* qui donne une idée parfaite du talent et du désintéressement du Dominiquin : ce pieux artiste ne voulut jamais recevoir le salaire de son œuvre, qui, au surplus, ne peut être récompensée que de Dieu. Le couvent des Capucins est loin d'être un ornement pour la place Barberini : murs grossièrement enduits de mortier, fenêtres étroites, vrais soupiraux par lesquels il n'arrive presque point d'air ni de lumière, cellules d'une exiguité effrayante, et parmi tout cela rien qui rappelle le monde ou seulement les petites commodités que les autres ordres religieux peuvent légitimement concilier avec le vœu de pauvreté; il n'est rien en Italie d'aussi froidement austère que les couvents de capucins. Celui de Rome donne déjà par lui-même d'utiles leçons; mais on y voit bien autre chose. Les bons pères n'ont qu'un espace fort limité pour inhumer leurs morts, et ils sont très-nombreux. Le cimetière se compose de quatre caveaux au rez-de-chaussée; le sable du sol reçoit les dépouilles mortuaires, et puis au bout de quelques années on exhume les squelettes qui doivent faire place aux nouveaux hôtes des tombeaux. Tous ces os, disposés symétriquement, forment des croix, des autels, des emblèmes de la fuite du temps, des lampes sépulcrales, des images de deuil; les grosses pièces de la charpente humaine composent des pilastres; les petits os, arrangés en mosaïques, représentent des sujets funèbres. Ici c'est un tombeau formé de tibias et d'omoplates, où dort tranquille un capucin revêtu de l'habit de l'ordre et dépouillé de ses chairs; là c'est un cénotaphe décoré de guirlandes de rotules, sur les côtés duquel sont assis, les jambes pendantes, deux squelettes avec leurs faux et leurs sabliers. Mais pour qui ce fastueux monument, dont toutes les lignes sont ornées, comme par autant de pierres précieuses, de dents, de doigts, d'orteils, de tout ce que le système osseux a pu fournir de plus délicat? Quels sont les ossements privilégiés dans cet ossuaire? Hélas! sur un lit de vertèbres ou plutôt dans des berceaux de côtes, reposent deux petits squelettes, deux jeunes Barberini. Où se glisse donc la vanité, allez-vous dire? Mon Dieu! les Barberini ont fait bâtir le couvent, ils en sont encore propriétaires et n'ont jamais demandé aux capucins que la faveur de voir ces deux enfants reposer au milieu d'eux: pouvait-on bien refuser à ces deux innocents une place dans ces tombes? Ces squelettes de princes qui furent beaux, bien-aimés, pleins d'espérances, complètent la leçon que la mort y donne aux vivants. Il y a des capucins dans toutes les attitudes; quelquefois, la peau du visage n'est pas entièrement enlevée, ce qui donne à ces figures un horrible semblant de vie. Sous le capuchon, ces grandes orbites et ces mâchoires grimaçantes paraissent ricaner aux visiteurs; rien de hideux comme cet air d'outre-tombe. Le trépas et le spectacle de l'agonie font éprouver des impressions moins pénibles qu'une visite faite à cette communauté souterraine, à ces moines silencieux qui semblent se raconter les mystères des tombeaux. Il aurait fallu venir plus tard et contempler, à la lueur des flambeaux, cette assemblée des ombres; le mouvement de la lumière aurait agité les fantômes et donné lieu à d'effrayantes illusions.... Mais non, qu'ils dorment ceux dont les corps tourmentés pendant leur vie par les austérités de la règle n'ont pas même pu trouver le repos dans la mort! Du haut du ciel où triomphent les bons pères, ils doivent, dans l'espérance de la résurrection, sourire à la vue de l'usage que l'on fait de leurs restes. Au dernier jour, quel mouvement se fera dans cette noire enceinte! quel cliquetis parmi tous ces os qui se chercheront pour se réunir! Séjour d'horreur et de mystère, asile de la mort plus triste que les tombeaux, puissent mes os ne pas être portés dans tes caveaux lugubres; ossuaire des capucins, adieu!....

Il ne faut rien moins que la villa Ludovisi pour faire oublier les capucins. Située sur le penchant du mont Pincius, elle occupe une partie des jardins de Salluste; le Nôtre, son dessinateur, inspiré par ce souvenir, semble avoir voulu dans sa décoration se surpasser lui-même. Quoique la villa Ludovisi n'ait point conservé toute sa réputation et que des villas rivales lui disputent aujourd'hui la faveur du public, elle mérite, plus que bien d'autres, d'être visitée. Ses trois palais renferment des trésors de sculpture et de peinture. Les groupes antiques d'*Oreste et Electre*, une statue drapée, le *Repos de Mars*, la *Mort de Pætus et d'Arria*, le *Satyre* de Michel-Ange et la *Proserpine* du Bernin sont des morceaux inestimables. Entre les peintures il faut distinguer les paysages exécutés par le Dominiquin et le Guerchin, surtout la *Renommée* et l'*Aurore*, de ce dernier, qui sont des pages classiques d'une beauté parfaite.

La porte Pincienne, voisine de la villa Ludovisi, est maintenant fermée. Construite par Aurélien, qui réunit le mont Pincius à la ville, restaurée par Constantin, elle rappelle au peuple l'histoire de Bélisaire qui venait s'asseoir, dans les jours de son infortune, sur une pierre conservée au même endroit, et tendait la main en répétant ces amères paroles : « Donnez une aumône à Bélisaire que la fortune a élevé, que l'envie a privé de ses yeux (1). » Telle est la tradition populaire à Rome et à Constantinople.

L'entrée principale de la villa Borghèse se trouvait autrefois près de la porte Pincienne dont elle prend le nom. Depuis que cette porte est fermée, l'on entre dans la villa, du côté de la porte du Peuple, par un propylée, qui, pour être imité des Grecs, n'en offre pas un aspect plus gracieux. Tout près de cette grille, on voyait, avant ces dernières années, une immense pièce d'eau et des monuments de divers genres. Les républicains de Rome, à l'approche des Français, rasèrent toutes les habitations et abattirent presque tous les arbres aux environs de la ville, dans un rayon d'un quart de lieue, afin de ne point laisser aux assiégeants l'avantage de cantonnements à la portée des remparts. La villa a été dévastée ; le *casino* de Raphaël, détruit ; l'aqueduc, brisé ; les *pylones* égyptiens sont un amas de décombres. Heureusement le palais respecté n'a rien perdu de sa belle collection qui a été formée depuis une trentaine d'années. L'ancienne, vendue à la France sous l'Empire, au prix de treize millions, n'ayant point été rendue au prince Camille, quoiqu'il se fût réservé la faculté de la racheter, il s'occupa d'en former une nouvelle, et, partie avec les ressources que lui fournirent ses autres villas, partie avec les objets antiques provenant des fouilles qu'il fit exécuter dans ses terres, il a composé un musée de sculptures très-remarquable. L'éclat d'une décoration féerique donne à cette collection un nouveau prix. Nous ne pouvons en indiquer les morceaux les plus estimés, parce que nous aurions trop à dire. La villa Borghèse est aussi aimée des artistes pour sa belle galerie, que du peuple romain pour ses magnifiques ombrages. Elle présente un caractère grandiose qui excite au

(1) On lit encore sur cette pierre le commencement de l'inscription : DATE OBVLVM BELISARIO. Mais ce mensonge historique est complétement réfuté par Muratori dans ses *Annales d'Italie*.

plus haut point l'admiration des visiteurs. A voir ces plantes des montagnes, ces bois de haute futaie, ces allées embarrassées de bruyères, ces bassins tapissés de mousse, les troupeaux de cavales et de biches qui paissent en liberté dans ces prairies saus fin, on oublie que l'art a créé tout cela, tant la nature s'y montre belle et vraie. Ces arbres décrépits, ces statues aux teintes vieillies, donnent à la villa un air de majesté antique; il semble que les siècles qu'elle a traversés l'ont dégradée tout juste ce qu'il fallait pour ajouter au pittoresque de la nature l'effet solennel des ruines. Les Borghèse ouvraient au public leur villa deux fois par semaine, avant que la révolution l'eût saccagée. C'était alors surtout qu'il aurait fallu la voir, lorsqu'une population riante se répandait dans son enceinte et l'animait par le plaisir. Au milieu de ces statues si belles, de ce peuple immobile et muet, j'aurais voulu voir l'autre peuple, agité, bruyant, dont la beauté ne le cède guère à celle des chefs-d'œuvre antiques. Je ne m'étonne pas que les artistes soient si bien inspirés à Rome, ils rencontrent à chaque pas des modèles. Les échos de la villa Borghèse sont aujourd'hui silencieux; quelques rares voyageurs, admis non sans peine, viennent y déplorer les tristes excès des révolutions. Que des ignorants cupides les désirent, je le conçois; ils ont l'imagination aussi vide que la bourse. Mais que des hommes d'esprit et de goût faits pour apprécier les chefs-d'œuvre qu'ils viennent étudier à Rome joignent leurs vœux impies à ceux des anarchistes qui conspirent la ruine d'un gouvernement ami du peuple et protecteur des arts, c'est une folie inconcevable. Vandales modernes, que vous ont fait les monuments? Voulez-vous priver Rome de sa plus belle parure? Respectez votre gloire nationale; grâce pour les beaux-arts!

XXIV.

TRANSTEVERE.

Il faudrait longtemps pour étudier Rome, quelques jours suffisent pour en prendre une idée. Ainsi en peu de temps nous l'avons parcourue tout entière ; il ne reste plus que l'autre côté du Tibre qui appelle notre attention : allons en Transtevere.

Voici d'abord les vestiges du pont Sublicius rendu célèbre par le dévouement d'Horatius Coclès. Vers ce point, Clélie, à la tête de ses compagnes, passa le Tibre à la nage. Porsenna était campé de l'autre côté du fleuve, lorsque Mutius Scévola tenta de le tuer et se brûla la main en sa présence. Le terrain illustré par cet acte héroïque fut donné à Mutius en dédommagement de sa main laissée dans les flammes, et prit le nom de prairies Mutiennes, *prata Mutiana.* On croit qu'elles s'étendaient du côté de l'église actuelle de Saint-Cosimate. Des vierges prient, des martyrs ont souffert en silence à l'endroit où Mutius, pour soutenir sa constance, criait incessamment : *Je suis Romain, je suis Romain!* Les vertus humaines sont essentiellement fanfaronnes; le silence de la résignation chrétienne est plus sublime que le parlage des héros mondains. Les prairies Mutiennes furent occupées plus tard par les thermes d'Aurélien et de Septime Sévère, par les jardins, la naumachie et les bains de Jules César et d'Auguste. La naumachie de ce dernier, pour laquelle l'eau Alséatine avait été amenée à Rome, se trouvait, selon les uns, sur l'emplacement actuel des bâtiments de Saint-Côme, et selon d'autres, sur un point plus élevé du mont Janicule. Toutes ces questions topographiques sont, pour la plupart des anciens monuments, remplies d'incertitudes et d'erreurs. Quelques vieux murs en ruines ne servent guère à les éclaircir. Il faut en prendre son parti. On rencontre des voyageurs qui ignorent l'antiquité, s'étonnent de l'air suranné de Rome et ne comprennent ni le sens ni l'effet des ruines; il en est d'autres dont le fanatisme classique voudrait retrouver la Rome ancienne telle que les Césars l'avaient faite, et qui, furieux de la voir décrépite et mutilée, s'en prennent à tout le monde et accusent surtout les papes de ces dévastations; ils oublient les barbares et le temps plus destructeur encore. Pour moi, je ne demanderais qu'une chose, un fil conducteur dans cette nécropole : si l'on connaissait d'une manière précise la situation des anciens monuments, on déplorerait moins leur ruine (1).

L'île du Tibre doit son origine aux gerbes de blé qui furent enlevées du champ des Tarquins, après leur expulsion, et jetées dans le fleuve. Elles s'y accumulèrent sur un banc de sable que les basses eaux laissaient à découvert, et ainsi fut formé un terrain d'alluvion que l'on raffermit ensuite au moyen de pieux et de digues : c'est l'île du Tibre. Plus tard Rome, se trouvant affligée de la peste, envoya consulter l'oracle d'Épidaure. Les députés firent mieux que d'apporter la réponse d'Esculape, ils apportèrent le dieu lui-même qui était un serpent. Le bateau qui le portait remontait le Tibre aux acclamations de la foule, lorsque le dieu, se dérobant aux hommages de ses adorateurs, se sauva dans les roseaux de l'île. La dévotion des Romains ne se déconcerta pas pour si peu; elle bâtit aussitôt un temple à Esculape dans l'île du Tibre, qui reçut alors la forme d'un vaisseau, en mémoire de cet événement (2). Sur les ruines de ce temple s'élève aujourd'hui l'église de Saint-Barthélemy, et en face l'église et l'hôpital des religieux hospitaliers de Saint-Jean de Dieu. Ainsi, dans les mêmes lieux où une

(1) Voir à la fin du volume le Tableau comparé des monuments de Rome.

(2) Dans un jardin du couvent de Saint-Barthélemy, on voit la base du mur de soutènement qui indique l'extrémité de l'île, ainsi qu'une inscription en l'honneur d'Esculape.

divinité impuissante recevait les vœux des malades, la charité chrétienne a ouvert un asile pour soulager la douleur. Nous avons eu occasion de remarquer cette pieuse industrie des pontifes qui ont substitué à la superstition un culte légitime pour donner le change à des habitudes consacrées par le temps. Le temple de Jupiter Lycaonius était contigu à celui d'Esculape : de là vient le nom de Lycaonienne donné à l'île du Tibre par plusieurs auteurs. Enfin, à l'extrémité opposée, les Romains avaient consacré un temple au dieu Faune. Un double pont joint l'île aux rives du fleuve : l'un, appelé *Quàttro Capi,* la met en communication avec la rive gauche ; son nom lui vient des Janus à quatre têtes que l'on y voit encore ; mais il portait anciennement celui de pont Fabricius, tristement célèbre par les nombreux suicides dont il était témoin sous les empereurs romains ; l'autre pont, dit de Saint-Barthélemy, conduit au Transtevere ; on l'a successivement appelé le pont Cestius et de Gratien, depuis que cet empereur le fit reconstruire. Les moulins que l'on voit au-dessous rappellent les premiers que Bélisaire bâtit au même endroit, selon Procope, pendant que Vitigès assiégeait Rome.

Sur le quai de *Ripa grande* se développent les vastes bâtiments de l'hospice Saint-Michel, une des plus belles et des plus utiles créations des pontifes. Il renferme un pénitencier pour les jeunes détenus, un refuge pour les orphelins des deux sexes, un Conservatoire pour les jeunes personnes, des prisons cellulaires établies depuis deux cents ans, enfin une maison de retraite pour les invalides du travail et les vieillards. Sous l'habile et paternelle direction du cardinal Tosti, l'hospice Saint-Michel a repris une nouvelle vie ; des améliorations importantes ont été introduites dans toutes les branches de cette immense administration. Ministre des finances sous Grégoire XVI, il faisait admirer en lui l'inépuisable fécondité d'un esprit supérieur à toutes les situations, qui sans ressources apparentes réalisait des merveilles; président et visiteur apostolique de l'hospice Saint-Michel, il a montré dans ce nouveau ministère de la bienfaisance l'industrie s'appuyant sur la charité pour soulager le malheur. Économiste, protecteur des arts, père des pauvres, il est vénéré de sa nombreuse famille, et les étrangers qui l'ont vu à l'œuvre se retirent pénétrés à la fois d'admiration pour cet établissement unique au monde dont il est l'âme et la gloire, et de reconnaissance pour ses bontés. Rome, de l'aveu de tous, est la ville du monde la plus riche en institutions utiles; la charité chrétienne y a pris toutes les formes pour venir au secours des malheureux : elle a donné aux uns du travail, aux autres du pain, à tous des consolations. Les papes ne se sont pas contentés de disserter sur le mouvement, ils ont marché; ils n'ont pas fait des théories, mais des actes de charité. On ne citerait pas une œuvre de bienfaisance, depuis les hôpitaux jusqu'aux prisons sagement cellulaires, jusqu'à la crèche et aux colonies agricoles, dont Rome n'ait fourni le modèle. Notre époque se fait gloire de ces progrès; Rome l'avait devancée de plusieurs siècles. On pourrait dire d'elle ce que Montesquieu a dit de la religion : « La philosophie ne fait rien de bon que *Rome* n'ait fait avant elle et mieux qu'elle. »

Derrière l'hospice Saint-Michel se cachent l'église et le couvent de Saint-François, qui lui fûrent cédés par les bénédictins en 1229; on y voit sa cellule. Cette église possède un *Christ* d'Annibal Carrache et une *Sainte Famille* de Bacciccio. La statue de la bienheureuse Albertoni est l'ouvrage du Bernin. L'église et le couvent de Saint-François *à Ripa*, pauvres, éloignés du tumulte, rappellent la sainteté du fondateur des trois ordres mineurs; le couvent des Saints-Apôtres semble accuser le relâchement de ses moines.

L'église des Quarante-Martyrs, appelée aussi de Saint-Pascal, voisine de celle de Saint-François *à Ripa*, est moderne et desservie par les Mineurs réformés de Saint-Pierre d'Alcantara. On la croit située sur les ruines d'un temple de la Bonne Déesse. Quelques tableaux espagnols la décorent, c'est-à-dire des tableaux bien noirs, bien durs, bien expressifs. A Rome, où toutes les nations sont représentées dans leurs œuvres artistiques, on a souvent occasion de reconnaître les rapports intimes qui existent entre les arts d'imitation et le génie des peuples qui les cultivent. Les écoles italiennes professent le culte de la forme, leurs figures sont des *Vénus* et des *Madones*; l'école espagnole exagère les situations et outre la nature, elle produit des *Cids* et des *Don Quichottes*; l'école flamande semble être née dans les tavernes et se complaire dans le laid; enfin l'école française, avec plus de vérité, n'est pas exempte d'une certaine recherche courtisanesque. Tout cela peut être la nature, mais les beaux-arts sont faits pour l'embellir, puisque la poésie, au dire de Platon, n'est point dans les limites du vrai : nous sommes si peu de chose, que pour nous plaire à nous-mêmes, nous avons besoin de nous farder un peu.

L'église de Sainte-Cécile, sans être des plus intéressantes ni des plus anciennes de Rome, appelle cependant la pieuse curiosité du voyageur. Quatre colonnes antiques de marbre blanc et noir portent le baldaquin du maître-autel. Une confession, entourée d'une grille en bronze couronnée de quatre-vingts lampes, et toute décorée de marbres et de pierres précieuses, attire les regards, moins toutefois que la belle statue en marbre de sainte Cécile, représentée dans la même attitude où son corps fut trouvé dans les catacombes. On ne saurait croire combien les formes en sont suaves, les draperies naturelles et la pose gracieuse. Pourtant le visage est tourné vers le fond et la tête ne présente que les cheveux, quoique le corps soit vu par devant. Donner de la vie à une statue, la faire palpiter sous son ciseau, ce n'est plus le dernier effort du talent ; Charles Maderne a montré qu'il était possible de donner de la grâce, de la piété, une vie céleste à une statue dont on ne montre point le visage. La mosaïque de la tribune est une œuvre byzantine du IXe siècle. Le voyageur chrétien ne manque pas de visiter la chambre des bains où la sainte reçut le martyre.

Après Saint-Chrysogone, église constantinienne où l'on admire les belles colonnes d'albâtre qui portent le baldaquin, on arrive à Sainte-Marie *in Transtevere*, bâtie sur les ruines de la *Taberna meritoria*, hospice des militaires invalides chez les Romains. Il paraît que cet édifice fut concédé aux chrétiens par Alexandre Sévère et consacré par saint Calixte en 224. Sa forme actuelle date du XIIe siècle, ainsi que les mosaïques de la façade ; mais le portique ne fut construit que sous Clément XII. Il est orné de quelques peintures du moyen âge et d'un grand nombre d'anciennes inscriptions ; du reste, un peu mesquin, comme presque tous les vestibules des églises de Rome. Si l'on excepte ceux des basiliques, les autres ne peuvent être considérés que comme de misérables fabriques qui font perdre aux façades leur véritable caractère. L'intérieur de l'église de Sainte-Marie *in Transtevere* est divisé en trois nefs par vingt-deux colonnes ioniques de granit, dont quelques-unes, à en juger par les ornements de leurs chapiteaux, proviendraient d'un temple d'Isis et de Sérapis. Le pavé se compose de fragments de porphyre et d'autres marbres précieux en *opus alexandrinum*. Enfin Sainte-Marie renferme plusieurs tableaux de premier choix, tels que le *Saint Jean-Baptiste* d'Annibal Carrache et l'*Assomption* du Dominiquin. Michel-Ange donna les dessins d'un bas-relief qu'on voit au fond de la nef du milieu, représentant l'Annonciation. On regrette que le sol de cette église soit bas et humide ; il en résulte qu'elle n'a point, quoique belle d'ailleurs, cette fraîcheur et cet éclat de décoration qui distinguent à Rome tant d'églises moins chères à la dévotion des fidèles et moins précieuses par leurs souvenirs.

A côté de Sainte-Marie Transtibérine, et contigu à l'église, se trouve le couvent de Saint-Calixte, sur lequel les derniers événements appellent un douloureux intérêt. Le saint pontife Calixte se retirait durant les persécutions dans la maison de Pontianus, qui lui offrait dans ce quartier pauvre et solitaire un sûr asile. Pendant la dernière révolution, les prêtres suspects aux triumvirs y étaient conduits et fusillés. C'était à l'entrée de la nuit que l'on faisait ces affreuses exécutions. Plus de cent cinquante prêtres sont tombés ainsi victimes de l'impiété. Plaise à Dieu que ce drame sanglant ne se renouvelle point, et que l'Italie, cette terre du vieux Saturne, ne dévore pas comme lui ses enfants !

Le mont Janicule a pris son nom de Janus, roi des Aborigènes, qui y bâtit sa ville nommée Antipolis, parce qu'elle se trouvait en face de celle de Saturne qui occupait le mont Capitolin. S'il faut ajouter foi au récit de Tite-Live, on aurait trouvé au pied du Janicule le tombeau de Numa ; un sarcophage placé à côté renfermait les livres religieux de ce roi. Le sénat les fit brûler comme impies, sans doute parce que, dépositaires des traditions primitives, ils étaient opposés aux superstitions nationales. Ancus Martius réunit à la ville le mont Janicule. Plus tard, il fut appelé *Mons aureus*, *Montorio*, à cause du sable jaune dont il est couvert sur certains points. L'usage de répandre du sable jaune dans les rues que le pape doit suivre aux jours des grandes cérémonies, remonte à une haute antiquité ; les Romains en faisaient autant sur le passage de leurs empereurs et de leurs dieux. Ainsi en est-il de l'usage de porter le pape sur une chaire, lorsqu'il vient tenir chapelle dans les basiliques; enfin l'habillement du pape ressemble fort à celui du flamine de Jupiter qui était toujours vêtu de la robe prétexte blanche et coiffé du *galerus* ou chapeau d'une forme oblongue, dont l'usage lui était exclusivement réservé. A Rome les habitudes changent peu ; les siècles, en passant sur elle, ajoutent à son histoire, mais n'y effacent rien : cette immobilité au milieu des agitations des sociétés humaines, a quelque chose de majestueux. Qu'on n'en fasse point une accusation contre Rome, ce n'est qu'à ce prix qu'elle mérite le nom de ville éternelle.

A mi-côte du Janicule, on aperçoit le couvent de *San Pietro in Montorio*, où l'on arrive par une rampe, le long de laquelle sont les oratoires du chemin de la croix. Dans le cloître du couvent s'élève une rotonde surmontée d'une gracieuse coupole soutenue par seize colonnes de granit noir. Ferdinand IV, roi d'Espagne, la fit reconstruire telle qu'on la voit aujourd'hui, par le Bramante, dont elle est, dit-on, le chef-d'œuvre. Elle indique l'endroit où saint Pierre fut crucifié. L'église du couvent possède quelques bons tableaux : *la Flagellation*, par Sébastien del Piombo, les peintures de la chapelle de Saint-Jean-Baptiste par Salviati, *la Conversion de saint Paul* par Vasari. Les statues de saint Pierre et de saint Paul sont de Daniel de Volterre. La *Transfiguration*, le chef-d'œuvre de Raphaël, aujourd'hui déposé au Vatican, avait été donné à cette église par le cardinal Jules de Médicis ; il occupait le fond du sanctuaire. La balustrade en marbre jaune se compose de colonnes trouvées dans les jardins de Salluste. Pendant le dernier siége, le couvent des pères récollets de Saint-Pierre *in Montorio* était au pouvoir des républicains romains qui, pendant les attaques, se tenaient dans l'église pour y être plus en sûreté. Un jour, deux de ces misérables eurent l'idée d'abattre une statue en haut-relief formant tableau dans une chapelle. Au moment où, montés sur l'autel, ils commençaient leur triste besogne, un boulet de canon entre par une croisée latérale, renverse et tue ces malheureux, et vient, en retombant, tuer deux autres soldats qui les encourageaient par leurs blasphèmes. C'est devant l'autel encore taché de sang qu'un religieux de San Pietro nous racontait cette histoire, quelques mois après l'événement.

Le plateau du Janicule est couronné par la belle fontaine construite en 1612 sous le règne de Paul V, dont elle a retenu le nom. Elle est ornée de six colonnes, entre lesquelles cinq bouches laissent s'échapper des torrents qui tombent avec fracas dans un bassin immense. Telle est l'impétuosité de ces eaux, qu'elles produisent des vagues dans le bassin ; on sent auprès de la fontaine Pauline une forte odeur de marine. L'inscription moderne fait supposer que l'eau débitée par cette fontaine serait l'Alséatine ; il paraît que c'est plutôt l'eau Trajane, qui vient du lac de Bracciano, distant de trente-cinq milles. Paul V fit réparer les anciens aqueducs et rendit à Rome cette eau, laquelle met aujourd'hui en mouvement toutes les usines du Transtevere.

Il n'est pas de ville au monde qui possède autant d'eaux jaillissantes que Rome ; ce sont des fleuves entiers amenés par les empereurs et les papes, pour les besoins et les plaisirs du peuple-roi. Je ne crains pas de dire que quand même le Tibre serait desséché à son entrée dans Rome, il recevrait, des fontaines qui s'y déchargent sur divers points, un volume d'eau qui lui permettrait de fournir un cours honorable jusqu'à la mer (1). Sous un climat ardent comme celui de Rome, les fontaines doivent se multiplier ; elles rafraîchissent sensiblement la température, réjouissent la vue, embellissent les places et les maisons ; elles feraient la salubrité de la ville, si une police bien entendue les faisait servir à l'approprier. Mais le peuple italien ne comprend pas plus cette nécessité que notre délicatesse. Fainéant et sale, il laisse ses fontaines couler, ses rues s'empester, ses enfants s'enlaidir sous une crasse repoussante. Que lui importe cela ? Que lui importent les fièvres ? Ainsi ont vécu ses pères ; il vivra comme eux, insouciant et malade, jusqu'à ce que vienne un souverain énergique qui opère ces réformes sans craindre l'opinion et affronte le blâme de ses sujets pour assurer leur bien-être.

Sur la crête du mont, la porte Saint-Pancrace rappelle la

---

(1) On compte à Rome cent cinquante fontaines publiques, dont la plus considérable, la fontaine Pauline, ne donne pas moins de quinze cent dix mètres cubes d'eau par heure. Ces eaux sont amenées par trois aqueducs qui forment une longueur de vingt-sept lieues. Autrefois le volume des eaux de Rome était de deux cent mille mètres cubes, et la longueur réunie des aqueducs et conduits était de cent sept lieues. Aujourd'hui Rome reçoit par jour cent quatre-vingt mille cinq cents mètres d'eau ; Paris n'en reçoit que six mille. (DE SIVRY, *Rome et l'Italie méridionale*, note VIII.)

valeur brillante de nos troupes, qui surent respecter les monuments et ne ternirent par aucun excès la gloire d'avoir conquis ou plutôt d'avoir sauvé Rome. L'église Saint-Pancrace, d'où la porte a pris son nom, en est éloignée d'un demi-mille; sa forme actuelle remonte à l'an 500; les restaurations faites à diverses époques l'ont fort altérée. L'église est bâtie sur les catacombes de Calépodius, moins célèbres que celles de Saint-Calixte, quoiqu'elles offrent aussi de l'intérêt sous le rapport archéologique.

La villa Panfili, presque aussi vaste que la Borghèse, ne lui cède guère pour l'agrément et l'emporte sur elle par le site. Sa collection d'antiquités mérite une attention particulière. On y a découvert une suite de *columbarium* intéressants, à cause des inscriptions qui les accompagnent et des données qu'ils fournissent sur la direction de la voie Aurélienne. Le parc est distribué d'une manière pittoresque; on a très-heureusement profité des accidents du terrain pour y ménager des points de vue d'un effet remarquable. De la terrasse du palais, l'œil jouit d'un horizon qui s'étend jusqu'à la mer. La partie la plus curieuse de cet enclos est l'hémicycle, environné de petites fontaines, de statues et de bas-reliefs antiques, au centre duquel un petit temple rond abrite un Faune jouant de la flûte. Si vous ajoutez à cela de grandes allées, des chutes d'eau, des forêts entières, vous aurez à peine une idée de ces jardins enchantés qui ne se peuvent décrire et dont on ne voudrait plus sortir.

En revenant dans la ville, on peut prendre à gauche, au pied du Janicule, la rue *Lungara* qui commence à la porte Septimienne, bâtie par Septime-Sévère. Ce qu'on voit dans cette rue de plus remarquable, c'est le palais Corsini, jadis Riario, un des plus vastes de Rome et des plus admirés dans son ensemble, malgré quelques incorrections de détail. Il fut habité par Christine de Suède. Nous ne parlerons pas de la collection de ce palais, pour n'avoir pas à répéter ce que nous avons dit de tant d'autres. D'ailleurs, de semblables énumérations, inutiles à la plupart des voyageurs, sont toujours insuffisantes pour les connaisseurs. Les jardins du palais montent jusqu'au sommet du Janicule et ont remplacé ceux de Galba. Martial devait avoir sur ce point sa maison de campagne, car c'est le seul d'où l'on puisse dire avec lui : « D'ici l'on peut voir les sept collines-reines et embrasser du regard toute la ville de Rome (1). » La grande vue de Rome, dessinée dans le siècle dernier, fut prise du casin Corsini.

Après Sainte-Marie *Regina cœli*, où, pour accomplir les intentions de la princesse Colonna, fondatrice de l'église, on chante le *Regina cœli* de quatre en quatre heures, vient le palais Salviati, où l'on conserve les archives publiques. Ensuite l'on trouve la rue qui conduit au couvent de Saint-Onuphre. Le cloître date du XVe siècle. Le chevalier d'Arpin y a peint à fresque divers traits de la vie du saint, composition pleine de brillants défauts. D'Arpin fut pour la peinture ce que fut Bernin pour la sculpture, quoique avec moins de réputation. Tous les arts eurent à souffrir de ce mauvais goût qui ravagea l'Italie au XVIIe siècle. Les peintures du chevalier d'Arpin paraissent ici d'autant plus incorrectes qu'elles sont rapprochées d'une vierge de Léonard de Vinci, le premier des artistes pour la réserve et le bon goût. Le couvent de Saint-Onuphre conserve un buste du Tasse, d'une parfaite ressemblance, quelques-uns de ses autographes, et, dans le jardin, l'yeuse au pied de laquelle il aimait à s'asseoir. Car c'est ici, au milieu des frères hiéronymites qu'il traînait son existence consumée par une douleur mystérieuse. De ce point, le poëte mourant voyait les beaux horizons de Rome et la tour de ce Capitole où une justice tardive, mais éclatante, devait couronner son génie ; il mourut la veille du triomphe. Une pierre modeste et cette simple inscription : *Torquati Tassi ossa*, indiquent le lieu où il repose dans l'église du couvent. Ce tombeau absorbe l'attention du visiteur et ne lui fait donner qu'un coup d'œil rapide à une *Notre-Dame de Lorette* peinte par Annibal Carrache, à une *Nativité* de Bassano, et enfin aux cartouches du portique où le Dominiquin a représenté la vie de saint Jérôme. Outre le tombeau du Tasse, l'église de Saint-Onuphre renferme encore ceux de Barclay, écrivain trop loué de son siècle, et du cardinal Mezzofante, qui a été la gloire du nôtre par ses prodigieuses connaissances linguistiques. Ces tombeaux et ces peintures attirent aux moines quelques vi-

(1) Hinc septem dominos videre montes
Et totam licet æstimare Romam.

sites, mais ne les enrichissent pas. Celui qui m'accompagnait me parla de la détresse de son couvent et finit par me demander l'aumône. La pauvreté ne déshonore pas le chrétien, surtout lorsqu'il l'a volontairement embrassée. A Rome, on demande l'aumône sans honte et on la fait sans ostentation.

L'enceinte fortifiée qui entoure le Vatican fut élevée par le pape saint Léon IV pour protéger la basilique de Saint-Pierre contre les attaques des Sarrasins. Elle se termine au pied de la montagne de Saint-Onuphre. La porte que l'on y voit a reçu le nom du Saint-Esprit, du voisinage de ce vaste hôpital. Il doit son origine à Ina, roi des Saxons, qui le fit bâtir pour les pèlerins de sa nation. On le visite avec intérêt, surtout les collections d'anatomie et de chirurgie qui sont très-remarquables. Un des administrateurs à qui je demandai la permission de le parcourir, me dit : « Vous trouverez ici la même charité, mais non la même propreté que dans les hôpitaux de France. » Il avait raison : les Italiens ont le génie des beaux-arts, l'esprit de charité, il leur manque l'activité : c'est un peuple d'artistes et de chrétiens, mais non d'industriels.

Les Transteverins se disent descendus des anciens Romains. Je ne veux point discuter cette prétention ; mais il ne me paraît pas impossible que cette population isolée, misérable, n'ait pas eu beaucoup à souffrir des invasions des barbares. Habitant un quartier dépourvu de monuments, méprisée ou plutôt ignorée, elle devait demeurer indifférente à des changements politiques qui ne pouvaient guère l'atteindre; pourquoi l'aurait-on inquiétée? Les Transteverins ont des traits réguliers, quoique disgracieux. Du reste, ils ont conservé les goûts et les passions de leurs pères. Essentiellement religieux, mais faibles, ils pensent plus sagement qu'ils ne vivent; la foi les retient souvent, elle les ramène quand ils se sont égarés ; jamais ils ne la rendent complice de leurs torts. Il y a à Rome des vices, il n'y en a pas plus qu'ailleurs; le climat, l'oisiveté, mille autres causes les expliquent sans les excuser ; mais la religion n'y est point regardée comme un voile qui puisse les couvrir et les justifier. Le peuple romain privé du sentiment religieux serait peut-être le dernier des peuples. Il ne le faut point juger sur les apparences ; quand on l'étudie, on apprend à l'estimer. Les mœurs paraissent très-libres extérieurement dans le Transtevere; ici plus que dans les autres quartiers, on vit beaucoup dans la rue, les pauvres fraternisent. On est au village : rien n'y manque, ni la saleté ni la négligence de la mise, ni les éclats de la grosse gaîté, ni l'étonnement un peu niais que la présence des étrangers occasionne. Les hommes mal vêtus, coiffés du chapeau pointu à larges bords, vous jettent un regard curieux et fauve; les femmes échevelées portent dans leurs bras des marmots presque nus, tandis qu'une foule d'autres, déguenillés et barbouillés, se roulent à leurs pieds dans la poussière. Voilà les Transteverins, race dédaigneuse qui se glorifie de son origine, se tient à l'écart pour soutenir l'orgueil de sa caste, et ne croit point déroger en vivant d'aumônes et en mourant à l'hôpital. Jusqu'ici son dévouement au pape avait formé le trait distinctif de son caractère; les Transteverins ont effacé de leur front cette gloire, la seule véritable, la seule incontestée; ils se sont énervés et ont trahi la plus sainte cause. Leur déloyauté les signalera désormais aux justes mépris de l'Europe, ces descendants prétendus des vieux Romains, et lorsque les voyageurs montant le Janicule laisseront tomber leurs regards sur cette race dégénérée, si l'un d'entre eux dit : « Voilà un Transteverin, » l'autre répondra : « C'est un lâche. »

CONCLUSION.

Lorsqu'on veut prendre la vue de Rome, on ne se place point dans un fond ou sur la première venue des sept collines; on gravit péniblement le Janicule, qui est la plus élevée de toutes, parce que de là seulement le regard peut saisir tout l'ensemble du tableau. Ainsi, pour juger Rome, il faut se placer un peu haut et avoir la vue saine : autrement on ne peut que la calomnier. Il ne suffit pas de venir, son crayon à la main, tracer l'esquisse de ses monuments, déclamer quelques tirades sonores devant ses ruines, tomber à genoux devant les nobles inspirations que les beaux-arts y reçoivent de la foi : ce sont là des émotions d'artiste que l'on peut recueillir à Rome sans la comprendre. Reconnaître que le gouvernement des pontifes a sauvé Rome des barbares, qu'il y a conservé la civilisation et fondé une sage liberté sur des principes qui la protégent contre le despotisme et l'anarchie, c'est leur rendre une justice que la vue des institutions romaines impose de prime abord à l'observateur simplement équitable; toutefois ce n'est encore qu'un aspect de la ville éternelle. Rome veut être jugée à un point de vue plus élevé. Sa destinée est toute dans sa religion. Ses vertus humaines furent autrefois le fondement de sa gloire; tous ses écrivains, tous ses monuments proclament cette vérité. Les temples étaient, à Rome, presque aussi nombreux que les maisons particulières, et leurs ruines rappellent à chaque pas les paroles de Cicéron : « Nous ne l'emportions point sur les Espagnols par le nombre, ni sur les Gaulois par la valeur, ni sur les Carthaginois par la politique, ni sur les Grecs par les beaux-arts; mais nous avons eu sur ces nations un avantage : notre piété a sagement compris que l'action divine réglait et gouvernait toutes choses; voilà l'unique raison de nos succès (1). » Par application de ces principes, les pontifes avaient une haute direction sur les affaires publiques, et telle était leur influence sur les destinées de la patrie, que les Césars n'auraient pas cru posséder la plénitude de l'autorité s'ils n'avaient été revêtus de la dignité pontificale (2). Les pontifes chrétiens ont dû naturellement hériter de ce pouvoir suprême des pontifes païens dans l'ordre temporel. L'opinion, l'ascendant de la coutume le leur auraient attribué, quand même ils ne se seraient point offerts aux Romains avec la vérité divine et la gloire de la vertu.

Depuis lors, Rome, régénérée sous leur conduite, a commencé une nouvelle existence exclusivement religieuse. En s'identifiant avec les papes, elle est devenue la capitale du monde, la ville *catholique*, et a étendu plus loin son empire religieux que ses aigles n'avaient porté jadis la terreur de son nom. Rome a donc une vie à part : loin d'elle les affaires, l'industrie, le mouvement des intérêts humains! elle est chrétienne, et le christianisme y règle l'ordre civil et politique. Tel est le caractère distinctif de Rome : le voyageur, quels que soient les sentiments

(1) Nec numero Hispanos, nec robore Gallos, nec calliditate Pœnos, nec artibus Græcos, sed pietate ac religione atque hâc unâ sapientiâ quòd deorum immortalium numine omnia regi gubernarique omnia perspeximus, omnes gentes nationesque superavimus. (Cic., *Orat. de Harusp. responsis.*)

(2) Cùm multa divinitùs, Pontifices, à majoribus nostris instituta sunt, tùm nihil præclarius quàm quòd vos eosdem et religionibus deorum immortalium et summæ reipublicæ præesse voluerunt. (Cic., *Orat. pro domo suâ, ad Pontifices.*)

qui l'ont amené, ne peut tarder à le reconnaître, à l'admirer ou à le subir. On ne peut envisager Rome qu'à ce point de vue, sous peine de n'être pas dans le vrai ; et je le dis sans crainte, si l'on examine froidement, on doit clore ses observations par un acte de foi. Amis de l'antiquité profane, étudiez un passé glorieux ; mais ne vous aveuglez point, dans votre naïveté classique, sur les désordres d'une société tombée victime de ses propres excès et dont la justice divine a scellé la tombe. Touristes, parcourez les lieux rendus célèbres par de grands souvenirs ; que les beaux horizons du paysage romain excitent votre enthousiasme ; mais dans vos excursions poétiques, ne détournez pas les yeux de cette grande image de la papauté qui apparaît à chaque instant conservant les monuments, protégeant les ruines et traversant les siècles, portant d'une main le flambeau de toutes les connaissances humaines et bénissant de l'autre la ville et le monde. Pèlerins venus des extrémités de la terre aux tombeaux des deux apôtres fondateurs de la Rome chrétienne, baisez avec amour la terre consacrée de leur sang, laissez couler vos larmes sur les reliques vénérées de nos pères dans la foi et de nos frères aînés qui nous ont précédés dans la gloire, et le souvenir des grandes choses que vous aurez vues dans les sanctuaires de Rome fera ensuite le bonheur de votre vie. Vous tous, poëtes, archéologues, historiens, considérez la grande Rome de son point de vue catholique, et votre horizon s'étendra ; vous verrez quelques monuments noirs, croulants, se distinguant à peine des habitations vulgaires qui les pressent et les étouffent : ce sont les restes de Rome païenne, c'est le passé ; puis une multitude d'édifices brillants qui s'élèvent de toutes parts vers le ciel et couvrent la ville de leur gloire : ce sont les palais de Dieu, qui a fait de Rome le siége de son empire ; les églises, c'est l'avenir. Considérez ce grand spectacle, méditez-le à loisir, et vos préventions se dissiperont d'elles-mêmes. Une première fois vous étiez placés trop bas, et vous avez dédaigné ; en vous élevant, l'admiration grandira avec la jouissance. Vous vouliez fuir la ville sainte, tout y offensait vos regards ; en l'examinant avec réflexion, votre cœur se remplira d'amour pour elle, et vous ne voudrez plus la quitter. Je lui appliquerais volontiers le mot de Bacon : « Un peu de philosophie éloigne de *Rome*, beaucoup de philosophie y ramène. »

XXV.

DE ROME A NAPLES.

Ce n'était pas sans peine que nous avions conclu avec un voiturin. Celui qui n'a rien à faire avec les voiturins doit s'estimer heureux et bénir son étoile. Trompés d'abord par un facteur de bas étage qui nous conduisit à un autre patron que celui dont nous lui demandions l'adresse, nous eûmes beaucoup de peine à dégager notre parole avec l'un pour nous mettre sous la conduite de l'autre. Quel ne fut pas notre étonnement, le jour du départ, lorsque nous nous vîmes confiés au premier industriel; nous étions mystifiés, nous étions vendus : cette sorte de trafic n'est pas rare en Italie. Ce fut là une première déconvenue; il y en eut une seconde. Nous partîmes avec deux chevaux superbes pour traverser honorablement la ville; mais arrivés à la porte Majeure, on nous donna deux pauvres animaux qui faisaient pitié. Notre voiture était vieille, sale; nos coursiers, fringants comme des chevaux de bois; on ne vit jamais un plus triste équipage. Cela augmentait la peine que nous avions à quitter Rome. Le jour commençait à paraître, nébuleux et froid; le Forum, encore enveloppé des ombres de la nuit, laissait à peine distinguer quelques-unes de ses ruines. « Telle est la force de l'habitude et peut-être le charme attaché à des lieux célèbres, que je ne pus quitter Rome sans quelques regrets. Je traversai des rues désertes. Sur le Forum tout était silencieux et solitaire : les nombreux monuments qui le couvrent, les Rostres, le temple de la Paix, ceux de Jupiter Stator et de la Fortune, les arcs de Titus et de Sévère se dessinaient à demi dans les ombres, comme les ruines puissantes d'une ville dont le peuple aurait disparu (1). » On nous laissa le temps de jouir du spectacle que nous avions sous les yeux, car nous fûmes obligés de nous arrêter pendant plus d'une heure sur la voie Sacrée, devant l'arc de Titus, pour attendre un religieux olivetain de Sainte-Françoise du Forum. Du reste, l'enthousiasme dura peu, l'impatience gagnait les voyageurs ; les monuments perdirent à nos yeux de leur charme ; en sorte que, désolés d'abord de les quitter, nous finîmes par les trouver trop longtemps à la même place : quand un sacrifice est résolu, il faut l'accomplir sans retard.

La porte Majeure doit son nom à son imposante architecture, ou bien au voisinage de Sainte-Marie Majeure. Formée par une arcade de l'aqueduc des eaux de Claude et de Néron, qui, de ce côté, s'appuie au rempart, sa double ouverture servait pour le passage des voies Labicane et Prænestine. En sortant de Rome, nous traversons une immense solitude aux teintes grises, sans culture, sans habitants. Çà et là quelques tombeaux en ruines, quelques tours crevassées, des aqueducs qui tombent, voilà les seuls objets qui interrompent un peu la sévère monotonie de la plaine. Tous ces vieux monuments semblent protéger contre les petits progrès de ce temps-ci l'antique majesté du désert. Est-ce un grand mal ? « La plupart des économistes du pays romain pensent qu'à raison de la nature du sol et des besoins du pays, les prairies et l'entretien des bestiaux fournissent un revenu plus productif que ne le ferait la culture.... Pour faire subir à la campagne romaine une transformation réellement avantageuse, il ne suffirait pas qu'elle fût simplement livrée aux travaux de l'agriculture ; mais elle devrait, supposé que cela fût possible, être métamorphosée, par l'établissement de manufactures de tout genre, en une succursale féconde de l'in-

---

(1) CHATEAUBRIAND, *les Martyrs*, liv. v.

dustrie européenne. Je ne saurais former ce vœu. Je crois que des considérations morales qui ont leur gravité doivent écarter loin d'elle l'attente, ou, qu'on me pardonne le mot, la menace de cette destinée industrielle.... Supposons le majestueux *agro romano* transformé en champ de bataille industriel ; placez des filatures de coton dans la vallée Égérie, de hauts fourneaux autour du *Ponte Molle*, aux lieux où Constantin vit le Labarum, des fabriques de sucre de betteraves entre le mausolée de Cécilia-Métella, les tombeaux de Scipion, les catacombes de Saint-Sébastien, et des laminoirs de zinc où vous voudrez; représentez-vous tous ces forts détachés de l'industrie enfermant Rome dans un cercle de fumée et de vapeur...., à l'instant Rome est découronnée de ce qui formait l'auréole de son caractère religieux, moral et artistique. Il ne faut pourtant pas que l'industrialisme ait ses Omars, ordonnant de brûler tout ce qui n'est pas conforme au Coran du culte de la matière (1). »

Que l'on se plaigne tant qu'on voudra de trouver autour de Rome un cordon de défense contre l'invasion des modernes barbares de l'industrialisme; pour moi, je l'avoue, j'aime mieux ces plaines incultes sans être arides, qui ont la solennité du désert sans en avoir les terreurs. Ces campagnes semées de ruines, ces horizons vaporeux, ces ressouvenirs d'une gloire évanouie, ont un attrait mystérieux pour mon âme. Dans ces solitudes, rien ne distrait de la pensée de Rome. En m'en éloignant, je les traversai encore avec un intérêt douloureux, comme on goûte un plaisir dont on pressent la perte, et lorsque, des hauteurs de Frascati, je me retournai pour la dernière fois vers le pays qui restait en arrière, loin de nous déjà, j'éprouvai une impression d'indicible tristesse. La dernière vue du Capitole et du dôme de Saint-Pierre disparaissant dans les brumes de l'horizon laisse dans l'âme une émotion semblable à celle qu'on éprouve en mer, lorsqu'on voit fuir les rivages de sa patrie.

Si quelque chose pouvait consoler de la perte de Rome, ce serait bien certainement la beauté des montagnes que l'on traverse en prenant la route des Abruzzes. Cette route nous avait été recommandée comme *più breve*, *più bella*, *più commoda* que

(1) Mgr Gerbet, *Esquisse de Rome chrétienne*.

celle de Terracine. Les plus riches accidents du sol joints à la culture la mieux entendue font du pays montagneux qu'elle parcourt le rival de la Toscane pour la fertilité, le premier des États romains pour l'agrément des sites, tandis que la route des marais Pontins, empestée par les fièvres, est de plus ennuyeuse, comme doit l'être la ligne directe dans un pays désert. Depuis la porte Majeure, on suit à peu près la direction de l'ancienne voie Labicane; on passe à *Torre pignatara*, où la tradition place le tombeau de sainte Hélène, devant la ferme de *Torre nuova*, qui marque le lieu où Furius Camille battit les Gaulois en 363, et celui où l'infortuné Régulus avait son champ qu'il cultivait lui-même avant sa funeste expédition de Carthage. Sur les premières pentes des Apennins dans lesquels nous nous engageons, Frascati étale ses maisons blanches et ses fraîches villas, au-dessus desquelles on distingue les ruines de la villa Tusculana de Cicéron, d'où nous sont venues les immortelles *Tusculanes*. Au treizième mille et au pied du mont Falcone, le lac Régille vit sur ses bords la bataille sanglante qui décida du sort des Tarquins (1). Nous saluons au passage le gracieux village de Colonna, ancienne Labicum, près duquel l'eau *Felice* prend sa source. Jules César possédait dans les environs une villa où il avait fait son testament, quelques mois avant sa mort. Nous laissons à gauche, pour rejoindre un peu plus loin la voie Latine, la voie Prænestine qui conduisait à Preneste, aujourd'hui Palestrina, située sur le haut d'une montagne. L'ancienne capitale des Eques conserve quelques vestiges de son temple de la Fortune et une mosaïque dont le sujet n'est pas bien connu, quoiqu'il ait été discuté par tous les antiquaires. Avant d'arriver à Valmontone, on trouve une plaine resserrée entre deux montagnes où le consul Fabius Ambustus défit complètement les Herniques, l'an de Rome 393. Nous sommes ici dans le Latium; il commençait à l'Anio, qui le séparait du pays des Sabins; les Volsques habitaient au midi de Rome, vers Terracine; les Samnites, les montagnes des Apennins qui descendent vers la Campanie. Ce sont là les ennemis qui tinrent si longtemps en échec

(1) Selon d'autres, le lac Régille serait de l'autre côté de la route, près de Frascati, dans un espace aujourd'hui desséché qui porte le nom de *Pantano secco*.

la puissance romaine ; à chaque pas on rencontre des souvenirs de leurs luttes et de leurs revers. Tout ici parle de l'antiquité ; ces contrées n'ont rien perdu de leur aspect primitif, les usages n'ont pas changé, les constructions rappellent l'architecture étrusque ; seule, la nature renouvelle sa jeunesse et présente parmi ces ruines des tableaux pleins de fraîcheur et de vie. Les hameaux bâtis sur des monticules dominent la route. Un des premiers que l'on rencontre s'appelle Lugnano, bâti au pied de la montagne où s'élevait Bola, ville latine alliée de Rome, qui fut prise et détruite par Coriolan. Lugnano, suspendu aux flancs d'une montagne, est, plus que je ne pourrais dire, gracieux et pittoresque ; un ruisseau l'embellit, fertilise ses alentours et vient plus bas faire tourner un moulin qui présente sur la route, au milieu des prairies, son auvent tout noir, mais décoré d'une madone : jamais un plus joli village ne fut accompagné d'un plus joli moulin.

A partir de là le chemin descend ; les montagnes s'écartent, et l'on arrive dans une plaine où apparaît une petite ville bâtie sur une éminence au pied de laquelle le Sacco prend sa source. C'est l'ancienne Toleria prise d'assaut par Coriolan à la tête des Volsques. Elle est connue aujourd'hui sous le nom de Valmontone. Les rues en sont étroites ; les habitants, grands et vigoureux ; les hommes portent la culotte et les jambes nues, les femmes se couvrent la tête d'une coiffure de toile grossière fort gracieuse en peinture, mais dégoûtante en réalité ; les uns et les autres s'enveloppent les pieds de bandes de cuir, feutre, ou étoffe dont ils relèvent au hasard les quatre bouts par des ficelles rattachées autour des jambes. Un château seigneurial domine le village et appartient à la famille Doria. Sur une autre colline, un couvent de franciscains par son délabrement forme un accessoire pittoresque du paysage. Quand les religieux n'ont plus rien à manger, ils sonnent leur cloche ; l'aumône du village monte aussitôt vers le couvent, d'où descendent en retour les bénédictions qui fertilisent la vallée.

Sous Valmontone commence une plaine peu cultivée, couverte de bouleaux et de bruyères, qui s'étend jusqu'à *villa Regia*, sur une longueur de douze milles. C'est la solitude des Maremmes, qui par ses aspects sévères inspirerait la terreur, quand même les brigands des Abruzzes n'y auraient point laissé le souvenir de leurs crimes. Maintenant la route est sûre; les carabiniers pontificaux la parcourent toutes les nuits et ont à peu près purgé le pays des bandes de malfaiteurs. La nature et les voleurs répandent sur cette route beaucoup d'intérêt. Nous étions sept voyageurs : quatre Français, deux Belges et un Romain. Nos voiturins nous donnaient quelque crainte; ils cachaient sous leurs chapeaux à bords rabattus un regard faux et sombre, parlaient peu, ne riaient jamais. Ces figures patibulaires nous rendaient croyable ce qu'on dit que les bandits de ces montagnes ont quelquefois pour associés les voiturins. Du reste, les nôtres ne conduisirent jamais de voyageurs plus tranquilles, ni plus disposés à rire de leurs mésaventures mêmes. En cette compagnie, nous allions tout doucement, laissant la voiture rouler, les Belges fumer, les chevaux s'abattre, riant de tout, dormant parfois, menant la plus joyeuse vie du monde.

Avant de sortir des Maremmes, on découvre à gauche, à quelque distance de la route, la ville d'Anagni, autrefois capitale des Herniques, près de laquelle Cicéron avait sa villa d'Amalthée. L'église cathédrale, dédiée à saint Magnus, possède une crypte remarquable du XIe siècle, dont la forme rappelle celle des églises primitives. Mais la gloire d'Anagni, c'est d'avoir donné le jour à Boniface VIII, qui y fut insulté par Colonna et Nogaret. Digne imitateur de Grégoire VII, Boniface VIII mourut dans l'exil pour avoir défendu contre le despotisme royal les droits de la justice et de la vérité. Le vice couronné a toujours trouvé des séides pour outrager la papauté; il n'a jamais pu réussir à se faire de celle-ci un appui.

Le gîte de la journée était Ferentino, où nous arrivâmes fort tard. Ville épiscopale de 10,000 âmes, bâtie, comme toutes les anciennes cités étrusques, sur une montagne, elle offre un grand intérêt sous le rapport archéologique, par la forme de ses maisons et la masse de ses remparts composés de gros quartiers de travertin, vaste construction qui porte les caractères de trois époques successives. Ferentinum appartenait aux Herniques, qui regardaient cette position militaire comme très-importante; dans la vallée Férentine se tenait, avant la conquête romaine, l'assemblée générale des peuples du Latium. Le christianisme y fut prêché du temps de saint Pierre; il y eut plus tard ses martyrs, entre lesquels nous devons remarquer le centurion saint

Ambroise, dont on voit la statue équestre en argent dans la cathédrale. La ville offre un aspect triste et misérable ; encore la vîmes-nous en fête, parée de ses plus beaux atours : le lendemain, c'était la foire du pays, et l'on y préludait par des rondes et des feux de joie. L'unique hôtel du lieu, qui n'est qu'une pauvre *locanda* (1), avait été envahi par une troupe de marchands, effroyable cohue où l'on chantait, où l'on fumait et buvait, où l'on jouait de la musette. Cette gaîté fit place à un vrai désespoir lorsqu'on apprit aux marchands que les lits qui leur avaient été promis seraient donnés aux étrangers amenés par le voiturin. On fit une scène à l'*ostiere;* le juron *per Bacco!* relevé d'un augmentatif de circonstance, *per Bacconacco!* donnait plus d'énergie aux expressions de la colère ; le dépit bruyant de ces montagnards et leur pantomime expressive contrastaient singulièrement avec le sang-froid du patron, homme à la panse rebondie, d'une placidité à l'épreuve de si minces tribulations. Ce sabbat éclairé par une lumière puante, qui perçait à peine une atmosphère de suif, de tabac et de vin, formait un tableau digne d'un peintre flamand.

Le lendemain, au point du jour, nous étions sur pied pour voir la foire et partir. Beaucoup de bruit, toutes sortes de marchandises, les costumes pittoresques des Apennins, voilà ce que fut à nos yeux cette foire d'un pays de montagnes qui possède les avantages réels de notre civilisation sans en connaître les vices. Les habitants de la contrée s'y étaient rendus en grand nombre avec leurs robustes compagnes. En vérité, si telles étaient les Sabines que les Romains enlevèrent pour s'en faire des épouses, il faut avouer que la peinture et la sculpture les ont un peu flattées.

Au pied de Ferentino commence la fertile vallée que le Sacco arrose. Des canaux la sillonnent dans tous les sens, des ateliers et des usines de toutes sortes y occupent des milliers de bras ; le commerce, l'agriculture et l'industrie rendent cette vallée la plus riche peut-être de l'État romain. Ce spectacle si intéressant nous fit oublier la mauvaise nuit de Ferentino et sa pauvre *locanda*. « *Hospitio modico*, triste auberge, » disait Horace de celle

---

(1) *Locanda*, *osteria; locandiere*, *ostiere*, auberge, aubergiste.

d'Aricie, sur la voie Appienne. S'il eût, comme nous, suivi la voie Latine, qu'aurait-il dit de Ferentino? L'auberge était pourtant qualifiée de *antica osteria*. En Italie, tout se rattache à l'antiquité ; en France, ce serait un faible titre de recommandation que celui de l'ancienneté d'un hôtel. Lorsque, sur notre route de Naples, nous trouvions, ce qui n'est pas rare, cette enseigne glorieuse, nous plaignions les pauvres voyageurs qui s'y arrêtaient. Le soir, à notre arrivée, si notre hôtel était classé parmi les *antiques*, nous nous résignions tristement. *Osteria antica*, disait l'un. — *Hospitio modico*, répondait l'autre. Et ce n'était que trop vrai : on expie les agréments de la route que nous suivons par l'incommodité des gîtes.

Frosinone, ancienne Frusino, ville des Volsques, est aujourd'hui la capitale de la province. Un palais apostolique assez beau, quelques vestiges d'antiquités ne dédommagent guère les voyageurs du retard qu'ils éprouvent pour venir traverser cette cité bâtie sur la montagne. A la chute du jour, lorsque les femmes viennent de la ville puiser de l'eau dans le vallon, leur mise, leurs vases de forme antique, leurs cheveux flottants rappellent les tableaux de la Bible ou d'Homère ; on se rappelle les compagnes de Nausicaa et la fille d'Alcinoüs, ou bien Rébecca et les filles de Haram descendant à la fontaine au bord de laquelle Éliézer avait arrêté ses chameaux.

La route, depuis Frosinone agréablement accidentée, tourne des collines couvertes d'ormeaux aux branches desquels s'unissent des treilles. C'est sans doute à ce mode de culture de la vigne qu'il faut attribuer la mauvaise qualité des vins qu'on boit dans certaines contrées de l'Italie. La séve s'appauvrit en alimentant des jets aussi étendus ; le raisin trop élevé ne peut s'échauffer par la réverbération du sol, et enfin, cueilli avant sa complète maturité, il donne un vin aigre ou vert. Quoi qu'il en soit de cette question au point de vue économique, les sarments qui se déroulent en guirlandes, se balançant d'un arbre à l'autre avec leurs pampres et leurs fruits, présentent un coup d'œil fort gracieux. Les tableaux variés d'une riche végétation joints à ceux d'une nature agreste rendent ce pays également cher à l'industriel et au touriste.

Nous arrivâmes vers le milieu du jour à Ceprano, la dernière ville des États pontificaux où l'on fait viser ses passe-ports. Il n'est rien à quoi l'on ne s'accoutume en voyage : mauvaise voiture, mauvaise nourriture, mauvais chemin, mauvais gîte, tout finit par devenir supportable. On rencontre même des amateurs qui par goût embrassent ces contrariétés, comme pouvant ajouter beaucoup d'intérêt au chapitre de l'imprévu. Mais que l'on en trouve un seul dont les formalités de la police n'aient jamais altéré la bonne humeur ! Nous fûmes successivement en butte aux investigations des douanes du pape et du roi de Nâples. Lorsque nous partîmes de ce village, au premier coup de fouet de notre phaéton ses chevaux s'abattirent et manquèrent ne pouvoir plus se relever. Les bonnes gens de Ceprano qui passaient s'apitoyaient sur notre embarras et nous disaient avec des gestes charmants de compatissance : « *Siete caduti !* oh ! vous êtes tombés : » Nous répondions : *Siamo caduti ! — Oh ! poveretti !* ajoutaient-ils ; et personne ne nous venait en aide. Le Liris marque la frontière des deux États. Ce fleuve, après avoir reçu le Sacco, prend le nom de Garigliano. De l'autre côté, une borne fleurdelisée, portant le chiffre du soixante-huitième mille, annonce le sol napolitain et la distance de la frontière à la capitale. Nous allions doucement et sans songer à rien, gravissant non sans peine une montée fort raide, lorsque, tout d'un coup, du milieu des broussailles bondirent trois estafiers de mauvaise mine et armés jusqu'aux dents, qui, d'une voix vibrante et brève, nous ordonnèrent d'arrêter.... Ce n'étaient pas des voleurs, mais des douaniers, ce qui ne vaut guère mieux. Un de ces estimables fonctionnaires nous escorta jusqu'au prochain bureau de Muratta, où nous fûmes soumis à des perquisitions minutieuses, confrontés avec notre signalement, accablés de questions, entourés de mendiants, trempés par la pluie, réduits enfin à demander quartier à Dieu et aux hommes pour continuer un voyage jusqu'alors si gai, un instant détestable.

A Muratta commence une ligne directe de sept ou huit milles dans une belle vallée. Sur les collines que l'on a à sa gauche, on distingue à quelque distance Rocca Secca, puis Arpino, patrie de Marius. Les marais de Minturnes, où il se cacha dans les roseaux, se trouvent près d'ici, à l'embouchure du Liris. Arpino a aussi donné le jour à Cicéron, dont on prétend y montrer la maison. Vient ensuite Aquino avec son château en ruines où naquit saint Thomas d'Aquin. Ainsi le même sol a produit le Prince des orateurs et l'Ange de l'école. Arce, dont on distingue un peu plus loin les ruines, rappelle la villa d'Atticus. Cicéron en avait plusieurs dans ces contrées; il écrivait à son ami : « Je compte arriver à Arpino le dernier jour du mois, ensuite me promener un peu dans nos petites villas, que je désespère de voir plus tard (1). »

Le mont Cassin domine toutes les montagnes de la contrée. On le distingue à plus de quinze milles de distance, couronné des immenses bâtiments de l'abbaye. Le bourg de San-Germano, bâti dans le IXe siècle, sur les ruines de l'ancienne Casinum, n'en a conservé que quelques ruines d'un amphithéâtre. Mais ces souvenirs profanes ne fixent point ici l'attention du voyageur; le couvent de Saint-Benoît, sur le sommet de la montagne, est le but vers lequel se dirigent à la fois les yeux et le cœur.

Nous partîmes de grand matin pour faire ce pèlerinage. Le chemin, large et pavé comme les voies romaines, serpente sur les flancs de la montagne, où pour toute végétation croissent des bruyères et les plantes aromatiques des Apennins. Là-bas, dans la plaine, des terres richement cultivées, des prairies, des établissements industriels, en un mot la vallée du Garigliano, une des plus belles de l'Italie; ici un rocher âpre, désert, sur lequel le couvent élève sa masse imposante, fortifiée comme un château féodal. On dirait que du haut de cette montagne du sacrifice, le tentateur présente aux religieux les biens auxquels ils ont renoncé : ainsi la fidélité placée au milieu de l'épreuve conserve toujours le mérite du combat. Le vestibule, orné de colonnes romanes, est une rampe douce et couverte qui conduit à la porte du monastère, où le frère hôtelier reçoit les étrangers. Par une délicatesse de l'hospitalité chrétienne, tout voyageur arrivant au monastère trouve d'abord un abri en attendant un asile. Nous fûmes reçus avec le sans-façon de la famille et introduits dans un cloître fort beau, soutenu par des colonnes de granit et orné des statues de saint Benoît, de sainte Scholastique et de sainte Abondance, leur mère. Ce premier cloître, accompagné de deux cours à portiques, commu-

(1) Ego Arpini volo esse pridiè kal., deindè circùm villulas nostras errare quas visurum me posteà desperavi. (*Epist. ad Attic.*, lib. VIII.)

nique par un beau perron avec le parvis de l'église, décoré des statues des papes et des princes bienfaiteurs de l'abbaye. Sur les portes en bronze des inscriptions latines indiquant toutes les donations de propriétés qui composaient le domaine du mont Cassin, avant sa spoliation sous Joachim Murat. Depuis lors les religieux reçoivent du gouvernement napolitain une pension alimentaire qui leur est payée non à titre d'indemnité, mais comme honoraires en leur qualité d'historiographes du royaume des Deux-Siciles. L'église du mont Cassin, une des merveilles de l'Italie, est revêtue des plus beaux marbres; le jaspe de Sicile brille de toutes parts; on marche avec hésitation sur un pavé de mosaïque luisant comme une glace; la voûte représente la Gloire de saint Benoît, une des œuvres les plus renommées de Lanfranc; enfin le maître-autel, tout incrusté de pierres précieuses, semble défier par sa magnificence tout ce que l'imagination peut concevoir en ce genre de plus beau. Il s'élève au-dessus de la crypte qui renferme les reliques de saint Benoît (1). Nos archéologues parlent beaucoup des stalles sculptées de quelques cathédrales de France; ils ont raison; comme eux je les admire. Mais je ne sais si celles du mont Cassin ne sont point des plus riches de l'Europe. Il y a deux rangs de stalles; le dossier de chacune est orné d'une arabesque feuillée dont les enroulements forment au centre un petit rinceau contenant la statue aux deux tiers d'un saint de l'ordre; les accoudoirs sont formés par des chérubins aux ailes déployées. On ne compte pas moins de quatre-vingts siéges, et il n'y a pas une pose, pas un dessin qui se trouvent reproduits. Ce luxe de sculptures aussi délicates que profondément fouillées par des instruments sans doute imperceptibles, compose un ensemble

---

(1) Sur la face de l'autel qui est tournée vers le chœur des religieux, on lit cette inscription, regardée comme un modèle du genre :

BENEDICTV̄ ET SCHOL̄SCAM
VNO IN TERRIS PARTV EDITOS
VNA IN DEVM PIETATE COELO REDDITOS
VNVS HIC EXCIPIT TVMVLVS
MORTALIS DEPOSITI PRO AETERNITATE
CVSTOS.

de décoration dont l'œil a peine à suivre les détails et qu'on ne se lasse pas d'admirer.

En sortant de l'église, nous fûmes conduits à l'hôtellerie, où les religieux nous servirent le café. Ce fut avec une vive reconnaissance que mes compagnons de voyage, en humant avec délices le bol profond de l'hospitalité claustrale, proclamèrent ce café le meilleur qu'ils eussent pris dans toute l'Italie. Le couvent est très-beau; mais la partie la plus intéressante, on le pressent bien, doit être la bibliothèque. Après celle du Vatican, elle est une des plus belles du monde. On nous montra des éditions très-rares, toutes les Bibles polyglottes, toutes les vastes publications que les bénédictins ont faites, des manuscrits et des autographes précieux, des chartes de toutes les époques jusqu'au VIe siècle, enfin le manuscrit de Cisneros, abbé de Mont-Serrat, mort en 1510, qui serait, dit-on, l'original des *Exercices spirituels* de saint Ignace. Mais il existe entre les deux ouvrages des différences assez notables pour que la congrégation du mont Cassin ait désavoué, en 1644, le livre du bénédictin Cajetan, qui avait révélé au public ce prétendu plagiat. Outre les bâtiments occupés par les profès et les novices, l'abbaye renferme un séminaire dépendant du monastère, ouvert aux jeunes gens de la contrée qui viennent, dans cet asile de la science, se former aux connaissances humaines et à la pratique de la vertu. Le couvent compte soixante élèves, deux novices et à peine quinze religieux. La froideur que le gouvernement témoigne à cette famille monastique en compromet l'existence; elle en aurait peut-être amené l'extinction, si cet illustre monastère pouvait périr. Par suite de cette situation violente, les préoccupations politiques troublent la paix du cloître; le mont Cassin semble devenu un point d'observation plus élevé d'où l'on interroge au loin tous les bruits qui viennent du côté de Naples, dans l'espérance que quelque souffle apportera la liberté. Illusion de cœurs honnêtes qui la font à leur image juste et sainte! La liberté n'est point la colonne qui éclaire la nuit et tempère les ardeurs du jour, mais un nuage aux formes fantastiques et diversement colorées, qui porte la tempête; il s'avance sur les hommes qui l'appellent, séduits par ses reflets magiques, et tout d'un coup l'éclair brille, le tonnerre gronde, l'orage crève sur les regardants; puis le calme se fait, mais parmi les ruines;

les hommes s'instruisent, mais sur des tombeaux. Qu'ils laissent au monde ses illusions, ces enfants de la solitude! Qu'ils se pénètrent bien des grandes leçons de renoncement que le mont Cassin leur donne. Élevé au-dessus de tous les bruits du monde, il appartient moins à la terre qu'au ciel. On éprouve à son sommet une impression de douce quiétude; on se sent plus libre, plus près de Dieu. Pour moi, si j'avais connu plus tôt cette sainte retraite, je serais venu heurter à sa porte de mon bâton de pèlerin; j'aurais demandé une place à cet antique et religieux foyer où tant de grands hommes et, ce qui vaut mieux, tant de grands saints se sont assis. Dans cette paisible solitude ma vie se serait écoulée dans le secret de Dieu, calme et studieuse, et puis j'aurais dormi, dans les caveaux de l'église, mon sommeil de mort, en attendant le dernier jour. Dans ces silencieux corridors où retentissait le bruit de mes pas, je me disais : Voilà peut-être quelle aurait été ma cellule; au chœur : C'est peut-être cette stalle que j'aurais occupée; et de ce balcon qui croule j'aurais aimé à laisser mes regards errer sur la vallée, de ce côté la plus triste, mais qui tourne vers la France, pour y respirer un air pur qui serait peut-être venu de la patrie. Inutiles regrets! tristes confidences faites à ce cloître vénéré! Le ciel en a disposé autrement : le mont Cassin n'est pas le lieu où je dois vivre; puisse-t-il être celui où je viendrai mourir!

L'ancienne Casinum était une ville importante des Samnites, dont le pays finissait ici. Nous entrons dans les fertiles contrées de la Campanie, aujourd'hui Terre de Labour. Depuis San-Germano, la route, presque toujours directe et en plaine, met sous les yeux du voyageur un pays superbe. A mesure que l'on avance, les sommets des Apennins s'abaissent, l'horizon s'agrandit; les villages, suspendus aux flancs des montagnes, présentent un aspect plus riant. On laisse à droite Ponte-Corvo, ville papale de 6,000 âmes, que Napoléon avait érigée en principauté en faveur de Bernadotte, et à gauche, à quelque distance de la route, Venafro célèbre autrefois par ses produits chers aux gourmands. Avant d'arriver à l'embranchement des routes, quelques ruines rappellent une autre ville dont le vin a été chanté par Horace, l'ancienne Cales ou Calenum, aujourd'hui Calvi, réduite à un état misérable par les tremblements de terre. Les coteaux que l'on voit à droite sont ceux où croît le falerne. Enfin nous entrons dans la route royale en rejoignant celle qui vient de Rome par Terracine; trois milles à peine nous séparent de Capoue. Voici déjà le langage et les usages de Naples. Les Napolitains que nous rencontrons sont coiffés de chapeaux ornés d'une fleur et entourés de tresses ondoyantes de diverses couleurs. Les chevaux caparaçonnés, enrubanés, portent des pompons sur leur tête et des images bénites sur leurs harnais, toutes sortes d'ornements de cuivre jaune décorent les colliers, et la chère madone est placée comme protectrice de l'attelage à l'extrémité du timon. Ces rouliers si pimpants s'étonnaient, en passant à côté de nous, de notre profonde misère et plaignaient hautement les voyageurs. Mais nos voiturins étaient à l'épreuve des quolibets; du moins ils auraient pu, en nous cahotant sur cette route, faire à nos dépens leur apprentissage de résignation. Toutes les fois que nous traversions un village, la foule se pressait autour de nous : c'étaient des bravos et des éclats de rire auxquels nous nous associions gaîment, parce qu'ils étaient pour nos cochers; nous ne prenions pour nous que les *poverini!* ou *poveretti!* qui se mêlaient aux huées dont on poursuivait les patrons.

Enfin nous arrivâmes tout meurtris à Capoue, non l'ancienne, la vraie Capoue, mais une moderne et petite Capoue qui est venue, il y a mille ans, s'établir à demi-lieue de l'ancienne et lui dérober son nom. Elle a 10,000 âmes de population, 5,000 hommes de garnison, une enceinte fortifiée par notre Vauban et dont les ouvrages avancés s'appuient au fleuve du Volturne; ses rues sont assez belles. Nous fîmes à Capoue un repas médiocre, mais le meilleur pourtant depuis notre départ de Rome: *Bon appétit surtout*; voyageurs *n'en manquent point.* Telles furent pour nous les délices de Capoue. Si Annibal n'en eût pas permis d'autres à son armée, Rome ne serait peut-être pas devenue la maîtresse du monde. L'antique Capoue, que Polybe appelle *la plus heureuse des villes*, se trouvait à l'est de la moderne. Un bourg appelé Sainte-Marie Majeure s'élève sur ses ruines qui se composent de plusieurs temples, de vastes assises d'amphithéâtre, de deux portes de villes et enfin d'une grande quantité de tronçons de colonnes et d'autres fragments d'architecture. Ces ruines intéressantes sont peu connues. Presque tous les voyageurs donnent un coup d'œil rapide aux objets que les Guides signalent à leur attention sur les bords de la route, mais ne se détournent guère pour les visiter. Il est vrai que la plupart n'ont pas reçu de la nature, qui partage comme il lui plaît ses dons, une organisation amie des sites, des ruines; il en est peu qui soient capables de comprendre et de goûter l'Italie : on devient voyageur, on naît artiste.

La campagne qui s'étend de Capoue à Naples est d'une fertilité qui rappelle le mot de Virgile : *Dives arat Capua.* « On prétend, ajoute un voyageur, qu'il n'y en a point de plus fertile au monde, et on l'appelle aussi *campagna stellata*, pour signifier qu'elle est extraordinairement favorisée des bénins aspects des astres et pour faire connaître la continuelle douceur de l'air qu'on y respire. » Cette plaine si vantée nous parut la plus triste du monde; un vent brûlant de siroco nous enveloppait dans des tourbillons de poussière, et, à travers ces nuages, la campagne paraissait ensevelie comme dans un funèbre linceul. Si le siroco régnait habituellement en Italie, ce pays si vanté serait inhabitable. Entre Capoue et Naples on rencontre la jolie ville d'Aversa, proprette et habitée par une population souriante aux étrangers. Ce n'est plus la triste gravité des villes romaines, mais un air gracieux de *far-niente* qui nous annonce un autre climat et d'autres mœurs. On ne s'en étonne plus lorsqu'on apprend qu'Aversa est française. Les Normands l'ont fondée sur les ruines d'Atella, ville des Osques, connue des Romains pour l'esprit de ses habitants. De là venait le nom donné à de petites pièces d'un caractère satirique, souvent licencieux, qui faisaient les délices du peuple de Rome.

La route commence à s'animer; les villas, les ateliers, les magasins se multiplient; la voie est encombrée de diligences, de lourds chariots, d'élégants *corricoli* : incroyable pêle-mêle où la poussière ne permet plus de se reconnaître, où l'on peut craindre à chaque instant d'écraser les mendiants accroupis dans le chemin. Leurs voix gémissantes se mêlent aux cris des fruitières et aux coups de fouet de tous les attelages, même du nôtre, qui commence à trotter pour la première fois. Cette cohue nous annonce la grande ville à plus de deux lieues de distance. Enfin nous arrivons à un rond-point où la douane s'empresse autour de nous et nous donne la main pour nous introduire dans les faubourgs. Les faubourgs ont passé, voici les boulevards extérieurs ; nous sommes sur le bord de la mer, sur le port : voilà le golfe ! voilà le Vésuve ! voilà la ville ! Naples si louée, si désirée, la voilà dans tous ses charmes, étalant aux yeux des étrangers ses sites enchanteurs et sa fraîche beauté! C'est une ville moderne, la seule ville italienne qui soit jeune, insouciante, vivant du jour présent et non de souvenirs. Apportez-lui des joies et des fêtes, n'y venez point avec la froide gravité des climats du Nord; car voyez si sous un ciel si pur, au bord de ces flots tranquilles, parmi les orangers et les fleurs, il est possible de n'être pas une ville joyeuse et folâtre, et d'avoir été bâtie sur le tombeau d'une syrène, sans être habitée par le plaisir.

XXVI.

NAPLES.

« Des fleurs et des fruits humides de rosée, a dit Chateaubriand, sont moins suaves et moins frais que le paysage de Naples sortant des ombres de la nuit. » Rien ne saurait en donner une idée; la peinture et la poésie ne réussiront jamais à rendre l'effet de ce spectacle plein de douceur et de vie. On ne se lasse point de contempler les merveilleux aspects de ce golfe qui s'avance dans les terres avec tant de grâce et réfléchit dans ses eaux l'image de la côte dont il embrasse mollement les contours. Toutes les éminences qui forment le fond du tableau descendent vers la mer comme les degrés d'un vaste amphithéâtre chargés de verdure et de maisons élégantes, et pardessus ces étages de collines, se dresse, noir et menaçant, le Vésuve, semblable à un ennemi qui se tient en silence et à l'écart, épiant sa victime. Une lumière, pure comme le ciel et les flots, colore ces horizons, fait saillir les objets, et, en répandant sur eux un charme infini, permet de distinguer les moindres détails du paysage :

Largior hic campos et lumine vestit
Purpureo.

Cet éther si pur, si large, qui enveloppe les champs Élysées de Virgile, on l'aspire ici à pleins poumons, et la poitrine se dilate pour s'en nourrir; on jouit de tous les enchantements de cette nature privilégiée sans pouvoir en rassasier son imagination ni ses yeux « En extase devant ce tableau, je m'appuyais contre une colonne, et sans pensée, sans désir, sans projet, je restais des heures entières à respirer un air délicieux. Le charme était si profond, qu'il me semblait que cet air divin transformait ma propre substance, et qu'avec un plaisir indicible je m'élevais vers le firmament comme un pur esprit (1). »

Le port de Sainte-Lucie, où nous avions pris notre logement, est au centre du mouvement, entre le palais du roi et le jardin public de la *Villa Reale :* c'est le port des bateliers et des pêcheurs d'huîtres, dont les gracieux étalages sont ornés de banderolles et de fleurs. Quatre ais branlants recouverts d'algues marines, un lambeau de voile pour recouvrir le tout, voilà le magasin du marchand de Sainte-Lucie; mais il vous offre ses coquillages avec une grâce exquise, et il y a tant de poésie dans son langage et dans ses manières, qu'il faudrait être bien mal appris pour résister à ses séductions. A la nuit, tout ce singulier marché s'illumine; de tous les points du golfe arrivent de petites embarcations dont on ne voit sur les eaux que les falots allumés, et qui sont accueillies au rivage par des saluts joyeux. On y chante des airs un peu traînants auxquels les bateliers répondent de loin sur les flots. On ne parle pas sur le port de Sainte-Lucie, on y crie, on y piaille, on y danse au son de la guitare, on y mange, on y dort : impossible de voir un plus charmant désordre.

Mais il y a deux forteresses qui surveillent ce quartier, où l'on ne s'amuse que sous le bon plaisir du roi : d'un côté le château de l'Œuf, ainsi appelé de sa forme; il a été successivement maison de campagne de Lucullus, prison de Romulus Augustule et résidence de quelques rois de Naples; de l'autre côté s'élève un bastion dépendant de l'arsenal, qui communique lui-même avec le Château-Neuf, triste et redoutable donjon qui

(1) CHATEAUBRIAND, *les Martyrs*, liv. V.

rappelle les malheurs et les crimes de la maison d'Anjou. Il fut bâti sur le modèle de la Bastille de Paris.

Le Château-Neuf protége à la fois le port et le palais du roi de Naples. Vaste résidence élevée par les ordres du vice-roi comte de Lemos, sur les dessins de Fontana, elle se fait remarquer moins par sa façade et son escalier, dont les Napolitains sont trop fiers, que par son heureuse situation sur le bord de la mer, dans le plus beau point de vue de Naples.

Devant sa façade principale, du côté de la ville, on a construit une belle église en l'honneur de saint François de Paule, pour l'accomplissement d'un vœu fait par Ferdinand Ier, durant son exil. Imitation brillante du Panthéon de Rome, mais sur des proportions moindres, cette église, par sa décoration, fait honneur à la pieuse reconnaissance des princes qui l'ont élevée. On ne peut en dire autant des galeries circulaires qui, partant de l'église, viennent encadrer la place, ridicule réminiscence des galeries circulaires de Saint-Pierre, si toutefois il ne serait pas plus exact de dire que cela ne ressemble à rien.

En pourvoyant à la défense de leur palais, les monarques napolitains n'ont pas négligé le soin de leurs plaisirs. Le théâtre San-Carlo est adossé à un angle de la façade vers la rue de Tolède; la salle passe pour la plus vaste et la plus belle de l'Europe. C'est le théâtre comme il faut, c'est-à-dire que le peuple ne le connaît guère, et le peuple de Naples a besoin de spectacles. Or, à deux pas de San-Carlo, dans une cave, est enfoui son théâtre à lui, le théâtre San-Carlino, celui du véritable Polichinelle qui reçoit les bravos de la foule, parce qu'il est son bouffon en titre, goguenard, voleur, fainéant, mangeur de macaroni, un vrai Napolitain de race. Polichinelle est le frère d'Arlequin. Chaque soir il vient avec son grand chapeau en pain de sucre et son accoutrement tout enfariné, à la réserve de son nez de carton qui est noir, tenir cour plénière parmi les lazzaroni, dont il est le souverain. Les lazzaroni ne demandent que deux choses, du pain et des jeux, et ils se dévouent à qui les leur fournit; or, le roi de Naples leur donne du pain; Polichinelle, des jeux : les lazzaroni partagent à ces deux rois leurs faveurs.

La rue de Tolède, la plus belle de Naples, s'étend sur une longueur de deux milles, depuis le port jusqu'au palais des

Studj (des études). On n'y voit point de trottoirs, ils sont inconnus à Naples; mais de belles et larges dalles qui, formées de la lave du Vésuve, présentent une voie très-douce, jusqu'au moment où le soleil, les échauffant, vers l'heure de midi, force les piétons à la retraite. Sur ce pavé se presse un peuple innombrable; on s'y coudoie, on s'y heurte, parmi des voitures lancées à toute vitesse sur la lave retentissante; tout Naples est dans cette rue, c'est un fracas à tête fendre. Mais il s'y fait plus de bruit que de besogne. On distingue facilement les étrangers des Napolitains, les premiers à leur activité, les seconds à leur indolence; on dirait qu'ils s'occupent à ne rien faire et qu'ils passent leur temps à le perdre. Vous rencontrez à chaque pas des hommes à moitié nus, dormant le ventre au soleil et la tête cachée dans une corbeille : *facchini* (portefaix) désœuvrés qui, après avoir gagné quelques sous à faire une commission, sont riches pour le reste de la journée et se reposent sous les portiques des palais, contents comme des princes. A Naples tout le monde vit en plein air. Les côtés de la rue de Tolède sont encombrés de bazars ambulants, de comptoirs de changeurs, d'étalages de comestibles, d'*aguayoli* surtout. Dans les villes du nord de l'Europe, à tous les coins de rue, s'ouvrent des boutiques de marchands de vin; à Naples, sous un ciel ardent, on éprouve d'autres besoins : sur tous les points on trouve des *aguayoli*. Ils se composent invariablement d'une baraque dont la devanture présente deux pilastres en bois peint, qui encadrent des rayons chargés de citrons et de pastèques, et d'un barillet rempli d'*acqua gelata*. Ce magasin, artistement ombragé de verdure renouvelée chaque jour, est surmonté des statues de la Madone ou de saint Janvier. Pour un sou l'on vous y donne, au choix, un grand verre d'eau glacée, ou une moitié de pastèque. Le bonheur du lazzaroni est d'y fouiller à pleine bouche, et tel est le sens du proverbe napolitain : *Per un soldo si mangia, si beve et si lava la figura.* Toutes les fenêtres et les balcons supportent des vases d'orangers et de lauriers-roses, ce qui fait ressembler les rues à des allées de jardins. Çà et là, aux angles des quais et des places, des improvisateurs débitent au peuple des vers harmonieux, sur un récitatif assez agréable. L'Italie a ses rapsodes, comme la Grèce antique; Naples surtout, qui la rappelle à tant d'égards. Mœurs, visages, costumes, traditions, allures, tout y est plein de poésie; on se trouve au milieu des tableaux de Théocrite; Anacréon ne voyait rien de plus gracieux lorsqu'il s'oubliait dans ses vers. Un charme mythologique est répandu sur le peuple napolitain : son langage est vif, imaginé, son regard profond et ardent; il faut voir avec quelle grâce il se pose, avec quelle noblesse il drape ses haillons, comme il se sent heureux de vivre, toujours chantant, toujours en fête. Les *contadini*, ou paysans de la banlieue, arrivent le matin nu-pieds, portant sur la tête des paniers plats où s'élèvent des pyramides de fruits disposés par couches sur des feuilles; on ne peut rien voir de plus propre et de plus frais. Les femmes d'Ischia et des îles du golfe viennent au marché, chargées de leurs corbeilles et de leurs amphores de Nole, dont la forme grecque n'a point varié. On ne connaît pas l'antiquité avant d'avoir vu Naples; cette contrée conserve dans ses habitudes l'empreinte fidèle de ses souvenirs. Donnez pour habitants à Pompéi les Napolitains d'aujourd'hui, et vous aurez l'idée exacte d'une ville de la Grande-Grèce.

Le musée des *Studj* termine la rue de Tolède. On y a recueilli tout ce que les fouilles de Pompéi et d'Herculanum ont pu tirer de l'oubli. Un appartement voisin de la porte d'entrée renferme les fresques provenant d'Herculanum, sujets de mythologie et de nature morte, où ne se remarque aucune science du clair-obscur et de la perspective. La plupart de ces peintures ont conservé de la fraîcheur et de l'éclat, et les dégradations sont dues plutôt à l'imprudence des ouvriers qui ont pratiqué les fouilles qu'aux injures du Vésuve et du temps. En face, une galerie très-vaste est destinée aux sculptures. Sous ce rapport, comme sous bien d'autres, les anciens seront toujours nos maîtres; nous n'avons pas égalé ce fini, cette harmonie des lignes, ce moelleux des draperies qui distinguent la statuaire antique. Elle excellait à rendre la douleur et le plaisir, tout ce qu'il y a de positif dans la sensation; mais le beau moral est demeuré inconnu pour elle : ses figures des dieux sont froides et entièrement dépourvues de cette majesté surhumaine qui devrait les caractériser. L'art moderne a su s'élever au-dessus de cet abject matérialisme et donner à ses œuvres un idéal plein de charmes, en négligeant la forme quelquefois. Ce progrès moral de la beauté plastique a sa source dans le christianisme, qui a présenté aux arts d'imitation la nature humaine épurée, ennoblie par des sentiments nouveaux : c'est le triomphe de l'esprit sur la matière, même dans les hommages qu'il lui rend. Je ne citerai parmi les sculptures antiques que la *Vénus victorieuse* de l'amphithéâtre de Capoue ; la *Vénus Callipyge*, trouvée à Rome près du Colisée ; l'*Aristide* et l'*Hercule*, le torse d'un *Bacchus*, le groupe du taureau Farnèse, un des plus beaux morceaux de l'antiquité. Le musée égyptien commence. Nous n'en parlerions pas, car toutes ces figures grimaçantes et ces dieux empaillés ne nous inspirent guère que du dégoût, si l'on n'avait placé dans cette collection le *Jupiter Sérapis* assis sur son trône, qu'on découvrit dans les ruines de son temple à Pouzzoles. Une longue suite de salles contiennent les objets trouvés à Herculanum et à Pompéi, depuis le milieu du dernier siècle. D'abord les ustensiles de cuisine en cuivre étamé ou en fer, casseroles argentées à l'intérieur, fours de campagne, tourtières, etc. Il est facile de voir que les Romains avaient cultivé avec un soin tout particulier l'art culinaire : quand leurs auteurs garderaient à cet égard le silence, la première salle du musée des Études ne permettrait pas d'en douter. Si de la cuisine nous passons au temple, nous verrons les instruments de sacrifice, des autels de toutes les formes, des divinités domestiques dans toutes les attitudes, des trépieds dont l'un contient encore du charbon. Viennent ensuite les appartements où l'on a placé tout ce qui se rapporte à la vie privée, comme chaises pliantes et curules, meubles, etc. On n'y voit guère que ce qui était en métal, le bois se présente dans un état de carbonisation qui permet à peine de reconnaître les objets. La collection des lampes et des candélabres, de toutes les dimensions et de toutes les formes, même les plus bizarres, précède la salle à manger remplie de lits, amphores, assiettes, cuillers, etc. Les petits meubles de toilette, miroirs métalliques, boîtes à rouge, pinces épilatoires, dés, épingles, remplissent un cabinet curieux. Les salles des poteries antiques en renferment une énorme quantité, depuis la plus simple coupe jusqu'à la grande amphore et à l'urne des tombeaux. Parmi ces poteries et ces vases peints, on remarque des ouvrages d'une rare perfection ; on ne croirait point que les anciens eussent poussé si loin le talent de mouler et de sculpter la terre cuite. Enfin une pièce décorée avec soin et pavée de mosaïques anciennes, renferme les bijoux, bagues, boucles d'oreilles, chaînes, bracelets, émaux, et mille colifichets, dont une multitude de provenance grecque montrent qu'alors, comme aujourd'hui, le luxe trouvait dans l'habileté des artistes un puissant auxiliaire, et que la Grèce, vaincue par les armes de Rome, l'avait asservie à son tour par la supériorité de ses modes. Les bagues et les bracelets sont d'une grosseur remarquable. On voit dans les armoires où l'on a étalé tous ces riens de grand prix, du pain, de la viande, un rayon de miel, du blé, des fruits, du vin solidifié et d'autres aliments noircis par le feu, mais parfaitement reconnaissables. Il ne faut point oublier la fameuse coupe Farnèse en agate, trouvée à Rome dans le mausolée d'Adrien, laquelle a été l'objet de tant de discussions scientifiques, ni l'encrier à sept faces connu par les dissertations de Martorelli. La collection des vases en verre, des inscriptions et des papyrus complètent les notions que le musée des *Studj* nous fournit sur la vie des anciens. Nous nous les figurons plus grands que nature; l'éloignement et les exagérations historiques produisent cette illusion de la postérité. Ici nous les voyons, non plus sur les champs de bataille ou dans les assemblées du Forum, mais dans l'abandon de la vie privée, dans le secret de leurs maisons où l'on peut observer à loisir, car le maître est absent. La galerie des tableaux modernes, peu considérable, possède quelques bonnes toiles de Salvator Rosa, du Titien, de Van Dick, et un certain nombre de cartons des grands maîtres. Nous signalerons une rareté que présente la bibliothèque, renfermée également dans ce vaste local : c'est une salle où l'on fait la lecture aux aveugles, sorte de Prytanée inconnu à des peuples qui se disent plus civilisés et plus instruits que celui-ci. Le musée bourbonnien des *Studj* nous a paru plus visité qu'étudié ; les étrangers, les curieux y abondent, mais ne lui donnent qu'une attention rapide. Naples est une ville de fêtes plutôt qu'une ville d'études; l'antiquité n'y compte pas beaucoup d'amis. La vie est si douce sur ces bords séducteurs, on se hâte en passant d'en cueillir tous les charmes, et l'on ne trouble le présent ni par d'inutiles regrets ni par de vaines espérances : la science de Naples est celle du plaisir.

La rue qui sert de prolongement à celle de Tolède, sur une étendue considérable, conduit à *Capo di Monte*, palais bâti à une demi-lieue de la ville, sur une montagne, comme l'indique son nom. Une vallée profonde la séparait des hauteurs habitées qui sont les quartiers pauvres de la ville; sous l'administration française on jeta un pont de sept arches pour adoucir les pentes et conserver le niveau autant que le permettaient les accidents du terrain. Rien de plus beau que les avenues plantées de grands arbres qui conduisent à cette montagne ; le palais, malgré toute sa richesse, n'offre pas autant d'intérêt : je me trompe, on y jouit de la vue de la ville et du golfe, et l'on voit de toutes les fenêtres du palais se dérouler sous les yeux des tableaux ravissants. *Capo di Monte*, malgré le charme de sa situation, n'est jamais habité par la famille royale, à cause des tremblements de terre qui s'y font sentir quelquefois. Cependant on donne encore assez souvent des fêtes dans ce riant séjour, comme pour braver les menaces du sol qui le porte, et alors il est vrai de dire que l'on danse sur un volcan.

Capo di Monte présente encore à notre attention un des établissements les plus remarquables de Naples, le collége des Chinois. Il fut fondé par Matthieu Ripa, missionnaire napolitain, à son retour de la Chine, dans les commencements du siècle dernier, en faveur des jeunes gens de ce pays. On les y reçoit à l'âge de douze ans pour les instruire dans les sciences sacrées et profanes; ensuite ils retournent dans leur pays natal, afin d'y prêcher l'Évangile. La maison conserve les portraits de tous les élèves, avec la date de leur naissance, de leur retour en Chine, de leur mort, et pour plusieurs, de leur martyre. La dotation de ce collége consiste en un revenu de 6,000 ducats ; le reste de la dépense est supporté par la Propagande de Rome ; mais la difficulté de recruter des sujets le fait décliner de jour en jour ; sa suppression serait un malheur non-seulement pour la religion, mais pour l'étude des langues chinoise et tartare, dont la prononciation n'est connue en Europe que par ce moyen.

Au-dessus du pont de *Capo di Monte* se trouve l'hospice de *San-Gennaro dei Poveri* (Saint-Janvier des Pauvres), bâti sur l'entrée des catacombes appelées communément *Cimitero di San-Gennaro*. Divisées en plusieurs étages, elles forment non d'étroites galeries, comme celles de Rome, mais de vastes excavations pratiquées dans un tuf volcanique, immenses carrières d'où Naples est sortie. Depuis les éruptions du Vésuve, on préfère la lave pour les constructions, et les carrières de *San-Gennaro* ne sont plus exploitées. Les premiers chrétiens cachèrent les mystères de leur culte dans ces souterrains abandonnés où pendant trois cents ans ils trouvèrent un asile. La grotte qui servait autrefois pour les assemblées renferme encore l'autel, dont la forme sévère date des premiers siècles de l'Église et représente dans son ensemble un sarcophage, sous lequel ont reposé les reliques de saint Janvier. Une chaire pontificale, quelques traces de peintures, des fragments de mosaïque épars sous la poussière du sol, permettent de croire que cette basilique du temps des persécutions ne manquait pas d'une certaine élégance. Elle communique avec les galeries contenant les sépulcres, disposés comme dans les catacombes de Rome. Selon le sentiment le plus probable, on n'ensevelissait dans celles-ci que les confesseurs de la foi; celles de Naples, au contraire, auraient servi de cimetière commun aux chrétiens ; il y a à peine cent ans qu'elles sont abandonnées. Quoique très-curieuses au point de vue archéologique, les catacombes de Naples offrent beaucoup moins d'intérêt que celles de Rome, sous le rapport religieux.

Nous fûmes étonnés de trouver, en revenant, dans la rue de Tolède, une foule nombreuse qui se pressait autour d'une estrade pour entendre un sermon. Non-seulement on écoutait chapeau bas et en silence, mais plusieurs auditeurs étaient attendris jusqu'aux larmes et se frappaient la poitrine. Ce ministère a été exercé à Rome et à Naples par des saints, tels que saint Philippe de Néri et saint Alphonse de Liguori, qui en faisait dépendre le succès de ses missions. Cette parole de Dieu jetée au vent, pour ainsi dire, tombe sur des cœurs plus distraits que méchants : on ne serait point venu l'entendre à l'église, on la rencontre sur son chemin; on reçoit au passage une bonne pensée au milieu des préoccupations terrestres, une consolation dans le travail, une grâce qui portera des fruits en son temps. Puisque la religion est utile à tout, ne doit-elle pas se mêler à tout, et venir d'elle-même où l'on ne l'aurait point appelée ? Les Napolitains n'en valent pas mieux, dit-on, pour être prêchés en plein vent. Peut-être ! mais en tout cas, privés de ce secours religieux, ils deviendraient pires. Il n'y a aucune sagesse à critiquer des usages, uniquement parce qu'ils ne sont pas ceux des pays où l'on a reçu le jour; ces usages ont leur raison dans l'expérience, dans des convenances locales qu'un étranger ne peut apprécier et ne doit point se hâter de condamner. Au reste, beaucoup de voyageurs répètent contre les Napolitains des calomnies accréditées, sans en avoir examiné le principe. J'en ai vu un grand nombre accuser avec amertume, pas un n'avait à se plaindre personnellement. Les voyageurs se trouvent en contact plus habituellement avec la partie infime des populations; ils sont trop portés à juger la masse par les rapports qu'ils ont pu avoir avec des misérables qui en sont le rebut, à établir sur des faits isolés une accusation générale. Tout n'est pas pour le mieux en Italie, sans nul doute; mais on l'attaque trop légèrement, c'est ce qui doit faire tenir sur leurs gardes les amis de la vérité : l'universalité de la critique est ici pour les bons esprits une première raison d'en suspecter la justice.

Si, du port de Saint-Lucie, on remonte les rues étroites et sales qui conduisent à *Pizzo-Falcone* et au château Saint-Elme, on sera frappé de l'air de misère et d'insouciante gaîté qui en caractérise les habitants. Qu'on se figure une vraie fourmilière d'êtres animés qui pullulent de toutes parts, qui remplissent les greniers, les caves, sans compter ceux qui n'ont pas d'autre domicile que le coin des rues; c'est le peuple des petits marchands, pêcheurs, lazzaroni, le plus passionné, le plus heureux du monde, peuple d'enfants qui en a la turbulence, la naïveté, les colères. « *Giacomo, viscere mie!* où vas-tu donc si pressé, avec ta veste du dimanche et ton bonnet rouge tout neuf? Et celui-ci qui marche moins qu'il ne court et qu'il ne vole, pourquoi si pressé, *Tonino?* » Voilà ce que j'entendais à chaque pas dans ces quartiers où j'étais l'objet d'une vive attention, car les étrangers n'y pénètrent guère, se contentant, sur la foi de leurs Guides, de parcourir la ville officielle, sans chercher à l'étudier au cœur. Ils ont tort : rien n'est plus intéressant, plus curieux que ces scènes d'intérieur dans ces rues où la misère conserve ses libres allures; on dirait une seule famille qui aurait les mêmes sentiments et les mêmes besoins. Race singulière qui vit sans ambition, sans désirs, se contente de peu et le prend où elle le trouve! Un plat de macaroni, le dormir dans sa hotte et sur les quais, des haillons sous prétexte de cacher sa nudité, des chants pour égayer son *far-niente*, voilà son existence : en faut-il tant pour être heureux ?

Un des traits les plus étonnants de la physionomie de Naples est ce système de fortifications qui la pressent de toutes parts. A voir les habitudes tranquilles des Napolitains, on ne supposerait pas que ces forts détachés soient plutôt destinés à contenir la ville elle-même qu'à la protéger contre les ennemis du dehors. Rien de plus vrai pourtant. Cette population si douce, si paisible d'ordinaire, a ses éruptions comme le Vésuve; les souverains de Naples ont dû songer à préserver leur trône des secousses du volcan populaire : à la moindre tentative d'insurrection, ils peuvent bombarder la ville. Un pont magnifique unit les collines de Pizzo-Falcone et de Saint-Elme. Ce dernier nom vient du grand nombre d'hermès qu'on voyait autrefois sur cette colline, ou d'une chapelle de Saint-Érasme qui en couronna plus tard le sommet. Le fort n'avait aucune importance au temps de la domination normande; les princes de la maison d'Anjou y firent exécuter des travaux de défense considérables; enfin Charles V et Philippe V le mirent dans son état actuel. On y admire la citerne qui occupe, dit-on, une étendue égale à celle du château. Le roi Robert fit bâtir dans le XIVe siècle, sous les remparts de Saint-Elme, une chartreuse dont l'église est la plus riche du pays en marbres et en dorures. Les peintures qui la décorent rappellent des noms illustres dans l'histoire des beaux-arts. Le Guide peignit l'*Adoration des bergers*, pour le maître-autel; le chevalier d'Arpin et le Caravage ont travaillé dans cette église; Lanfranc, ce génie hardi qui aimait à répandre sur d'immenses surfaces ses inspirations faciles et son goût pour les grandes machines, a représenté au plafond de cette église l'*Ascension*, un de ses plus beaux titres de gloire. On conserve dans la sacristie la *Descente de croix*, chef-d'œuvre de l'Espagnolet, et une *Judith* de Giordano qui fut exécutée en deux jours. Le cloître des chartreux, orné de belles colonnes, est occupé en grande partie par les militaires invalides; les religieux habitent le côté le moins commode de cette vaste habitation. De divers points du couvent, on jouit d'une vue qui embrasse la ville, le Vésuve, le golfe et tout ce sublime paysage sur lequel l'imagination s'égare avec un charme inexprimable, même après que les yeux ont tout vu. La chartreuse de Saint-Martin est isolée, sans être triste; les religieux, en renonçant aux séductions de Naples, n'ont pas renoncé au plaisir d'en admirer le site : c'est Naples vue du ciel.

Le plus beau quartier de Naples est la *Chiaja*, bordée de brillants hôtels, toujours sillonnée par d'innombrables voitures. Une grille sépare cette rue, qui a une demi-lieue de longueur, du jardin royal ou *Villa Reale*, créé par les rois de Naples dans le siècle dernier, sur le bord de la mer. Quoique tout n'y soit point d'un goût irréprochable, on peut dire que, par sa distribution et ses perspectives, la Villa Reale mérite assez les éloges que lui donnent les promeneurs napolitains. Dans la partie la plus reculée du jardin, s'élèvent deux petits temples dédiés à Virgile et au Tasse, ces génies immortels dont Naples se montre si fière, parce qu'elle garde le berceau de l'un et le tombeau de l'autre. Un des plus doux agréments du séjour de Naples est celui qu'on recueille sous les ombrages de la Villa Reale, lorsqu'au déclin du jour on vient prêter l'oreille au bruit des vagues et suivre du regard les rayons du soleil s'éteignant dans le golfe. Rien n'y trouble le calme de ces soirées délicieuses. La Villa Reale, peut-être le seul endroit public à Naples où les voitures ne vous suivent point, a de quoi plaire à ceux qu'importune le fracas de cette capitale. Je plaignais ces malheureux qui roulaient sur les dalles de la Chiaja, et qui dans leurs brillantes calèches ressemblent à des ombres. Que trouve-t-on en voiture qui égale le plaisir de fouler de ses pieds le gazon des promenades, et de contempler à loisir les merveilles dont on est environné? Vraiment, je crois que l'on cherche à grands frais des joies qui seraient pourtant bien faciles! Ce n'est pas à un si haut prix que Dieu a mis le bonheur.

Peu de voyageurs se douteraient que dans le tourbillon de la Chiaja la charité chrétienne ait pu poser le pied et fonder un de ses plus utiles établissements, je veux parler du Refuge des orphelins aveugles. Ils y reçoivent des leçons de grammaire et de musique, et donnent des concerts qui attirent la brillante société du quartier. A Naples, où toutes choses prennent une couleur poétique, la bienfaisance ne se contente pas d'ouvrir un asile à l'infortune et à l'innocence, elle appelle les beaux-arts pour embellir leur retraite et veut que l'harmonie prête du charme à ses leçons. Les Conservatoires de musique sont le fruit de cette heureuse délicatesse de la charité, et leur fondation rappelle le plus beau dévouement dont puisse être capable un artiste. Un prêtre espagnol, demeurant à Naples, cherchait depuis longtemps le moyen de réunir des orphelins pour les former à l'art musical sous les auspices de la religion; mais se trouvant sans ressources, il s'en alla par l'Europe, mendiant à la porte des riches, tant qu'enfin il recueillit les sommes nécessaires à un premier établissement. Cette institution prospéra, et bientôt on vit dans Naples quatre Conservatoires, dont les élèves se sont fait une place singulière dans l'histoire du pays. Jaloux les uns des autres, intraitables sur leurs priviléges, tapageurs plus que ne le furent jamais les clercs de la Bazoche à Paris, rogues et insolents comme on l'est à leur âge, et de plus un peu fous en leur qualité de musiciens, quelquefois ils furent la terreur de Naples; plus souvent leurs espiègleries apprêtèrent à rire à leurs dépens. Les Conservatoires de Naples ont fourni un grand nombre d'illustrations musicales, comme Tonelli, Pergolèse, Piccini, etc.

A l'extrémité de la Chiaja et au pied du Pausilippe, le poëte Sannazar fit bâtir l'église et le couvent des Servites, sous le vocable de *Santa Maria del Parto*, par allusion à son poëme *de Partu Virginis* (l'enfantement de la Vierge). Il avait fait bâtir sur ce rivage nommé la Mergellina une villa délicieuse, au milieu des pêcheurs dont il a chanté les travaux et les jeux. Sur cette plage gracieuse, toute couverte encore des souvenirs de l'antiquité, Sannazar s'efforçait d'en rappeler dans ses vers l'harmonieuse élégance, partageant sa vie, comme l'eût fait un poëte de la Grèce, entre les Muses et les plaisirs. Son caractère et son esprit lui valurent les bonnes grâces de Frédéric, roi de Naples, qu'il accompagna dans l'exil. Après la mort de son bienfaiteur, Sannazar revint dans sa patrie; mais il trouva sa villa dévastée par la guerre, et il fonda sur ses ruines le couvent des Servites, non sans quelques regrets donnés à cette habitation qui lui rappelait ses beaux jours. Les religieux lui élevèrent, après sa mort, un tombeau décoré de bas-reliefs mythologiques représentant des sujets champêtres, et des deux statues de Minerve et d'Apollon auxquelles on a donné les noms de David et de Judith : bizarre mélange d'idées chrétiennes et païennes qui était le goût du siècle où vivait Sannazar, et qu'il eut le tort de flatter dans ses vers. Il avait pris le nom latin d'Actius Sincerus; le cardinal Bembo lui fit cette épitaphe :

Da sacro cineri flores : hic ille Maroni
Sincerus musâ proximus ut tumulo (1).

Le tombeau de Virgile se trouve, en effet, rapproché de celui de Sannazar, au-dessus de l'entrée de la grotte du Pausilippe. Un sentier tracé dans les vignes conduit à un petit *columbarium* dégradé, qui porte les caractères architectoniques de l'époque à laquelle on l'attribue. Dans l'intérieur a été placée depuis peu une plaque de marbre portant l'épitaphe connue : *Mantua me genuit*, *etc.* De grandes herbes croissent sur le monument; mais il n'y eut jamais de laurier, si ce n'est celui que planta Casimir Delavigne et qui ne tarda pas à périr. Privé de terre, il n'aurait jamais pu prendre racine sur cette maçonnerie, quand même l'enthousiasme des admirateurs de Virgile eût respecté sa tige naissante. Au reste, un laurier sauvage d'une grosseur remarquable pousse, des fentes du rocher voisin, ses branches séculaires et ombrage véritablement le tombeau. Il n'est pas impossible que ce ne soit là le laurier historique, le laurier renaissant de ses rejetons; et les voyageurs qui le pleurent, ou bien ne sont pas venus en ce lieu, ou bien ont pris le laurier, qui est sauvage, pour un chêne-vert, trompés par les pointes de ses feuilles. La tradition qui s'attache au tombeau de Virgile paraît assez authentique. Les anciens plaçaient leurs monuments funèbres sur les routes et près des villes. Or, ce fut une idée touchante d'élever celui du grand poëte sur la voie de Pouzzoles qui conduisait au lac Averne, aux champs Élysées, à ces lieux admirablement chantés dans l'*Énéide :* on dirait que le poëte s'est arrêté encore une fois pour saluer sa chère Parthenope, avant d'entrer dans cette longue grotte du Pausilippe qui représente ici le royaume des morts, et qu'il n'ait pu se décider à se séparer d'elle. Le tombeau de Virgile est vide. Il ne reste de lui qu'un souvenir tristement contesté, indignement exploité; je me trompe, il reste la vénération des Napolitains

(1) Donnez des fleurs à cette vénérable cendre : ici repose ce Sincérus qui approche de Virgile par ses œuvres comme par son tombeau.

pour ce nom qu'ils entourent d'une auréole mythologique et autour duquel ils groupent toutes sortes d'événements merveilleux, comme faisaient les anciens pour leurs dieux; il reste l'admiration de tous les peuples fidèles au culte de sa mémoire. Qu'importe son tombeau, puisqu'il revit dans ses œuvres et que tous les bons esprits le retrouvent dans ses vers?

Au-dessous du tombeau de Virgile, les Napolitains vénèrent une image miraculeuse de la sainte Vierge, conservée dans un oratoire qui prend de sa situation le nom de *Piè di Grotta.* On en célèbre la fête le 8 septembre; il n'en est pas de plus aimée des Napolitains. Le roi et toute la cour y assistent; la Chiaja se remplit d'une foule innombrable, ses hôtels ne suffisent point à l'affluence des étrangers; les fenêtres sont garnies, le jour, de fleurs et de riches toilettes, le soir elles resplendissent de mille feux. A Naples les fêtes de la cour n'excluent pas le peuple; les grilles de la Villa Reale s'ouvrent ce jour-là aux blouses et aux guenilles. Tandis que d'un côté s'organisent des danses, on voit de l'autre des processions de pèlerins se dirigeant vers la chapelle. Cette foule composée de marins, de soldats, des populations grecques des îles voisines, qui ont conservé leurs costumes du temps passé; ces physionomies alertes et empreintes cependant d'un sentiment de piété profonde; des flots d'une lumière limpide ruisselant sur ce spectacle, et une musique guerrière interrompue par les salves d'artillerie des forts et des vaisseaux de la rade, tout cela forme un ensemble dont il est impossible de se faire une idée. Le peuple napolitain ne trouve rien de comparable aux plaisirs de ce jour. La fête de la *Madonna dell' Arco*, près du Vésuve, est belle sans doute; mais on regarde celle de *Piè di Grotta* comme la plus brillante et la plus populaire du pays; au point que, dans toutes les îles voisines, les filles stipulaient autrefois en contrat de mariage que leurs époux seraient obligés de les conduire annuellement à la fête de *Piè di Grotta.*

XXVII.

CASERTE.

Il n'est pas en Europe de souverain plus magnifiquement partagé en palais que le roi de Naples. Il en a sur la terre ferme et en Sicile, sur les montagnes et au bord de la mer, et de tous les genres : palais-forteresses, palais-casins, palais-galeries. Outre ceux de Naples, dont on admire l'étendue et la magnificence, les rivages du golfe en ont vu s'élever plusieurs qui, sur les cités englouties par le Vésuve, rappellent les habitations somptueuses des Romains. Resina et Portici sont unies par un château royal; Castellámare, qui a pris son nom d'un fort bâti dans une île, s'enorgueillit de son palais construit sur la montagne; Caserte a le sien; et, comme si tous ces palais ne lui suffisaient point, le roi actuel en fait bâtir encore un à Gaëte. Ainsi l'art semble rivaliser avec la nature pour embellir ce pays. Un chemin de fer met en communication toutes ces résidences, et permet à la famille royale de jouir de toutes à la fois. La plus belle est sans contredit Caserte. Les Guides en parlent peu; les recueils pittoresques n'en font guère mention, et cependant il n'y a peut-être, dans ce genre, rien de plus remarquable en Europe.

Le chemin de fer traverse un pays riche et bien accidenté. Il met sous les yeux du voyageur le campo-santo, vaste enclos de la mort, où de riants ombrages adoucissent un peu la tristesse des tombeaux; ensuite des champs bien cultivés, des hameaux charmants, des bosquets où se suspend la vigne. On admire au passage l'heureuse situation de Madaloni, son aqueduc, ses deux tours en ruines, qui ont joué, dit-on, un rôle au moyen-âge, et qui présentent encore de l'intérêt comme contraste avec les gracieux aspects de la plaine. Ce voyage est lent : on dirait que la vapeur a ici moins de puissance, et qu'elle se ressent de la langueur du climat. Caserte n'était qu'un pauvre village, un hameau, Caserte n'était rien avant qu'un roi, Charles III, en eût fait le Versailles de Naples. Le chemin de fer vous laisse devant la grille du château et coupe une allée de platanes d'une demi-lieue de longueur qui lui sert d'avenue. Au delà du portique du palais, le regard pénètre dans le parc et se perd à une distance de près d'une lieue, sur une cascade que l'on prendrait pour une montagne de cristal. Au lieu d'entrer par cette grille, il vaut mieux suivre le chemin de la montagne et arriver dans les jardins du côté de San-Leuccio, rendez-vous de chasse du roi. Les décors et l'ameublement sont champêtres et ne laissent rien à désirer pour l'élégance et le bon goût. Ce petit Trianon d'un autre Versailles est couronné d'une belle forêt de chênes, non point une forêt de bon ton, comme on l'eût faite ailleurs; ici on a laissé à la nature sa beauté agreste, sa vérité vraie, sans aucun mélange. Les bâtiments dépendant du *casino* renferment des ateliers où l'on travaille la soie. Cet établissement donne du pain à toute la contrée : la bienfaisance a placé son trône dans le lieu des plaisirs.

Après avoir visité San-Leuccio, nous suivîmes pendant quelque temps un chemin ombragé par les cornouillers et les chênes, puis tout d'un coup s'offrit à nos yeux un spectacle merveilleux qui nous fit pousser un cri de surprise et d'admiration. Un fleuve est amené, on ne sait comment; mais il tombe, il roule du haut d'une montagne sur divers étages de rochers amoncelés, bouillonnant, mugissant avec un bruit épouvantable. L'eau brisée dans sa chute rebondit en écume, laissant apercevoir des figures mythologiques souriantes au milieu des flots en courroux. Au pied de la cascade, commence une avenue directe d'une lieue de longueur qui descend vers le palais.

Sur les bords du canal qu'elle forme, règnent des allées, des bois, des gazons, et parmi tout cela des sujets de la Fable en marbre ou en pierre brune, des fontaines et des jets imperceptibles qu'on lâche au passage pour arroser les promeneurs. Ces eaux alimentent les urnes des Naïades et des Nymphes, s'épanchent sur les rocailles des grottes, emplissent des viviers où brillent des poissons de toute espèce, et enfin se distribuent en ruisseaux dans un magnifique jardin peuplé de faisans et de paons au royal plumage. Cette promenade délicieuse met sous les yeux un tableau féerique dont la cascade et le palais sont les points opposés. Les eaux de Caserte, amenées d'une distance de neuf lieues, traversent plusieurs vallées sur des ponts élevés; celui de Madaloni est regardé comme le plus bel ouvrage moderne de ce genre. Le palais présente un vaste développement d'une bonne architecture, quatre façades et un portique en marbre d'ordre corinthien, auquel aboutissent des galeries qui s'étendent dans toutes les parties de l'édifice. L'escalier de marbre se distingue par ses deux lions que l'on admirerait davantage, si l'on n'avait vu à Rome ceux de Canova; il conduit à une salle de pas perdus, dont la forme circulaire rappelle celle d'un temple antique de Pouzzoles. Le marbre des carrières voisines décore la chapelle et les principales parties de cette habitation vraiment royale. Il existe en Europe des palais plus vastes, je doute qu'il y en ait de plus beaux. Celui de Versailles semblait un défi jeté à l'Europe; un simple roi de Naples, petit-fils, il est vrai, de Louis XIV, a relevé le gant; il a montré moins de faste et plus de goût. A Versailles, pour voir les eaux, il faut renoncer à la vue du palais; elles jaillissent loin des regards du maître, obligé lui-même de venir les chercher, et qui ne peut jouir que dans certaines conditions de leur luxe inutile. L'art y est aux prises avec une nature rebelle qui ne se plie qu'à regret aux caprices d'un roi. A Caserte elle semble aller au-devant de ses désirs; le fleuve descend vers son palais comme pour venir recevoir ses ordres, et lui apporte l'éclat de ses eaux, la fraîcheur de l'air qu'il tempère et le parfum des fleurs qui croissent sur ses bords. Versailles a de la grandeur, mais un peu théâtrale; Caserte, plus modeste, ne remplit pas le monde de sa renommée, mais cache ses agréments dans la solitude, d'autant plus assurée de plaire qu'elle n'y pense pas.

Il était nuit quand nous en repartîmes. Le campo-santo de Naples, vu le matin, nous avait intéressés ; il nous offrit au retour un coup d'œil fort extraordinaire. Un grand nombre de tombeaux étaient illuminés ; des guirlandes de lampions de couleurs en dessinaient les lignes, et la lune répandait sur les objets un reflet mât et sérieux qui tempérait l'éclat de ces lueurs capricieuses. Nous ne connaissons point en France ce luxe de luminaire dans les champs de la mort, ni l'effet poétique du clair-obscur sur les tombeaux. Ces clartés mystérieuses qui appellent l'attention des voyageurs semblent les avertir du peu qu'est cette vie et de la fragilité de tout ce qui passe avec elle. Voilà les enseignements que le campo-santo donne au chemin de fer ; la rapidité du wagon y contraste avec l'immobilité de la tombe : ainsi la route de notre vie devrait être éclairée par la lumière des sépulcres, il y aurait moins d'accidents à déplorer.

XXVIII.

ÉGLISES DE NAPLES.

Au milieu de l'agitation et des folles joies de Naples, il semble qu'il ne doit point rester de place pour la religion. Sous un ciel si doux et parmi les séductions propres à ce beau climat, le Napolitain conserve pourtant des sentiments religieux et une foi profonde. Vous le voyez avec son chapeau couronné de fleurs et orné de médailles; l'enfant qui va nu ne laisse point, avec ses derniers vêtements, les objets suspendus à son cou comme un pieux préservatif; les lazzaroni les portent avec orgueil sur leurs poitrines basanées. Que l'*Ave Maria* vienne à sonner, de toutes parts on voit faire des signes de croix, plusieurs se mettent à genoux; pas de maison qui n'ait sa madone, devant laquelle deux lampes brûlent nuit et jour. Ce peuple faible mais croyant sait d'ailleurs que ces pratiques extérieures de la religion ne dispensent ni de l'obligation d'en étudier les principes, ni de la nécessité d'en accomplir les préceptes; il n'y cherche jamais une excuse à ses égarements. Mais sa religion n'est-elle pas mêlée de superstition? Toutes ses légendes sont-elles authentiques? Les miracles auxquels il a confiance sont-ils bien avérés ? Saint Janvier, par exemple, continue-t-il à opérer celui de la liquéfaction de son sang, pour céder aux prières et aux menaces du peuple napolitain ? Il est bon de savoir à quoi s'en tenir ; c'est aujourd'hui sa fête : nous allons à la cathédrale.

Le vaisseau actuel fut reconstruit vers le XVe siècle, dans un style ogival très-lourd. De minces colonnes de porphyre supportent un plafond rehaussé de dorures : *Saint-Janvier*, malgré sa riche décoration, n'offre qu'un assemblage dépourvu d'unité et de goût. Plusieurs chapelles méritent quelque attention, surtout celle des princes de Capoue renfermant le tombeau d'Innocent IV, qui accorda aux cardinaux le privilége du chapeau rouge ; et celle des Minutoli, ancienne cathédrale du rit latin, comme Sainte-Restitute, bâtie au même endroit, l'était du rit grec. Cette partie de la ville, mal percée, sale, habitée par les classes pauvres, représente la cité primitive et porte encore le nom d'*Anticaglia*, traduction de son nom grec Παλαιόπολις ; elle eut son évêque grec jusqu'au concile de Latran, tenu en 1215. On voit dans la chapelle des Minutoli des peintures de Stéphani très-curieuses, moins par leur mérite artistique que par leur ancienneté, car elles sont les premières en date de l'école napolitaine. Rien n'égale les splendeurs de la chapelle de Saint-Janvier, appelée aussi du Trésor. On se ferait difficilement une idée de tout ce que la dévotion des Napolitains y accumule, depuis plusieurs siècles, de pierreries, d'ornements précieux, de mosaïques, de richesses de toutes sortes, sans autre mesure dans leur emploi que celle du bon goût. Cette chapelle est une vaste rotonde, qui communique avec la cathédrale par une grille en bronze d'une grosseur remarquable. Son maître-autel plaqué d'argent, avec des figures en haut-relief, des candélabres et d'autres ornements du même métal, surprend moins encore par la richesse de la matière que par la beauté du travail. Enfin tout autour de la chapelle règnent des niches où l'on a placé trente-cinq bustes en argent, représentant les saints patrons de Naples. C'est dans ce sanctuaire décoré avec tant de somptuosité par la reconnaissance et la piété des Napolitains, que s'accomplit le miracle.

Voici quel est l'ordre de la cérémonie. A neuf heures du matin, trois chanoines de cette chapelle, qui forme une collégiale à part dans la cathédrale même, vinrent en grande pompe, accompagnés des délégués de la municipalité et du roi, pour procéder à l'ouverture de l'armoire qui renferme les reliques. Elle est fermée de trois clefs, dont l'une est entre les mains du roi ; l'autre, de l'archevêque, et la troisième, de la municipalité ; les délégués ne peuvent remplir ces fonctions que pendant un an. Deux chanoines apportèrent le buste de saint Janvier en argent, qui fut placé sur l'autel du côté de l'évangile. Au moment où il parut, le peuple qui remplissait la chapelle se mit à crier : *Oh! pregate per noi, ô bello! ô carissimo santo! ô benedetto san Gennaro!* Le buste contient le crâne du saint, et il a été donné par Charles II, duc d'Anjou, en 1306. Ensuite on apporta les deux ampoules ou fioles antiques, retenues dans un ostensoir d'argent et scellées des sceaux très-anciens des dépositaires des clefs. Un chanoine, tenant ce reliquaire par le pied, le présenta devant la tête du saint et ensuite à la vénération des fidèles. Nous pûmes nous assurer que le sang était solide, puisque nous le voyions, sous forme de globules terreux, monter et descendre dans celle des ampoules qui le contient, selon le mouvement communiqué au reliquaire. Nous avions d'ailleurs la liberté d'observer tout à notre aise, car on fait placer les étrangers, catholiques et hérétiques, autour de l'autel, afin qu'ils ne perdent aucun détail de la cérémonie. Comme il n'y a rien de certain pour le moment du miracle, on ne se lassait point de l'attendre et de le demander; la foule grossissait; on psalmodiait le symbole de saint Athanase, on chantait les litanies de la sainte Vierge, on priait à grands cris, on pleurait. Parmi tous ces visages animés par la confiance et ruisselants de sueur, on nous fit remarquer l'expression particulière de ceux des tantes de saint Janvier, qui devraient plutôt, puisqu'elles se disent de sa famille, être appelées ses nièces. Leurs voix se faisaient entendre par-dessus toutes les autres; leurs yeux mouillés de larmes ne se détachaient point du saint patron, à qui elles donnaient, en qualité de parentes, des petits noms d'amitié. Du reste, pour qui connaît les habitudes religieuses des Napolitains, il n'y a rien là qui doive surprendre. Souvent, dans les églises, on entend des sanglots, des aspirations véhémentes pour implorer la miséricorde de Dieu. Qu'on se figure donc ce que doit être l'exaltation de toute une foule impatiente d'obtenir un miracle et assurée de l'obtenir. Cette confusion et, si je l'ose dire, ce désordre d'une foi passionnée, surprennent d'abord les étrangers ; mais ces accents de la prière sont si vrais, il y a dans cette confiance naïve quelque chose de si saisissant, que les plus indifférents ne tardent point à partager l'émotion générale. Je me trouvais à côté de deux gentilshommes bavarois que la curiosité avait amenés à la fête ; ils se montrèrent d'abord indignés de ces cris discordants avec lesquels on invoquait le saint patron ; mais l'ébranlement se communiqua bientôt à leur cœur, et ils avouèrent que si, d'après l'Évangile, celui qui aurait de la foi comme un grain de sénevé pourrait transporter les montagnes, la foi des Napolitains était suffisante pour obtenir un miracle. Les prières continuaient, la foule augmentait, un chanoine n'avait pas cessé de faire baiser au peuple le sang coagulé. Tout à coup un bouillonnement se produit dans la fiole : les globules solides n'en occupaient que le fond, le sang devenu liquide la remplit presque en entier ; un cri de reconnaissance répond à cette faveur du ciel, le *Te Deum* est entonné spontanément par plusieurs mille voix, et l'orgue et les voix pleines de larmes avaient de ces inflexions émues que le saisissement de la joie leur communique. Tous les canons des forts, toutes les cloches des paroisses se firent entendre ; la ville entière bénissait la puissance du glorieux martyr.

Voilà ce que nous avons vu : étrangers de tous les pays et de toutes les religions, nous ne pouvions nous refuser à l'évidence. Pourquoi une foi aussi vive qu'éclairée ne serait-elle point exaucée ? car on a tort de supposer que les Napolitains placent saint Janvier au-dessus de la sainte Vierge et de la Trinité : nous pouvons dire que, dans toutes les invocations particulières que lui adressait en ce moment une confiance sans bornes, nous n'avons pas surpris une seule parole dont pût s'effaroucher la plus scrupuleuse orthodoxie. Voudrait-on nier le fait miraculeux ? Qu'on me dise quelle substance solide mise en contact avec une autre substance solide peut produire une liquéfaction si complète, une augmentation de volume si remarquable ; quelle est cette composition inventée à une époque où la chimie n'existait point, et que la chimie de nos jours reconnaît être du sang, quoiqu'elle ne puisse ni l'imiter ni s'en expliquer la liquéfaction ; comment il se fait que le phénomène se reproduise depuis le IVe siècle, avec les mêmes caractères, sans que ni les changements politiques, ni les dissidences qui ont existé à différentes époques entre les dépositaires des clefs, en aient jamais empêché l'effet; sans qu'il se soit rencontré personne d'assez sincère, d'assez consciencieux pour en révéler le mystère ou d'assez intéressé pour en livrer la formule aux ennemis de notre foi. Enfin qu'on explique comment ce fait qui ne se produit jamais à un instant donné, mais tantôt le matin, tantôt le soir, selon des circonstances qui ne sont point humainement appréciables, et dans des conditions extérieures très-variables, se répète avec les mêmes circonstances et au même moment, dans la cathédrale de Naples, à Pouzzoles sur la pierre où fut décapité le saint martyr, qui est encore teinte de son sang, et à Madrid où un roi d'Espagne a fait transporter une ampoule qui en contenait quelques gouttes. Cette simultanéité est constatée par les procès-verbaux dressés chaque fois, c'est-à-dire tous les jours de l'octave de la fête de la translation, au commencement de mai; autant à la fête patronale du 19 septembre, et le 16 décembre, anniversaire célébré par la ville en mémoire de sa délivrance miraculeuse d'une éruption du Vésuve obtenue par l'intercession du saint. Ce fait, depuis quinze siècles toujours étudié, toujours constaté, n'a pu encore être réduit à des proportions naturelles. Ne vaut-il pas mieux croire jusqu'à preuve du contraire, et mêler sa reconnaissance à celle de tant d'hommes de bien et d'esprits éclairés qui n'ont cru qu'après avoir examiné scrupuleusement le prodige? N'est-il pas plus sage de joindre sa foi à celle de tout un peuple, et de suivre le sentiment de l'Église romaine elle-même, qui, sans avoir prononcé doctrinalement sur le miracle, le reconnaît formellement dans la légende du bréviaire romain? N'est-il pas plus sage, dis-je, de s'incliner avec toutes ces autorités que d'avoir recours à des explications ridicules et de détourner systématiquement les yeux du ciel pour ne voir jamais que la terre? Qu'est-ce que nous prétendons avec notre foi tremblante, avec notre culte mesuré qui compte toutes les aspirations du cœur, et craint toujours d'offenser Dieu par trop d'abandon et d'amour? Les Italiens ne sont-ils pas dans le vrai en traitant Dieu moins comme un roi que comme un père? et faut-il qu'ils mettent des bornes aux libres épanchements de leur confiance, parce que des étrangers indifférents, souvent protestants ou impies, s'aviseront de les blâmer (1)? S'ils sont faibles dans leurs mœurs, ils savent du moins se repentir ; et d'ailleurs c'est à la foi et non pas aux mœurs que Jésus-Christ promet les miracles. Laissons, laissons au Napolitain les vives allures de son culte, sans lui opposer la rigueur géométrique du nôtre, et ne croyons point que notre raison soit plus puissante sur le cœur du Père céleste que la naïve familiarité de sa foi !

Les églises sont à Naples presque aussi nombreuses qu'à Rome; leur description demanderait des volumes, nous nous contenterons d'indiquer celles qui offrent le plus d'intérêt.

L'église de la Trinité, appelée aussi *Gesu nuovo*, parce qu'elle fut donnée aux Jésuites dans le XVIe siècle, a la forme d'une croix grecque, d'un style très-majestueux. On regrette le dôme détruit en 1688 par un tremblement de terre. Ses peintures étaient, avec celles des Saints-Apôtres, le chef-d'œuvre de Lanfranc. Le Guerchin en décora les voûtes. Enfin on visite, dans la chapelle de Sainte-Anne, une fresque peinte par Solimène à l'âge de dix-huit ans, et dans celle de Saint-Ignace les statues de David et de Jérémie par Cosimo.

Dans ce même quartier, un clocher gothique très-orné annonce l'église de Sainte-Claire, la plus richement décorée, sinon la plus belle de Naples. Depuis sa fondation dans le XIVe siècle jusqu'à nos jours, on a travaillé à l'embellir; mais il faut avouer que si cette profusion fait connaître les sentiments religieux des Napolitains, elle ne prouve pas également en faveur de leur bon goût. Tous les styles y sont mêlés; le cintre byzantin y comprime l'ogive, et le clocher, qui s'élance gracieusement porté sur des colonnes gothiques, se termine par des ornements ioniques d'un genre défectueux. Le même abus se retrouve dans

---

(1) Le pieux et savant Mabillon raconte que, pendant son séjour à Naples, quelques hérétiques hollandais lui objectèrent comme peu honorables au catholicisme les usages religieux du pays. Il répondit avec succès à leurs arguments. Ayant eu occasion de parler de cette discussion avec un homme recommandable par sa science et ses vertus, celui-ci lui dit que ce qui édifie les enfants de la famille chrétienne ne doit pas être facilement supprimé pour la satisfaction des étrangers et des sectes séparées, *Non decere ut quod fidei domesticos ædificat, in gratiam exterorum et segregum facilè abrogetur.* (*Iter italicum.*)

l'ornementation de l'église, où des caprices de décorateur ont altéré les grands effets de l'architecture. Il s'est même rencontré une administration assez mal inspirée pour faire couvrir de stuc et d'éclatants badigeons de superbes fresques de Giotto. Sainte-Claire est le Saint-Denis de Naples. Les races royales françaises d'Anjou et de Bourbon y dorment en paix dans la solitude de leurs tombes. Le roi Robert, fondateur de l'église, voulut jouir de son vivant de son mausolée : il s'y fit représenter assis sur son trône, et sur un plan inférieur, couché en habit de dominicain, sans doute parce qu'après avoir vécu en roi, il voulut mourir en moine, selon la dévotion du temps. On y a mis cette simple épitaphe : « *Cernite Robertum regem virtute refertum,* voyez le roi Robert tout rempli de mérite. » Ces paroles semblent dire toute la popularité qui est restée attachée à la mémoire de ce prince, dont le règne fut long et heureux ; ses contemporains le surnommèrent le Bon et le Sage. Sainte-Claire possède encore le mausolée de la reine Jeanne, qui, malgré ses crimes, tient encore beaucoup de place dans les souvenirs du peuple napolitain, parce qu'elle était petite-fille de Robert, le plus aimé de tous ses rois.

La cathédrale et Sainte-Claire peuvent être considérées comme de timides essais de l'architecture gothique venant demander droit de cité à l'art grec, et transigeant avec lui pour se faire accepter, alliance incompatible et qui ne pouvait être durable. Une seule église à Naples, Saint-Dominique, me paraît d'un style franchement ogival, divisée en trois nefs, offrant un peu l'aspect intérieur de nos cathédrales du Nord. Mais c'est le dernier temple que l'architecture gothique ait produit à Naples. Effrayés sans doute de ces innovations audacieuses, les artistes revinrent bien vite à leurs traditions nationales, et le genre grec rentra dans ses droits. Saint-Dominique date de 1284. Cette église, vaste et remplie d'objets d'art précieux, frappe singulièrement le visiteur. Mais comment un auteur, dont les jugements sont d'ordinaire pleins de réserve et de convenance, a-t-il pu écrire ces étonnantes paroles. « L'idée sombre attachée au souvenir de l'inquisition donne à toutes les églises *consacrées* à l'ordre de Saint-Dominique un caractère formidable dont l'imagination ne saurait se défendre. Saint-Dominique Majeur à Naples a, plus que toute autre église de cet ordre, cet air redoutable qui sent le tribunal et le cachot (1). » Qui s'en serait douté sans cet avertissement charitable ? Grâces en soient rendues au consciencieux voyageur que l'amour de l'humanité rend si clairvoyant ! D'autres avant lui avaient admiré dans l'église de Saint-Dominique cet air de majestueuse tristesse propre au style ogival ; maintenant ils se tiendront pour avertis. Les ennemis de l'inquisition ne trouvaient rien à Naples qui pût leur en rappeler seulement l'idée, ils se souviendront de visiter l'église de Saint-Dominique Majeur, qui jouit d'une réputation usurpée de belle église, tandis qu'elle sent en réalité le tribunal et le cachot. Oserai-je dire que, n'étant pas prévenu, j'ai admiré son religieux caractère, les fresques naïves d'Angiolo Franco et celles de Giotto qui leur ont servi de modèle, la magnifique chapelle de Saint-Dominique décorée par le Titien, Michel-Ange et même Raphaël, s'il faut en croire la tradition locale; enfin quelques tombeaux d'une belle sculpture, notamment celui du cardinal Caraffa, dont les ornements très-profanes auraient pu exciter l'indignation de l'écrivain cité tout à l'heure, s'il avait pu voir autre chose que l'inquisition dans une église de l'ordre? On y montre le crucifix qui parla à saint Thomas et lui rendit ce glorieux témoignage : « Tu as bien écrit de moi, Thomas ; quelle récompense veux-tu recevoir? — Pas d'autre que vous-même, Seigneur, » répondit le saint docteur. Il y a dans la chapelle de Saint-Dominique un portrait contemporain de ce saint fondateur. La sacristie, dont les fresques, le pavé, les stucs et les boiseries sculptées sont fort remarquables, renferme douze tombeaux recouverts de velours rouge, ornés des armes de la dynastie aragonaise. Ils sont disposés en cercle et élevés au-dessus du sol. Le cloître renferme la cellule de saint Thomas, aujourd'hui convertie en chapelle.

Les princes de la maison de San-Severino firent bâtir l'église de Sainte-Marie de la Piété, qui renferme des tombeaux curieux par leur singularité artistique. Qui n'a entendu parler surtout des trois statues représentant la Modestie, le Christ au sépulcre et le Repentir se délivrant des filets du péché? La première est entièrement enveloppée d'un voile qui laisse apercevoir les traits

---

(1) *Rome et l'Italie méridionale*, par M. de Sivry, p. 286.

de la princesse de San-Severino, mère de Rinaldo Sangro. L'artiste a également recouvert le Christ d'un suaire sous lequel on distingue les traits du visage, les membres meurtris, et le corps trempé des sueurs du trépas. La troisième statue présente, sous les traits du père de Rinaldo, un pécheur converti qui cherche à sortir d'un filet dont les mailles séparées du corps n'y adhèrent que par quelques points de la tête, quoique tout soit taillé dans le même bloc. Plusieurs autres tombeaux se font ainsi remarquer par le mérite de la difficulté vaincue ; mais les sculptures ne sont pas d'une exécution correcte. Ces sortes d'ouvrages maniérés, bizarres, ne conviennent qu'à des époques de décadence où l'art, en s'éloignant de la noble simplicité de la nature, cherche plutôt à surprendre l'imagination qu'à satisfaire le goût.

On a lieu d'être surpris, en visitant la galerie des *Studj*, d'y trouver un si petit nombre de toiles ; il faut les chercher principalement dans les églises. Ainsi l'*Incoronata* renferme les plus belles fresques de Giotto ; la *Nunziatella*, des peintures fort estimées de François de Mura ; Sainte-Marie des Anges, outre son plafond de Lanfranc, des morceaux de Vaccaro et de Giordano, qui ont encore attaché leur nom à Sainte-Marie Neuve et à Saint-Sauveur. Cette dernière église, bâtie sur le plan de Saint-Pierre de Rome, offre à l'admiration du visiteur quelques tableaux de Raphaël, d'Annibal Carrache et du Dominiquin.

Mais l'église la plus intéressante sous ce rapport, sinon par le nombre, du moins par le choix, c'est Saint-Philippe de Néri, qui possède l'*Ecce Homo* de Ribeira, la *Mort de saint Alexis* par Pierre de Cortone, un *Saint François* du Guide, une *Sainte Famille* de Raphaël et d'autres tableaux du Dominiquin, du Bassano, etc., et surtout le *Sauveur chassant les vendeurs du temple*, la plus belle fresque de Luc Giordano. L'église elle-même, belle de son architecture, la sacristie, riche en peintures, et la bibliothèque du couvent, méritent d'être visitées avec soin.

Plusieurs de ces couvents, dépouillés de leurs biens-fonds pendant l'occupation française, conservent encore les trésors que les beaux-arts y avaient amassés. Le cloître de Saint-Dominique est renommé par sa grandeur ; le réfectoire de Saint-Laurent, par sa décoration. Saint-Paul Majeur, bâti sur l'emplacement d'un temple de Castor et Pollux, en a gardé les colonnes et quelques vestiges d'un ancien théâtre où Néron fit ses débuts dramatiques : l'empereur histrion préludait en province, avant de risquer sa réputation sur un théâtre de Rome. On voit encore dans l'église les statues de Castor et Pollux, un tabernacle d'une grande beauté, enfin des chapelles remplies de marbres et de sculptures, plus remarquables par l'éclat de la décoration que par le mérite de l'œuvre.

On en peut dire autant de l'église des Saints-Apôtres. Fondée par Constantin et plusieurs fois restaurée depuis, elle passe pour la plus brillante de Naples. Son tabernacle étincelle de pierres précieuses et a coûté 40,000 écus. Le tableau de la chapelle du cardinal Philomarini et les autres mosaïques furent exécutés sur les originaux du Guide. Cette chapelle est entretenue avec le plus grand zèle, parce que son fondateur a imposé à ses héritiers l'obligation de la faire approprier deux fois par an, sous peine d'une amende de 200 ducats payables aux pères théatins, chargés de ce soin, au défaut des parents : excellente précaution contre une négligence trop ordinaire en pareil cas.

L'*Annunziata*, rebâtie vers la fin du XVIIIe siècle, renferme le tombeau de Jeanne II ou Jeannelle, reine de Naples. A côté de l'église s'élève un hospice qui, selon l'inscription, « donne du lait aux enfants, une dot aux filles pauvres, le voile aux vierges, et la guérison aux malades ; et voilà pourquoi il est consacré à celle qui, épouse, vierge et mère, fut le remède de l'univers (1). » Cette fondation, vraiment royale, ne peut être comparée qu'à l'*Albergo dei Poveri* situé près de la porte de Capoue. Magnifique établissement ouvert à tous les indigents du royaume, l'*Albergo* donne surtout aux orphelins des deux sexes une instruction suffisante et appropriée à leurs aptitudes, depuis les premières notions des arts mécaniques jusqu'aux applications les plus variées des sciences. Les jeunes filles y sont d'abord instruites dans les connaissances propres à leur sexe, et reçoivent ensuite des secours qui leur permettent de s'établir

---

(1) Lac pueris, dotem innuptis, velumque pudicis,
Datque medelam ægris hæc opulenta domus :
Hinc merito sacra est illi quæ, nupta, pudica,
Et lactans, orbis vera medela fuit.

honorablement dans le monde, ou d'entrer dans le cloître, si elles aiment mieux, comme disent les Italiens, *maritarsi che monacarsi*. Cette vaste école des arts et métiers compte déjà près de trois mille élèves. Lorsque les bâtiments seront achevés, l'*Albergo dei Poveri* deviendra le rival de l'hospice apostolique de Saint-Michel de Rome et le modèle de tous ceux où la charité appelle à son aide l'industrie pour soulager l'infortune et réparer les maux enfantés par le vice.

Sainte-Marie *del Carmine* est peu remarquable par elle-même. Les marbres et les stucs, et même le jubé qu'on y voit, ne la feraient point distinguer dans la multitude des autres églises de Naples, si elle ne rappelait un des épisodes les plus douloureux de l'histoire du pays. Les derniers princes de la dynastie souabe, Conradin de Frédéric, furent décapités sur la place du marché, devant cette même église, par ordre de Charles d'Anjou. Élisabeth, mère de Conradin, accourut du fond de la Bavière, avec des trésors pour racheter son fils; mais elle arriva trop tard; elle employa cet or à la construction de l'église qui s'élève près du lieu de l'exécution, comme un pieux monument de la douleur et de l'amour d'une mère. « Il faut ici venger, dit M. Fulchiron, une mémoire outragée et combattre de menteuses traditions; non, il n'est pas vrai que Clément IV ait prononcé ces abominables paroles : *Conradi vita, Caroli mors; Caroli vita, Conradi mors*, et dicté le sanglant arrêt; car ce pape était mort avant la bataille du lac Fucin et avant le supplice du dernier rejeton de la maison de Souabe. » Tel est aussi le sentiment de Spon. Derrière l'autel principal de Sainte-Marie *del Carmine*, on voit les tombeaux de ces malheureux princes, ou peut-être seulement leurs cénotaphes; car ils ne furent pas inhumés en terre sainte, à cause de l'excommunication dont ils étaient frappés. Dans un corridor du couvent il y a une statue d'Élisabeth de Bavière, représentée une bourse à la main. Les Napolitains vénèrent dans l'église *del Carmine* un crucifix miraculeux qui baissa la tête pour éviter un boulet de canon, pendant le siége de 1439, et une vierge qu'on dit peinte par saint Luc.

Cette même place du marché vit s'accomplir la révolution dont Masaniello (*Tomasso Aniello*), pêcheur d'Amalfi, fut le héros et la victime. Souverain pendant quatre jours, insensé pendant les trois qui suivirent, obéi avec transport, puis méprisé de tous, il périt sans exciter la moindre compassion et fut accompagné à la sépulture par toute la ville en pleurs. Cette révolution fut un drame en plusieurs tableaux où le peuple napolitain fit connaître toute la mobilité de son caractère. Peuple enfant qui ne sait point se gouverner lui-même et dont on apaise les cris par des jeux! L'esprit de nationalité lui est tout à fait inconnu : ce sont des étrangers qui l'ont gouverné à toutes les époques; il est au premier qui veut de lui. L'histoire de Naples est celle des différentes dynasties qui s'y sont succédé; celle du peuple napolitain se résume en deux mots : obéir et jouir.

XXIX.

POUZZOLES ET BAÏES.

Naples, appuyée sur des coussins de verdure, au fond d'un golfe où la mer vient l'endormir, charme le voyageur par la beauté de son site, réputé le plus gracieux du monde. Cependant, il faut bien le dire, elle doit une partie de ses agréments et de sa renommée à l'intérêt qu'offrent ses environs. Les villes voisines respirent une grâce antique et lui forment une riche ceinture. Quels noms harmonieux que ceux de Portici, Resina, Castellamare, Nocera, Salerne ! Que de souvenirs dans ceux d'Herculanum, de Pompéi, de Pouzzoles, de Baïes, de Cumes ! Naples réfléchit sur ses voisines sa grâce moderne et en reçoit à son tour un charme d'antiquité. Ainsi, toujours riante, et traversant les siècles sans vieillir, elle présente aux amis des temps anciens les trésors de ses collections, les cités englouties qu'elle a tirées de la poussière et dont elle a fait ses faubourgs ; aux artistes, les merveilleux points de vue de ses marines. Il n'est pas jusqu'aux économistes et aux froids industriels qui n'aiment à étudier sa riche culture, ses mines nombreuses et la puissante fécondité de ses terres ; jusqu'aux malades que ses sources minérales et la douceur de son climat ne rendent à la vie. Voilà pourquoi Naples plait à tout le monde. La gravité de

Rome n'est pas comprise de tous les voyageurs : les uns ne sont pas assez instruits pour apprécier ses monuments, les autres ne sont pas assez chrétiens pour aimer ses églises. Mais quel voyageur ne trouve point à Naples ce qu'il avait vaguement entrevu dans ses rêves, quand il se décida à partir? Aussi quelle foule d'étrangers se pressent dans ses rues ! Il semble que tous les peuples d'Europe se soient donné rendez-vous à Naples, comme à une partie de plaisir. Londres est à mes yeux le comptoir de l'Europe ; Paris, le boudoir; Naples en serait la villa.

A Naples tout le monde va en voiture. Pour une faible pièce de monnaie on peut se faire conduire d'une extrémité de la ville à l'autre. Le cabriolet remplace les *corriboli* ou *corricoli*, dont la renommée était européenne; ils sont abandonnés aux voiturins de la banlieue. C'est grand dommage ; on ne peut rien imaginer de plus pittoresque. Un siége étroit posé sur un train à deux roues légères et attelé de deux chevaux, voilà tout l'équipage. On fait son marché et l'on part. Le cocher, debout derrière le siége, lance ses coups de fouet par-dessus la tête du voyageur et recrute à chaque instant de nouvelles pratiques, qui s'établissent sans façon à côté du payant, devant, derrière, sur ses pieds, sur les brancards, et même dans une sorte de filet suspendu par-dessous, qui reçoit d'ordinaire les paquets et les chiens. Il en résulte que le *corricolo*, avec un siége fait pour une seule personne, en porte une demi-douzaine, et tout cela chante, crie et disparaît dans des tourbillons de poussière.

La route de Naples à Pouzzoles, ancienne *via Puteolana*, commence à l'extrémité de la Chiaja et passe sous la montagne de Pausilippe. Savoir quelle est la signification de ce mot, *pause de tristesse*, à cause de ses villas où les Romains se faisaient d'agréables loisirs; ou *pause des chevaux* qui recevaient ici du renfort, c'est ce qu'il ne m'appartient pas d'éclaircir, et la chose importe peu. Quoi qu'il en soit, la montagne était rude à gravir quand il fallait la traverser pour venir à Pouzzoles, et les Romains, amateurs passionnés de ces rivages, trouvaient trop longue et trop pénible la route qui les y conduisait de Parthénope. Ce que voyant, Agrippa, le même qui avait bâti le Panthéon de Rome, fit tailler sous la montagne une grotte, ou, comme nous dirions aujourd'hui, un tunnel, afin d'abréger la distance et de conserver le niveau de la route. Des auteurs prétendent que ce travail se rapporte à une époque beaucoup plus reculée.

La grotte a un mille de longueur, trente-quatre pieds de largeur; sa hauteur varie de cinquante à quatre-vingts pieds. Vingt lanternes ne servent guère à l'éclairer; on craint à chaque instant de se heurter contre les voitures que l'on entend et que l'on ne voit pas même à une faible distance. A côté de soi passent des ombres que la poussière ne permet pas de distinguer. « Rien n'est plus long que ce cachot, dit Sénèque, rien de plus obscur que ces lampes qui ne vous font pas voir à travers les ténèbres, mais vous font voir les ténèbres elles-mêmes. Du reste, y aurait-il quelque clarté, la poussière la rendrait inutile : elle est incommode en plein air, à plus forte raison dans ce lieu où elle tourbillonne et où, se trouvant renfermée, sans pouvoir se dissiper par aucune ouverture, elle retombe sur ceux qui l'ont soulevée.... Cette obscurité, continue-t-il, me donna quelque peu à réfléchir. J'éprouvai je ne sais quel saisissement de l'âme, une émotion exempte de crainte que la nouveauté d'un spectacle inaccoutumé, ainsi que la saleté du lieu, avait produite; puis, au premier retour de la clarté, je retrouvai un bien-être inattendu (1). »

Au delà de cette grotte, on traverse un village que sa position a fait appeler *Fuori di Grotta;* ensuite l'on prend à droite l'ancienne voie romaine de Pouzzoles, dont on voit les débris. Elle conduit au lac d'Agnano et à la grotte du Chien. Dans cette contrée, les terrains conservent partout des traces des bouleversements volcaniques qui, à différentes époques, en ont troublé la surface; il se dégage en certains endroits des vapeurs que les anciens utilisèrent en y établissant des thermes. De tous ces monuments il ne reste plus que quelques masures où les paysans des environs viennent se faire étuver. La grotte du Chien

(1) Nihil illo carcere longius, nihil illis facibus obscurius, quæ nobis præstant non ut per tenebras videamus, sed ut ipsas. Cæterum etiamsi locus haberet lucem, pulvis auferret : in aperto quoque res gravis et molesta; quid illic ubi in se volutatur, et quum sine ullo spiramento sic inclusus, in ipsos à quibus excitatus est recidit... Aliquid tamen mihi illa obscuritas quod cogitaret dedit. Sensi quemdam ictum animi et sine metu mutationem quam insolitæ rei novitas simul ac fœditas fecerat; rursus ad primum conspectum redditæ lucis alacritas incogitata rediit et injussa. (*Epist.* LVII.)

est une cavité de rocher étroite et peu profonde, fermée par deux ais grossiers. Une petite vieille, la sibylle du quartier, menant en laisse un pauvre chien, vint nous l'ouvrir. Le sol de la grotte se cache sous un brouillard épais formé par les effluves du terrain. On y coucha le chien par terre, et au bout de quelques secondes de convulsions, il parut asphyxié. Alors il fut retiré, et, à l'air libre, il revint à la vie. Dès qu'il eut retrouvé ses forces, l'infortuné barbet se mit à courir à toutes jambes, et en criant comme un diable, loin du lieu de la cruelle expérience. Depuis trois ans, il meurt et ressuscite plusieurs fois par semaine. Aussi a-t-il une physionomie ennuyée et malade : on dirait un sujet magnétisé. Le guide alluma des torches qui, plongées dans l'atmosphère inférieure, s'éteignaient instantanément; la fumée résineuse des torches a noirci la voûte du rocher. Tout le monde sait que les phénomènes de la grotte du Chien sont dus à la présence du gaz acide carbonique, lequel, à raison de sa pesanteur spécifique, en occupe les parties inférieures, de telle sorte que le chien doit y périr étouffé, tandis que l'homme, respirant librement dans l'atmosphère supérieure qui est saine, en est quitte pour éprouver jusqu'à la hauteur des genoux une sensation désagréable de chaleur humide.

Le lac d'Agnano, sur les bords duquel se trouve la grotte, présente un phénomène non moins curieux et qui tient à la même cause. Un frémissement ou plutôt un bouillonnement remarquable agite continuellement la surface de ses eaux; du reste, froides et limpides, elles n'ont pas de mauvais goût, et l'on y pêche des tanches et d'excellentes anguilles. Pline parle de ce lac et de la grotte du Chien. Non loin du lac s'élève la montagne de la Solfatara, ancien volcan dont le cratère comblé exhale encore des vapeurs sulfureuses. On y voit des cavernes que la fleur de soufre couvre d'un voile d'or; çà et là de petits soupiraux dégagent de la fumée et du feu, véritables miniatures de cratères qui sont toujours en activité, excepté pendant les éruptions du Vésuve. La Solfatara peut avoir deux milles de circonférence; on y prépare l'alun de roche et l'on en extrait le soufre dont Naples fait un commerce considérable. Près de là se trouve le couvent de San-Gennaro, bâti sur le lieu de son martyre et occupé aujourd'hui par des capucins. Ils ont beaucoup à souffrir du voisinage de la Solfatara. Les vapeurs fétides noircissent les marbres et les ornements de leur église, corrompent les aliments et les eaux, tellement qu'on a été obligé d'isoler sur un massif de maçonnerie la citerne du couvent, afin de la garantir des exhalaisons du sol. A toutes les époques, les gens du pays ont cru que les soupiraux de ce volcan n'étaient rien moins que les cheminées de l'enfer; ces montagnes portaient des noms redoutés : collines Lévociennes, champs Phlégréens, marmites de Vulcain *(Levocii montes, colles Phlegræi, olla Vulcani)*. Capaccio, historien de Naples et de Pouzzoles, va même jusqu'à y supposer des diables qui par leurs hurlements causent des peurs horribles aux pauvres religieux : *Spesso sono travagliati de' diavoli, e spesso sentono ululati e terrori di grandissimo spavento.* Toute cette région est fréquemment agitée par des tremblements de terre. Quant à Naples, située entre deux volcans qui l'enrichissent et la menacent, ses maisons construites en lave, son pavé qui en est formé l'avertissent sans cesse de son origine et lui présagent le sort qui l'attend. Combien de fois les images du plaisir s'y sont couvertes tout à coup de voiles funèbres? Au moment où la foule se livre avec frénésie aux enchantements d'un climat sybarite, il n'est pas rare d'entendre retentir le cri d'alarme : *Tremoto ! tremoto* (tremblement de terre) ! Et alors rondes et chants et colloques animés cessent, on invoque avec ardeur saint Janvier et tous les saints protecteurs de Naples ; et puis, le danger passé, on reprend la suite des plaisirs en souriant de ses craintes. Il semble que le péril les rende plus vifs, et que les Napolitains se disent comme ces insensés de l'Écriture : « Mangeons et buvons, couronnons-nous de roses, car nous mourrons demain. »

Pouzzoles doit son nom latin de *Puteolum* à ses nombreuses sources minérales et thermales, et non pas aux puits qui y furent, dit-on, creusés par Fabius. Les bains de Pouzzoles, fréquentés d'abord par les malades, devinrent vers la fin de la république un rendez-vous de plaisir pour la jeunesse dorée de Rome : toute la côte est semée de ruines qui rappellent la corruption de cette société vieillie par les excès. La cathédrale de Pouzzoles, bâtie sur l'emplacement et en partie avec les matériaux d'un temple de Jupiter, en a conservé quatre colonnes corinthiennes engagées dans le mur de la façade latérale. Quelques décombres de l'amphithéâtre ne permettent pas de se faire une idée de son étendue qui égalait, à ce qu'on prétend, celle du Colisée. Saint Janvier et ses compagnons furent exposés aux bêtes dans l'amphithéâtre de Pouzzoles; mais comme elles déposèrent à ses pieds leur férocité naturelle et s'inclinèrent respectueusement devant les confesseurs de la foi, le tyran les fit ramener en prison, puis conduire du côté de la Solfatara, où ils furent décapités. Le temple de Sérapis, ou d'Esculape selon d'autres, n'a été découvert qu'en 1750. Il se compose d'une enceinte quadrangulaire entourée de portiques et renfermant les chambres des sacrificateurs; quelques colonnes tronquées indiquent la circonférence du temple. Une source sulfureuse que l'on voit sourdre derrière le temple en couvre aujourd'hui le pavé, ce qui fait croire que le sol a dû subir un affaissement; il est aujourd'hui au niveau de la mer. Les colonnes sont encore incrustées de coquillages et les marbres rongés par les flots. Cette remarquable construction nous montre à quelle perfection les Romains avaient poussé l'architecture, plus de cent soixante ans avant l'ère chrétienne. Le port de Pouzzoles, jadis l'un des plus considérables de l'Italie, était célèbre par son môle, dont la masse et la hardiesse passaient pour un des plus beaux ouvrages des Romains. Les vastes assises qui paraissent au-dessus de l'eau sont les dernières piles des arcades de ce môle, mais non celles du pont de Caligula, puisque Suétone dit formellement que cet empereur fit construire un pont de bateaux sur une longueur de trois mille six cents pas, depuis Baïes jusqu'au môle de Pouzzoles.

Le chemin qui conduit à Baïes suit une côte sablonneuse, couverte de vignes et d'aloès. Vers le fond du golfe qu'elle décrit, une jetée de laves sépare la mer du lac Lucrin, dont les huîtres avaient jadis beaucoup de renommée. Le Monte-Nuovo, formé dans une seule nuit par une éruption volcanique, en 1538, le réduisit à ses limites actuelles. Cette montagne jaillit du milieu du lac et fut en incandescence pendant trois jours; toute la contrée subit des altérations profondes; des villages entiers disparurent; un grand nombre d'habitants périrent. Maintenant le Monte-Nuovo nourrit un des meilleurs vignobles du royaume de Naples.

A un mille de distance du lac Lucrin, se trouve le lac Averne, regardé par beaucoup de géologues comme le cratère d'un ancien volcan. Les bruyères et les chênes-verts touffus qui couvrent les montagnes dont il est entouré, projettent sur ses eaux une teinte noire. Il dégageait autrefois des vapeurs sulfureuses mortelles pour les oiseaux qui volaient au-dessus. Voilà ce qui en fit la fortune mythologique. Strabon raconte que l'empereur Auguste ayant fait détruire les bois qui penchaient sur ses bords, le lac fut assaini, au grand étonnement de toute la contrée. On en réunit les eaux avec celles du lac Lucrin, pour les mettre en communication avec la mer. Alors Virgile recueillit dans ses vers toutes les traditions populaires qui s'attachaient à ces lieux; il voulut conserver dans son *Énéide* ces brillantes épopées d'une race antique, au moment où les travaux exécutés par les Romains leur ôtaient leur dernier prestige. Le lac Averne a un peu plus d'un mille de circuit et cent cinquante toises de profondeur; il est très-poissonneux. Les ruines que l'on voit à l'une de ses extrémités appartiennent à un temple dédié à Apollon, et selon d'autres, à Pluton ou à Neptune.

Sur les bords de l'Averne et dans les taillis épais qui semblent en défendre l'approche, il est un sentier difficile à trouver qui conduit à la grotte de la Sibylle. Au moment où nous arrivions à l'entrée, basse et obstruée de bruyères, six ou huit gaillards d'assez mauvaise mine parurent tout à coup et, malgré nous, s'obstinèrent à nous suivre. Ils allumèrent des torches, et nous entrâmes dans un passage souterrain qui sert de vestibule à la grotte mystérieuse. Cette allée s'enfonce jusqu'à une distance de deux cents pas sous la montagne, où elle se ferme brusquement; alors on trouve à droite un corridor étroit taillé en escalier dans le roc, qui descend à une grande profondeur et se termine à un espace rempli d'eau que le peuple appelle les *Bains de la Sibylle :* c'est le Styx; on le passe sur les épaules des guides. Enfin on arrive dans la chambre des oracles, dont la voûte et les murs conservent quelques traces de peintures et de mosaïques. Il paraît que cette voie souterraine se prolongeait jusqu'à Cumes, où l'on en voit une autre entrée; mais des affaissements du sol ont, de ce côté-là, interrompu le passage. Si c'est dans cet antre que l'on venait consulter la sibylle, nous devons reconnaître que l'horreur des lieux et la mise en scène préparaient singulièrement l'effet des oracles. Le lac Averne, avec ses eaux noires et infectes et les terreurs dont il était l'objet, exerçait d'abord sur le moral des dévots une influence pénible; ensuite ils pénétraient dans les ténèbres de la grotte, conduits par des guides silencieux. Que devaient-ils penser en descendant cet escalier qui semble en effet conduire aux abîmes, en traversant le fleuve pour arriver enfin dans la chambre de la pythonisse où se jouait le dernier acte de cette lugubre comédie? Aussi Énée, qui vint prendre ici son chemin pour descendre aux enfers, tremblait de tous ses membres, et la sibylle n'avait pas peu à faire pour soutenir son courage :

Nunc animis opus, Æenea, nunc pectore firmo.

Maintenant que le charme superstitieux n'existe plus, les réalités ne laissent pas que d'être encore assez tristes. Ces guides aux torches sépulcrales, qui ont sur les voyageurs l'avantage du nombre et de la connaissance des lieux, ne sont pas faits pour inspirer une grande confiance : on est à leur merci, et certains récits permettraient de croire que la grotte de la Sibylle serait véritablement devenue pour quelques-uns l'entrée du royaume des morts. Au reste, il faut dire, pour être vrai, que le gouvernement napolitain exerce une police sévère, et qu'il a pourvu par des mesures pleines de sagesse à la sûreté des voyageurs.

Baïes, placée en face de Pouzzoles, célèbre autrefois par la magnificence de ses édifices, ne l'est aujourd'hui que par ses ruines. Ce rivage où elles sont répandues en si grande quantité était le *rivage d'or*, l'asile des plaisirs et du luxe; le poëte se reconnaissait impuissant à le louer. On y respirait un air si doux et l'on y trouvait tant de séductions, que le sage ne pouvait y séjourner sans danger, au dire de Sénèque; le vice n'y connaissait point de bornes. C'est peut-être ce que la mythologie avait voulu figurer par la fable de l'enchanteresse Circé qui change en animaux les compagnons d'Ulysse. Le promontoire de Circé n'est guère distant de Baïa. Grâce à Dieu, le volcan et les flots ont purifié les lieux souillés par le crime; ce rivage frappé de l'anathème en a conservé une profonde impression de tristesse; cette mer que la tyrannie et la volupté avaient tant profanée, s'est vengée à son tour en détruisant la courbe harmonieuse du golfe : par un temps serein, elle permet encore à l'œil épouvanté de distinguer sous ses flots les monuments engloutis, comme on raconte qu'apparaissent les vestiges des villes criminelles, dans les gouffres de la mer Morte où la justice divine a creusé leur tombeau. Dans les eaux du golfe de Pouzzoles, Caligula fit élever ce pont gigantesque, monument de sa folie et de sa cruauté; dans l'anse de Baïes Néron voulut faire noyer sa mère; du cap de Mysène, déjà célèbre par la mésaventure de ce pauvre Palinure de l'*Énéide*, Pline, commandant de la flotte romaine, partit pour aller examiner de près l'éruption du Vésuve dont il fut la victime. Le golfe de Baïes rappelle encore un fait singulier raconté par Pline et Appion, qui s'en déclarent témoins oculaires. Un jeune enfant de Baïes, en venant à l'école à Pouzzoles, donnait quelquefois du pain à un dauphin qui s'approchait du bord. Celui-ci se familiarisa au point qu'il prêtait le dos à son bienfaiteur pour traverser le golfe, le matin et le soir. Solin assure que l'on accourait de toutes parts à Pouzzoles afin de voir un spectacle aussi extraordinaire et qui se répéta longtemps. L'antique Baïa occupait, dit-on, l'espace compris entre le château actuel et les bains de Tritoli; du moins on y trouve beaucoup de ruines appartenant à des édifices dont il est difficile de reconnaître la destination, mais qui durent être d'une grande magnificence, tels que le *Truglio*, les temples de Diane, de Vénus, celui de Mercure, et une magnifique rotonde dont la forme et la grandeur rappellent le panthéon d'Agrippa.

Entre Baïes et le cap Mysène, près du village de Baccola, on montre le tombeau présumé d'Agrippine, les *cento camerelle* et la *piscina mirabile*, l'un des monuments les plus imposants de la grandeur romaine. L'ancienne ville de Cumes, presque déserte aujourd'hui, possède un temple appelé du Géant, parce qu'on y trouva le buste colossal de Jupiter, quelques débris d'amphithéâtre et de l'*arco Felice*, ruines trop peu connues des voyageurs. Les fouilles que l'on y pratique en ce moment promettent des résultats qui feront peut-être sortir cette ville de l'oubli. Cumes, protégée par la mer et deux lacs, fut dans l'antiquité une place très-forte. Quoique négligée ensuite par les Romains, elle conserva toujours de l'importance; pendant le moyen âge, des pirates trouvèrent encore dans l'avantage de sa situation un sûr asile d'où ils bravaient les armes napolitaines et inquiétaient la contrée. Il fallut faire marcher contre eux des troupes réglées ; et c'est alors que la ville, traitée comme un repaire de brigands, fut démantelée et presque détruite. Un des lacs sur lesquels elle s'appuyait autrefois, le lac *del Fusaro*, représente l'ancien Achéron. Un batelier nommé Caron recevait les morts de Cumes et les passait à l'autre bord, dans les champs Élysées, où se voient encore un grand nombre de tombeaux antiques. La poésie a fait de ces simples usages le symbole merveilleux des destinées humaines au delà de la tombe; on croit rêver quand, sur les traces de Virgile, on parcourt ces lieux modestes embellis par ses magiques pinceaux. Les champs Élysées forment une vallée qui s'étend depuis l'Achéron jusqu'à une anse appelée la mer Morte. Deux montagnes la mettent à l'abri des vents, et jamais l'hiver ni le bruit des tempêtes n'en ont troublé la paix. Des arbres au feuillage tranquille reposent agréablement le regard; rien n'y interrompt le silence de la nature; point d'habitants : l'imagination, à défaut des êtres humains, croit y voir errer le peuple muet des ombres, et la majesté de la solitude rappelle tout ce que les anciens ont écrit de la félicité éternelle promise à la vertu. Voilà ce que sont aujourd'hui les champs Élysées où Virgile avait placé le séjour fortuné des héros et des sages : c'est dans la paix des champs, dans les joies de la nature qu'il les montrait à la corruption des Romains. Ses tableaux étaient touchants, purs comme son âme ; on les admira, on s'attendrit et l'on n'en devint pas meilleur : que peuvent des fictions pour corriger des vices? Les chams Élysées ont conservé leur agrément, mais ils sont inhabitables pour les simples mortels. Ce climat, jadis si renommé pour sa salubrité, est aujourd'hui redouté à deux lieues à la ronde; les brumes du soir y sont dangereuses. Malheur aux voyageurs qui s'attardent jusqu'après le coucher du soleil dans ces prairies perfides! Ils courent grand risque de payer fort cher une satisfaction d'artiste, et d'expier cruellement leur enthousiasme pour les fables de l'antiquité.

Quant à nous, plus malheureux que coupables, nous y étions à peine arrivés, qu'une pluie d'orage nous obligea d'en partir au plus vite. Notre enthousiasme dura peu ; nous ne trouvions plus rien qui fût digne de nos éloges; les ruines de Baïes et de Cumes nous paraissaient vulgaires; la grotte de la Sibylle ne fut plus qu'une de ces allées couvertes que l'on présume avoir servi de sépulture dans les temps reculés, ou un passage souterrain qui, de la forteresse de Cumes, venait déboucher sur un espace désert protégé par la superstition ; le lac Averne devint à nos yeux un étang prosaïque ; le lac Lucrin, une immonde fondrière ; le tout ennuyeux et laid. Donnez au voyageur, si romanesque soit-il, la plus riche nature, les plus belles ruines ; donnez-lui Naples, Pouzzoles, Baïes, mais par une pluie battante ; il jugera tout froidement et avec impatience : ce ne sera plus le même homme, parce qu'il sera mouillé. Le matin, nous étions venus à Pouzzoles dans des nuages de poussière ; le soir nous avions beaucoup de peine à avancer dans la boue des chemins. C'était le cas de dire avec Sénèque, à qui pareil encombre advint en même lieu : « Nous eûmes à essuyer deux incommodités contraires, le même jour et sur le même chemin, nous souffrîmes de la poussière et de la boue, *Duo incommoda inter se contraria simul pertulimus, eâdem viâ, eodem die, et luto et pulvere laboravimus* (1). »

(1) Senec., *Epist.* LVII.

XXX.

POMPÉI. — LE VÉSUVE.

Les excursions aux environs de Naples sont aussi agréables qu'instructives. Mais l'ascension du Vésuve, la plus intéressante de toutes, est aussi la plus pénible. Autrefois l'élégant *corricolo* emportait les voyageurs sur la voie dallée de Portici jusqu'à Resina, où l'on commence à gravir la montagne ; maintenant c'est le chemin de fer qui vous fait parcourir en quelques instants toutes les merveilles de la côte. On croit être encore à Naples ; on est à Portici, on est à Resina ; Torre del Greco, Torre dell'Annunziata, tout cela se tient et s'enchaîne : Naples semble occuper tout le fond du golfe, depuis le Pausilippe jusqu'à Torre del Greco, sur une longueur de cinq lieues. Portici offre un site agréable et des jardins remplis d'orangers ; ses maisons blanches se détachent sur les collines sombres de laves qui forment le dernier plan du tableau. Cette ville est le séjour de prédilection des riches Napolitains ; ils viennent y chercher pendant l'été une fraîcheur précieuse dans ce climat. Portici s'élève sur les laves où gît Herculanum, à cent pieds de profondeur. On visite à la lueur des torches cette cité souterraine, ou du moins son théâtre qui donne une idée parfaite de ces sortes de monuments. On n'a pas continué les fouilles ; car on craignait, en exhumant Herculanum, de faire descendre dans les mêmes abîmes les villes de Resina et de Portici. Le palais du roi les sépare l'une de l'autre. Toutes les maisons bâties sur cette côte sont basses et voûtées, capables de résister aux secousses ordinaires des tremblemeuts de terre. Naples seule, confiante dans la protection de saint Janvier, élève sans crainte ses palais et ses dômes à une grande hauteur.

Il y a une station du chemin de fer à Pompéi. Qui l'eût dit aux anciens? Comme le bruit et le mouvement de l'industrie moderne contrastent douloureusement avec le calme de la ville des morts et ses lugubres silences! On ne voit rien d'abord qu'un monticule peu élevé qui dans sa régularité ressemble à un terre-plein de remparts : telle est l'enveloppe que le volcan a jetée sur Pompéi. Une tranchée conduit dans cette nécropole, où habitent quelques familles de militaires invalides qu'on prendrait moins pour des cicerone que pour des restes mutilés échappés par miracle au désastre de la ville. A la vue de ces rues dallées dont les ornières ont été creusées par les chariots antiques, de ces temples, de ces basiliques, de ces forums déserts; à la vue de ces maisons décorées avec l'élégance et le goût des Grecs, mais qui réclament en vain leurs habitants, le cœur se remplit d'une tristesse profonde, et l'on s'écrie avec le prophète : Comme elle est assise solitaire, cette ville autrefois pleine de peuple, maintenant veuve, dévastée, objet d'une curiosité qui trouble sa poussière et ne la console point! La voie Appienne passait à Pompéi; elle était, hors de la ville, bordée de tombeaux. Plusieurs sont intégralement conservés et nous font connaître les usages funèbres des anciens. On distingue ceux de Diomèdes et de Scaurus, remarquables par leurs marbres et leurs *triclinia :* on sait que les anciens donnaient des festins en l'honneur des morts. Un de ces monuments qui porte le nom de Névoléia Tiche, érigé pour elle et ses affranchis, contient une chambre sépulcrale où sont disposées plusieurs urnes ou *ollæ* accompagnées de lampes en terre cuite et de menues pièces de monnaie que les ombres devaient payer au nautonnier du sombre bord. La voie des tombeaux se termine à une porte de ville, à côté de laquelle il reste un auvent, où se rassemblaient les désœuvrés de l'endroit. Dans l'antiquité, les portes de ville étaient des points de réunion pour les oisifs et les curieux ; on y racontait les nouvelles ; on s'y exerçait à divers jeux : les affaires se traitaient au forum, les distractions étaient aux faubourgs. Une particularité digne d'attention, c'est que les tombeaux sont les monuments les mieux conservés de Pompéi. Ils contiennent les cendres des morts, ils furent eux-mêmes pendant seize siècles recouverts des cendres du Vésuve ; ils prouvent deux fois le néant de l'humanité. Les rues, pavées en laves, présentent de distance en distance, dans la voie du milieu, des pierres espacées pour établir, en cas de pluie, une communication d'un trottoir à l'autre, car ces derniers sont assez élevés. Les maisons n'ont généralement pas de fenêtres sur la rue; parmi celles que l'on voit, hautes et étroites comme des meurtrières, quelques-unes conservent leurs vitres. Avant les fouilles de Pompéi, les archéologues croyaient que les anciens n'employaient point le verre à cet usage. Le seuil des maisons est en marbre de Numidie, et sur le linteau de la porte se lit quelquefois le nom du propriétaire. Un corridor *(prothyrum)* pavé en mosaïque où sont gravées ces inscriptions : *Ave, salve*, *cave canem* (salut, prenez garde au chien), conduit à l'*atrium* qui se compose de quelques appartements et d'une cour rectangulaire *(cavædium)*, entourée de portiques et couronnée d'un toit ouvert au milieu *(compluvium)* pour donner passage à la lumière et à la pluie. Le bassin qui correspond à cette ouverture, destiné à l'écoulement des eaux pluviales, portait à cause de cela le nom d'*impluvium*. Différentes pièces régnaient autour de l'*atrium* où se trouvait le logement des hôtes; car chez les anciens les hôtes n'étaient point admis dans l'intimité de la famille. Au fond de cette cour et en face de la porte d'entrée, le regard s'arrête sur une salle *(tablinum)* où l'on conservait les images des ancêtres et qui s'accompagne de plusieurs cabinets, dont l'un est réservé aux dieux lares *(penetrale, lararium)*. Des corridors étroits, appelés pour cela *fauces*, conduisaient de l'*atrium* dans le *peristyle*, grande cour plantée de fleurs et ornée de colonnes et de peintures, dans laquelle s'ouvrent les appartements intérieurs, les salons de réception, l'*exedra*, demi-circulaire, pour la conversation. C'était là, à proprement parler, la maison; aussi ces pièces portaient le nom générique de *æci* (οἶκος, maison). Un escalier conduisait à l'étage supérieur, *solarium*. La maison d'Arius Diomèdes offre un exemple de cette distribution et elle avait un étage, chose assez rare à Pompéi. Les souterrains qui servaient de caves conservent encore des amphores posées dans le sable et remplies d'une matière noirâtre et graveleuse qui a la couleur du vin. Le cœur se serre à la vue de l'empreinte laissée sur le mur par les squelettes de la femme de Diomèdes et de dix-sept de ses esclaves qui s'étaient réfugiées avec leur maîtresse dans ces caves voûtées, comme dans un asile plus sûr. Quant à Diomèdes lui-même, son squelette fut trouvé sur le seuil du portique, du côté des jardins : l'infortuné s'enfuyait probablement vers la mer; ce fut trop tard, la mort l'arrêta sur la porte. Toutes les maisons riches étaient distribuées comme je viens de le dire; celles des artisans et des marchands, beaucoup moins considérables, avaient un magasin pour l'ordinaire assez étroit, avec une grande porte sur la rue. Il y en a un grand nombre que l'on parcourt avec intérêt. Dans la boutique d'un marchand d'huile et de vin, les amphores et les jarres sont encore rangées en ordre; un four public avec ses moulins se trouve non loin d'une cuisine encore pourvue de ses ustensiles. Enfin, aux carrefours des rues s'élèvent les fontaines qui sont en général d'une grande simplicité. Jusqu'à ces dernières années, les objets trouvés à Pompéi étaient déposés au musée des Studj; le roi de Naples, cédant aux réclamations des savants et des amis de l'antiquité, a ordonné que dans les nouvelles fouilles tout serait laissé dans le même état et sur place. On a déblayé, depuis, plusieurs maisons remarquables par leurs peintures et leurs mosaïques; leur péristyle, magnifiquement décoré, reçoit beaucoup d'éclat d'une statue de fleuve et d'une multitude d'animaux qui jetaient de l'eau dans un vaste bassin. Tous ces sujets en marbre et d'un beau travail paraissent aussi brillants que s'ils sortaient des mains du sculpteur. Beaucoup de murs sont encore barbouillés d'écriteaux ou d'affiches de vente, de spectacle, etc. La plupart de ces inscriptions ne sont pas en capitales romaines, mais d'une écriture cursive assez difficile à déchiffrer (1).

(1) *Pugna mala v. non. april. venatio.* Combat de gladiateurs et de bêtes pour le 5 des nones d'avril.

Glad. par. xx. pugna non. Vingt paires de gladiateurs pour le combat des nones.

Presque tous les édifices supportés par des colonnes formées d'un massif de briques, autrefois recouvertes de stuc, rappellent dans leurs ruines moins la richesse que le faste de Pompéi. Ce n'est pas seulement dans les maisons particulières que l'on a occasion de faire cette remarque, mais encore dans les monuments les plus importants de la ville, comme les temples, le forum, vaste place autour de laquelle s'élèvent des curies et des basiliques. Celles-ci ont la forme conservée dans les églises chrétiennes, surtout à Rome. Un vestibule ou portique règne sur toute la largeur de l'édifice et y donne entrée par cinq portes. L'intérieur en est divisé par deux ou quatre rangs de colonnes, qui forment les nefs, terminées elles-mêmes par des absides. Les thermes, quoique n'offrant point cet ensemble grandiose qui frappe dans ceux de Rome, sont pourtant les seuls assez bien conservés pour donner une idée exacte de ces sortes de monuments. Une cour pavée d'une belle mosaïque conduit à la salle d'attente (*ephebeum* ou *xysti*) : on s'y livrait à différents exercices littéraires ou gymnastiques. De là on entrait dans l'appartement où l'on déposait ses habits (*spoliatorium*) ; il avait pour dépendances des cabinets de toilette et de parfumerie (*unctuaria*). La pièce qui suit est le *tepidarium* ou bain tiède ; après, vient le grand bassin circulaire (*lavatorium*), entouré d'un gradin (*schola*); enfin le *sudatorium*. Les bassins, réservoirs, fourneaux, tuyaux de conduite, se trouvent dans un état de conservation remarquable. Le théâtre est demi-circulaire, avec plusieurs étages de gradins ou *précinctions*, dont l'ensemble portait le nom générique de *caveæ*. Chaque rang avait un numéro d'ordre, à partir de la scène : *cavea prima, secunda* (1). On arrivait à ces étages par des escaliers, *scalæ* ou *scalaria* ; les siéges compris entre ces escaliers portaient le nom de *cunei* (coins), à cause de la forme de ces divisions. On arrivait sur les gradins par les *vomitoria*, qui, des

(1) On a trouvé des jetons en ivoire qui étaient des billets de spectacle :

CAV. II (2e travée).
CVN. III (3e coin).
GRAD. VIII (8e gradin).
CASINAI } *Casina*, comédie de Plaute.
PLAVT. }

galeries intérieures, débouchaient sur les *caveæ*. Les numéros d'ordre des places sont indiqués par des lignes gravées sur la pierre. L'aire du demi-cercle s'appelait *orchestre*. Au-dessus s'élevait la scène, exhaussée de cinq à six pieds, dont la partie antérieure était formée par une plate-forme en bois *(pulpitum)* sur laquelle se plaçaient les acteurs.

Les fouilles de Pompéi ont rendu à la lumière une vingtaine de rues, neuf temples, deux forums, un amphithéâtre. Les temples les plus curieux sont ceux de Vénus, supportés par quarante-huit colonnes corinthiennes en briques recouvertes de stuc, et celui d'Auguste, destiné à des repas publics. On y a trouvé des statues qui prouvent l'exactitude de l'opinion timidement avancée par quelques archéologues sur l'usage antique de peindre et de dorer les statues. Dans le temple d'Auguste, des fresques admirables représentant des galères et des vaisseaux rappelaient sans doute la bataille d'Actium. Le sujet de Pénélope et d'Ulysse provenant de ce temple est regardé comme une des plus belles peintures de l'antiquité. Beaucoup d'édifices publics et privés sont décorés de fresques : sujets de chasse, tableaux historiques, scènes bourgeoises, paysages, bacchanales, etc., qui se font remarquer par la vivacité du coloris et la grâce de la composition, même dans les représentations grotesques ; car les Grecs respectaient toujours la beauté de la forme dans les arts d'imitation, et le talent, dans ses plus grands écarts, n'oubliait jamais cette règle. Si l'on réfléchit à ce luxe de décoration et à cette profusion d'objets d'art qu'on trouve à Pompéi, c'est-à-dire dans une ville secondaire, on ne peut assez s'étonner du soin que les anciens prenaient de leurs plaisirs, de l'étude qu'ils faisaient de la vie pour l'embellir. Tout y rappelle leurs élégants usages, leurs habitudes empreintes d'un gracieux mélange des civilisations grecque et romaine, hélas aussi ! leur profonde corruption. Que de temples élevés par la superstition et le vice ! Que d'ornements semés à chaque pas dont les yeux chrétiens se détournent avec horreur ! Quelle affreuse immoralité dans cette ville, à en juger par ses ruines seulement! Ainsi Pompéia criminelle remplissait la mesure de ses iniquités, lorsque la justice divine préparait son châtiment. Quand on entendit les roulements du tonnerre souterrain et que le volcan jetâ des nuages de cendres brûlantes, quels durent être les angoisses, le désespoir, la rage de cette population infortunée, cherchant à fuir et ne trouvant partout que la mort! Qu'on juge des horreurs de cette situation intérieure par le récit que Pline a fait des terreurs de la fuite. « A peine eûmes-nous quitté le grand chemin, que les ténèbres devinrent impénétrables. Ce ne furent plus alors que lamentations de femmes, cris d'enfants, gémissements d'hommes. On distinguait, à travers les sanglots, ces mots déchirants : O mon père ! ô mon fils! ô mon épouse! On ne se connaissait plus qu'à la voix. Celui-ci déplorait son propre malheur, celui-là le sort de ses proches; les uns invoquaient les dieux, les autres blasphémaient contre eux, plusieurs appelaient la mort contre la mort elle-même; on croyait être enseveli dans la nuit éternelle. Et au milieu de tout cela, que de récits effrayants! que de terreurs imaginaires! La peur exagérait tout et croyait tout (1). » Ce fut la première éruption du Vésuve et la plus violente, à ce qu'on croit. A partir de cette époque, elles se sont succédé à des intervalles inégaux. Il paraît que le premier courant de lave qui ait été observé date de l'éruption de 1036. Depuis 1666, il s'est rarement passé dix ans sans que le Vésuve ait vomi de la lave. La montagne est conique, isolée, d'une hauteur de douze cents mètres, et se compose de deux pics : l'un, appelé *Somma*, paraît être l'ancien cratère, l'autre est le Vésuve proprement dit.

Nous aurions pu monter du côté de Pompéi; mais les flancs de la montagne, doucement inclinés dans cette direction, sont recouverts de cendres, ce qui rend l'ascension très-pénible. Nous vînmes donc prendre le chemin ordinaire à Resina, dont les habitants n'ont guère d'autre industrie que d'accompagner les voyageurs dans cette ascension. La route qui conduit à l'ermitage, large, belle, contourne la montagne de la Somma, dont les pentes ondulées, couvertes d'une végétation exubérante, produisent le vin connu sous le nom de *Lacryma-Christi*. A mesure que l'on monte, la végétation devient rare et chétive, le sol triste; le paysage se rembrunit; les versants du cône, recevant sur leurs laves noires les rayons du soleil, concentrent sur la route que l'on suit une chaleur insupportable. Enfin l'on arrive

(1) PLIN., *Epist.* VI, 16.

à l'ermitage de *San-Salvatore*. Ce célèbre ermitage, halte obligée de tous les pèlerins du Vésuve, n'est qu'une pauvre maison blanche, ombragée de pins, d'où l'on embrasse le panorama complet de la ville et du golfe de Naples. Un corps de garde attenant fournit aux voyageurs une escorte de gendarmes. Après avoir pris à l'ermitage quelques instants de repos, chacun de nous s'arma d'un bâton noueux, indispensable auxiliaire dans ce rude voyage, et nous suivîmes un sentier tracé parmi des broussailles, lequel s'arrête bientôt à la limite de la végétation, marquée par une croix. Là commence, entre les montagnes de la Somma et du Vésuve, une vallée couverte de laves de couleur brunâtre, effroyable désert où pas un arbre, pas un brin d'herbe, pas un pouce de terre végétale ne vient distraire le regard. Partout des scories, des pierres ponces sur lesquelles on n'avance qu'avec une peine extrême. Pour gravir le pic, il faut choisir entre une montée dans les cendres graveleuses, ou un sentier à peine visible sur les laves : on recule et l'on tombe à chaque pas dans les cendres ; c'est l'histoire du pèlerin de Catherine de Médicis qui devait aller à Jérusalem reculant de deux pas sur trois ; dans les laves la fatigue est énorme, mais on pose un pied solide et chaque pas rapproche du sommet. Nous nous mîmes résolûment à tenter l'escalade en suivant nos guides, qui semblaient danser sur un chemin de fleurs. Que peut-on comparer à cette montée âpre et qui semble s'éterniser sous vos pas? A chaque instant on est obligé de se reposer ; puis la lutte recommence ; le terme est là sous vos yeux, et vous n'y arrivez jamais. Une fois, harassés de fatigue, la poitrine haletante et le gosier en feu, nous demandâmes à nos guides s'il restait encore beaucoup de chemin à faire; ils nous répondirent le plus tranquillement du monde que nous en avions fait le tiers.... Enfin nous atteignîmes le plateau supérieur, la fatigue était oubliée, un spectacle inattendu se déroulait devant nous. Des crêtes de rochers bizarrement colorés en jaune, vert, orange, entourent une aire assez vaste sur laquelle s'élèvent de petits monticules composés de couches minérales dont les formes heurtées et douloureuses se modifient sans cesse. Nous arrivions au coucher du soleil : ses derniers rayons coloraient les nuages que les vents chassaient par rafales et donnaient à la montagne des aspects lugubres. Sous nos pieds, du milieu des laves, s'échappaient des aigrettes de fumée, et nous marchions au milieu de ces longs jets de vapeurs sulfureuses. Cela était beau ; mais nous avions hâte de contempler le cratère. Je fus surpris de son étendue : l'ouverture a près d'un mille de circuit; elle est creusée sur le flanc de la montagne et ne présente sur ses faces internes que des plans rudement inclinés et lavés par la dernière éruption de février 1850. Un mugissement sourd comme le bruit lointain des tempêtes se faisait entendre dans les profondeurs du gouffre; des tourbillons de fumée s'en élevaient incessamment; le volcan dans son repos frémissait et bouillonnait comme une immense chaudière prête à voler en éclats avec toutes les matières renfermées dans son sein. Les bords du cratère sur lesquels nous marchions étaient échauffés au point que nous ne pouvions rester un instant à la même place et que nous ne savions littéralement sur quel pied danser. Nos guides mirent des œufs dans le sable, qui furent cuits en quelques secondes ; mon bâton que j'enfonçai dans la cendre y remua des pierres ardentes et en sortit carbonisé à sa pointe. Ajoutez à cela l'étonnement des voyageurs, l'air et les gestes des guides, paysans aux faces brunes et aux vêtements en désordre, et la nuit qui descendait sur le volcan pour lui prêter de nouvelles tristesses, et vous aurez quelque idée de la majestueuse horreur de ce tableau, l'un des plus solennels qu'on puisse voir au monde. Tel était le Vésuve cette fois, car la montagne et le cratère changent très-souvent de forme. Nous admirions, autant que nous le permettait la fumée brûlante qui passait sur nos visages et menaçait de nous asphyxier ; nous avions le feu sous nos pieds ; mais le vent nous glaçait le dos ; il fallut songer au retour. Rien de plus pénible que la montée, rien de plus gai que la descente. On gravit la montagne lourdement ; à chaque instant on se laisse aller d'ennui et de lassitude; on la descend avec rapidité en s'abandonnant aux cendres de la pente dans un tourbillon de poussière : quatre minutes suffisent pour descendre, il faut plus d'une heure pour monter.

Nous avions vu le soleil se coucher, et ses derniers adieux avaient ajouté à la beauté de la scène que nous offrait le Vésuve. En retournant à l'ermitage, nous vîmes la lune se lever du sein des nuages, et placer tout juste sur le cône obscur du volcan son disque lumineux. Lorsque nous descendîmes vers Naples, la ville étincelait de lumières, et ce bruit sourd qui plane sur les grandes cités montait dans le silence de la nuit jusqu'à nous. La mer endormie au loin était sillonnée par d'innombrables batelets que nous reconnaissions à leurs lanternes, se promenant comme des points lumineux sur les flots. Mais ce qui nous surprenait davantage, c'étaient des myriades d'étoiles filantes qui se balançaient dans les airs, ou rasaient la terre : sortes de feux follets qui prêtent aux belles nuits d'Italie leurs lueurs poétiques et donnent lieu à ces charmantes fictions qui les représentent comme des âmes en peine, venant demander aux vivants des prières et un pieux souvenir. La luciole, plus favorisée que notre ver luisant, a reçu des ailes qui lui permettent de demeurer assez longtemps dans les airs, et c'est elle qui fournit au ciel de Naples ces merveilleux météores qui frappent si agréablement l'imagination des étrangers. Ainsi nous allions, admirant toutes ces choses; nous parlions du Vésuve, de Pompéi, des plaisirs et de la fatigue du jour, de l'emploi du lendemain.... O journées si remplies du voyage, comme vous vous écouliez gaies et rapides! Moments trop tôt passés, quand reviendrez-vous?....

XXXI.

LE GOLFE.

Le golfe de Naples, vaste bassin de vingt-cinq lieues de circonférence, est formé par une enceinte de collines qui s'avancent dans la mer, comme deux bras immenses, pour saisir les îles d'Ischia et de Capri. Naples, Castellamare et Sorrente se cachent à demi au fond de leurs anses gracieuses. Pouzzoles et Baïes, du milieu de leurs ruines, semblent sourire à Nisida et Procida, charmantes îles détachées de leurs rivages, grecques converties qui parlent encore leur langue harmonieuse et conservent des grâces mythologiques dont elles ornent la croix. Une promenade en bateau autour du golfe est un des plaisirs les plus vantés du voyage de Naples. Vous montez sur un de ces esquifs tout bariolés qui remplissent le port, et le batelier se charge, par-dessus le marché, de vous décrire tous les accidents du rivage. Voici d'abord le Château-Neuf de la reine Jeanne, dont les Napolitains ont oublié les crimes, pour ne se souvenir que de son courage viril et de sa bonté pour le peuple. Ceci est l'arsenal et le palais du roi. Le croiriez-vous? Un jour, de ces fenêtres, les belles princesses distinguèrent la voile blanche du batelier et voulurent manger de sa pêche. Le port de Sainte-Lucie lui montre des figures de connaissance qu'il salue au passage. Ce soir il y retrouvera sa famille. Que la pêche n'ait pas été heureuse, ou que la journée amène un bon produit, il n'en sera pas moins fêté. Nous sommes le long de la Villa

Reale, et la Chiaja est encore endormie. Si Vos Excellences n'ont pas vu la fête de la *Madonna di Piè di Grotta*, le batelier vous en fera le récit. La Mergellina lui rappelle Sannazar, et le Pausilippe, Virgile; car le Napolitain est poëte et conserve le souvenir de ceux qui sont nés sur ces beaux rivages ou les ont chantés dans leurs vers. Voyez-vous ces grands palmiers et ces pins séculaires? Ils vous indiquent l'endroit où Virgile a son tombeau, sur l'entrée de la grotte du Pausilippe qu'il creusa par ses enchantements. Cet immense escalier qui, près de l'écueil de la Gaiola, monte de la mer le long de la montagne, n'est point, comme vous pourriez le croire, le dernier reste des palais romains qui s'étageaient sur les flancs du Pausilippe; c'est l'École de Virgile où tous les peuples du monde venaient admirer les inventions de son génie, le miroir dans lequel il voyait l'avenir, et la tête parlante qui le lui expliquait. Si vous pouviez en douter, on vous montrerait la grotte où il renfermait ses trésors, à l'entrée de laquelle il avait placé deux statues d'un métal enchanté, lesquelles, frappant alternativement sur une enclume, comme sur un harmonica, faisaient entendre de si douces mélodies, que les oiseaux s'arrêtaient dans les airs pour les écouter. Le marin vous débite ces belles légendes avec animation dans le dialecte napolitain, si harmonieux et si vif; il y mêle quelques airs traînants de barcarolles, et le voyageur, en prêtant une oreille charmée à la parole du marin, croit avoir devant lui un de ces conteurs d'un autre âge dont les merveilleux récits plaisaient tant à nos bons aïeux.

Ainsi bercé sur les flots par les histoires du rapsode napolitain, on suit les bords du golfe et l'on tourne la pointe du Pausilippe, semée des antiques débris des villas romaines. Après l'École de Virgile vient le temple de Vénus Euplæa, protectrice des navigateurs, qui l'invoquaient sur cette plage depuis que le pieux Énée y avait heureusement abordé. Nisita ou Nisitra ne tient pas une grande place dans le golfe ni dans les souvenirs des voyageurs; cependant cet îlot est d'une grâce et d'une fraîcheur parfaites : la fabuleuse antiquité l'aurait comparé à un nid d'alcyon arrêté sur les flots. En 1550 on y découvrit un tombeau antique qui renfermait plusieurs lampes en verre, dont l'une, bouchée hermétiquement, paraissait éclairée ou du moins lumineuse. Cette lueur s'éteignit au contact de l'air, dès que le vase fut débouché. Ce fait raconté par Licetius (1) ne jette pas beaucoup de jour sur la question des lampes sépulcrales des anciens.

Nous entrons dans les eaux de Pouzzoles et de Baïes, dont les rivages mornes et malsains ne conservent que les traces d'une profonde désolation. Nous dépassons Baïes, Baccola et les collines qui enferment les champs Élysées. On peut faire une halte charmante dans l'île de Procida, l'une des plus agréables du golfe, renommée pour ses perdrix et ses faisans. Les ruines qui s'élèvent au milieu de l'île appartiennent au manoir de Jean de Procida, qui ourdit le vaste complot du massacre des Français en Sicile connu sous le nom de Vêpres siciliennes. Ces murs démantelés ne sont plus qu'un rendez-vous de chasse. Mais cette île intéresse peu en comparaison de celle d'Ischia, la reine du golfe, que les Napolitains comparent à un vaisseau de haut bord arrêté sur ses ancres et dont Procida serait la chaloupe.

Ischia portait anciennement les noms de Pythécuse, Inarina ou Ænaria. Les fréquentes éruptions de l'Épomée la rendirent longtemps inhabitable. Ce ne fut que dans les derniers temps de la république romaine que l'on se hasarda, selon Pline, à y fonder quelques établissements. Plus tard la douceur du ciel, la richesse du sol, et les vertus de ses eaux thermales en firent un séjour de délices pour les maîtres du monde. Ischia, depuis lors, a suivi la fortune de Naples, avec cette particularité qu'elle eut toujours beaucoup à souffrir des incursions des pirates africains. Alphonse d'Aragon en proscrivit tous les habitants mâles, et les remplaça par des soldats espagnols. La dynastie aragonaise ne fut jamais populaire à Naples, parce qu'elle ne sut ou ne voulut gouverner que dans son intérêt; les familles royales d'origine française, au contraire, furent toujours chéries du peuple, parce que, malgré leurs fautes, elles ne recherchèrent que la gloire et le bonheur du pays. L'île d'Ischia, excessivement fertile à cause des feux souterrains qui impriment à sa végétation une activite surprenante, est habitée par une population de 25,000 âmes répandue sur les flancs de l'Épomée. Si l'on veut jouir d'une des plus belles perspectives du golfe, il faut

(1) *De Lucernis antiq.*, lib. II.

monter au sommet de cette montagne. Un sentier pratiqué dans les bois, où les aloès et les cactus se mêlent aux grenadiers, aux lauriers et aux arbres des montagnes, vous montre au passage un aqueduc romain, tout festonné de myrtes et de bruyères fleuries, qui s'élance entre deux rochers pour porter au village d'Ischia les eaux de l'Abucetto. Le chemin devient ensuite plus rude, la lave plus abondante; au lieu des sources chaudes que l'on trouvait dans la plaine, des fumerolles de vapeurs brûlantes jaillissent d'un sol tourmenté par les feux souterrains. Le cratère de l'Épomée, éteint depuis le XIVe siècle, n'offre par lui-même rien de curieux que l'âpreté de son site; mais il découvre aux regards un horizon dont les accidents de la montée ne laissent pas pressentir les merveilles. Depuis le promontoire de Circé jusqu'à celui de Sorrente, la vue s'étend sur un panorama délicieux. Dans l'île d'Ischia une nature féconde et parée de tous ses charmes fournit largement aux besoins des habitants. Ceux-ci ont conservé les goûts de l'antiquité en se préservant de ses vices : le christianisme a fait d'Ischia une oasis dans les mers. Les voyageurs qui se contentent d'admirer les avantages extérieurs de l'île et la supériorité de ses produits, oublient sa plus noble gloire, celle que la religion lui a faite. Demandez à ces jeunes gens qui, nu-pieds et heureux, vont aux champs et aux vignes, ce qu'ils estiment le plus dans leur belle Ischia. Ils vous apprendront qu'autrefois, lorsque l'empereur Valérien persécutait les chrétiens en Afrique, une vierge nommée Restituta subit divers tourments pour le nom de Jésus-Christ. Abandonnée ensuite, lorsqu'elle n'avait plus que quelques instants à vivre, dans une barque lancée à la mer, remplie d'étoupe et de résines allumées, elle mourut sans avoir été atteinte par les flammes. La barque, portant les restes précieux de la sainte martyre, fut conduite par la main de Dieu au rivage d'Ischia, où les fidèles les recueillirent et les ont depuis constamment vénérés. Naples a bâti une église en son honneur; toutes les villes du golfe, pieusement jalouses de ce trésor, invoquent avec confiance la sainte qui est venue demander à Ischia son tombeau. Protégée par ces reliques, Ischia ne craint rien du volcan; il l'enrichit sans lui nuire. Admirable religion qui fait briller l'espérance dans toutes nos épreuves et nous montre toujours la protection à côté du danger !

Par un temps calme, quatre heures suffisent pour la traversée d'Ischia à Capri. L'île n'est accessible que par un seul point, du moins on le croyait avant le hardi coup de main du général Lamarque. Il parvint avec une poignée de braves à grimper de rochers en rochers jusqu'à la partie supérieure de l'île, en débusqua les Anglais commandés par Hudson Lowe, et assura la domination de Murat dans le golfe de Naples. La côte septentrionale qui regarde Ischia cache dans ses plis la grotte d'Azur. Deux Anglais, se baignant près de ce rivage, eurent la fantaisie d'entrer dans une excavation naturelle qu'ils y découvrirent et furent ravis des merveilles qu'elle offrit à leurs yeux; depuis lors, elle est devenue un point d'excursion pour les touristes; chaque jour de calme y amène des amateurs. L'entrée, quoique basse et étroite, n'offre cependant aucun danger, comme voudraient le faire croire certains récits; il suffit de se courber au passage. Quand on relève la tête, l'on se trouve transporté comme par enchantement dans une région féerique; c'est à ne pas en croire ses yeux; tout est bleu : les parois de la grotte, l'eau sur laquelle on se voit naviguer, les bateliers, les passagers, tous les objets se colorent de teintes azurées d'un moelleux et d'une douceur parfaite. Les bateaux glissent sans bruit sur ce lac immobile et semblent ne porter que des ombres; on dirait que les mouvements qui troublent un instant le silence de ces lieux en profanent la majesté. Nous fîmes plusieurs fois le tour de la grotte, afin de rassasier nos yeux de ce spectacle. Les stalactites de la voûte, les coraux qui en tapissent les parois, l'eau profonde de quinze pieds et dans laquelle on voit les coquillages et les poissons, comme dans un vase de cristal, les moindres détails vous ravissent; que dis-je? le calme infini dans lequel on les contemple leur donne des aspects inattendus; ce ne sont plus les objets eux-mêmes qui vous frappent, leur transformation dans un azur céleste attendrit l'âme et lui montre les apparences d'un monde inconnu dont la douceur jette l'imagination dans des rêves sans fin. Vers le fond de la grotte on remarque quelques débris d'un escalier qui la mettait, à ce qu'on croit, en communication avec un palais de Tibère situé sur la montagne.

Après avoir visité la grotte d'Azur, nous vînmes débarquer sur une petite plage, la seule où l'on puisse aborder. Quelques maisons de pêcheurs, bâties çà et là sur la grève, y forment une bourgade appelée Capri. Au-dessus et à une grande hauteur brillent les maisons blanches du village d'Anacapri, où l'on arrive par un escalier taillé dans le roc. Les rues sont propres, mais étroites; les maisons, couvertes en terrasses ou arrondies en dômes, donnent à ce pays une physionomie orientale; la langue et les costumes rappellent la Grèce. Les habitants vivent de la pêche; cependant, à force de patience et d'industrie, ils ont réussi à fertiliser quelques terrains où croissent la vigne et l'oranger; l'olivier y atteint une grosseur énorme et donne l'huile la plus renommée de la contrée. Tibère avait fait bâtir dans cette île douze palais dédiés aux douze grands dieux. Un seul, assez conservé pour mériter quelque attention, renferme des thermes, des mosaïques et quelques chambres ornées de peinture. Chose singulière! Tibère n'est point pour les habitants de Capri un tyran, un monstre de dissolution et de cruauté. L'imagination complaisante du peuple a réussi à adoucir les traits de cette figure sinistre et en a fait un personnage bouffon, presque intéressant par ses saillies et sa verve caustique. L'histoire du turbot assaisonné en vertu d'un sénatus-consulte est devenue le thème sur lequel on a brodé une foule de facéties du même genre. Qu'est-ce qui avait pu amener le tyran sur ce rocher que sa mémoire a flétri? Tacite pense que ce fut la solitude du lieu, la douceur du climat, la difficulté d'y aborder et la beauté de la perspective qu'offrait le golfe avant les éruptions du Vésuve. Le tyran, fatigué du séjour de Rome, haïssant les hommes encore plus qu'il n'en était haï, s'exila lui-même dans cette solitude, où il s'occupait, dit Tacite, à inventer chaque jour de nouvelles débauches. Pendant onze ans il régna par la terreur, et mit le comble à ses crimes en choisissant pour successeur l'infâme Caligula, dont il espérait que les vices feraient oublier les siens : c'était une fin digne assurément de Tibère.

Du haut du mont Solaro, le point le plus élevé de l'île, on découvre non-seulement tout le golfe de Naples, mais encore celui de Salerne, dont Pæstum et Amalfi occupent les extrémités. Ces villes, placées en face l'une de l'autre, se regardent comme pour échanger de mutuels regrets sur leur ancienne gloire. Salerne en occupe le fond et étale ses maisons reluisant au soleil de tout l'éclat d'un vulgaire badigeon. Cité célèbre au moyen-âge, Salerne a dépouillé sa robe doctorale; son école de médecine, après avoir imposé ses aphorismes à toute l'Europe, se contente aujourd'hui de les mettre en pratique et brave des sarcasmes qui n'altèrent point la paix de ses loisirs

Au moment où nous doublions le cap de Sorrente pour rentrer dans le golfe de Naples, nous fûmes assaillis d'une légère ondée qui épura l'atmosphère; puis le soleil couchant dissipa les nuages et encadra le paysage de Naples dans un arc-en-ciel éblouissant de lumière qui s'appuyait aux rivages opposés de Sorrente et du Pausilippe, sur le berceau du Tasse et le tombeau de Virgile; il semblait réfléchir l'éclat de leur génie sur la ville dévouée à leur gloire. Sorrente, située en face de Naples, sur des rochers arides, a construit sur leurs flancs des jardins suspendus dont la verdure entrecoupe la blancheur des maisons : véritables serres chaudes où l'on voit en toute saison des fleurs et des fruits. Toutes les plantes des tropiques y sont naturalisées; le marché de Naples, le plus curieux de l'Europe par ses productions exotiques, les doit en grande partie à Sorrente. Aussi ce pays a-t-il été habité depuis les époques les plus reculées. Les populations primitives de l'Italie en avaient fait un centre d'opérations militaires; il y reste des monuments pélasgiques, tels que la *Piscina greca* et l'*Arco greco* que les traditions locales attribuent aux compagnons d'Ulysse; on ne peut du moins leur refuser une haute antiquité. La période romaine a marqué son passage à Sorrente par des constructions moins durables, qui reçoivent un peu au hasard des noms fondés sur des analogies contestables : des temples de Cérès, de Vénus, de Vesta, d'Hercule, quelques vestiges de thermes et de naumachies. Ces vieux débris intéressent moins la plupart des voyageurs que la maison du Tasse. Tous les poëtes ou feuilletonnistes, de passage à Naples, ne manquent pas de la visiter, ne serait-ce que pour y soupirer quelques strophes de la *Gierusalemme liberata* avec le pur accent de Paris : hommage harmonieux auquel l'ombre du Tasse doit être fort sensible! On s'accorde assez à admettre que le Tasse a passé quelques mois à Sorrente; mais il est fort douteux que la maison où l'on vous conduit soit celle de Cornélie, sœur du poëte, auprès de laquelle il vint chercher un asile. Cette maison n'a de remarquable que le point de vue de sa terrasse.

On a quelquefois appelé la presqu'île de Sorrente le paradis de l'Europe; Castellamare serait la porte de ce nouvel Éden. Cette ville, chère aux Napolitains pour la beauté du site et les agréments du séjour, occupe l'emplacement de l'ancienne Stabia détruite par la première éruption du Vésuve, en même temps que Pompéi et Herculanum. Le mont d'Auro la défend contre le vent d'Afrique, si fréquent à Naples; les pentes de la montagne sont couvertes de forêts; des sources minérales y attirent dans la belle saison une société nombreuse de malades et d'oisifs; tout le beau monde de Naples passe l'été à Castellamare; le roi vient y tenir sa cour, et y habite un ravissant *casino* situé sur la montagne au milieu de jardins que l'on admirerait davantage si l'art y contrariait moins la nature. Ce palais fut d'abord appelé *casa sana* (maison saine); le peuple lui donna le nom plus vif de *quì si sana* (ici l'on guérit). La ville de Castellamare, avec ses rues larges et alignées, offre un aspect d'élégance et de bon ton qu'elle emprunte à la brillante société de Naples; le port, plus profond que celui de la capitale, reçoit des vaisseaux de guerre; enfin le mouvement des chantiers de la marine royale est un des plus agréables passe-temps de l'indolence napolitaine, dans un pays qui naît à l'industrie et aux arts.

Castellamare a fui : ses villas, ses forêts, ses usines disparaissent à nos regards, comme aussi la colline de Pozzano, célèbre par sa madone qui a pour piédestal un autel antique de Diane. Le Vésuve se rapproche; nous voyons la place où est ensevelie la triste Pompéia; Torre dell' Annunziata, Resina, Portici se détachent avec leurs fraîches maisons sur les flancs brûlés du volcan; enfin voici Naples, le port, le quai de Sainte-Lucie, cette population de marins que nous avions appris à connaître et que nous regrettons de quitter. Le marin napolitain, meilleur que sa réputation, est probe, fidèle; il répand autour de lui et même sur les voyageurs qu'il reçoit dans sa barque, la bonté de son âme et sa franche gaîté. Ses jours se succèdent comme les vagues du golfe sans amener la tempête; sa vie se balance mollement avec son bateau sur les flots dociles; et quand les derniers rayons l'avertissent qu'il faut songer à rentrer au port, il replie doucement ses voiles et s'endort entre les bras de son Dieu.

XXXII.

TOSCANE.

Le retour de Naples à Rome par les marais Pontins n'offre qu'un médiocre intérêt ; la route de Rome à Sienne n'est presque plus suivie : je me déterminai à venir par mer de Naples à Livourne. Nous étions un peuple à bord du *Capri*. En se communiquant leurs impressions sur Naples, les passagers firent connaissance. Rien de plus facile en voyage : dès le premier jour, c'est de l'intimité ; le lendemain on se dit adieu en se serrant la main pour ne plus se revoir. Le voyage est l'image de la vie. Après le repas du soir, on vint sur le pont humer l'air si pur de la mer. Elle était douce, le ciel calme ; la lune projetait sur les ondes un sillon tremblant et argenté. Les passagers se livraient à ce spectacle de la nuit, silencieux et rêveurs. Sur un vaisseau en mer, quels que soient les agréments du voyage, l'on voit peu de visages tranquilles : souvent on folâtre en voiture ; en bateau l'on est sérieux. La vue de la mer ouvre le cœur au sentiment de l'infini, et l'idée de l'infini accable l'esprit de l'homme. Le mouvement des matelots et les voix de l'équipage rappellent à chaque instant les réalités de l'existence ; sans cela il y aurait plus d'émotion que de plaisir à contempler la beauté mystérieuse des mers.

Le jour nous surprit dans les parages de Civita-Vecchia, où nous arrivâmes à huit heures du matin. Cette ville portait autrefois le nom de *Centum Cellæ,* du nombre des arcades bâties par Trajan pour mettre pendant l'hiver la flotte romaine à l'abri des tempêtes. Elle est moderne dans son ensemble ; mais ni ses rues alignées, ni ses fortifications croulantes, ni sa population oisive, ni ses églises sans caractère, ne méritent l'attention que leur donnent les voyageurs forcés de stationner dans son port. Cependant je dois dire un mot de la chapelle des confrères de la bonne mort, ne serait-ce que pour épargner à d'autres une course inutile. Un touriste du pays me l'avait vantée. On y voit quelque chose de semblable à l'ossuaire des capucins de Rome, c'est-à-dire des squelettes revêtus de l'habit noir de la confrérie, conservant dans leurs attitudes une arrière-vie qui produit sur les spectateurs une impression pénible : c'est la mort en action et la prédication des ombres. En Italie, pays de l'imagination et de la sensibilité, tout revêt une forme, tout se peint ; on ressuscite un squelette, on l'habille, on le place dans le lieu des réunions : et maintenant comprenez, ô vous qui deviendrez comme lui ; instruisez-vous, confrères ! Mais les étrangers sont rebutés par les décors de la scène, et n'en comprennent point la moralité.

J'avais parcouru la ville dans tous les sens, et l'heure du départ du paquebot était lente à venir. En attendant, je me mis à prendre des notes. Sait-on la jouissance qu'il y a, les heureux moments que l'on passe à écrire ses impressions ? Un voyageur qui prend des notes n'est plus seul ; il vit avec lui-même d'une double vie. Donnez-lui l'espace suffisant pour étaler son album ; après cela, qu'autour de lui on s'agite ; que les préoccupations du départ, la colère ou l'ennui assiégent les autres voyageurs ; lui, il se suffit pleinement à lui-même, et le dépit de son voisin fournit souvent une page de plus à ses souvenirs de voyage. « Combien de fois, dit Montaigne, m'a cette besogne diverty de cogitations ennuyeuses. Nature nous a estrénez d'une large faculté à nous entretenir à part, et nous y appelle souvent, pour nous apprendre que nous nous debvons en partie à la société, mais en la meilleure partie à nous-mêmes. »

De Civita-Vecchia à Livourne, notre navigation n'offrit aucun incident remarquable. Après le plus beau coucher du soleil, notre attention fut attirée par le phénomène curieux de la phosphorescence de la mer que l'on n'a encore pu expliquer. Ce sont de véritables feux follets qui serpentent, qui s'épanouissent en gerbes ou éclatent en nappes. Le mouvement des roues du bateau les brise, et l'on voit une multitude d'étoiles qui ruissellent dans le sillage du navire. On se surprend à les suivre du regard pendant des heures entières, et l'âme s'attache à ce spectacle dans une douce rêverie. O nuit brillante et digne du ciel de l'Italie, que tu fus belle et que ton souvenir m'est doux! Isolé sur un vaisseau où pas un visage ne m'était connu, où j'aurais pu mourir sans laisser un regret, si loin de ceux qui pensaient à moi et dont les vœux ardents m'obtenaient cette heureuse navigation, je priais pour eux, je les en aimais davantage. Les grands spectacles de la création attendrissent le cœur : en nous révélant le peu que nous sommes, réduits à nous-mêmes, ils ajoutent à nos tendresses et nous rendent plus précieux les souvenirs de l'amitié.

Livourne, le seul port militaire de la Toscane, et l'une des villes les plus commerçantes de la Méditerranée, a hérité de la puissance et de la population de Pise. Elle s'est accrue dans le siècle dernier d'une multitude de gens sans aveu de tous les pays du monde. Juifs, Grecs, Anglais s'y pressent et s'y trompent à qui mieux mieux. Livourne est la moins intéressante de toutes les grandes villes de l'Italie : point de souvenirs, point de monuments, point de sites; mais le négoce avec son agitation, le tumulte de gens pressés et affairés, pour la plupart gens de passage. Ajoutez à cela que l'eau y est mauvaise, l'air malsain, trop chaud pendant l'été, constamment chargé d'exhalaisons marécageuses, et que les maladies de toute nature en déciment les habitants. La cupidité seule peut braver un climat si funeste. Aussi l'on s'arrête peu à Livourne. Après avoir donné un coup d'œil à la synagogue des juifs, la plus belle de l'Europe, et au cimetière des Anglais, on a hâte de quitter la ville : le moins contesté de ses agréments, c'est celui d'y trouver un chemin de fer qui vous transporte à Pise en peu d'instants.

La plaine qui sépare ces deux villes est marécageuse. Çà et là on aperçoit des cabanes habitées par des pêcheurs, au teint hâve, qui jettent leurs filets dans des flaques d'eau jaunâtre et puante. On voit au passage l'extrémité du parc de Saint-Rossore, célèbre par ses immenses prairies où paissent des chevaux et des vaches sauvages. Un troupeau de chameaux qui y furent amenés du temps des croisades et qui s'y sont multipliés depuis, sert aux travaux d'exploitation. Aux abords de Pise la campagne se ranime, l'Arno lui donne de la vie.

Pise est bâtie en plaine, entourée de hautes murailles de briques et de fossés convertis en jardins. Ses rues sont désertes ; les rares habitants que l'on rencontre vous suivent de leurs longs regards étonnés. Il semble que Pise, renfermée dans son isolement, veuille cacher son deuil, et que la perte de sa gloire lui ait laissé au cœur une de ces douleurs profondes que la curiosité des étrangers importune. Ceci n'est point exagéré. La vieille cité a des rues magnifiques, de belles habitations du moyen âge, des quais larges, des ponts de marbre ; mais ses palais sont abandonnés, l'herbe croît sur ses places, et l'Arno, jadis couvert des vaisseaux du monde, coule, muet et sale, entre ces maisons où il n'apporte plus l'abondance. J'ai vu Pise le dimanche, elle m'a paru morne comme un cimetière ; la mer, en se retirant, a entraîné sa population avec elle.

Sa gloire aujourd'hui consiste toute dans ses monuments. Ils méritent leur réputation, ou plutôt, chose rare, ils la surpassent. Le Dôme, le baptistère, le campanile et le campo-santo forment un bel ensemble d'édifices distribués sur la même place, et dont un seul suffirait pour faire la réputation d'une ville. La cathédrale a cent mètres de longueur. Divisée en cinq nefs par des colonnes de différents styles, et surmontée d'une coupole très-élevée, elle renferme une quantité prodigieuse de tableaux qui en recouvrent entièrement les murs. La façade, en marbre blanc, ornée de plusieurs galeries de colonnes, appartient à cette architecture gréco-arabe que les artistes byzantins firent connaître en Italie, vers la fin du xe siècle. S'il faut en croire la tradition locale, les marbres et les colonnes qui forment la décoration de cette église furent enlevés aux temples païens de la Grèce.

Le baptistère, placé à une centaine de pas de la basilique, est de forme circulaire, entouré à la hauteur du premier étage d'une galerie de colonnes du plus bel effet, le tout en marbre blanc. Dans les intervalles des colonnes, la foi du moyen âge a placé d'innombrables statues dont les niches élèvent leurs gracieux clochetons autour de la coupole. L'intérieur, peu orné, ne manque cependant ni de grandeur ni de grâce; une chaire de forme antique, la vasque du baptême en marbre de Paros, l'autel tout brillant de pierres précieuses, enfin une double rangée de colonnes qui règne autour de la rotonde, font de ce baptistère un édifice curieux, le seul en ce genre que l'art ogival ait produit en Italie. Toutefois les Pisans ne l'apprécient pas autant qu'il mérite de l'être. On y admire surtout les portes, moins belles pourtant que celles du Dôme, et un écho qui ne put rendre agréable à nos oreilles la voix cassée du *custode.* Deux Toscans de Sienne voulurent faire la même expérience et chantèrent un duo d'aveugles, après lequel ces modestes dilettanti dirent en se rengorgeant : *Per Bacco! è molto bello!*

Rien d'effrayant comme le campanile ou *torre pendente.* Il faut se figurer une tour haute de cinquante-six mètres, ornée extérieurement de galeries formées par des colonnes en marbre de tous les styles; cette masse est inclinée de quinze pieds hors de la verticale. Elle présente un aspect si menaçant, que, lorsqu'on passe au pied, on se détourne involontairement, comme si l'on avait à craindre sa chute. Lors du dernier tremblement de terre, la tour penchée chancela pendant quelques secondes, et les oscillations étaient tellement formidables, que durant plusieurs jours personne n'osa en approcher. Cette tour est creuse comme un immense cylindre et le sol en est incliné au point que l'on a de la peine à s'y tenir en équilibre; on ne peut du sommet regarder en bas sans vertiges. Quelle que soit la cause qui ait produit cette inclinaison, elle ne nuit point à la solidité de l'édifice. C'est du haut de la tour penchée que Galilée fit ses expériences sur la chute des corps, à la suite desquelles il formula sa théorie de la composition du mouvement. Les observations du campanile de Pise et celles dont la lampe de la cathédrale fut l'occasion, sont célèbres dans l'histoire des découvertes physiques, comme les poursuites *tyranniques* de l'inquisition contre leur auteur, dans celle des préjugés philosophiques et des calomnies de l'impiété.

Le campo-santo occupe tout un côté de cette même place, sur une longueur de quatre cent cinquante pieds. Les galeries intérieures forment un cloître dont les arcades découpées en dentelles sont regardées avec raison comme une des plus belles créations de l'époque ogivale. Des peintures en ornent les murs; à droite en entrant, celles du Giotto représentent des sujets bibliques. Tout a servi pour décorer cette enceinte remplie de sarcophages et d'objets d'art de toutes les époques. On y a ajouté les tombeaux d'un certain nombre d'Italiens plus ou moins illustres, et dont quelques-uns y sont critiqués après leur mort autant qu'ils purent l'être pendant leur vie, ce qui n'arriverait point si l'on se montrait plus sévère dans le choix des célébrités auxquelles on décerne les honneurs du campo-santo. Le sol du préau qui servait autrefois de cimetière est formé d'une couche de terre apportée de la Palestine : ce qui explique le nom de campo-santo donné depuis aux cimetières en Italie. Les Pisans, illustres et religieux républicains, croyaient que leurs corps dormiraient plus tranquilles dans une terre consacrée par les pas du Sauveur. Le campo-santo est très-curieux par un beau clair de lune. Les reflets produits par une lumière douteuse à travers les ogives et les dentelures des arcades, les figures fantastiques que la projection des ombres va former sur les murs, la tristesse solennelle répandue sur ces ruines qui portent le deuil de tant de gloires éteintes, produisent dans l'âme un sentiment de surprise, d'admiration religieuse, j'ai presque dit d'épouvante. Parfois la lune se cachait dans les nuages, les figures des murs disparaissaient, les statues des tombeaux s'y ensevelissaient tout entières. Quand la lune reparaissait, toutes ces ombres se redressaient sur leurs couches funèbres et se mouvaient comme si elles eussent entendu la trompette du dernier jour. Cette fantasmagorie a de quoi plaire aux imaginations lassées qui cherchent dans les distractions du voyage à se fuir elles-mêmes. La lune ne va point avec les douleurs vives et poignantes; mais elle entretient par ses clartés compatissantes les douces mélancolies, les peines tranquilles et rêveuses; elle donne aux ruines plus de charme, et voilà pourquoi l'on aime tant la lune du campo-santo! Quand je sortis de là pour traverser la place, elle me parut plus déserte; ses grands monuments solitaires m'effrayèrent presque, et je regagnai mon logis sans rencontrer personne. Qu'est-ce, en effet, qu'une population de 16,000 âmes pour une enceinte qui en a contenu 150,000, et qui a près de deux lieues et demie de circuit? Il me semble que ses rares habitants la font paraître plus dépeuplée encore.

Peu m'importent après cela les bains antiques de Néron et les quelques ruines que Pise a conservées de la domination romaine. On trouve ces choses-là partout. Pise, par son histoire et ses monuments, rappelle le moyen âge en Italie. Tout le reste y est mesquin, même les statues des grands-ducs et les églises, où l'on trouve pourtant de bonnes peintures. L'église de la Chartreuse, reconstruite dans le dernier siècle, et le sanctuaire de Sainte-Marie *della Spina* sur l'Arno, méritent d'être visités. La ville s'étend sur les deux rives de ce fleuve, que l'on passe sur des ponts remarquables. Le pont de marbre devient tous les trois ans le théâtre de jeux renouvelés ou plutôt conservés des anciens; ils attirent de toute la Toscane une foule innombrable. Pise semble alors recouvrer sa splendeur et sa population d'autrefois. L'illusion dure trois jours, après lesquels elle rentre dans sa solitude. Les voyageurs dont l'enthousiasme n'a pas besoin de la vue des monuments pour se soutenir, visitent l'emplacement de la tour de la Faim, rendue tristement célèbre par le supplice du comte Hugolin, et plus encore par les vers du Dante. Singulier génie que celui-là ! Tribun factieux, poëte ami de la nature, protecteur et oppresseur de la liberté, la terreur de Florence pendant sa vie, devenu sa gloire dans la postérité, Dante représente dans sa personne et dans son œuvre toute l'Italie du moyen âge, alors que la religion, la politique, les lettres, l'amour de la gloire, le culte des arts s'agitaient pêle-mêle dans ce pays, comme des éléments en fusion dans un creuset. Où sont les grands caractères de ces âges héroïques qui opposaient aux passions mauvaises et à la révolte contre l'autorité légitime, de si nobles dévouements? L'Italie serait-elle donc épuisée? Non, ceux qui lui reprochent sa vieillesse ne peuvent pas s'aveugler sur les principes de vie que la foi nourrit dans son sein. Et nous qui jetons la pierre à l'Italie, valons-nous mieux?

Ces réflexions sont de celles que la triste cité de Pise fait naître. Beaucoup de voyageurs ne la comprennent point, et après l'avoir visitée à la hâte, ils vont à Florence l'oublier. Pendant l'hiver, la douceur de son climat y attire une population d'étrangers, de malades, et presque toute la bonne société de la Toscane ; le grand-duc y tient sa cour. Le reste de l'année, on n'y voit guère que des étudiants. Pise est le siége d'une université célèbre en Italie : dans sa mauvaise fortune, les lettres et les arts lui sont demeurés fidèles. Elle emprunte à la société qui l'habite une certaine aménité de mœurs, une fleur de politesse qui rappelle la France.

La Toscane est enveloppée d'un réseau de chemins de fer qui font de Pistoie, de Sienne et de Livourne, les faubourgs de Florence. Le grand-duc, depuis qu'il voyage en chemin de fer dans ses États, doit les trouver plus petits. Celui de Pise à Florence suit la vallée de l'Arno et traverse des plaines dont la fertilité est encore aidée par des procédés très-avancés de culture. Le maïs et la vigne sont les productions particulières du pays. Vous suivez des prairies sillonnées de canaux; tout d'un coup vous vous trouvez dans une gorge étroite où les terrains diversement colorés annoncent des gisements métalliques; puis des champs se succèdent, plantés de saules et d'ormeaux dont les branches supportent la vigne; ajoutez les plus gracieux villages situés sur des hauteurs et dominés par quelque ruine du moyen âge : tout cela se montre, tourne et disparaît; hâtez-vous, évoquez l'histoire au passage, soyez prêts à coordonner vos souvenirs avec le spectacle des lieux, car tout a passé comme un songe. On arrive ainsi à Empoli, où l'on prend l'embranchement pour Sienne.

Je ne sais si l'on pourrait trouver en Italie une ville plus admirablement située que Sienne. Les maisons, bâties en amphithéâtre sur plusieurs monticules et entourées de jardins, offrent le coup d'œil le plus pittoresque; plusieurs ressemblent à des forteresses dont les lignes sévères sont adoucies par le mélange de la verdure et des fleurs. Les rues étroites, mais proprement dallées, convergent vers la place *del Campo* creusée en coquille, où l'on a donné autrefois des fêtes et même des joûtes sur l'eau. Telle est du moins l'opinion des Siennois, contredite par l'aspect des lieux, dont la pente ne pouvait guère se prêter à de semblables spectacles. Il y reste une fontaine, moins remarquable par ses sculptures aujourd'hui dégradées que par son aqueduc souterrain. La ville est assise sur des excavations curieuses : quelle qu'en soit l'origine, creusées de main d'homme ou produites par l'action du volcan qui aurait formé les collines sur lesquelles s'appuie la cité, elles présentent beaucoup d'intérêt par leur grandeur et leur étendue. Le palais *del Pùbblico*, vaste *maison commune*, jadis le siége du gouvernement de la république, renferme les archives et des peintures d'une beauté étonnante, eu égard à la date reculée de leur composition. Sienne revendique l'honneur d'avoir produit les premiers peintres qui se soient écartés des traditions byzantines, pour donner à l'Europe le signal d'un retour aux règles de la nature et aux inspirations du bon goût. La fresque du palais *del Pùbblico* représentant la Vierge et l'enfant Jésus entourés des saints protecteurs de la ville de Sienne, est de 1287 ; le palais des beaux-arts possède des toiles fort remarquables du XIIIe siècle, entre lesquelles la Vierge de Guidone, qui a précédé Cimabué de près d'un demi-siècle. Indépendamment de la priorité, l'école de Sienne le dispute à celle de Florence pour la couleur ; souvent elle lui a été préférée à cause de la grâce et de la vigueur de tons qui distinguent ses œuvres.

La cathédrale de Sienne domine toute la ville : par sa grande masse et par le luxe architectural de sa façade, elle en est le plus bel ornement. Dans le pourtour intérieur de la nef règnent des galeries élevées où l'on a placé une suite de bustes des papes, depuis saint Pierre jusqu'au milieu du XIIIe siècle. A voir toutes ces têtes penchées, on dirait des curieux regardant à la fenêtre ce qui se passe dans l'église. Il serait trop long d'énumérer tout ce qui, dans cette église, a des droits à l'admiration : les vitraux, la chaire, les peintures, etc. ; mais je ne puis oublier le pavé, immense mosaïque qui représente des histoires de la Bible, ouvrage étonnant par le mérite de son exécution. Seulement on regrette de ne pouvoir admirer l'ensemble de ce beau travail ; un zèle patriotique louable l'a couvert d'un parquet qu'on n'enlève que les jours de fête, ou en faveur des étrangers opulents.

La sacristie renferme des curiosités très-diverses, des livres choraux ornés de belles miniatures, des fresques célèbres d'après les dessins de Raphaël, enfin le groupe antique des trois Grâces que quelques-uns attribuent à Sophronisque, père de Socrate. Il y aurait lieu d'être surpris qu'on eût fait choix d'un tel sujet pour décorer la sacristie d'une cathédrale, si l'on n'ajoutait que la salle où il se trouve ne sert point aux usages ecclésiastiques et ne peut être considérée que comme un musée absolument indépendant de l'église.

Sienne, ville renommée par l'exquise urbanité de ses habitants, est réputée la patrie du langage classique; elle parle le dialecte le plus pur, sinon le plus beau de toute l'Italie. Dans les autres grandes villes de la Péninsule, on trouve encore le moyen de se faire comprendre en parlant français; cela n'est guère possible à Sienne. Je ne le regrettais point; j'avais trop de plaisir à écouter cette langue toscane, pour songer à la mienne. Je prêtais l'oreille à cette mélodie, comme à un concert dont je n'aurais pas bien saisi la pensée, mais qui dans son exécution m'aurait fait éprouver des émotions délicieuses. Que notre langue me paraît pauvre, avec ses constructions lentes et symétriques, avec son bagage de prépositions et d'advérbes qui entravent sa marche et ses sons dépourvus d'harmonie! C'est la langue de la raison; à cause de cela elle se fait accepter; mais elle est froide comme elle. La langue italienne, brillante et riche, a des tours séduisants; avec ses grâces naturelles et ses inflexions si douces, elle est assurée de plaire : c'est la langue de l'imagination. Je me souviens qu'un jour, dans un village du val d'Arno, près de Florence, je demandai à un enfant la maison du voiturin, *la casa del vetturino. — La casa del vetturino*, me répondit cet enfant, *io sono il suo figliuolo!* Cela fut dit avec une grâce et une amabilité qui me ravit et pour laquelle je lui donnai un *paolo* d'étrenne : jamais je n'entendrai rien d'aussi doux que ces paroles sorties de la bouche d'un enfant.

De Sienne à Empoli et à Florence, le chemin de fer présente, au milieu des montagnes bien cultivées, des châteaux en ruines, de jolies fermes dont l'escalier extérieur s'appuie sur des piliers : espèces de portiques ornés de treilles, sous lesquels les femmes tressent les chapeaux de paille qui sont si recherchés dans toute l'Europe. Il est difficile de retenir les noms de ces villages, pour la plupart bien situés; mais on n'oublie jamais les riches accidents de cette vallée de l'Arno qui s'agrandit jusqu'à devenir enfin une prairie immense. Ainsi doit être le chemin qui conduit à Florence, chemin de fleurs et de verdure, pour préparer l'imagination aux enchantements de cette capitale.

La voici! Au milieu de la plus belle campagne, des remparts de briques très-élevés lui forment une enceinte triste comme celle de Pise. En entrant dans Florence l'on éprouve une impression de surprise, causée par la beauté de ses constructions et leur caractère monumental. A Livourne et à Pise l'on s'est déjà familiarisé avec l'élégante architecture de la Toscane; mais on n'a point encore trouvé au même degré dans les édifices cet air guerrier et féodal qui rappelle les plus tristes époques de l'histoire du pays. Les palais de Florence sont de véritables forteresses construites en blocs énormes; ils disent au milieu des gracieuses maisons modernes, toutes les craintes des partis qui les avaient faits pour la guerre civile. Tant que l'on parcourt les rues, la variété des édifices distrait la pensée; mais lorsque d'un point élevé, des collines de San-Miniato par exemple, l'on jette les yeux sur la ville, elle apparaît hérissée de tours, de clochers crénelés : vivants souvenirs de ces époques sanglantes où les citoyens étaient toujours armés les uns contre les autres et ne trouvaient de sûreté que derrière les barricades et les chevaux de frise qui défendaient l'entrée de leurs maisons. Pas une de ces places que les fureurs des partis n'aient ensanglantée; de cette tour sonna le tocsin; de ces palais sortirent les conjurés; dans cette église on voulut assassiner Laurent de Médicis : les rues de Florence sont comme un livre ouvert qui raconte fidèlement son histoire.

Entre tous ces palais, le plus remarquable par son étendue et par les grands événements dont il fut le théâtre, est celui du grand-duc, appelé aussi Palais-Vieux, triste et noir donjon qui a vu bien des complots et des crimes. L'édifice est surmonté d'une tour bâtie en encorbellement, ouvrage d'une hardiesse extraordinaire; la cour intérieure, décorée de sculptures et d'une fontaine de porphyre, ressemble à ces portiques des contes orientaux dont les descriptions pompeuses ont amusé notre enfance. La salle du conseil pouvait contenir jusqu'à mille citoyens. Les républiques italiennes du moyen âge construisaient de vastes enceintes pour les assemblées populaires; les monarchies qui leur ont succédé les ont fermées à la foule et remplies des chefs-d'œuvre des arts. La galerie de sculptures du Palais-Vieux renferme tant de statues, que, même après avoir vu les musées de Rome et de Naples, et lorsqu'il semble que l'on a dû épuiser son enthousiasme, on le retrouve tout entier devant ces admirables collections. C'est là qu'on voit la fameuse *Vénus de Médicis*, placée dans un petit sanctuaire orné de tout ce que l'on a pu réunir de plus gracieux et de plus délicat : le *Faune*, le *Rémouleur*, le groupe des *Lutteurs* et l'*Apolline*, antiques du premier ordre. On regarde la Vénus comme le chef-d'œuvre de la statuaire antique; le culte de la matière n'a jamais rien produit de plus parfait : c'est le dernier effort de l'art païen. Mais les Grâces chrétiennes s'effarouchent de ces nudités, elles condamnent cette hypocrite pudeur.... Non, cela n'est point vraiment beau; car le beau c'est l'honnête, et ici l'honnête homme est forcé de rougir!

Sur la place du Palais-Vieux s'élève la *Loge des lanciers*, portique remarquable par ses belles proportions, qui servait autrefois de tribune aux harangues. Les orateurs populaires y traitaient des destinées de la patrie dans le dialecte harmonieux de Florence, la ville, après Sienne, la plus renommée de l'Italie pour l'atticisme et la beauté du langage; son académie *della Crusca* (du son) rend des arrêts souverains en matière de grammaire. La *Loge des lanciers* sert aujourd'hui pour le tirage de la loterie : théâtre éternel des passions populaires, elle a vu successivement la multitude à genoux aux pieds de ses deux idoles, la liberté et la cupidité. Dans la pensée d'Orcagna et de Michel-Ange, ce portique devait se continuer tout autour de la place, laquelle, avec les galeries couvertes des *Uffizi*, eût produit un effet imposant. Le projet ne reçut qu'un commencement d'exécution; le portique de la Loge des lanciers fait regretter le reste. On a distribué sur la place les statues qui en auraient fait l'ornement, ouvrages de Michel-Ange, de Donatello et de plusieurs autres artistes renommés. Celle de Côme Ier semble dominer la scène; on dirait que les grands hommes représentés par leurs œuvres viennent former sa cour : les beaux-arts dont il fut le protecteur ont immortalisé sa mémoire.

En parlant des palais de Florence, je ne dois point oublier celui qui fut le tombeau de la liberté ou du moins de l'oligarchie. Les Médicis l'habitèrent jusqu'à ce qu'ils devinrent souverains. Il est situé dans la *via Larga*, près de l'église Saint-Laurent, et porte aujourd'hui le nom de *casa Ricardi*. L'académie della Crusca y tient ses réunions, non plus sur des meubles de moulin et de boulangerie, ainsi que l'a écrit le facétieux président Des Brosses, mais dans une grande et belle salle où l'honneur du corps n'a plus à craindre les plaisanteries des étrangers. On remarque aussi à Florence les palais Strozzi, près du pont de la Trinité, Caponi et Corsini. Le dernier, sur l'Arno, possède une riche galerie et des appartements somptueux ; car il ne faudrait pas supposer que ces palais aux façades sévères sont dépouillés à l'intérieur de tout ornement. Si, au dehors, simples et fortifiés, ils respirent la guerre, ils reflètent au dedans toute la gloire du siècle des Médicis. Le dehors est menaçant, l'intérieur fastueux : c'est toute la vie des nobles florentins au moyen âge, expliquée par leurs palais.

Le palais Pitti, le plus vaste et le plus imposant de tous, frappe les regards plus qu'aucune autre résidence royale que je connaisse. Sa façade, tout à bossages, se développe sur une longueur de quatre-vingt-dix toises, comme une vaste fortification construite avec des rochers entassés par les géants. Le marchand Pitti, rival des Médicis, marchands comme lui, avait entrepris cette immense construction, soutenu dans son entreprise par l'enthousiasme populaire et par les subsides que Florence et les villes voisines lui accordaient libéralement. Il n'eut ni assez de ressources pour l'achever, ni assez de prudence pour se faire pardonner son ambition; son faste le perdit. Côme Ier acquit le palais des héritiers de Pitti, le fit achever et l'unit au Palais-Vieux par une galerie qui traverse la ville et le fleuve sur le Pont-Vieux. Ses successeurs l'ont toujours habité depuis. Dans le palais Pitti, les Médicis ont formé la riche galerie de tableaux que plusieurs estiment la plus belle du monde. Les salons ne sont pas très-vastes, l'œil n'est point ébloui par le nombre des toiles; mais quel choix et quels noms! Raphaël, le Corrége, Michel-Ange, le Titien, Van Dick, Velasquez et une foule d'autres de toutes les écoles dont les œuvres rassemblées et distribuées avec un goût exquis forment le musée le plus complet de peinture : Rubens fort et musculeux, Carrache noble et délicat, Salvator Rosa jusque dans ses écarts admirable, Carlo-Dolce un peu maniéré, mais respirant cette grâce tendre, cette *morbidezza* que les Italiens aiment tant, le Titien à la touche chaude et passionnée, l'Albane justement appelé l'Anacréon de la peinture, qui semble avoir trempé son pinceau dans le miel et le lait. Les portraits de Jules II et de Léon X par Raphaël respirent. Quoi de plus naturel et de plus vrai que cette douce figure qu'on appelle la *Vierge à la Chaise?* Il y a là tout un monde de douceur et de poésie qui inspire pour elle une passion, un culte. On reproche à Raphaël d'avoir sacrifié l'expression religieuse à la beauté de la forme. La Vierge à la Chaise peut bien, comme ses autres madones, reproduire un type connu et trop mondain ; toutefois cette tendre physionomie de mère, calme et rêveuse, présente à l'esprit un idéal plein de charmes : si c'est une figure humaine, elle a été vue des yeux de Raphaël. Les salons Pitti, tout brillants de dorures et de marbres, pavés en mosaïques, peints par Pierre de Cortone, sont d'un luxe qui confond la pensée. Il faut se borner, car une description, que dis-je? une simple énumération doit avoir des bornes, alors même que l'admiration n'en a point. Voilà tout ce que, pauvre ignorant que je suis, artiste comme tout le monde, voilà tout ce que je puis dire des musées de Florence. Heureux ceux qui ont assez de connaissances et de goût pour les comprendre, qui peuvent les louer comme ils ont su les aimer !

Les jardins Boboli s'étagent devant le palais sur le versant de la colline, et occupent de vastes terrains où l'art a ménagé de belles perspectives. Du point le plus élevé, l'œil parcourt les fertiles campagnes dont Florence occupe le centre, et tous ces brillants tableaux que présentent les hauteurs verdoyantes de Fiesole et de San-Casciano, vastes gradins d'un amphithéâtre qui s'élève jusqu'aux sommets neigeux des Apennins. Le jardinier de sa gracieuse Altesse toscane me nommait les clochers, les tours, les ermitages, les hameaux que mes yeux pouvaient découvrir dans ce vaste horizon ; puis il me montra les merveilles de son jardin, les statues mythologiques qui sont en marbre ou en pierre brunâtre, selon que les sujets appartiennent à l'Olympe ou aux forêts. On trouve parmi ces sculptures des morceaux remarquables, notamment un ouvrage de Michel-Ange, digne de son auteur. Mais l'eau manque pour donner de la vie à tout cela. Qu'est-ce que ces pauvres naïades qui épanchent péniblement les dernières gouttes de leur urne épuisée? Que ne restaient-elles aux montagnes où elles se seraient endormies au bruit de leurs belles eaux? Aussi ne voit-on ici que les arbres des terrains arides, qui sont à l'épreuve des brûlants soleils. Les jardins Boboli sont moins beaux que ceux de Versailles ; mais ils en ont donné l'idée, cela suffit à leur gloire.

Il y a un grand nombre d'églises à Florence, généralement belles, mais moins richement décorées que dans les autres grandes villes d'Italie. La cathédrale porte le nom de Sainte-

Marie des Fleurs. « Il n'est pas de ville au monde, a-t-on dit, où les fleurs soient plus aimées.... » Cela ne manque pas de vérité; mais on a trop joué sur le nom de Florence. La cathédrale rachète par la majesté de son vaisseau l'absence d'ornements. Elle est gothique, longue de cent trente mètres, voûtée, chose assez rare en Italie, où la plupart des grandes églises ont des plafonds peints et dorés. L'architecture gothique, nous l'avons déjà dit, a laissé peu de traces dans ce pays fidèle aux traditions de l'art grec. L'ogive s'y montre timide, souvent associée à des lignes grecques qui l'empêchent de s'épanouir. Transplantée à différentes époques sur la terre classique de l'Italie, elle n'a jamais pu s'y naturaliser; elle s'y est étiolée, comme ces plantes fortes des montagnes auxquelles il faut un sol rude et un âpre climat et qui sous un ciel plus doux languissent entre les mains du jardinier. La cathédrale n'a guère d'autre tableau dans les nefs qu'une peinture curieuse de la première renaissance de cet art, reproduisant, sans doute sur des personnages connus de l'époque, les allusions du poëte. La coupole, d'une hauteur de trois cent quatre-vingts pieds, est, après celle de Saint-Pierre, la plus belle du monde. C'est ce dôme que Michel-Ange enviait à Brunelleschi et dont il prit congé par ces mots connus : « Mon ami, je vais faire ton semblable, mais non pas ton égal. » Les murs extérieurs de l'église, moins la façade qui reste à faire, sont incrustés de marbres de diverses couleurs, disposées, non par bandes noires et blanches alternées comme à Gênes, à Pise et à Sienne, mais en compartiments et en panneaux, ce qui fait un spectacle éblouissant et d'une somptuosité fabuleuse. Il en faut dire autant du campanile et du baptistère. Rien n'égale la légèreté du premier, tour carrée presque aussi élevée que la coupole, ornée de statues, et si belle, que Charles-Quint, en la voyant, s'écria ravi d'admiration : « Les Florentins devraient enfermer ce campanile dans un étui et ne le montrer qu'une fois l'an. » Aussi la ville qui le possède en est justement fière; ses habitants le montrent avec orgueil aux étrangers, et il revient souvent dans leurs discours comme terme de comparaison : amour-propre assurément bien permis à leur patriotisme. Le cicerone qui m'avait accompagné me disait : « *Parigi, signore, è una citta molto bella ; ma il nostro campanile!* Paris, Monsieur, est une fort belle ville, mais notre campanile! » Le baptistère complète la magnifique décoration de cette place; il est, comme le campanile, détaché de l'église et revêtu extérieurement de marbres. Les trois portes de bronze sont si belles, que Michel-Ange les jugeait dignes de fermer le paradis. Ces trois monuments, célèbres dans l'histoire de Florence, paraissent imités de ceux de Pise. Celle-ci a pour elle l'originalité de l'œuvre; l'autre, la magnificence au moins extérieure de la décoration : noble rivalité entre deux villes puissantes, dont les beaux-arts ont recueilli les fruits.

L'église de l'Annunziata renferme de belles peintures. André del Sarto, un des premiers auteurs de l'école florentine, a attaché son nom à l'Annunziata par sa célèbre *Madonna al Sacco* qu'on voit dans le péristyle. Sainte-Marie Nouvelle ne lui cède guère pour l'ornementation, mais l'emporte sur elle pour l'architecture. Boccace la décrit dans sa préface du *Décaméron;* Michel-Ange l'aimait au point de l'appeler son épouse. La vaste place qui l'entoure a vu dans les temps modernes bien des émeutes : là se font les révolutions de Florence; autrefois la place de Sainte-Croix en était le théâtre. Cette dernière église peut être appelée le Panthéon florentin. Bâtie de briques, noire par conséquent, elle a dans ses profondeurs des tristesses qui annoncent aux visiteurs le culte qu'on y rend aux morts. J'y entrai vers midi; elle était silencieuse et froide comme ses tombes. Le pavé ne se compose point de marbres ou de mosaïques, mais de briques nues interrompues par des pierres sépulcrales; les monuments funéraires font presque toute sa décoration, la plupart ornés de statues, représentant toutes ces gloires qui ont reçu leur consécration de la mort et auxquelles Sainte-Croix a donné l'hospitalité de la tombe : Machiavel, historien, politique, grand écrivain, qui, témoin des malheurs de sa patrie et des écarts de la liberté, sembla douter de l'influence de la vertu dans le gouvernement des nations; Galilée, debout sur son tombeau, dans l'exaltation de sa découverte, ouvre la bouche pour dire comme ce philosophe : *Je l'ai trouvé!* L'Italie en pleurs s'appuie tristement sur l'urne d'Alfieri, monument peu digne de Canova et du poëte auquel il l'a dédié. Le Dante y a reçu un cénotaphe de l'admiration tardive de ses concitoyens, ses cendres sont à Ravenne. Le nom de Michel-Ange remplit cette église. Trois statues dans l'attitude de la douleur pleurent sur son mausolée : la Peinture, la Sculpture et l'Architecture. Sainte-Croix conserve sa dépouille, mais l'univers entier dit sa gloire. Je parcourus longtemps et seul cette église, où je n'entendais que le bruit de mes pas. Les religieux qui la desservent vinrent ensuite deux à deux et en silence, se placer dans leurs stalles ; je laissai là ces ombres vivantes prier pour les morts et je sortis, tout pénétré, de cette lugubre enceinte.

Quelques instants après je me trouvais encore au milieu de sépulcres, mais cette fois plus gracieux et environnés d'un faste humiliant, s'il est permis de le dire, pour ces grandeurs que la mort a réduites à rien. La chapelle des Médicis, décorée avec une profusion inouïe, renferme deux tombeaux célèbres que le ciseau de Michel-Ange, ou plutôt le génie des beaux-arts a élevés à la gloire de leurs protecteurs. L'un, celui de Julien de Médicis, est surmonté de deux statues représentant le Jour et la Nuit, figures sublimes de vérité. Le Jour se meut; ce marbre vit, travaille; la Nuit sommeille; mais prenez garde, parlez bas, un souffle la réveillerait. L'autre tombeau présente Laurent de Médicis entre les deux figures de l'Aurore et du Soir, le casque en tête, assis et plongé dans une méditation profonde. Cette statue appelée *il pensiere* paraît vraiment pensive, et l'on fait silence pour ne point la distraire.

Je ne parle pas des églises du Saint-Esprit, *del Carmine*, de Saint-Marc et d'une foule d'autres, connues des artistes pour leurs belles peintures. Saint-Marc renferme le tombeau de Pic de la Mirandole, « qu'il suffit de nommer, dit son épitaphe, parce que le reste est connu du Tage, du Gange et même des antipodes; » et celui de Politien, « qui, avec une seule tête, eut, chose extraordinaire, trois langues. » Chose fort extraordinaire assurément pour ces grands hommes d'être loués de la sorte ! Que leurs épitaphes leur soient légères (1)!

---

(1) Joannes jacet hic Mirandula : cætera nôrunt
Et Tagus et Ganges forsan et antipodes.
Obiit. an. sal. 1494. vix. an. 32.

Politianus in hoc tumulo jacet Angelus, unum
Qui caput et linguas, res nova, tres habuit!
Obiit. an. 1494 sept. 24 ætatis XL.

Au-dessus de l'église Saint-Laurent est la bibliothèque du même nom où l'on peut se faire montrer des manuscrits précieux, comme celui de Virgile du IVe siècle, deux de Tacite, le Longus taché d'encre que personne ne connaîtrait sans le pamphlet de Paul-Louis Courier, etc. Ce local, meublé dans le style de la Renaissance, a une tranquillité, un air d'autrefois qui inspirent l'amour de l'étude. Mais quand nous l'avons vu, la bibliothèque Laurentienne était déserte; les préoccupations politiques détournaient les esprits de l'étude : en Toscane, comme ailleurs, on ne lisait alors que les journaux.

Du reste, ce ne pouvait être là qu'un incident rapide pour une population tranquille et dont la grande affaire est le plaisir. Florence, grave en apparence, entend aussi bien que ses sœurs de la Péninsule l'art d'exprimer de la vie le plus de jouissances possibles. Dans les endroits aimés du public, aux *Uffizi*, devant les magasins du Pont-Vieux, sur celui de la Trinité, aux jardins Boboli, se presse une foule joyeuse, curieuse, avide d'émotions. Mais si l'on veut voir le peuple des oisifs, il faut le chercher aux *Cascine*. On a donné ce nom aux laiteries du grand-duc, vastes prairies où paissent des vaches et des brebis. Des espèces de chalets construits en briques rouges répandent le charme de la vie pastorale sur les allées voisines qui rassemblent, les jours de fête et presque tous les soirs, le beau monde florentin. Toutes les classes s'y trouvent réunies : les nobles à cheval, les dames en voiture, les religieux à pied; le grand-duc lui-même y vient familièrement jouir du bonheur de son peuple et prendre part à ses plaisirs. On y fait de la musique, on y trouve tous les jeux, on s'y dispute les siéges; qui chante, qui mange, qui lit, qui mendie, qui dort : voilà les *Cascine*, le dimanche surtout, jusqu'à ce qu'arrive l'heure du spectacle annoncé par d'immenses affiches suspendues en travers des rues. Alors on déserte les promenades pour le théâtre de la *Pergola*. Peuple sérieux et plein d'activité pour les affaires, à la condition qu'elles s'associeront avec les fêtes que chaque saison et presque chaque mois lui ramènent. La religion le console dans ses rares moments de peine; le grand-duc lui mesure assez généreusement les bienfaits d'un gouvernement paternel : avec cela les Florentins ne paraissent guère se souvenir des époques orageuses de leur histoire, et, malgré quelques mutineries récentes, il est vrai de dire que la plupart croient avoir perdu leurs journées, lorsque la politique en dérobe quelques instants au plaisir.

Voir une ville, avons-nous dit, et négliger ses environs, c'est ne la voir qu'à demi. Les capitales surtout ne vivent pas seulement dans leur enceinte, elles cherchent autour d'elles l'air qui leur est nécessaire et dont leurs rues sont privées souvent. Il faut donc, pour les connaître, visiter aussi leur banlieue. Florence, qui emprunte son nom à la beauté de sa situation, est environnée de montagnes couvertes de villages et de couvents. Qui n'a entendu parler du monastère de San-Miniato et de ses points de vue pittoresques d'où la colline a pris son nom de *Belvedere?* Le couvent des Capucins, hors de la porte triomphale de San-Gallo, mérite d'être vu pour ses excellents tableaux, la Chartreuse pour sa construction. Située à deux milles de Florence, sur une colline isolée qui lui appartient, la Chartreuse est en partie creusée dans le roc; ses corridors ressemblent à des casemates; on croirait entrer dans une forteresse. Il était une heure de l'après-midi lorsque j'y arrivai; tout était silencieux, le frère portier dormait.

Les chiens dormaient aussi, comme aussi la *sonnette;*
Tous les pères chartreux dormaient pareillement.

Ce ne fut donc pas sans peine que je parvins à rompre ce silence et à réveiller le moine *portinaio.* Il m'aborda avec un sourire qui voulait dire : Il n'y a qu'un Français qui puisse, à pareille heure et par un soleil brûlant, venir troubler le sommeil d'un pauvre religieux qui n'en a pas de reste. Cependant il me fit visiter son couvent, qui se compose de trois cloîtres et de trois chapelles, bâtis à mesure que le nombre des religieux augmentait; aujourd'hui l'on n'en compte plus qu'une vingtaine. L'église principale, richement pavée, ornée de stalles et de tableaux magnifiques, me parut la mieux décorée de Florence. On montre l'appartement que Pie VI habita pendant huit mois. Simple et austère, meublé de quelques chaises de la Renaissance, il n'a pas d'autre ornement que le portrait de l'auguste exilé : c'est tout ce que la Chartreuse conserve de lui avec le souvenir de ses vertus.

Malgré l'intérêt qui s'attache à ces excursions sous les murs de Florence, on ne saurait les comparer à celles de Vallombreuse : Vallombreuse dont tous les Guides recommandent le pèlerinage, dont tout Florentin ne parle qu'avec un respectueux orgueil. Sur les indications des religieux de la Trinité, qui sont de cet ordre, je trouvai un voiturin qui fait le service d'un village voisin du couvent, et je partis avec lui. En Toscane, ces voitures de village sont de forme carrée, terminées aux quatre angles par les supports de l'impériale, d'où descendent, en guise de courtines, quatre lambeaux de cuir puant. On est là assis en rond et très-mal à son aise; mais de quoi ne s'accommode point l'abnégation d'un voyageur? Nous suivions l'Arno qui coulait à notre droite. Le val d'Arno, renommé pour la variété de ses cultures et sa fertilité, nourrit une population active, forte, et d'une beauté admirée des voyageurs. Nous traversions les plus jolis villages. Au bruit des grelots et du fouet de notre attelage, tout le monde mettait le nez à la fenêtre; et chaque fenêtre devenait pour nous le cadre d'un gracieux tableau. On parle dans cette contrée un italien moins brillant qu'à Florence, mais plus correct et plus doux. Ce n'est pas à Florence, mais dans le val d'Arno, que Pétrarque étudia la langue toscane.

Le soleil allait descendre derrière les montagnes, lorsque, à la faveur de cette transparence que ses derniers rayons communiquent à l'atmosphère, nous pûmes distinguer Vallombreuse encore loin de nous. Nous étions trois pèlerins : un jeune prêtre, ancien élève du couvent, et avec lui son oncle, vieux bonhomme qui se piquait de savoir le français et abrégeait pour moi les ennuis du chemin par son burlesque langage. *Ils sont*, me dit-il une fois, *ils sont anco vifs vostri genitori* (parents)? Qu'on juge du reste. Nous arrivâmes fort tard au village du voiturin et nous reçûmes l'hospitalité dans une maison de campagne dépendante de Vallombreuse, où habite un religieux chargé de diriger l'exploitation des terres. Il nous donna un repas d'une simplicité antique; on parla de la France et l'on dormit. Le lendemain nous partîmes pour le couvent, voici dans quel équipage. Qu'on se représente un traîneau informe sur lequel est grossièrement fixée une corbeille longue où se placent deux chaises, le tout pesamment traîné par des bœufs: tels sont les véhicules de Vallombreuse. Ils vous cahotent, ils vous ballottent à vous faire sortir les entrailles, et Dieu sait combien sont dures les rampes qu'il faut gravir; mais la grandeur du spectacle fait oublier les fatigues du chemin. De hautes montagnes chargées de pins penchent sur vos têtes, des prairies naturelles recouvrent les versants moins abrupts, et là-bas sous vos pieds, à une grande profondeur, le torrent qui mugit. Le chemin, pavé de larges pierres, est ombragé par les marronniers d'abord, par les sapins ensuite; point de traces d'habitation, mais le silence du désert. Enfin, au haut d'une avenue se montre tout à coup le couvent, isolé au milieu d'une vallée étroite, et dominé par des bois de haute futaie qui servent de cadre à ce tableau. Une des plus douces impressions que l'on puisse éprouver lorsqu'on a longtemps suivi des sentiers solitaires, au milieu des montagnes et des forêts, c'est de découvrir tout d'un coup un paisible monastère dont les bâtiments se développent comme les tentes d'un camp surmontées de la croix, ou bien d'entendre, avant de le voir, le son de la cloche, harmonie mystérieuse qui rappelle à la fois la présence de l'homme et la pensée de Dieu. La *vallée ombreuse* est traversée par un ruisseau considérable qui la fertilise. On ne se lasse point d'admirer cette grande nature dans sa primitive beauté, ce luxe d'agréments alpestres sur lesquels plane le souvenir de saint Jean Gualbert, illustre fondateur de ce monastère. Il y a là quelque chose de touchant, qui prête à cette abbaye un attrait capable de faire dire adieu au monde : à Vallombreuse on oublie Florence. Des artistes amenés par le désir d'en contempler le site, à leur grand étonnement, s'y sont retrouvés chrétiens. En effet, il est impossible de passer quelques instants dans cette vallée trop élevée pour que les bruits de la terre arrivent jusqu'à elle, et qui ne s'ouvre que du côté du ciel, sans se sentir attendri, pénétré de sentiments nouveaux; on envie le bonheur de cet essaim pieux qui, en s'envolant vers le ciel, s'est reposé à Vallombreuse. L'église, toute tapissée de soie rouge, ne se fait point remarquer par sa somptuosité; on y a cependant prodigué le marbre, et les autels en sont très-beaux. Le couvent, simple dans son architecture, ressemble à une vaste métairie; ce n'est pas un édifice de bon ton, un palais habité par des moines, comme on en voit en Italie; mais une espèce de manoir où la vie du cloître s'associe avec la vie des champs. La charité religieuse y accueille les étrangers avec un empressement plein de délicatesse, comme des frères dont la place est réservée au foyer. Milton a esquissé son poëme dans cette solitude, à laquelle l'hospitalité des moines prêtait de nouveaux charmes ; on croit reconnaître quelques aspects de Vallombreuse dans ses descriptions de l'Éden. Plus anciennement l'Arioste avait chanté sa reconnaissance en beaux vers.

Le couvent visité au dedans et au dehors, je pris congé des bons cénobites, auxquels je laissai mes compagnons de voyage, et je me remis sur ma *tregghia*. Nous étions à la descente cette fois, l'équipage se mouvait moins péniblement. Nous rencontrâmes deux religieux à cheval, puis un milord anglais avec sa milady, dans un traîneau tout brillant de velours et de dorures. C'étaient là des voyageurs de bon ton, *in à good style*. Je passai devant eux un peu confus de la grossièreté du mien. Enfin on me laissa à la ferme où nous avions été hébergés la veille, et je revins à pied à Pelago, où le voiturin me reprit et me ramena à Florence.

Cette excursion, ou, comme on voudra l'appeler, ce pèlerinage, est digne de tout l'intérêt du voyageur. Quand même Florence n'en serait pas le point de départ, il faudrait encore venir en Toscane pour visiter Vallombreuse. Je ne parle pas de la vénération que cette solitude inspire au chrétien ; mais les amis de la nature, les cœurs froissés par les épreuves de la vie, peuvent s'y retremper dans l'amour de la vérité et trouver loin du monde cette paix ineffable qui s'est réfugiée au désert. Qu'ils viennent à Vallombreuse, ils descendront de ses montagnes remplis d'admiration pour le site, de reconnaissance pour la cordialité des religieux et sans doute aussi de respect pour la religion qui produit et sanctifie ces merveilles.

Il faut donc partir de Florence, s'éloigner de cette belle Toscane que ses vertes montagnes, ses constructions cyclopéennes, son fleuve aux bords fertiles, rendent si chère aux étrangers. Voici de nouveau la porte du Prato, les collines de San-Benito et le chemin de fer. Nous revoyons sur les hauteurs les masures féodales, tristes restes de ces temps agités où, mal défendus par toutes ces fortifications, vilains et nobles se couchaient pour ne pas dormir, ou s'endormaient pour ne plus se réveiller. Villages, champs de maïs, prairies, fermes, passent devant nous comme des ombres. Voilà Empoli, où les voyageurs se séparent; la locomotive siffle, Empoli disparaît, les coteaux s'abaissent, l'horizon change, l'Arno reparaît, nous sommes à Pise. Après viennent les bruyères, puis les landes, les marais, la mer, c'est Livourne; on s'arrête, on est arrivé; quelle poussière! quel soleil! Où est, grands dieux! l'ombre et le frais de Vallombreuse? Mais point de repos, la cloche du bateau nous appelle; adieu, Livourne; adieu, Toscane; Italie, adieu!...

Est-il rien de plus triste que le jour du départ? Mille préoccupations vous assiégent. On n'est déjà plus par la pensée dans le pays que l'on quitte; l'imagination prend les devants, sans savoir où elle va, puis revient à ce qu'elle quitte; l'on désire, l'on regrette; que de choses qu'on se souvient alors de n'avoir pas bien vues! La nuit se passe dans une anxiété rêveuse où les souvenirs et l'espérance viennent dérouler à l'esprit des horizons impossibles : le clocher de son village sur le mont Janicule, le Vésuve fumant à côté de Marseille, et les lazzaroni étendus au soleil sur des trottoirs français. Longtemps ces images dont on s'était fait une si douce habitude remplissent la pensée et le cœur: on aime l'Italie avant de la connaître; quand on l'a connue, on ne voudrait plus la quitter. « Il n'est, que nous sachions, dit Lemonnier, aucune contrée qui laisse après elle d'aussi durables impressions. Nous avons vu des artistes, des poëtes soupirer après elle, la redemander en se lamentant, ne parler que d'elle, n'exister qu'en elle pour ainsi dire, et ne plus se plaire même sur le sol natal. Plusieurs entreprennent de nouveau le voyage et puis voudraient le recommencer encore. Rome, Naples, Florence, Venise laissent dans l'âme un sentiment inquiet qui ressemble à ce que l'on nomme le mal du pays. » Je souscris à ce jugement; ces impressions sont celles de toutes les intelligences élevées, des âmes sensibles, des cœurs chrétiens, et c'est pour en jouir plus longtemps que j'ai essayé de les retracer dans mes notes; car « c'est vivre deux fois, que de jouir de sa vie passée. »

. . . . hoc est
Vivere bis, vitâ priore posse frui.

(MART.)

TABLEAU

COMPARÉ

DE ROME ANCIENNE ET DE ROME MODERNE.

ROME ANCIENNE.	ROME MODERNE.
L'enceinte de Rome renfermait : sous Romulus, le Palatin seulement; — sous Romulus et Tatius, on y ajouta les monts Palatin et Capitolin; — sous Numa, une partie du Quirinal; — sous Tullus Hostilius, le Cœlius; — sous Ancus Martius, l'Aventin et la citadelle du Janicule; — sous Servius Tullius, tout le Quirinal et l'Esquilin; — sous Aurélien, le mont Pincius.	On croit que le sillon tracé par Romulus fut commencé au *forum boarium*, vers l'église de Saint-Georges *in Velabro*, continué au pied du mont Palatin; qu'il tourna ensuite vers l'église actuelle de Saint-Grégoire et qu'il passa enfin vers l'arc de Titus et le *Campo-Vaccino*.
Les portes de la première enceinte se nommaient : Mugonia.	Église actuelle de Sainte-Anastasie.
Trigonia.	En face de l'église de Saint-Grégoire.
Romana.	Emplacement où s'élève l'arc de Titus.
On y ajouta plus tard la Janualis.	Vers l'église de Saint-Côme, au *Campo-Vaccino*.

ROME ANCIENNE.		ROME MODERNE.
	Carmentalis.	Vers la place Montanara et le palais Orsini. Le tombeau de Carmenta, mère d'Évandre, était rue *della Bufala.*
	Pandana.	Du côté du grand cirque.
Portes de l'enceinte de Servius Tullius :	Flumentana.	Entre le *Ponte Rotto* et le pont Sixte.
	Triomphalis.	Rue *Bocca della Verita*, près de l'hospice Santa-Galla.
	Carmentalis.	Déjà indiquée.
	Ratumena.	A l'entrée de la rue *di Marforio,* sous le Capitole.
	Catularia.	Près de la rue *Alessandrina.*
	Sanqualis.	Vers la rue de la *Dataria,* au pied du Quirinal.
	Salutaris.	Sur le Quirinal, près de la rue des *Quàttro Fontane.*
	Piacularis.	Près de l'église de Sainte-Suzanne.
	Collina.	Sur le Quirinal, à l'angle des rues *Porta Salara* et *Porta Pia.* C'est là que commençait l'*agger* de Servius Tullius.
	Viminalis.	Située au milieu de l'*agger*; ruines près des thermes de Dioclétien.
	Esquilina.	A l'extrémité de l'*agger,* vers l'arc de Galien ou de *San-Vito.*
	Metia.	Derrière les *sette Sale*, à l'entrée de la vigne Perroti.
	Querquetolana.	Près de l'église de Saint-Pierre-et-Saint-Marcellin.
	Cœlimontana.	Près de l'hôpital de Saint-Jean de Latran.
	Fontinalis.	Sur le versant oriental du Cœlius.
	Ferentina.	Rue *delle Mole.*
	Capena.	Au pied du Cœlius, vers l'église de Saint-Césarée.
	Nevia.	Au pied de la colline de Sainte-Balbine.
	Rudusculana.	A l'angle de la rue *Santa-Balbina* et de la rue *Aventina.*
	Lavernalis.	Point de jonction des rues Saint-Sabas, Sainte-Prisque et Saint-Paul.
	Navalis.	Au pied du mont Aventin, du côté du fleuve.

ROME ANCIENNE.	ROME MODERNE.
Minuccia.	Près de l'église de Sainte-Marie Aventine.
Trigemina.	Près de l'arc de la *Salara*, entre l'Aventin et le Tibre.
Portes de l'enceinte d'Honorius :	
Aurelia.	En face du pont d'Adrien ; détruite sous Alexandre VI.
Flaminia.	Vers l'église de Sainte-Marie du Peuple.
Pinciana.	Existe, mais elle est murée.
Salaria.	Remplace l'ancienne porte Colline.
Nomentana.	Un peu au sud de la porte Pie qui l'a remplacée.
Tiburtina.	Porte actuelle de Saint-Laurent, intégralement conservée.
Labicana et Prænestina.	Porte Majeure où s'ouvraient les anciennes voies qui conduisaient à Préneste et à Labicum.
Asinaria.	Murée ; entre la porte actuelle de Saint-Jean, ouverte par Grégoire XIII, et la porte Latine.
Latina.	Fermée depuis cinquante ans.
Appia.	Porte Saint-Sébastien reconstruite par Bélisaire.
Ardeatina.	Fermée depuis longtemps.
Ostiensis.	Porte Saint-Paul.
Portuensis.	La porte Portèse l'a remplacée ; mais celle-ci est plus rapprochée de la ville.
Aurelia.	Porte Saint-Pancrace.
Septimiana.	Porte Septimienne ou du Saint-Esprit.

L'enceinte Vaticane est l'ouvrage des papes. On l'appelle encore cité Léonine.

MONT PALATIN ET FORUM.

La maison de Romulus était près de la descente du Palatin, vers le grand cirque.	Vers l'entrée des ruines du palais des Césars.
La maison de Numa, près le temple de Vesta.	Église de Saint-Théodore.
La maison de Tullus Hostilius, sur la pointe Velia, dominant le Forum.	Jardins Farnèse.

ROME ANCIENNE.	ROME MODERNE.
La maison d'Ancus Martius, sur la hauteur de la voie Sacrée.	Près de l'arc de Titus.
La maison de Tarquin l'Ancien, près du temple de Jupiter Stator et au-dessus du Vélabre.	
Le Lupercal, grotte dédiée à Pan et à Faune.	Sous le mont Palatin, près de Saint-Théodore.
On voyait aussi sur le mont Palatin les temples de Bacchus, de la Lune et de Pluton, de Priape, de la Fièvre, de la déesse Viriplaca, et celui de Cybèle.	Rien de certain sur leur emplacement.
Temples d'Apollon, de Vesta et de Junon.	Jardins Farnèse.
Palais d'Auguste et Bains de Livie.	Jardins Farnèse et villa Smith.
Portique et jardins d'Adonis.	Villa *Palatina* de Smith.
Le palais d'Auguste fut augmenté par Tibère et Caligula, qui joignit le Palatin au Capitole par un pont.	Entre Sainte-Marie Libératrice et Saint-Théodore.
Hippodrome.	Entre Saint-Bonaventure et l'arc de Constantin.
La maison dorée de Néron avait son entrée sur la voie Sacrée.	Vers Sainte-Françoise Romaine.
Clivus de la Victoire.	*Via di San-Bonaventura.*
Colisée, *Meta sudans*, arc de Titus.	Existent.
Temple de Vénus et Rome.	*Cellas* adossées; couvent de Sainte-Françoise.
Basilique de Constantin ou temple de la Paix.	Grandes ruines près de l'église de Sainte-Françoise.
Temple de Romulus et Rémus.	Vestibule de Saint-Côme-et-Saint-Damien.
Temple de Faustine et d'Antonin.	Église de Saint-Laurent *in Miranda.*
Basilique Émilienne.	Entre Saint-Laurent *in Miranda* et Saint-Adrien.
Le Forum formait un parallélogramme de cinq cent cinquante pieds de longueur et de trois cent soixante-six de largeur.	Ses limites sont indiquées par les églises de Sainte-Marie Libératrice, Saint-Théodore, Sainte-Marie de la Consolation, et les ruines du temple de la Fortune.
Ses monuments étaient : en face de l'arc de Septime Sévère et à côté du temple d'Antonin et Faustine, l'arc de Fabius censeur;	A côté de Saint-Laurent *in Miranda.*
En face du Capitole les Rostres, et	Ces monuments s'étendaient de

ROME ANCIENNE.	ROME MODERNE.
derrière les Rostres, la Curia Hostilia, à droite de laquelle on voyait les Comices et la Græco-Stasis.	Saint-Laurent à Sainte-Marie Libératrice. La Græco-Stasis est représentée par trois colonnes encore debout à côté de Sainte-Marie Libératrice.
Hors de l'enceinte du Forum se trouvaient le petit temple de la Concorde et la basilique d'Opimius.	Sur l'emplacement de l'ancien temple de Numa, près de Saint-Théodore.
Dans le Forum et autour de son enceinte on comptait plusieurs basiliques, notamment la Porcia, la Sempronia, la Julia et l'Emilia.	La basilique Julia était entre la colonne de Phocas, la Græco-Stasis et l'hôpital de la Consolation. L'Emilia était sur l'emplacement de l'église de Saint-Adrien.
Au centre du Forum s'élevaient la colonne Rostrale, la colonne Milliaire, la *Pila Horatia*, la colonne de Ménius et celle de Phocas.	La colonne de Phocas est la seule de toutes que l'on voie encore.
Il y avait encore le lac Curtius, sur lequel fut érigée la statue équestre de Domitien.	
Le côté méridional du Forum était formé, au delà de la Curia Hostilia, dans la direction du Vélabre, par le temple des Dioscures, le temple de Vesta et la fontaine Juturne.	De Sainte-Marie Libératrice à Saint-Théodore. La fontaine du lac Juturne porte le nom de Saint-Georges : elle est près de la *Cloaca maxima*.
Le côté occidental était fermé par le temple de Jules César, la basilique Julia et l'*area* de Saturne.	
Au bas du Capitole, le temple de Saturne, l'*Ærarium publicum* et l'arc de Tibère.	Du côté de l'hôpital de la Consolation, selon le sentiment suivi aujourd'hui, et non sur l'emplacement de l'église de Saint-Adrien.
Le côté oriental était indiqué par le *secretarium senatûs*, la basilique d'Émile, celle de Paul-Émile et les *tabernæ* (boutiques) où Virginius acheta le couteau dont il frappa sa fille.	Vers l'église de Saint-Adrien.
Le figuier Ruminal était dans les Comices.	Près de l'église de Saint-Théodore.
Forum de Jules César.	Indiqué par l'arc de Septime Sévère et la colonne de Phocas qui en faisaient partie.
Forum d'Auguste.	Église de Sainte-Martine.

ROME ANCIENNE.	ROME MODERNE.
Forum palladium de Domitien, achevé par Nerva.	A l'est des précédents, dans la vallée comprise entre le Quirinal, le Viminal et l'Esquilin.

Ces trois forums n'en formaient qu'un, à proprement parler; le point central de cet ensemble est indiqué par l'église de Saint-Adrien, appelée à cause de cela ***in tribus Foris***.

ROME ANCIENNE.	ROME MODERNE.
Temple de Nerva dans son forum.	A côté de l'arc ***de' Pantani***, église de l'***Annunziata***.
Forum de Trajan et colonne.	Au pied du Quirinal. Place Trajane.
Bains présumés de Paul-Émile.	Près de Sainte-Marie ***in Campo Carlæo***.
Busta gallica.	Saint-André ***in porto gallo***.
Le grand Vélabre, vallée Murtia, temple de Vénus Murtia et grand cirque.	Vallée entre le Palatin et l'Aventin. Le cirque fut orné par Auguste d'un obélisque aujourd'hui placé sur la place du Peuple; et par Constance, d'un autre qu'on voit sur la place de Saint-Jean de Latran.
Petit Vélabre.	Vallée entre le Palatin et le Capitole.
Forum boarium où était le temple d'Hercule Vengeur et l'***Ara maxima***.	Du forum au Tibre. Place de la Bouche de la vérité.
Basilique de Sempronius.	Église de Saint-Georges ***in Velabro***.
Arc de Janus Quadrifrons et *Cloaca maxima*.	En face de la même église. Existent.
Temple de la Pudeur Patricienne, ou de la Fortune, ou de Junon Matuta, ou enfin de Cérès et Proserpine.	Église de Sainte-Marie de la Bouche de la vérité, où l'on trouve huit colonnes antiques du péristyle.
Temple de la Fortune Virile.	Près du Tibre; église de Sainte-Marie Égyptienne, sur la place de la Bouche de la vérité.
Temple de Vesta.	Sur la même place. Église de Sainte-Marie du Soleil.

MONT CAPITOLIN.

ROME ANCIENNE.	ROME MODERNE.
Au pied du Capitole, du côté du Forum :	
Arc de Septime Sévère.	Existe.
Prisons Mamertines; escalier des Gémonies.	Église de Saint-Joseph et oratoire de Saint-Pierre ***in Carcere***.

ROME ANCIENNE.	ROME MODERNE.
Tabularium senatûs (archives du sénat).	Substructions du palais du sénateur.
Temple de la Fortune.	Huit colonnes à côté de l'arc de Septime Sévère, et en face de l'église de Saint-Luc-et-Sainte-Martine.
Temple de Jupiter Tonnant.	Trois colonnes à côté du temple de la Fortune.
Portique des dieux Consentes.	Entre le temple de Jupiter et le *clivus Capitolinus*.
Temple de la Concorde.	Près du temple de Jupiter Tonnant, derrière l'arc de Septime Sévère.
On montait au Capitole, du côté du Forum, par trois rampes appelées :	
Clivus Capitolinus.	Il commençait au Forum et se divisait en deux branches : l'une venait sous l'arc de Tibère vers l'hôpital actuel de la Consolation ; l'autre se dirigeait du côté de l'arc de Septime Sévère, passait entre les temples de Jupiter Tonnant et de la Fortune, et, se reliant à la première, conduisait sur la plateforme du mont Capitolin.
Clivus Sacer et clivus Asyli.	Commençait à l'arc de Septime Sévère, à côté de la *Cordonata* et des prisons Mamertines, et conduisait à l'*asyle* établi par Romulus.
Clivus Tarpeius.	Monte à la roche Tarpéia ou Caprina. Cette montée porte le nom de *Capranica*.
Centum gradi.	Cet escalier commençait dans la rue *San-Pietro in Carcere*, passait devant la prison Mamertine; là il formait une rampe appelée les Gémonies et montait jusqu'au niveau d'un passage qui traversait le Tabularium.
Le mont Capitolin a deux sommets, dont l'un s'appelle proprement *Capitolium*.	C'est le plateau où s'élève l'église d'*Ara cœli*.
L'autre est l'*Arx*, célèbre par sa citadelle.	Éminence où se voit le palais Caffarelli.

ROME ANCIENNE.	ROME MODERNE.
L'espace compris entre les deux sommets du mont Capitolin s'appelait *Intermontium*. C'est là qu'était l'asyle de Romulus.	Place du palais du sénateur.
Atrium publicum, portique sur lequel était le *Tabularium senatùs*, l'Athénée et la bibliothèque.	Palais du sénateur.
Temple de Jupiter Capitolin.	Église de Sainte-Marie *in Ará cœli*.
Sur l'*Arx* étaient la citadelle, le temple de la Fortune Primigenia, les chaumières de Romulus et de Tatius, celle de Manlius convertie en temple dédié à Junon Moneta, la Curia Calabra et les temples de Jupiter Férétrien, Prædator et Soter	Vestiges des remparts qui séparaient l'*Arx* du Capitole, sous le palais Caffarelli. Tous ces monuments devaient être fort petits, vu l'exiguité de l'espace; ils n'ont pas, d'ailleurs, existé simultanément.
Roche Tarpéienne.	Au-dessus de la montée *Capranica*.
Il y avait encore sur ce mont le temple de Jupiter Gardien, de la Fortune Privée, de la Fortune Viscosa, de la Foi, de Veïove, d'Isis et de Sérapis.	Ces édifices n'ont pas existé dans le même temps, et il est difficile d'indiquer leur emplacement.

RIVE GAUCHE DU TIBRE ET CHAMP DE MARS.

ROME ANCIENNE.	ROME MODERNE.
Forum olitorium et temple de Duillius.	Ruines dans la ruelle *Buffala* nº 14. Il occupait l'espace compris entre le Tibre et les rues de la *Buffala* et de la *Consolazione*.
On y voyait les temples de Junon Matuta, de l'Espérance, de la Pitié, ainsi que la colonne Lactaria.	Vestiges à Saint-Nicolas *in Carcere*.
Temple de la Piété Romaine.	Remplacé plus tard par le théâtre de Marcellus.
Temple de Janus Geminus.	Rue de la *Buffala*.
Théâtre de Marcellus.	Palais Orsini et place Montanara.
Forum piscarium.	Église de Saint-Jean Décollé.
Théâtre et portique de Pompée.	Entre les rues Chiavari, Giupponari, le palais Pio, Saint-André *della Valle*.
Curie de Pompée.	Église de *San-Carlo in Catinari*.
Portique d'Octavie renfermant les temples de Jupiter et de Junon, d'Hercule Musegète, Curie d'Octavie.	Saint-Ange *in Pescheria* et alentours.

ROME ANCIENNE.	ROME MODERNE.
Sanctuaire d'Hercule Gardien. Temples de Diane et de Junon Reine.	Église et couvent de Saint-Nicolas *à Cesarini*.
Cirque Flaminien.	Sainte-Lucie aux Boutiques obscures. Palais Mattei.
Temple d'Apollon.	A l'entrée de la rue ***Montanara***.
Temple de Bellone et colonne Bellique.	Entre les rues ***Tor de' Specchi*** et ***Capizucchi***. Derrière était une place où s'élevait la colonne Bellique.
Temple d'Isis et de Sérapis.	Saint-Étienne ***del Cacco***.
Ce temple était orné de deux petits obélisques.	L'un est sur la place de la Minerve, l'autre sur celle du Panthéon.
Temple de Minerve bâti par Pompée.	Sainte-Marie de la Minerve.
Panthéon d'Agrippa.	Existe, appelé aussi Sainte-Marie des Martyrs.
Thermes et jardins d'Agrippa.	Près du Panthéon, ***Arco della Ciambella*** et place ***delle Slimmate***.
Temple d'Antonin le Pieux, selon d'autres de Neptune.	Place ***di Pietra;*** Douane de terre.
Amphithéâtre de Statilius Taurus.	Place de Monte Citorio et ***Curia Innocenziana***.
Septi de Jules César.	Place Capranica. Selon quelques auteurs, ils s'étendaient de la rue ***del Caravita*** jusqu'à celle de la ***Stufa***.
Thermes de Néron et d'Alexandre Sévère.	Place Rondanini ; caves de la rue ***de Crescenzii*** et palais Madame.
Bustum du Champs de Mars.	Église actuelle de Saint-Augustin.
Cirque d'Alexandre Sévère ***(circus agonalis)***.	Place Navone.
Ancien temple d'Apollon.	Église de Saint-Apollinaire.
Pont Triomphal.	Derrière l'église de Saint-Jean des Florentins, à l'angle que forme le lit du fleuve.
Près du pont Triomphal était un temple de Bellone.	
Mausolée d'Auguste.	Existe rue ***de' Pontefici***.

Les obélisques dont l'empereur Claude avait décoré ce mausolée se voient aujourd'hui, l'un sur la place de Monte Cavallo, et l'autre devant la façade septentrionale de Sainte-Marie Majeure.

Tombeau de Néron.	Selon les uns, vestiges près du ***Ponte Molle;*** selon d'autres, près de Sainte-Marie du Peuple.

ROME ANCIENNE.	ROME MODERNE.
Terento où l'on sacrifiait aux dieux ***Lucini.***	Église de Saint-Laurent ***in Lucinâ.***
Arc de Marc-Aurèle.	Entre les palais Ottoboni et Torlonia.
Colonne Antonine.	Existe, sur la place de ce nom.
Arc de triomphe de Claude.	Vers le carrefour de l'arc de ***Carbognano.***
Arc de Gordien.	Sainte-Marie ***in Viâ Latâ.***
Palais, ***Odœum*** et ***Stadium*** de Domitien.	Église de Saint-Sylvestre ***in Capite.***
Temple d'Isis.	Rue à côté de l'église de Saint-Marcel.
Tombeau de Publicius Bibulus.	Place de ***Macel de' Corvi,*** à l'angle de la montée de Marforio.
Autel et sanctuaire de Proserpine.	Sainte-Lucie ***della Tinta.***

QUARTIER DU VATICAN.

Mausolée et cirque d'Adrien.	Château Saint-Ange.
Pont Élien, de Trajan, de Saint-Pierre.	Pont Saint-Ange.
Jardins et cirques de Caligula et de Néron.	Place et basilique de Saint-Pierre.
Arc de Gratien, Valentinien et Théodose.	Devant le château Saint-Ange.
Tombeau de Scipion Émilien.	Près de Sainte-Marie Transpontine.

MONT AVENTIN, etc.

Sous le mont Aventin, vestiges du pont Sublicius.	Apparaissent dans les basses eaux.
Sanctuaire de Portumne ou Palémon.	Ruines près du pont Sublicius.
Emporium et ***Navalia.***	Ruines dans la vigne Cesarini. ***Marmorata.***

Près du temple de Palémon étaient celui de la Fortune Douteuse, l'arc de Lentulus et le ***forum pistorium***, accompagnés des magasins nommés ***Horrea Galbiana*** dont on voit quelques ruines vers l'arc de Saint-Lazare.

Palais de Sura et temple de Diane.	En face de l'église de Sainte-Prisque.
A côté du temple de Diane était celui de Minerve Aventine.	
Temple de la Bonne Déesse.	Près de Sainte-Marie Aventine.
Temple de Junon Reine et ***Armilustrium.***	Près de Saint-Alexis.

ROME ANCIENNE.	ROME MODERNE.
Temple de Mercure.	Sur la pente qui regarde le grand cirque.
Thermes Variani et de Decius.	Vis-à-vis la porte Saint-Paul.
Horti Serviliani.	Du côté de l'arc de Lentulus, dans la direction de la même porte.
Arc qui fut élevé, selon les uns, à Horatius Coclès, et qui serait, selon d'autres, la porte Trigemina.	Arc *della Salara.*
Pyramide de Caïus Sextius.	Existe à côté de la porte Saint-Paul.
Temple de Sylvain.	Selon quelques auteurs, église de Sainte-Balbine.
Thermes Antoniniens.	Grandes ruines vers la porte Saint-Sébastien.
Entre le mont Aventin et le Cœlius s'étendait la véritable vallée Égérie.	Vallée *della Ferratella* traversée par le ruisseau de la Marrana.
Sénat féminin, à la porte Capène.	A l'embranchement des voies Appienne et Latine, où est l'église de Saint-Césarée.
Temple de Mercure et *Aqua Mercurii.*	*Ibid.*
Temple des Camènes et bois sacré.	Entre l'église Saint-Césarée et la porte Saint-Sébastien.
Temple de Mars *Extramurtaneus.*	Au-dessus de Saint-Césarée.
Temple de l'Honneur et du Courage.	Vis-à-vis celui de Mars, de l'autre côté de la voie Appienne.
Tombeau des Scipions. *Columbarium* de Pomponius Hylas.	Près de la porte Saint-Sébastien, dans la ville.
A deux milles en dehors de la porte Appienne, cirque de Maxence et temple de Romulus, son fils.	Près de l'église Saint-Sébastien, hors les murs. L'obélisque de ce cirque est sur la place Navone.
Tombeau de Cécilia Métella.	Un peu plus loin, vulgairement appelé *Capo di Bove.*
Champ sacré des Horaces, près des *fossæ cluiliæ* et *villa Quintiliorum.*	Dans la même direction; ruines que le peuple appelle *Roma Vecchia.*
Temple de Bacchus.	Sur le plateau de la ferme Cafarella, au-dessus du cirque de Maxence. Église actuelle de Saint-Urbain.
Nymphée d'Égérie et temple du dieu Rédicule.	Vallée Cafarella.

ROME ANCIENNE.	ROME MODERNE.
MONT CŒLIUS.	
Temple de Bacchus.	Église de Saint-Grégoire.
Ruines successivement appelées *Curia Hostilia, vivarium* du Colisée, *nymphæum* de Néron, temple de Claude.	Se voient dans le jardin des pères passionistes.
Macellum magnum.	De l'autre côté de l'église de Saint-Jean-et-Saint-Paul : ces ruines sont appelées par le peuple *Pescaria vecchia.*
Arc de Dolabella et de Silanus.	Se voit près de l'église de Saint-Thomas *in Formis.*
Ludus matutinus Gladiatorum.	Au delà de l'arc, à droite et à gauche ; il s'étendait vers le *macellum magnum.*
Castrum peregrinorum militum, equitum singularium.	Sainte-Marie de la Navicella.
Temple de Bacchus, de Faune ou de Claude, ou, selon d'autres, église du ve siècle.	Église de Saint-Étienne le Rond.
Aqueduc de Néron.	Grands restes sur le Cœlius et vers Saint-Jean de Latran.
Temple de Diane à la porte Latine.	Église et couvent de Saint-Jean *in Oleo.*
MONT ESQUILIN.	
Amphithéâtre *Castrense.*	Auprès de Sainte-Croix en Jérusalem, dans le jardin du couvent.
Horti Variani d'Héliogabale dans lesquels était un édifice nommé *Sessorium.*	Basilique sessorienne de Sainte-Croix.
Cirque d'Héliogabale.	Hors des murs, près de l'amphithéâtre Castrense et de l'aqueduc de Claude qui suit le rempart. L'obélisque de ce cirque est sur le plateau du mont Pincius.
Tepidarium des thermes d'Hélène.	Dans la villa Conti.
Temple de Vénus et Cupidon.	Près de la basilique de Sainte-Croix, du côté de la porte Majeure.
Vivarium de l'amphithéâtre Castrense.	Entre la porte Majeure et cet amphithéâtre.
Ruines appelées temple de Minerve	Belles ruines entre la porte Ma-

ROME ANCIENNE.	ROME MODERNE.
Medica, basilique de Caïus et Lucius, temple d'Hercule Callaïcus, et enfin salle des jardins de Licinius.	jeure et la porte Saint-Laurent.
Fontaine de l'eau Julie.	Vulgairement trophées de Marius.
Thermes et jardins de Gordien.	Selon quelques-uns, église de Saint-Eusèbe.
Temple de l'Honneur et du Courage.	Près des trophées de Marius.
Arc de Galien.	Existe sous le nom d'*Arco di San-Vito*.
Forum Esquilinum et *macellum Livianum* et basilique Sicinienne.	Église de San-Vito et de Saint-Julien, ou, selon d'autres, église de Saint-Antoine.
Temple de Junon Lucine.	Près de la basilique actuelle de Sainte-Marie Majeure.
Temple et bois sacré de la déesse Méphitis.	Près de là, sur le sommet Cippius.
Temple de la Paix, de la Concorde, et portique de Livie, temple d'Isis et de Sérapis.	Sur le sommet de l'Esquilin nommé Oppius où est l'église de Saint-Pierre *in Vincoli*.
Horti Lamiani.	Villa Palombara Maximi.
Thermes de Titus.	Entre Saint-Pierre *in Vincoli* et le Colisée.
Thermes de Domitien et de Trajan.	Vers Saint-Martin *de' Monti*.
Jardins de Mécène, maisons d'Horace et de Virgile.	Sur la hauteur de Saint-Pierre *in Vincoli*.
Temple de Diane et maison de Servius Tullius.	Couvent de Saint-François de Paule.
Vicus Sceleratus.	Rue de *San-Francesco di Paola*.
Vicus Patricius.	Entre le mont Viminal et le mont Esquilin.
Vicus Lateritius.	Rue de la Suburra.
Thermes de Novat.	Église de Sainte-Praxède.

MONTS VIMINAL ET PINCIUS.

Thermes de Dioclétien.	Couvent de Saint-Bernard, des Chartreux, et église de Sainte-Marie des Anges.
Temple de Vénus Érycine.	En dehors de la porte Colline, vers la Salaria.
Camp des Prétoriens.	Au delà des thermes de Dioclétien, à l'est.
Agger de Servius Tullius.	De la porte Salaria à l'arc de Galien et à la porte Tiburtine.

ROME ANCIENNE.	ROME MODERNE.
Campus Sceleratus.	Sous l'*agger*. Vigne Mandosia, jusque vers la porte Salaria.
Jardins de Salluste.	Dans la vallée et sur les contre-pentes des monts Quirinal et Pincius, depuis la porte Salaria jusqu'à Sainte-Suzanne *à Termini* d'un côté, et à Saint-Joseph *à capo le case*, de l'autre.
Ils renfermaient le portique Milliarensis, des thermes, un obélisque, un forum, un cirque et un temple de Vénus dont on voit de belles ruines.	Dans la vigne Barberini, l'obélisque est sur le Pincius, devant l'église de la Trinité du Mont.
Temple et cirque de Flore.	Place et jardins Barberini.
Capitolium vetus.	Jardins Barberini (ruines).
Collis Hortorum.	Mont Pincius.
Jardins de Lucullus et maison pincienne de Bélisaire.	Depuis la villa Médicis jusqu'à l'église de Saint-André *delle Fratte*, et quartier voisin.
Naumachie de Domitien.	Place d'Espagne.
Forum archimonium des Grecs.	Église de Saint-Nicolas *in Arcione*.
Jardins de Domitien, soutenus par le *muro torto*.	Sur le mont Pincius, le *mur tortu* est entre la porte du Peuple et la Pincienne.

MONT QUIRINAL.

Temple de Quirinus.	Vers la vallée du Quirinal, sur les jardins du noviciat des jésuites.
Thermes de Constantin.	Palais Rospigliosi, villa Aldobrandini, église Saint-Sylvestre et villa Colonna.
Temple de Sérapis.	Jardins Colonna et jardins pontificaux.
La pointe *Salutaris* du mont Quirinal prenait son nom du temple de la Santé (*salus*).	Place de Monte Cavallo ou jardins pontificaux.
La Martialis, du temple dédié à Mars.	
La Latiaris, du temple de Jupiter Latial.	
Temple du Soleil bâti par Aurélien.	Église des Saints-Apôtres.
Portique de Constantin et escalier conduisant à ses thermes.	Place *Pilotta* et palais Piombino.
Forum suarium.	Près de l'église actuelle de *Santa Croce de' Luchesi*.

ROME ANCIENNE.	ROME MODERNE.
QUARTIER TRANSTEVERIN.	
Pont Sublicius.	Situé au pied de l'Aventin. Vestiges dans les basses eaux.
— Palatinus.	*Ponte Rotto.*
— Fabricius.	*Ponte Quàttro Capi.*
— Cestius ou de Gratien.	Pont *San-Bartolomeo*, autrement appelé *Ponte Ferrato.*
— Triomphalis.	Derrière l'église Saint-Jean des Florentins (ruines).
— Elianus.	Pont Saint-Ange.
— Janiculensis.	Pont Sixte.
Ile Tiberine, lycaonienne.	Ile de Saint-Barthélemy.
Temple d'Esculape.	Église de Saint-Barthélemy.
Temple de Jupiter Lycaonien.	Au milieu de l'île.
Temple de Faune.	A l'extrémité septentrionale de l'île.
Temple de la Bonne Déesse.	Présumé sur l'emplacement de Saint-Pascal.
Prairies Mutiennes occupées plus tard par les thermes d'Aurélien et de Septime Sévère.	Hospice Saint-Michel et alentours jusqu'à l'église de *San-Cosimato.*
Naumachie de Jules César, bains, jardins et naumachie d'Auguste.	Dans les environs de Sainte-Claire, au pied du Janicule, selon quelques auteurs.
Jardins de Galba.	Villa du palais Corsini.
Taberna meritoria.	Sainte-Marie *in Transtevere.*
Jardins de César où fut depuis le temple de la Forte Fortune.	Sur la pente du Janicule.

TABLE DES CHAPITRES.

PAGES.

FIN DE LA TABLE.

ROUEN. — Imp. MÉGARD et Cie, Grand'Rue, 156.

www.ingramcontent.com/pod-product-compliance
Ingram Content Group UK Ltd.
Pitfield, Milton Keynes, MK11 3LW, UK
UKHW021843190726
13855UKWH00001B/115

9 782013 480895